HANGIL
GREAT BOOKS

인류의 위대한 지적유산

HANGIL
GREAT BOOKS
140

기독교와 자본주의의 발흥

R.H. 토니 지음 | 고세훈 옮김

한길사

Richard Henry Tawney
Religion and the Rise of Capitalism

Translated by Ko Se-Hoon

Published by Hangilsa Publishing co., Ltd., Korea, 2015

노동자교육협회 집행부 시절인 50대 초반의 토니
영국노동당 역사에서 토니만큼 당 안팎의 존경과 사랑을 받았던 인물도 없다.
그는 노동자에겐 삶의 스승이었고 지식인과 정치인에겐 사상의 뿌리 역할을 했다.
20세기 영국의 사회주의를 견인한 저술들을 남기면서도 노동운동의 현장을 떠나지 않았다.
토니는 '사회주의에 대해 글을 썼을 뿐 아니라, 개인의 삶에서 자신이 말한 바를 구현했다.'

「종교개혁」, 샤를 르 브룅, 17세기, 루브르 박물관

16세기 전반 유럽은 종교개혁의 열풍으로 들끓었다.
베버가 주로 개인의 내면적 삶, 동기, 경제행위에 종교개혁이 미친 영향을 이해하고
그것이 어떻게 자본주의적 품성을 형성했는지 분석했다면
토니는 자본주의정신이 공공영역에서 기독교를 전면 철수시켰다고 비판했다.

「부자와 빈자」, 무명의 플랑드르파 화가, 17세기, 독일 빵 박물관
토니는 평등을 편의(expediency)로부터 정의하는 일을 거부한다.
인간은 무한히 위대하며 또 무한히 취약하다는 사실이야말로 인간이 공유하는
압도적인 공통성이며, 따라서 계급구분은 인간과 창조주 모두에게 모욕이라는 것이다.

런던 블룸스베리의 맥클렌버러 광장 근처에 있는 토니의 집
'역사가, 교사 그리고 정치적 작가'라는 현판이 달려 있다.
현판식은 토니 탄생 100주년이 되는 1980년 11월 30일에 열렸다.

HANGIL GREAT BOOKS 140

기독교와 자본주의의 발흥

R.H. 토니 지음 | 고세훈 옮김

한길사

기독교와 자본주의의 발흥

토니의 사상과 한국교회 | 고세훈 ································· 13

서문 ··· 39
1937년 판 서문 ··· 41

제1장 중세라는 배경 ··· 55
Ⅰ. 사회유기체 ··· 68
Ⅱ. 탐욕의 죄 ·· 98
Ⅲ. 이상과 현실 ·· 127

제2장 대륙의 개혁가들 ··· 137
Ⅰ. 경제혁명 ·· 139
Ⅱ. 루터 ·· 154
Ⅲ. 칼뱅 ·· 181

제3장 영국국교회 ··· 219
Ⅰ. 토지문제 ·· 222
Ⅱ. 종교이론과 사회정책 ·· 239
Ⅲ. 개인주의의 성장 ·· 270

제4장 청교도운동 ···································· 293

Ⅰ. 청교도주의와 사회 ···························· 294
Ⅱ. 신의 규율인가, 상인의 종교인가 ················ 313
Ⅲ. 경제적 덕목의 승리 ·························· 335
Ⅳ. 가난에 대한 새로운 처방 ···················· 369

제5장 결론 ······································ 397

인명사전 ···································· 409
R.H. 토니 연보 ···························· 425
옮긴이의 말 ································ 433
찾아보기 ································· 437

일러두기

- 이 책은 Richard Henry Tawney가 쓴 *Religion and the Rise of capitalism: A Historical Study*(New York: Harcourt, Brace and Company, 1952)를 옮긴 것이다.
- 본문에 나오는 [ ]는 독자의 이해를 돕기 위해 옮긴이가 넣었다.

토니의 사상과 한국교회[1]

고세훈 고려대학 교수 · 정치경제학

"아, 교회가, 마르크스 이전에, 하나님을 아는 지식 자체가 그 안에 모든 거짓과 우상들로부터의 해방을 자동적이고도 불가피하게 포함한다는 것을, 그러한 지식이 스스로 해방을 성취할 수 있다는 것을, 말과 행동으로 보일 수 있었더라면!" -카를 바르트, 「루트비히 포이어바흐」("Ludwig Feuerbach"), 1926

영국노동당 안팎과 영국사회주의 좌우에서 R.H. 토니(1880~1962)만큼 존경과 사랑을 받았던 인물도 없다. 그의 인간과 사상, 개인적 행로와 공적 활동이 엄정한 일관성을 유지하며 한 치의 어긋남도 허용치 않으려 했기 때문일 것이다. 무엇보다 그는 노동당 정치를 주도했던 수많은 지식인 · 정치인들에겐 사상의 원줄기 역할을 했던 대학자였다. 그는 전간시절 영국에서 가장 많이 팔린 역사서인 『기독교와 자본주의의 발흥』을 쓴 저명한 경제사학자이며, 『취득형 사회』와 『평등』 등 20세기 영국사회주의를 견인했던 굵직굵직한 저술들을

[1) 이 글은 「R.H. 토니의 사회경제사상: 기독교적 위상과 한국적 함의」(『오토피아』, 제30권, 제2호, 2015년 11월)를 수정 · 보완해 재수록한 것이다.

통해 영국사회주의사에 윤리적 신조를 부여했던 정치 사상가였다.

그러면서도 그는 노동당 정치의 현장을 떠나지 않았던 정치인이었고, 평생을 자선과 노동자교육에 헌신했던 사회 활동가, 성인교육 개척자, 완전무상의 중등교육 주창자, 대학개혁가였다. 제1차 세계대전이 발발하자 동료들과 달리 장교가 아닌 일등병으로 자원하여 솜므 전선에서 치명상을 당하기도 했고, 네 차례나 선거에 패했으면서도— 한 번은 당선이 확정적이던 선거구를 고사했다— 영국정치인 누구나 선망하는 상원의 작위는 거부했으며, 마지막 순간까지 검소와 절제의 흐트러짐 없는 삶을 살았다. 실로 토니는 "사회주의에 대해 글을 썼을 뿐 아니라, 개인의 삶에서 자신이 말한 바를 구현"했거니와, 개인적 삶의 경험과 현실사회와의 끊임없는 실천적 교류 속에서, 이론과 실천의 접점지대, 원칙과 행동의 중간지대에서 양자를 오가며 그 둘의 변증법적 통합을 구현하는 데 평생을 바쳤던 인물이다.

방법론: 반실용주의와 반물질주의

그러나 토니는 다른 무엇보다도 정신과 가치의 의미를 알았던 도덕가였다. 그가 베일럴에 진학했을 때, 옥스퍼드에는 T.H. 그린의 윤리적 이상주의의 향취가 여전히 짙게 배어 있었고, 그린의 가장 충실한 계승자인 E. 케어드 학장은 그에게 가장 많은 영향을 미친 도덕철학자였다. 실제로 "현대사회는 도덕적 원칙과 이상의 부재로 인해 병들어 있다"는 진단이야말로 토니의 삶과 사상의 출발점이었다. 토니에게 정신과 가치와 윤리는 역사의 진보를 위한 토대였고 변화는 일차로 사상과 의지의 문제였다. 그는 유물론 같은 기계적 설명에 한 번도 동조한 적이 없거니와, "원칙에의 호소는 사회의 진정한 재건의 조건"이었고 "개인의 가치 변화 없이 제도 변화는 불가능"했기 때문이었다.

따라서 투쟁의 진정한 지형은 기질, 정신, 마음의 습관과 관련되고, 그가 강조하는 '도덕적 선택의 정치'(politics of moral choice)도 의지와 열정을 통해서만 구현되며, 진보는 개인의 도덕적 가치의 움직임에 의해 추동된다. 요컨대 토니의 방법은 인간기질의 배양과 자극을 경유하는바, 가령 자본주의의 핵심적 문제인 불평등은 그것을 지탱하는 마음의 습관, 곧 '불평등의 종교'가 더 이상 힘을 발하지 못할 때, 비로소 종식되리라는 것이 그의 믿음이었다.

토니의 엄정한 도덕주의는 사회문제들에 대한 실증주의적, 가치중립적 접근, 곧 통계와 사실수집 중심의 설명에 의문을 제기한다. 예컨대 경제적 특권을 폐지해야 하는 이유는 그것의 비효율성, 곧 그것들이 부의 생산을 저해하기 때문이 아니라 그 자체가 윤리적으로 사악하기 때문이다. 토니는 페이비언협회의 창설자이며 비범한 사실수집가인 웨브 부부(Sidney and Beatrice Webb)를 존경해 마지않았지만 그들의 국가주의적 사회주의 입장은 지지하지 않았다.[2] 페이비언들은 "공공복리의 기준을 곧장 벤담의 공리주의로부터 취해왔고 ……이런 포퓰러의 한계 속에서 ……다수의 복리를 증진시키는 경제체제'를 최상의 것으로 여겼다. 그들에게 문제는 목적이 아니라 언제나 수단이었다."

토니에 따르면 페이비언주의는 도덕을 배제하고 효율과 편이에 초점을 맞춤으로써 '다수의 물적 풍요'라는 목적 자체를 위해 소수에 부과되는 반사회적 혹은 착취적 관행에 대해 대체로 무관심했다.

---

2) 페이비언주의의 주된 주장들에 관해서는 George Bernard Shaw, *et al.*(1889), *Fabian Essays in Socialism*, 고세훈 옮김, 『페이비언 사회주의』, 「서문」, 아카넷, 2007 참조.

"편의가 아무리 크다 할지라도 ……불의를 정당화하지는 않는다. ……다수의 복지보다 상위의 법이 있다. 그 법은 모든 개성에 내재된 최상의 가치이다." 특히 공리주의의 실천적 부당성은 그것이 행복을 오로지 물질적 개념으로 이해했다는 데 있다.

그러나 가령 결함이 있는 경제관계는 단순히 "빈자가 받는 부의 몫"을 증가시킨다고 교정될 수 없거니와, "평화는 모두가 주급 3파운드를 받을 때 오는 것이 아니라 사회의 물질적, 객관적인 외적 구조가 개인들의 주관적 정의 관념에 조응한다고 느끼는 원칙들에 토대를 두고 있다는 것을 모두가 인지할 때 찾아온다." 그리하여 토니는 페이비언들이 "방을 청소하면서, 영혼의 창문은 닫아둔 채로 있다"고 진단한다. 사회주의는 일차로 도덕과 개인적 갱생에 관한 것이었기 때문이다.

토니의 작업 대부분도 사적 유물론의 전도, 곧 경제적 토대가 문화와 가치 등 상부구조를 결정하는 것이 아니라 가치들 자체가 작용과 반작용의 끊임없는 과정에서 토대형성에 기여한다는 점을 보여준다. 정치, 문화적 제도들은 물질주의적 힘의 산물일 뿐 아니라 자체의 본래적 정신을 발전시키고 맥락과 외부요인들에 무관하게 스스로의 역사를 만들어간다. "그것들은, 일단 태동하면, 그 나름의 생명력과 일련의 가치를 획득한다. 그것들은 전설이 된다. 그런 가치들과 그 전설은 그 자체가 원인적 힘이다." 토니에게 중요한 것은 계급이 아니라 인간이었다.

그러나 토니가 가치, 사상, 원칙의 중심성을 인정했다고 해서 그가 일방적 인과관계의 환원론을 수용한 것은 결코 아니다. 오히려 그는 모든 교조적·관념적 결정론, 경제적 결정론의 극단적 입장과 단선적 설명을 거부하고 역사발전에서 이중적 인과관계를 중시했다. "한 시대의 문명과 역사적 과정이란 다양한 요소들이 상호작용하는 하나의 연결된 전체를 형성"하며, 모든 현상은 작용·반작용의 연쇄과 정이고 또 결과라는 것이다.

특히 그는 관념에 대한 연구가 물질을 배제한 채 이루어져서는 곤란하다고 지적한다. "강력한 생존력을 지닌 독트린들은 매우 종종 탐구보다는 시장터의 자식"이기 때문이다. 그러면서도 토니는 역시 최종적으로 중요한 것은 정신이며 사람은 이상을 위해 물적 조건을 창조적으로 형성할 자유를 지닌다는 확신을 끝내 양보하지 않았다.

경제적 힘들의 끌고 당기는 압력에 초점을 두는 철학은 뿌리와 토양을 무시하고 꽃만 이상화하는 역사해석상의 손쉬운 감상주의에 대한 정당한 응보다. 그러나 그러한 힘들은 자동적인 동인이 아니다. 그것들은 인간의 정신과 의지라는 변혁적 매개를 통과할 때 비로소 ……우회적인 동력이 된다. 후자는, 전자에 반응하면서, 자기 고유의 패턴을 부과한다. ……최종적으로 중요한 것은 물질적 도전이 아니라 인간의 응전이다.[3]

취득·기능사회 그리고 평등

한 사회의 문명화 정도는 "그 행위가 영적 목적에 의해 인도되며 물적 자원을 구성원 개개인의 존엄과 교양의 증진을 위해 사용하는 정도"에 비례하며, "천국이 먹고 마시는 것이 아닌 의와 평화라면, 문명 또한 ……추구할 가치가 없는 목적들을 위해 갈수록 정교해지는 ……장치들을 무한정 늘리는 데 있지 않다." 토니는 사회는 부의 축적이나 안락의 정도 등 양적 기준이 아닌 좀더 질적으로 평가돼야 하

---

3) R.H. Tawney, *The Western Political Tradition*(London: SCM Press, 1949), p.17.

며, 좋은 사회의 징표는 물질적 풍요가 아니라 관계에 있다고 보았다. 그에 따르면, 과거 경제적 삶은 도덕의 일부였지만, 세속·계몽주의의 철학으로 인해 경제활동은 도덕적 규제에서 해방된 윤리부재의 영역으로 변질되었고, 공유된 목적과 공동의 원칙이 소실되면서 부의 취득에 무제한적으로 몰두하는 취득적(acquisitive) 사회가 탄생했다.

취득적 사회의 중심적 악은 기능과 무관한 보상권의 존재, 즉 권리가 의무 혹은 사회적 서비스로부터 분리된 것인데, 특권이란 바로 상응하는 기능이 따르지 않는 무기능의 권리를 말한다. "사회가 건강하려면 인간은 자신을 권리의 소유자가 아니라 기능의 수행을 위한 수탁자(trustees), 사회적 목적의 도구로 간주해야 한다." 토니에게 문제는 사적 소유권 자체가 아니라 노동에서 분리된 소유권이며, 그는 무기능적 재산이 옛 재산소유형식들을 몰아내면서, 이제 대립은 사적·공적 재산이 아닌 기능적·무기능적 재산의 그것이 되었다고 말한다.

토니가 무용물(futilities) 혹은 J.A. 홉슨의 용어를 빌려, 비자산(improperty)이라고 불렀던 수동적 무기능 자산(functionless property)의 증대는 사유재산에 대한 전통적 정당화의 근거를 앗아갔거니와, 일을 의미 있게 만드는 원칙인 기능의 자리에 권리가, 사회적 목표를 대신하여 사적 이익이, 공동이해를 대체하여 사적 이해가 들어서면서 소유와 권력은 그 자체로 목적이 되었다. 그리하여 사회의 의미와 목적은 사사로운 목적들로 정향된 수많은 개인의 욕망으로 분해되고, 사회가 계급, 이해, 집단들의 적의에 찬 투쟁으로 인해 항구적인 병적 초조함 상태에 놓이게 되면서, 사회적 평화는 불안정하고 단명하며 마침내 문명 자체가 파괴될 위험에 직면했다는 것이 토니의 관찰이다. 그리하여 취득적 사회란 공동목표를 결여한 사회, 의무 없는 권리만이 주장되는 사회, 그리하여 본질상 산업적 불화의 사회이며, 거기에서는 경제성장조차 자기 몫에 대한 투쟁에서 기인한 잠재적 갈등의 해결책이 되지 못한다.

토니는 취득적 사회와 기능적 사회를 명시적, 암묵적으로 대비시킨다. 기능적 사회에서 권리는 공공목적의 맥락, 곧 조건적으로 행사되며 산업의 모든 과정은 자본소유주의 이익이 아닌 공공서비스를 강조하는 방향으로 전환되고, 응집과 연대로 특징되는 공공문화가 자리를 잡는다. 특권은 무기능일 뿐 아니라 반기능적이기 때문에 당연히 권력과 소득은 우연이나 출생이 아닌 원칙과 역할에 따라 배분되거니와, 만일 사적 소유자가 어떤 적극적인 기능도 수행하지 못할 때 그로부터 사적 소유권은 박탈된다. 그 방식은 원칙보다는 편의의 문제로 개별사례에 따른 유연성을 확보해야 하는데, 예컨대 국유화는 하나의 수단이지 목적이 아니며, 소유형식은 조직, 금융구조, 행정, 소비자대표, 생산자 참여 등과 관련하여 수많은 다양성을 지니기 때문에 헌법적 상상력을 최대한 동원할 필요가 있다.

그리하여 현대의 경제적 삶에서 잃어버린 목적 개념이 복귀되면, 사회경제적 삶의 초석으로 재차 확립된 기능의 원칙은 정당한 형태의 재산과 부당한 형태의 재산을 가르는 기준이 되고, 활동들은 공동의 보편적인 사회목적에 대한 기여 혹은 서비스의 관점에서 정의될 것이다.

토니의 기능적 사회개념은 그에게 개인이란 늘 공동체의 일원으로서 개인이라는 점을 보여준다. 공동체는 공동문화를 요구하며 고차원의 공동문화는 공동이익에 관한 강한 의식 그리고 문명이 소수 엘리트가 아닌 모두의 공동과제라는 확신 그리고 공유된 생활방식을 토대로 피차 소통할 수 있는 결속과 형제애에 의해 형성된다.

그러나 "공동문화는 욕구한다고 창출되는 것이 아니다. 그것은 사회조직의 실질적 토대 위에 구축돼야 한다. 상이한 계급의 경제적 기준과 교육적 기회가 심대하게 대립하는 곳에서는 공동문화가 아니라 한쪽의 굴종 혹은 분노 그리고 다른 쪽의 시혜 혹은 오만이 결과한다." 따라서 공동문화를 위해서는 일정 정도의 사회경제적 평등이 불가피하며 이 점이야말로 토니가 평등을 기능적 사회의 주된 원리로 내세운 이유다.

토니는, 취득·기능사회 논의의 연장선상에서, 불평등사회가 다수의 필요를 희생하여 소수의 안락과 특권을 위해 자원을 오용하며 국민의 재능과 기술의 개발을 어렵게 만든다고 보았지만, 동시에 인간의 본래적 자질, 능력의 차이를 예민하게 인식했다. 그에 따르면 평등의 원칙은 얼마든지 다양성과 양립 가능한데, 사람들은 상이한 방식으로 충족돼야 하는 다양한 필요를 지닌 존재이며, 기능의 원칙에 따르더라도, 모두가 누려야 하는 축소 불가능한 최소한의 권리와 기준을 넘어서면, 수행된 서비스에 따른 차등적인 보상은 당연하기 때문이다. 이런 점에서 자유와 평등은 같이 가며, 평등은 "금전적 소득의 동일함"이 아니라 "환경, 교육과 문명수단에의 접근, 안전과 독립의 균등함 그리고 그것이 동반하는 사회적 배려"로 정의된다.

그가 "그러한 다양성이, 계급, 소득, 성, 피부색 혹은 민족 같은 우연이 아니라 인간가족의 다양한 구성원의 진정한 필요에 근거해야 한다는 데 평등의 본질이 있다"는 점을 강조한 것도 이런 맥락이다. "불평등을 비판하고 평등을 욕구하는 것은, 때때로 상정되듯이, 사람들이 그 성격과 지성에서 동등하다는 낭만적인 환상을 품는 것이 아니다. ……사람들의 자연적 재능은 심대하게 다르기 때문에 ……사회적 활력의 근원이 되는 개인의 차이들은 사회적 불평등들이 감소될수록 더 풍성하게 표출될 것이다." 가령 그는 재능에 따른 교육선발과 교육공여의 다양성을 반대하지 않았으며, 중등교육의 다양화 필요를 여러 계기에 걸쳐서 주창했다.

공여의 평등은 공여의 동일함이 아니다. 교육의 평등이, 환자에 대한 평등한 고려가 모든 환자에게 같은 종류의 치료를 제공해야 하는 것이 아닌 것처럼 모든 어린이가 같은 종류의 교육을 받아야 하는 것을 의미하지는 않는다. ……그것은 다양한 요구를 동일하게 충족하는 것이 아니라 다양한 요구를 개인에게 가장 적절한 방식으로 충족시키도록 동일한 관심을 취함으로써 달성될 수 있다.[4]

『평등』의 1938년판 서문에서는 다양한 개인의 다양한 필요를 충족시키는 것은 진정한 사회적 평등에 기초하여 조직된 사회의 특징적인 모습이라고 더 나아간다. 평등이 증진될수록 다양성도 커진다는 것이 그의 지론이었다. 토니가 특별히 문제 삼은 것은 개인의 차이가 아닌 사회조직의 방식, 곧 출생과 부를 경유한 특권에 따른 불평등이었다. 특히 그는 '불평등의 종교'가 지배하는 사회에서 나타나는 조건과 권력 모두의 누적적 편차로 인해 물적 조건뿐 아니라 교육, 건강, 자유, 선택, 문화, 삶 자체에서의 '불평등들'을 야기한다고 보았다.

공동의 필요보다는 특권에 주된 관심을 보이는 사회는 공동체를 갈등하는 계급으로 분화시킴으로써 계급에 따라 조직된 사회적 적대감을 부추긴다. 그리하여 사회의 생산역량, 즉 협력적 노력의 원칙에 따라 조직된 사회가 달성할 수 있는 것들을 제약할 뿐 아니라 강력한 기득권층의 이익을 보호하고 그러한 이익을 항구화한다. 사회적 응집이 아닌 '사회적 거리두기'가 촉진될 때 공동문화는 애초에 불가능한 것이 된다.

---

4) Lawrence Goldman, *The Life of R.H. Tawney: Socialism and History*(London: Bloomsbury, 2014), pp.208~209.

따라서 토니는 기존의 사회서비스가 시장실패를 봉합하여 빈곤을 구제하는 데 초점을 둔 것을 못마땅해 하며, 노동계급이 진정 원하는 것은 삶의 예외적 불행을 완화시키는 구제가 아니라 안전과 기회, 곧 특별한 재난에 처하지 않더라도 독립적이고 꽤 안정적인 삶을 꾸려갈 수 있는 공정한 기회라고 지적한다. 그가 소유 자체보다 소유자산의 집중, 그리고 소득불평등보다 부의 불평등 그리고 그로 인한 건강, 교육, 안전에 관련된 기회의 불평등, 지위와 존경에서의 불평등을 심각하게 생각한 것도 이 때문이다.

모든 사회경제적 장치들은 '문명의 수단'에 대한 접근의 평등성에 연결돼야 하거니와, 실제적 평등의 토대, 환경과 구조가 처음부터 불평등하다면 기회균등은 환상일 뿐이다. 그런 상황에서 기회균등을 주창하는 것은 마치 "달갑지 않은 손님에게 거절할 것을 뻔히 알면서 초대장을 내미는 불손함"과 같다. 토니에 따르면, '인간은 인간일 뿐'이라는 본질적 평등 개념에 비춰볼 때, 개인의 운명이 개인의 특징이 아닌 그가 사회체제에서 점하는 지위에 의해 결정된다는 점이야말로 도덕적으로 역겨운 일이며, "특정 계급이 다른 계급이 향유하는 문명의 유산에서 배제되고, 궁극적이고 중요한 인간애가 사소하고 하찮은 경제적 차이로 인해 가려지는 일이야말로 진정 가증스러운 일이다."

무엇보다 그는 평등을 편의(expediency)로부터 정의할 것을 거부한다. 인간은 무한히 위대하며 또 무한히 취약하다는 사실이야말로 인간이 공유하는 압도적인 공통성이며, 따라서 기존 사회체제의 특징인 계급구분은 인간과 창조주 모두에게 모욕적이다. 사회제도들—재산권, 산업조직, 공공의료·교육체제—은 가능하면 계획되어야 하거니와, 그가 국가의 역할을 강조하며 국가계획을 '예종에의 길'이라며 경고했던 하이에크에 대해 비판적 태도를 피력한 것도 이러한 맥락이다.

토니에 따르면, 국가가 민주주의를 파괴하는 데 앞장선 예가 역사에 넘칠지라도, 국가는 그것을 경영하는 사람과 독립돼서 자기만의 동력을 지닌 실체가 아니며 국가의 개입이 반드시 전제와 파국으로 귀결되는 것은 아니다. "바보도 할 수만 있다면 어리석은 목적을 위해 국가를 활용할 것이고, 범죄자는 범죄의 목적을 위해, 합리적이고 지각 있는 사람은 또 거기에 맞는 목적을 위해 국가를 활용할 터인데, 결국 국가는 상수 아닌 변수이며, 독재자는 독재적으로 행동할지라도, 전제 아닌 자유를 위한 계획은 가능하다"는 것이 그의 확신이었다.

"가난이 넘칠수록 평등을 확보할 필요 또한 증가하며, 무인도나 난파한 배에서 사람들은 불가피하게 배급제에 의존해야 한다." 그가 특권제거의 주된 수단으로서, 누진세를 통해 의료, 교육, 복지의 공동체 서비스를 위한 기금을 마련할 것과 더불어 정책의 범위를 노동자 참여구상, 최저임금, 공공의료와 공장개혁입법, 수동적 재산권의 사회화 등으로 확대한 것이나, 자유를 위한 국가개입의 예로 영국에서 최저임금제, 전시경제통제의 성공 등을 들면서 전시계획의 경험과 열정이 왜 평시에는 불가능한지 통탄한 것도 유사한 맥락이었다.

공동체주의적 가치에 대한 사회적 합의는 사회정책으로 결실을 맺는바, "한 사회의 건강을 위해 핵심적인 것은 그 사회가 향하고 있는 목표이며, 중요한 것은 그것을 완벽히 실현해내는 것이 아니라 성실하게 추구하는 것이다." "지난 두 세대 동안 보통 남녀들의 자유가 증대된 것은 정부의 개입에도 불구하고가 아니라 그것 때문에 가능했다. ……그간 자유의 어머니는 실제로는 법이었다." 토니에 따르면, 사회악이 지속되는 것은 무엇이 옳은지를 몰라서가 아니라 "잘못된 것을 지속해서 선택하기 때문이다. 그것들을 제거할 힘을 지닌

자는 의지가 없고 의지가 있는 자는, 아직은, 힘이 없다."

무엇보다 토니에게 사회문제는 곧 도덕의 문제이며 해결방법은 원칙의 영역, 곧 제1의 원칙으로 복귀하는 데 있었다. 이를 위해 인류는 좀더 항구적이고 포괄적이며 초월적인 철학적 준거 틀을 필요로 하는데, 취득형사회의 혼란도 사회윤리의 부재로 인한 공동의 사회 목표가 사라지고 사적, 기계적 사회관이 지배하면서 사회 권력이 정당성을 상실한 데서 비롯된 것이다.

그러면서도 토니는 인간은 자신과 자신이 속한 최상의 이익을 명백히 인식할 수 있는 합리적 피조물이기 때문에, 도덕적, 윤리적 합의는 이미 존재한다고 보았다. "사회적 삶의 개선을 향한 첫 번째 단계는 엄정한 도덕적 기준에 따라 사회행위를 판단하는 것이다. 나는 감히 말한다. 우리는 이미 어떤 행위가 옳고 그른지를 알고 있다고. 이제 우리가 아는 것에 기대어 행동하자." 중요한 것은 새로운 사실을 수집하는 것이 아니라 보편적으로 수용된 원칙들을 특정의 사회조건에 적용하는 것이다. 토니는 그런 원칙들과 윤리적 절대성의 기원은 기독교의 공동자산인 가치와 태도에서 찾을 수 있다고 확신했다.

토니 사상에 나타난 기독교의 위상

토니의 마지막 제자이며 17세기 영국사 전문가인 에일머(Gerald Aylmer)에 따르면 토니는 "가장 먼저 크리스천이었고, 그다음에 민주주의자였으며, 그다음에 사회주의자였다." 토니는 고교(Rugby)시절에 만나 우정을 지속했던 캔터베리대주교 윌리엄 템플 등 여러 명의 크리스천 인사들과 가까웠지만, 그에게 가장 많은 영향을 미쳤던 인물은 그보다 한 세대나 위였고 "20세기 영국국교회의 가장 매력적이고 영향력 있는 성직자" 찰스 고어였다.

옥스퍼드대학교 교수와 국교회 주교를 지낸 고어는 신앙의 초월성을 깊이 자각하면서도 신이 인간이 되었듯이 기독교도 인간적이 되고, 교회의 가르침도 심판의 교의보다는 윤리적 교의에 터를 잡아야 할 것을 강조했다. 토니는 대학개혁, 노동자교육, 임금위원회 설립을 위한 입법운동 등과 관련하여 그와 긴밀하게 협력했는데, 전간기간 가장 많이 팔렸던 역사서인 『기독교와 자본주의의 발흥』을 고어에게 헌정한 것도 "기독교 사회윤리의 증진을 위해 고어가 행한 주도적 역할을 인정"한 때문이었다. 토니는 신학적 전문가는 아니었지만, 고어로부터 기독교인이 된다는 것은 지속적 부름에 응답해야 하는 '어려운 과제'라는 점을 배웠다.

무엇보다도 토니에게 기독교는 사적 신앙이면서 동시에 사회적 실천이었으며, 토니 스스로도 기독교적 관점을 사적인 윤리의 문제뿐 아니라 사회와 사회구조의 문제에도 적용하는 데 헌신했다. 그는 멘토인 고어의 사회신학을 따라, 기독교는 이론적이라기보다는 실천적이고, 일련의 교의가 아닌 생활방식이며, 교회는 경제적 삶의 제 관계와 국가의 행위에 관심을 가져야 한다고 보았다. 그가 사회행위의 고유한 기독교적 기준이 회복될 것을 주창하며 『취득적 사회』의 결론에서 교회가 경제적, 사회적 행위의 도덕성 논의를 꺼린다는 점을 비판했을 때, 그는 교회가 '삶의 한 부분을 통째로' 포기한 데 대한 본격적인 역사적 연구서인 『기독교와 자본주의의 발흥』으로의 길을 예비하고 있었다. 또한 토니는 인간의 인간됨은 신이 부여한 것이고 신의 '인격성'과 공유하는 것이며, 모든 사회적, 민족적, 인종적 차별은 신의 의도와 목적을 거스르는 것이기 때문에 그 성격상 반기독교적이라는 인식에서 벗어나본 적이 없다.

인간평등에 대한 그의 믿음의 토대가 여기에 있거니와, 그에게 신에 대한 믿음과 모든 인간이 근본적으로 평등하다는 믿음은 늘 함께 갔다. 그에 따르면 무한히 위대한 신을 명상할 때 비로소 인간의 차이는 한없이 사소해지지만, 현대의 문제는 신이 위대성을 잊으면서 인간의 왜소함도 잊었고 그리하여 인간들 간의 차이, 구분을 만들고 확대하고 강조하며, 거기에 집착한다는 데 있다. 그리하여 "개개인의 영혼이 인간보다 상위의 권력에 관계된다는 점을 깨달을 때에만 인간은 서로를 목적으로 취급할 수 있다"는 것이 그의 신조였다.

기독교적 인간개념의 당연한 귀결은 강력한 평등의식이다. 평등은 모든 사람이, 똑같이 키가 크고 살이 쪄야 하는 것이 아닌 것처럼, 동일하게 영민하거나 동일하게 덕스럽다는 의미가 아니다. 그것은 모든 사람이 단지 그들이 인간이라는 이유 때문에 동일한 가치를 지닌다는 의미다.[5]

인간은 신이 보기에 평등하므로 서로의 평가나 행동에서 평등해야 하며 모두가 필요에 따라 공정하게 취급돼야 한다. "인간의 평등을 믿기 위해서는 신을 믿는 것이 불가피하다."

좀더 본질적으로 그는 "인간은 본성상 종교적(영적) 동물이기 때문에 종교에 대한 대안은 무종교(irreligion)가 아니라 반종교(counter-religion)"라고 단언한다. 그가 1949년 케임브리지의 '윌리엄 템플협회'에서 행한 연설에서 경제와 사회관계들을 포함한 삶의 모든 영역이 기독교적 성찰과 행동의 대상이라고 말했던 것은 우연이 아니었다.

---

5) R.H. Tawney, *Christian Politics*(London: Socialist Christian League, 1954), p.13.

인간 존재의 대부분을 차지하는 이해들, 의무들, 활동들을 내치는
것은 인간의 실존과 기독교 신앙의 사회적 성격 모두에 폭력을 가
하는 것이다. ……기독교의 반대는 비기독교가 아니라 반기독교
이다. 기독교가 떠난 집은 빈 채로 오래 남아 있지 않을 텐데, 그것
은 부나 권력의 숭배 같은 어떤 형태의 우상에 의해 점유되기 마련
이다. ……따라서 교회는 자체의 사회철학을 정립해야 하며, 거기
에 비춰서 그것과 상충하는 듯이 보이는 정책, 관행, 제도들을 비
판해야 한다.[6)]

기독교의 자리에 들어선 우상들, 곧 자본주의의 부의 숭배, 전체주
의의 권력숭배를 그는 모두 정신병적 질환이라고 보았다. "이 둘은
모두 성취를 숫자, 양, 크기와 관련해서 평가하며 편의를 행위의 유일
한 기준으로 삼는다. 그것들은, 법이나 관습에 의해 제약되지 않는다
면, 인간을 목적이 아닌 수단으로 취급한다는 점에서 비도덕적이다."
그는 물질과 권력이라는 거짓 신은 개인과 공동체의 강력한 영적 저
항력이 회복될 때에만 저지될 수 있으며, 이러한 대항권력은 세상권
력보다 상위의 법의 존재를 확신할 때에만 가능하다고 확신했다.
　전통적으로 법과 관습의 내부법정 또한 그 기원과 본질에서 기독
교적이었다. "신이 존재한다는 지식이야말로 인간에겐 막대한 힘의
원천"이지만, 그런 지식은 그 자체로 유용한 것이 아니라 그가 "어떤
종류의 신인가" 그리고 그가 "통상의 인간적 교류에서 누구인가"를
질문함으로써 힘을 발휘하며, 이 점이야말로 기독교가 우리에게 보
여주는 것이다. 개인의 자유, 다양성에 대한 관용, 인간의 평등 같은
서구사상의 핵심 개념들은 "제도가 인간을 위해 존재하며 그 역이

---

6) Goldman, 앞의 책, pp.183~184.

아니라는 기독교적 독트린 바로 거기로 환원된다."

무엇보다 그에게 신적이고 초월적인 것은 옳고 그름을 판단할 궁극적 기준을 제공했다. 토니는 이를 '초자연적 준거'라고 불렀거니와, 그것은 사람이 만든 것이 아니기 때문에 애초에 논란의 대상이 될 수 없다. 인간이 기독교의 가르침을 받아들인다면, 그들은 우주의 도덕원리의 주요 방향을 설정해주고 인간의 의무와 권리, 자유, 책임, 정의 등을 인간의 본성과 그의 신과의 관계라는 별도 영역에서 연역해낼 일단의 권위 있는 원칙들을 갖게 될 것이다.

토니가 종교개혁 이후 칼뱅주의의 점차적 변형에 관해 일정하게 비판적 태도를 보인 것도 이러한 맥락에서다. 그는 종교개혁을 도덕과 관점에서의 점진적 혁명으로 시작해서 단계적으로 근대자본주의로 이어진 것으로 파악한다. 한때 공공문화의 핵심에 있었던 종교는 사적 영역이 되었고 사람들의 일상생활에서 멀어졌다. 그러고는 개인주의가 들어섰는데, 그것은 "사회제도와 경제활동이 공공 목적에 관계되며" 그것들은 "사적 행위가 그런 것처럼 도덕적 기준에 따라야 한다"는 사상을 대체했다. 그리하여

피차 연결된 존재로서의 인간 그리고 신과 연합된 온 인류라는 개념―이는 모호하게 상정되고 불확실하게 구현된 공동의 목적과 관련된 데서 오는 상호책무들로 인해 가능했다―은 한때 사회적 피륙을 잣는 근본원리였지만, 교회와 국가가 사회생활의 중심에서 주변으로 물러나면서 사람들의 마음에서 사라졌다. 그 구조물에서 쐐기돌이 제거되자 남은 것은 사적 권리와 사적 이해, 곧 사회 자체가 아니라 사회의 재료였다.[7]

---

7) R.H. Tawney, *The Acquisitive Society*(London: Fontana, 1921), p.16.

교회와 국가가 자신들의 책무를 포기하자 권위체들의 기능은 개인들의 권리, 특히 재산권을 보호하는 데 모아졌다. 가령 18세기 사회는, 사적 권리의 절대성에 대한 존 로크의 주장을 따라, 개인이 자신들의 경제적 이익을 추구하는 데 어떤 도덕적 제약도 수용하지 않았다. 한때, 가령 중세시대에, 사회가 자체의 도덕적 목적에 비춰 사고되었다면, 이제 그것은 무도덕한 '자기 조절적 메커니즘'에 불과했다. 그 결과는 산업화의 맥락과 토대를 제공한 '사유재산과 무제한의 경제적 자유'의 체제였다는 것이 그의 관점이었다.

토니가 분명히 한 것은 자본주의는 "비기독교적(un-Christian)이라기보다는 적그리스도적(anti-Christian)이라는 점이다." 왜냐하면 자본주의의 본질적 덕목은 기독교의 본질적 악덕이고 신의 이미지에 모욕적인 결과를 낳기 때문에 그것을 관용하는 것은 일종의 불경이기 때문이다. 입만 열면 도덕적 설교를 늘어놓으면서 그것의 사회적 적용은 거부하는 기독교사상의 지도자들의 '굴욕적' 행태를 거론할 때 토니는 가장 분노했다. "이러한 회피는 정직한 사람을 역겹게 만들고 기독교를 경멸적인 것으로 만든다." 영혼을 선택했지만, 그 선택의 함의들을 탐색하는 데 실패한 사람들은 "그 면전으로 성경이 내던져진다 해도" 할 말이 없을 것이다.

따라서 과제는 보편적으로 수용될 수 있는 삶의 철학을 세우는 데 있지만, 그것은 정교한 도덕·사회철학을 새롭게 만드는 것이 아니라, 오랜 세월 기독교 국가들이 공동자산으로 지녀온 도덕적 지식의 샘에서 길어올리면 되었다. 그리하여 그는 교회가 사회경제적 문제들에 대해 기독교적 원칙을 세워야 한다는 제안은 새로운 것이 아니라 기독교 전통 특히 교부들, 스콜라 철학자들, 종교개혁 신학자들에 의해 이미 수립되었다고 보았다.

베버, 토니, 한국교회

베버는『프로테스탄티즘의 윤리와 자본주의 정신』에서 근대자본주의가 왜 16~17세기에 서유럽의 맥락에서 태동하고 발전했는지의 문제를 집중적으로 분석하고 있다.[8] 그 중심적 논지는, 자본주의 정신은, 상당한 정도로, 16~17세기의 금욕적 프로테스탄트들 혹은 청교도주의의 금욕적 종파들—오늘날 장로교도로 알려진 칼뱅주의자, 감리교주의자, 회중주의자, 침례교도, 퀘이커, 독립교회파 그리고 메노나이트—의 프로테스탄트 윤리에서 발원한 것이며, 그 윤리의 핵심에는 루터주의와 가톨릭주의와 대비되는 이들의 신앙적 입장과 그로부터 비롯된 직업윤리가 있다는 것이다. 그가 특히 주목한 것은 '청교도주의의 속세적 금욕주의'와 그에 따른 예정설과 직업적 소명(vocational calling) 개념이다. 베버에 따르면 칼뱅주의 예정설의 귀결로서 구원에 대한 인간 편에서의 불확실성과 그로 인한 '유례없는 내적 고독의 감정'이야말로 자본주의 정신을 탄생시킨 원천적인 종교적 에토스였다. 이러한 실존적 고뇌를 달래는 유일한 길은 오로지 행동일 터인데, 칼뱅주의에서 그 행동은 내적 통회를 넘어서 외적으로도 엄정한 자기규율과 신을 위한 적극적 삶으로 표출된다.

---

8) 1904~1905 기간 2편의 에세이로 선을 보였던『프로테스탄티즘의 윤리와 자본주의 정신』은 1920년에야 처음으로 책으로 개정출판되었고, 1930년 훗날 미국의 대표적인 사회이론가로 활약할 탈콧 파슨스의 번역으로 영어권 세계에 소개되었다. 파슨스 번역본이 1958년과 1976년에 각각 토니와 기든스의 서문을 달고 재출판되면서『프로테스탄티즘의 윤리와 자본주의 정신』은 사회변화의 원천으로서 가치와 관념을 강조한 사회과학의 고전으로 지금까지 그 자리를 지키고 있다. 2002년에는 미국 '막스베버학회'의 회장으로 있는 베버 전문가 스티븐 칼버그가 자신이 직접 번역한 파슨스 이후 최초의 새로운 영문판을 원전에 대한 방대한 해설을 곁들여 내놓으면서 관련학계의 새로운 관심을 불러일으키고 있다. 한국에서는 최근 김덕영이 베버의 신학과 관련하여 상세한 주석과 방대한 해제 그리고 보론을 담아 새로운 번역을 선보였다. 다음의 논의는 칼버그의 책에 많이 의존한 것이다.

하나님을 향한 "도덕적 의무의 최고 형태가 자신의 세상적 의무를 완수하는 것"이 될 때, 영혼에 위험한 것으로 간주됐던 상업(기업)활동은 새로운 신성성을 획득하고 노동은 단순한 경제적 수단이 아니라 영적 목적의 차원으로 고양된다. 가령 부의 축적도, 근면과 절제의 결과물인 한 도덕적으로 정당하며, '선행'은 구원의 확실성을 증명하는 매개물이고, '직업적 성공'은 선택(election)의 근거가 아닌, 이미 선택되었다는 징표로서 간주되게 된다.

칼뱅주의는 구원의 성취 혹은 확인에 대한 적극적 관심에서 기인한 도덕적 열정을 극대화함으로써 기업가와 노동자들에게 금욕적 자기통제와 노동윤리를 고양시키는 경제적 관점을 형성하는 데로 나아갔다. 따라서 베버가 보기에 "자본주의란 칼뱅주의 신학의 사회적 대응물"인바, 17세기 중엽에 이르면 영국과 네덜란드의 경제적 번영이 칼뱅주의의 영향 덕으로 돌려지는 일이 빈번해지고 있었다.

베버가 주로 개인들의 내면적 삶, 동기, 경제행위에 개혁종교가 미친 영향을 이해하고, 자본주의적 품성의 형성에서 종교사상이 수행한 역할을 설명하고자 했다면, 토니가 『기독교와 자본주의의 발흥』—토니가 베버의 논지를 접했다거나 그것을 염두에 두고 이 책을 집필했다는 기록이나 흔적은 없다—에서 주목한 것은 인클로저가 시작된 이후 사회윤리에서의 더욱 광범위한 변화와 종교개혁 이후 수세기에 걸친 기독교 사회전통 자체의 점진적 변형 혹은 후퇴였다.

이러한 문제의식은 훗날 토니가 탈콧 파슨스가 번역하여 영국에서 출간된 베버 책의 최초 영어판 서문에서 자신의 관찰 혹은 주장과 베버의 그것들과의 근본적 차이를 언급한 데서 다시 드러난다. "베버가 답하고자 하는 질문은 단순하고 근본적이다. 그것은 자본주의 문명의 발전을 가능하게 한 심리적 조건들의 문제다." 토니에 따르면 베버의 이런 관점은 당대의 경제조직과 사회구조에서의 변화들이 갖는 중요성을 간과했고, 르네상스 정치사상의 의의를 과소평가했으며, 가톨릭 저술가들에서 나타난 유사한 윤리적 전환을 등한시했고, 칼뱅주의가 여러 지역과 시기에 취했던 다양한 형태에도 불구하고 그것들을 동일한 것으로 제시했다. 그리하여 그는 "[베버는] 경제발전에 대한 종교사상의 영향"을 추적했지만, "당대에 수용된 경제질서가 당대의 종교적 견해에 미친 영향을 이해하는 것"또한 중요하다고 지적한다.

토니 주장의 요체는, '자본주의 정신'은 프로테스탄티즘의 윤리에 의해 영향을 받았을 뿐 아니라, 공공영역으로부터 기독교의 전면적 철수를 불러왔고 그러한 철수가 발생시킨 윤리적 공백을 메우며 들어앉았다는 것이다. 이런 맥락에서 그는 근대자본주의의 발흥에 일정한 역할을 했던 프로테스탄티즘의 윤리는 자본주의의 발전이 진행되면서 교회의 신학적 태만, 무관심, 무지 등으로 인하여 점차 자본주의의 윤리적 계도(啓導)를 위한 원래의 적극적 역할을 포기하고 스스로 세속적 물질주의 정신의 하위개념으로 주변화되었다고 관찰한다.

무엇보다 토니는 청교도주의가 사회질서를 주조하는 데 일조했지만, 반대로 그것에 의해 영향을 받았다는 점을 주목하고 있거니와, 그에 따르면, "종교사상이 경제발전에 미친 영향을 추적하는 것은 유익한 일이지만, 한 시대가 수용한 경제제도들이 그 시대의 종교적 관념에 미친 영향을 이해하는 일 또한 그 못지않게 중요하다." 가령 노동과 부의 취득을 강조했던 후기 칼뱅주의, 곧 "[17세기] 영국 시민혁명에서 싸웠던 칼뱅주의는 ……그 창설자의 칼뱅주의가 아니"었는데, 왜냐하면 칼뱅 자신은 제네바를 [자본주의적 도시와는 반대의] 유리의 도시, 거대한 수도원으로 만들었고 그 본성상 자본주의 정신에 대립하는 반개인주의적인 집단주의적 규율을 부과했기 때문이라는 것이 그의 관찰이었다.

따라서 토니는 칼뱅의 칼뱅주의가 자본주의의 문을 연 정도를 과장하는 것이 옳지 않은 것처럼 후기 칼뱅주의가 새로운 경제질서에 의해 영향받은 정도를 과소평가하는 것 또한 잘못이라는 점을 부각시킨다. 이런 점에서 17세기 영국의 대표적 청교도인 리처드 백스터가 불과 한 세기 전의 초기 칼뱅주의의 경제윤리를 회복하려는 시도는 실패했으며, 그런 노력은 "새들이 먼 비옥한 평원에서 물어와 빙하지대에 떨어뜨린 씨앗과 같았으니, 그 씨앗들은 빙하의 강물 속에서 썩지 않은 채 메말라갔다."

토니에 따르면 "……중세경제사상은 경제문제를 종교가 정점에 있는 모든 인간의 이해와 활동들을 포괄하는 가치의 위계의 일부로 취급"했지만, 불행히도 종교개혁이 동반한 근대경제관계는 '좀더 높은 권위'에 대한 책임에 따라 정의된 사회목적에 대한 인간의 유대를 약화시켰다. "공동의 목적에 대한 관계에서 비롯된 상호책무에 의해 인간이 서로 연결돼 있고 모든 인류는 신과 연합되어 있다는 개념"은 중세 이후 교회와 국가가 사회생활의 중심에서 주변으로 후퇴하면서 인간의 마음에서 사라졌다. 과거에는 비록 모호하게 상정되고 불완전하게 구현됐을지라도, 그런 개념은 사회적 피륙을 유지하는 정초였다. 그런 정초가 무너졌을 때 남은 것은 사회 자체가 아니라 사적 권리와 사적 이익이고, 사회의 물질이었다.

요컨대 교회는 자본주의가 초래한 새로운 문제들 앞에서 교의의 현대화에 실패했거니와, 생각을 멈추었기 때문에 가질 수 없었고 가지지 못했기 때문에 줄 수 없었으며, 그 결과 교회의 사회적 가르침은 더 이상 중요하게 간주되기를 멈췄다. 그리하여 토니는 교회교의가 포기된 것은 포기될 만했기 때문이며, 교회의 사회이론이 무시된 것은 무시할 만했기 때문이라고 탄식한다. 토니는, 원죄와 인간의 타락을 깊이 인식했던 기독교사상가였지만, 17세기의 후기 청교도주의가 "인간의 본래적 약함을 덕목으로 오히려 과장함으로써" 물질에 대한 개인의 탐욕 같은 반사회적 인간본성을 부추겼다고 지적하는 것이다.

중요한 점은 토니의 역사탐구가 언제나 당대적 관심에서 비롯되었다는 점을 인식하는 일이다. '자본주의에서의 경제적 삶의 도덕화, 자본주의문명의 재정신화 문제'야말로 그가 궁극적으로 추구했던 과제였거니와, 만일 종교개혁 당시에 기독교 사회윤리가 더 나빠지는 쪽으로 변했다면, 그것이 다시 활력을 얻어서 20세기에 효과적으로 적용될 수 있어야 했다. 기독교사회사상의 위대한 전통을 탐구하면서 당대문제들의 기원을 조명하려 했던 『기독교와 자본주의의 발흥』의 목적도 사회적 삶에 목적과 통합성을 줄 수 있는 전통적 사회윤리를 새롭게 복원함으로써 기독교사회사상의 역사적 신뢰를 재창출하는 데 있었다.

그리하여 그는 취약한 인간본성도 외적, 내적 물적 환경에 못지않게 도덕적 원칙들에 의해서 순화되고 제어되고 길들여질 수 있고 또 그래야 한다고 보았다. 으로부터의 인용이다.

인간의 본성이 변치 않는다는 통상적 진술은 그러한 본성의 가장 인간적이지 못한 측면들과 관련해서만 타당하다[인간본성의 인간적인 측면들은 유전되면서 변화한다]. 오늘날의 늑대는 니므롯[구약 (창세기 10: 8-9)에 나오는 뛰어난 수렵가]이 사냥하던 때의 늑대와 변한 것이 없다. 그러나 인간은, 늑대의 많은 속성을 지닌 채 태어날지라도, 순치된 늑대이며, 그러한 늑대는 자신을 부분적으로 길들여온 기예들을 후대에 물려주면서 또한 그런 기예들을 개선해 나간다. 그는 사회적 유산 속으로 발을 들여놓는 것인데, 각 세대는 그런 유산을 후대에 물려주기 전에 자기만의 때론 선하고 때론 악한 기여를 추가하는 것이다.

토니에게 인간의 취득적, 이기적 속성은 시대와 장소 혹은 시대정신과 독립적으로 존재하는 것이 아니었다. "실제로는, 비록 물려받은 성향은 세대를 거듭하는 가운데도 동일할지라도, 가치와 선호 그리고 이상의 체계─개인의 성품이 작동하는 사회환경─는 지속적으로 변화한다." "인간은 황혼기에 살도록 운명 지어졌다. 그러나 어둠은 어둠이고 빛은 빛이다. 중요한 것은 인간의 얼굴이 향하는 방향이다."
그에게 인간의 행위를 형성하는 세력들을 논할 때 윤리적 판단은 여전히 핵심적이었다. "인류의 집단적 문제에서 잘못된 독트린은 언제 어디서나 잘못된 행동보다 더 치명적이다." 가령 노예제에 대한 인간의 태도 변화는 인간의 집단의식이 시간과 더불어 변할 수 있다는 가장 좋은 증거다. "인간을 재산으로서 사고파는 것이 치욕적인 것이라면 왜 어린이 임금착취 같은 현대산업의 가장 특징적인 부도덕성들에 대한 인간의 정서가 바뀔 수 없는 것인가." 도덕적 혐오에 대한 인간의 시야는 인간의 소유로부터 인간노동의 소유문제로 확대돼야 한다는 것이다.
그러면서 토니는 기독교 사회윤리야말로 기능사회의 도덕적 토대를 제공한다고 확신했다. "이러한 사회철학은 사회는 경제적 메커니즘이 아니라 공동의 목적에 대한 헌신하는 의지들의 공동체임을 시사한다. 따라서 그것은 하나의 종교철학이며, 그것이 진실이라면, 기독교교회야말로 그것을 전파하는 적절한 단체다." 토니는 변화를 낙관했고 그 가능성과 희망을 교회에서 보았다. 무엇보다 교회는 공동목적을 위한 규범적 지침을 제시하고 단순한 정치적 편의보다 우월한 초월적인 도덕적 기준을 정의하며 개인의 효용보다 공동체적 유대를 우선시하며 영적 문제를 훨씬 넘어 개입의 영역을 확대해야 한다. 그가 보기에, 종교를 규율과 제도로 외표화하며 사적 삶을 사회적 삶에서 분리시키는 '안이한 이원론'은 인간의 본성에도 또 "세상 속에서 이웃과 더불어 살라"는 기독교원리에 비추어도 설득력이 없다.

만약 사적 공간에서 한 주인을 섬기고 시장과 모임에서는 다른 신을 섬긴다면, 삶은 훨씬 단순해질 것이다. 그러나 세상은 그런 식으로 만들어지지 않았다. 인간은 양서류적인 동물이다. 그는 두 세계에 속해서, 그 양쪽에서 하나인 삶을 차례로가 아니라 동시에 살아간다. ……경제세계를 악마에게 방치하는 기독교는 내가 보기엔 전혀 기독교가 아니다. 자본주의는 인간의 목적을 물질적 수단이라는 우상의 제단에 희생하는 비대한 조직이기 때문이다.[9]

지금은 세속화로 인해 그 역할이 현저히 줄어들긴 했지만, 실제로 서유럽사회에서 교회는 전통적으로 핵심적 복지제도의 하나였고―봉건제, 대가족제와 더불어―사회경제적 문제에 대해 끊임없이 발언해왔다. 그러나 그간 한국기독교는 신도수와 물량적 측면의 외적 성장에도 불구하고 한국사회의 사회경제적 현실에 대해 교회 전체는 말할 것도 없고 교단 차원의 이렇다 할 문제의식을 피력하거나 진단과 처방을 제시해본 적이 없다. 신앙은 지극히 사인화되어 있어서 신도 개인이나 개교회 차원의 자선―이마저 전교회 차원에서 어느 정도 규모로 얼마나 정례적, 공식적으로 이루어지는지에 관한 통계와 분석은 없다―을 넘어서 체계적, 체제적으로 발생되는 빈곤과 불

---

9) R.H. Tawney, *The Attack and Other Papers*(London: George Allen and Unwin, 1953), p.165.

평등에 관한 국가차원의 정책적 지침과 방향에 관해서는, 소수 개별 신학자의 산발적인 노력 외에, 어떤 집단적인 시도도 의견도 사실상 부재한 실정이다.

요컨대 한국교회는, 토니의 말을 빌리면 "승리하면서 입을 닫았다." 그것은 새로운 사회경제적 힘들이 제기한 도전에 맞서, 즉 결정적인 시기에 그 교의를 적용하는 데 실패했으며 그 구성원들에게 강력한 도덕적 규율을 부과하는 책무를 사실상 포기해왔다. 그것은 자본주의의 구조변화에 대응할 수 있는 사회윤리의 틀을 발전시키기보다는, 경제거래를 사적 행위의 범주로 취급하고, 결국 사회경제적 삶으로부터 전면적인 후퇴를 감행하기에 이른 것이다. 한국교회의 유례없는 분열상과 이념적 갈등 그리고 대교회 중심의 보수적 개교회주의가 여기에 일정하게 기여했을 것이다. 그러나 사회경제적 문제들에 대한 한국기독교의 무관심 내지 무지는, 사회의 여타 조직들과는 달리 내부구성원이 아닌 외부자를 향해야 하는 제도로서, 이웃사랑을 주된 사명으로 해야 하는 교회의 책임방기와 다름없다.

이러한 상황에서 한국교회는 중세기독교가 적절한 경제윤리를 제시한다는 책무를 결코 저버리지 않았다는 토니의 관찰을 새삼 주목해야 한다. 이는 중세신학이 간직했고 신교혁명이 소홀히 했던 관념, 곧 "사회는 경제기구가 아닌 영적 유기체"였고, 경제활동은 "방대하고도 복합적인 통합체 안의 하나의 하위요소"로서 "그것이 물적 수단을 제공하는 도덕적 목적에 비추어서" 규제되어야 한다는 사상을 복원시키는 작업에 닿는다.

특히 한국의 개혁신앙은 서유럽국가들에서 기독교정신이 종교개혁 이후 협애화되면서 교회 자체가 급속도로 쇠락해온 사실을 성찰할 필요가 있다. 프로테스탄티즘, 특히 후기 칼뱅주의가 사회적 연대를 개인주의로 대체했고, 경제적 이해가 윤리적 이해로부터 분리되도록 고무했으며 물질적 추구를 좀더 넓은 의무와 책임들의 한 측면이 아니라 삶의 중심적인 사명으로 광범위하게 수용되게 함으로써 결국 기독교를 모든 사회적 행위의 규범에서 순전한 개인적, 사적 문제로 변화시키는 데 결정적인 기여를 했다는 점을 정직하게 돌아보아야 한다.

"크리스천의 양심을 충족시키는 유일한 목표가 사회제도가 만드는 모든 우발적인 특혜와 장애들을 제거하는 것"이라는 토니의 호소가 오늘날 각별한 울림을 주는 이유도, 교회는 인도적 조직도 사회개혁운동도 아니지만, 인간의 삶의 대종을 이기심과 탐욕의 세력에 방치하는 것은 개개인의 영혼을 탈기독교화시키는 것과 다름없기 때문일 것이다. 한국교회는, 사회경제적 문제들에 관한 한, "생각을 멈췄기 때문에 가질 수 없었고, 가진 것이 없기 때문에 줄 수 없었다"는 토니의 지적을 뼈아프게 받아들여야 하는 지점에 와 있는지 모른다.

서문

이 책의 목적은 사회조직이론들이 중세에서 근대로 이행하는 시기에 나타난 사회경제적 문제들에 관한 종교적 사유의 몇몇 흐름을 추적하는 것이다. 논의는 18세기 초에서 멈출 텐데, 경제이론이나 경제적 실천의 역사를 다루되, 그 이론과 실천이 종교적 견해의 변화와 관련되는 경우에 한해서 취급하였다. 그러나 현실에서 이 둘, 즉 경제와 종교 사이의 관계는 밀접하고도 중요했다. 중세에서 근대세계로의 이행을 예고했던 종교적, 정치적이며 또한 사회적이기도 한 혁명들은 교회조직과 교리에 못지않게 새 문명의 경제적 성격에도 결정적인 영향을 미쳤다. 근대사회의 경제적 범주들은 르네상스 그리고 종교개혁의 시기와 더불어 나타났던 경제적 팽창과 사회적 격변에 뿌리를 두고 있다.

지금까지 영국에서 사회윤리를 다룬 종교사상사는 작고한 커닝햄 박사(Dr. Cunningham), 내가 처음으로 이 주제에 흥미를 갖게 만든 『교회법 강론』(*The Canonist Doctrine*)의 저자 애슐리 경(Sir William Ashley), 콜턴 씨(Mr. G.G. Coulton), 우드 씨(Mr. H.G. Wood) 그리고 오비리언 씨(Mr. G. O'Brien) 등이 썼다. 이들이 이룩한 성취를 폄하해서는 안 되지만, 최근 몇 년 동안의 가장 중요한 기여는 대륙

학자들, 특히 트뢸치(Ernst Troeltsch), 슈와지(Jacque E. Choisy), 좀바르트(Werner Sombart), 브렌타노(Franz Brentano), 레비(Levy), 그리고 다른 누구보다도 유명한『프로테스탄티즘의 윤리와 자본주의 정신』(*Die Protestantische Ethik und der Geist des Kapitalismus*)을 통해 논의에 새로운 지평을 열어준 막스 베버(Max Weber)에게서 왔다. 이 분야를 공부하는 사람이라면, 그 연구의 규모가 아무리 작을지라도, 이들에게 막대한 은혜를 입었다는 점을 인정하지 않을 수 없다. 내가 이들의 견해에 언제나 동의하지는 않을지라도, 나 또한 이들에게 큰 빚을 졌음을 이 기회에 기꺼이 밝히고자 한다. 콜턴 씨의『중세 촌락』(*The Medieval Village*)이 뒤늦게 출간돼서 내가 거기에 담긴 풍부한 식견과 통찰을 활용할 수 없었던 것이 유감이다.

이 책이 그나마 구색을 갖추도록 도와준 친구들에게 고마움을 표하고 싶다. J.L. 해먼드 씨, E. 파우어 박사 그리고 A.P. 워즈워스 씨는 원고를 읽고 향상시켰으며, J.E. 니일 교수는 교정본 전반에 걸쳐 충고와 비판을 아끼지 않았다. 교정과 색인작업을 아무런 대가없이 맡아준 버클리 양 그리고 그녀의 도움을 주선한 런던정경대학과 로라 스펠만 록펠러기념재단에 깊은 고마움을 전한다. 아내에 대한 빚진 자의 심정은 어떤 말로도 표현할 수 없으리라.

R.H. 토니

1937년 판 서문

　이 책이 처음 세상에 나온 후 지난 10년 동안, 같은 주제를 취급한 수많은 문헌이 쏟아져나왔다. 트뢸치의 학술서는 사회문제에 관한 종교적 사유를 역사적으로 연구하기 위한 최고의 안내서가 될 터인데,『프로테스탄티즘의 윤리와 자본주의 정신』에 실린 베버의 논문들이 그렇듯, 그것도 지금은 영어로 번역되어 나왔다. 내 책은 종교개혁 이후 가톨릭의 견해를 전혀 다루지 못했지만, 이런 심각한 결함도 뒤이은 학자들이 꽤 보완했다.

　중세 이탈리아에서의 경제사상의 발전, 루터의 독일에서 힘을 떨치던 사회세력들과 그들에 대한 루터의 태도, 칼뱅의 경제교의들, 대부업과 그와 연관된 주제들에 대한 예수회 수도사들(Jesuits)의 가르침, 공위기[空位期, Interregnum. 1649년 1월 30일 찰스 1세가 처형되고 1660년 5월 29일 찰스 2세의 왕정복고가 이루어지기까지 공화정과 호국경 크롬웰의 통치 시절]의 영국 사회정책, 같은 시기 프랑스 부르주아지의 종교적, 사회적 관점, 퀘이커와 웨슬리언을 비롯한 영국의 비국교도들이 18세기의 새로운 경제세계에 취했던 태도 등을 본격적으로 취급한 저서들도 출간되었다. 이와 같거나 유사한 주제를 다룬 좀더 긴 논문목록에는 작고한 세(H. Sée) 교수, 알박스(M. Halbwachs),

파슨스(T. Parsons) 씨의 글들이 있으며, 최근『경제사리뷰』(*The Economic History Review*)에 실린 워커(G. Walker) 씨의 논문은 특히 주목할 만하다.[1]

1) 초기 문헌들 일부는 이후 이어지는 장(章)들의 각주에서 언급되었다. 다음은 최근의 책과 논문들을 나열한 것인데, 모두를 포함시키지는 못했지만 이 주제에 관심 있는 사람들에게 도움이 되리라 생각한다. E. Troeltsch, *The Social Teaching of the Christian Churches*, 2 vols., London, 1931(원저 *Die Soziallehren der Christlichen Kirchen und Gruppen*, 1912. Olive Wyon이 영역); Max Weber, *The Protestant Ethic and the Spirit of Capitalism*, London, 1930(*Archiv für Sozialwissenschaft und Sozialpolitik*, vols. xx(1904)와 xxi(1905)에 실린 *Die Protestantisch Ethik und der Geist des Kapitalismus*를 Talcott Parsons가 영역. 원저는 *Gesammelte Aufsarze zur Religions-soziologie*, 3 vols., Tübingen, 1921에 재수록); H. Hauser, *Les débuts du Capitalisme*, Paris, 1927, chap.ii, "Les Idées économiques de Calvin."; B. Groethuysen, *Origines de l'espirt bourgeois en France*, Paris, 1927; Margaret James, *Social Problems and Policy during the Puritan Revolution, 1640~1660*, London, 1930; Isabel Grubb, *Quakerism and Industry before 1800*, London, 1930; W.J. Warner, *The Wesleyan Movement in the Industrial Revolution*, London, 1930; R. Pascal, *The Social Basis of the German Reformation*, London, 1933; H.M. Robertson, *The Rise of Economic Individualism*, Cambridge, 1933; A. Fanfani, *Le Origini dello Spirito Capitalistico in Italia*, Milan, 1933 그리고 *Cattolicismo e Protestantesimo nella Formazione Storica del Capitalismo*, Milan, 1934(영역본, *Catholicism, Protestantism and Capitalism*, London, 1935); J. Brodrick, S.J., *The Economic Morals of the Jesuits*, London, 1934; E.D. Bebb, *Nonconformity and Social and Economic Life, 1660~1800*, London, 1935. 다음은 논문들이다. M. Halbwachs, "Les Origines Puritanes due Capitalisme Moderne"(*Revue d'histoire et de Philosophie réligieuses*, March-April, 1925) 그리고 "Économistes et Historiens, Max Weber, une vie, un oeuvre"(*Annales d'Histoire Économique et Sociale*, No. 1, 1929); H. Sée, "Dans quelle mesure Puritains et Juifs ont-ils contribué au Progrés due Capitalisme Moderne?"(*Revue Historique*, t. CLV, 1927); Kemper Fullerton, "Calvinism and Capitalism"(*Harvard Theological Review*, July 1928); F.H. Knight, "Historical and Theoretical Issues in the Problem of Modern Capitalism"(*Journal of Economic and Business History*, November 1928); Talcott Parsons, "Capitalism in Recent German Literature"(*Journal of Political Economy*, December 1928 그리고 February 1929); P.C.

따라서 독자들은 앞으로 다룰 문제들이 늘 우리를 괴롭혔을지라도, 쉼 없이 관심을 불러일으켜왔다는 점을 알게 될 것이다. 이러한 논의로부터 도출되는 결론들이 만약 있다면, 그것들은 과연 무엇인가?

가장 중요한 것은 친근한 것들이다. 이 책이 처음 세상에 나왔을 때만 해도, 심성이 여린 서평자라도 그가 학술잡지에 글을 쓸 때, 역사연구에서 '자본주의'라는 용어를 채용하는 것은 하나의 정치적 슬로건이며 현혹된 저자의 음험한 의도를 드러낸다고 정색하며 비난하는 것이 가능했다. 오늘날에는 이런 유의 순진한 결례가 그리 쉽게 행해지지는 않을 듯하다. 분명히 '자본주의'라는 단어도 '봉건주의'나 '중상주의'가 그렇듯이 오용될 수 있다.

하나의 포괄개념으로서 자본주의의 존재를 규명하려 애쓰던 과거와는 달리, 자본주의의 다양한 종 그리고 그것이 발전해온 일련의 단계를 밝혀내는 일이 더 중요한 시대가 도래했다는 것도 명백하다. 그러나 서로 다른 여섯 개 국적에 정치적 견해가 다양한 학자들이 이 주제를 반세기 넘게 탐구해온 마당에, 자본주의라는 현상 자체를 부인하거나, 그 존재를 인정하더라도 그것이 멜기세덱처럼 영원부터 존재해왔던 유일무이한 인간제도라고 주장하거나[멜기세덱은 구약에 나오는 '영원한 제사장'(시편 110:4)의 의미를 지닌 인물로서, 성경은 그에 관한 아무런 가족적 계보도 언급하지 않는데, 여기서는 자본주의가 비역사적이라는 견해를 빗대고 있다.], 혹은 자본주의의 역사성을 수용하면서도 그런 역사는 그냥 덮어두는 것이 오히려 더 낫다고 암시한다면, 이는 일부러 눈을 가리고 내달리는 것과 다를 바 없다. 언어적

Gordon Walker, "Capitalism and the Reformation" (*Economic History Review*, November, 1937).

논쟁은 아무런 유익도 주지 못하거니와, 어떤 학자가 더 적절한 용어를 찾는다면 부디 그가 그것을 사용하도록 내버려두자. 그러나 그가 자본주의라는 단어를 피하는 데서 더 나아가 자본주의라는 사실마저 무시한다면, 그는 아마 지난 3세기 동안의 유럽 역사가 지닌 의의를 제대로 파악하지 못할 것이다.

자본주의가 역사에서 수행한 역할에 대한 좀더 보편적인 자각은 두 번째 변화와 함께 왔다. 그 변화는 자본주의와 마찬가지로 두루 퍼졌고, 필경 그 나름의 의의 또한 지니고 있었다. "상행위와 종교는 별개 문제다." 한때 새로운 만큼 대담하게 주창되었던 이 신조는 종교와 경제적 이해는 피차 분리되고 동등한 두 영역이며 어느 쪽도 주제넘게 다른 쪽을 침해할 수 없다는 것으로서, 19세기 영국에서는 그 최초 주창자들도 꽤 당혹해 했을 정도로, 무조건적인 확신과 함께 널리 수용됐다. 역사가는 한 사상의 타당성을 평가하기보다는 그것의 궤적을 이해하는 일에 더 관심을 보인다.

그러한 편리한 구분이 가져온 효과가 긍정적인지 부정적인지, 그리고 우리 자신의 시대에 그 경계선을 이동시킨 힘들이 무엇인지를 여기에서 논할 필요는 없다. 그 장점들이 무엇이든지, 이제 우리는 그 신조가 매우 더디게 승리해왔다는 것을 알게 되었다. 스콜라 철학자들이 제기한 경제이론들, 대부업과 토지 탈취 그리고 부당가격을 향한 좌파 종교개혁가들의 맹렬한 비난, 전통적인 종교적 규제를 위한 완고한 튜더 정치인들의 호소, 자신들이 무너뜨렸던 것보다 더 엄격한 경제규율을 구축하려던 칼뱅과 그 추종자들의 시도 등은 모두 사상에서는 힘을 발휘했지만 실천에서는 무력했다.

이 모두는, 사유재산제, 시장거래, 총체적 사회조직 그리고 그 활동들의 전체 범위는 결코 절대화될 수 없으며, 종교의 법정에서 스스로 정당화해야 한다는 가정 위에 서 있다. 그것들은 모두 부에 대한 무제한적 욕구(*appetitus divitiarum infinitus*), 소유에 대한 무절제한 탐닉이야말로 기독교의 가장 치명적인 적이라고 단언한다. 그리하여 종교는 상업에서 손을 떼야 한다는 주장[즉 앞에서 거론했던 종교-경제이원론]은, 처음 제기되면서부터 문학과 교리뿐 아니라 관습과 법을 통해 구현된 정반대의 방대한 교의에 맞닥뜨렸다.

이 주장이 혐오스러운 자가당착에서 의심할 여지없는 진리의 지위로 옮겨간 것은 오로지 점진적으로만 이루어진 일이며, 그것도 문필에만 국한되지 않은 전쟁을 치른 후였다. 그러한 이행이 있었다는 것 자체는 더 이상 논쟁거리가 아니다. 이행의 인과관계와 단계들만이 논란의 대상으로 남아 있다. 특히 영국에서 결정적인 시기는 종교개혁에 뒤이은 두 세기였다. 따라서 이 책의 주제를 다룬 가장 최근의 연구들이 그 혼란기를 집중적으로 조명한 것은 자연스럽다.

사회적 쟁점들에 대한 종교사상의 흐름을 이론화하려는 가장 탁월한 시도는 금세기 초에 막스 베버라는 독일학자가 1904년과 1905년에 펴낸 논문 두 편에서 이루어졌다.[2] 그리하여 그 주제를 다룬 연구 대부분이 의식적이든 무의식적이든 베버를 출발점으로 삼은 것 또한 혼란기에 대한 관심 못지않게 자연스러운 일이었다.

베버가 관심을 가졌던 주제는 정확히 무엇인가? 베버 비판자들 모두에게 적용되진 않겠지만, 이는 분명 가장 먼저 던져야 할 질문이다. 그는 상이한 종교들의 사회적 관점과 영향에 관한 비교·연구를 준비 중이었고, 그것의 미완성 결과물이 1920년에 3권으로 출간된 『종교사회학선집』이다.

『프로테스탄티즘의 윤리와 자본주의 정신』을 구성한 논문들은 그

---

2) 베버의 삶과 성품에 관해서는 Marianne Weber, *Max Weber, ein Lebensbild*, Tübingen, 1926 그리고 Karl Jaspers, *Max Weber, Deutsches Wesen im politischen Denken, im Forschen und Philosophieren*, Oldenburg, 1932 참조.

방대한 작업을 위한 첫 번째 단계였으며, 그 뒤에 수정, 확대되어 위의 선집 제1권의 일부가 되었다. 베버는 하나의 전체로서 서양기독교, 특히 종교개혁의 결과로 독자적인 생명력을 획득했던 그것의 특정 분파들이 몇몇 다른 거대종교보다 자본주의가 발전하는 데 더 호의적이었다고 생각했다. 그는 논문들에서 이 일반화를 검증하려고 시도했다.

그 논문들의 범위는 『종교사회학』에 뒤늦게 추가된 서문에서 설명되었다. 그의 목적은—영국인들은 추상적 사고라면 진저리를 치지만—'특정의 종교사상들이 특정한 경제정신의 발전 혹은 특정한 경제체제의 에토스에 미친 영향'을 조사하는 것이었다. 그는—오 거룩한 단순함이여!(*O sancta simplicitas!*)—자신이 다룬 주제의 한계를 다소 지나치게 강조함으로써 오해를 피하고자 했다. 그는 어떤 '도그마'도 발전시키지 않았으며, 오히려 자신의 논문들이 그저 '서론적 에세이'(*Vorarbeit*) 정도로 읽힐 것을 요구했다.[3]

베버는 '경제적 사건들을 결정하는 심리적 요인'을 찾기보다는,[4] 오히려 '경제적 요인의 본질적 중요성'을 강조했다.[5] 그는 자신이 논문들에서 다룬 종교적 태도에 대해서조차 완벽한 해석을 내렸다고 공언하지 않았다. 오히려 그러한 태도 자체가 어떻게 '그 형성과 발전에서 종국엔 사회적 제 조건의 총체성, 특히 경제조건들에 거꾸로 영향받았는지'를 탐구할 것을 촉구했다.[6]

베버는, 자신의 말을 빌리면, "문명과 역사에 관한 일방적인 '유물론적' 해석을, 마찬가지로 편협한, '관념론적' 해석으로 대체하는"

---

3) Max Weber, *The Protestant Ethic and the Spirit of Capitalism*, 영역본, p.183.

4) H.M. Robertson, *Aspects of the Rise of Economic Individualism*, p.xii.

5) Weber, 앞의 책, p.26.

6) Weber, 앞의 책, p.183.

일을 결코 원치 않으며, 그런 유의 어떤 의도도 거부한다는 뜻을 명백히 했다.[7] 베버의 이런 일련의 부인(否認)에 비춰볼 때, 그가 문제의 논문들에서 자본주의의 기원과 발전에 관한 포괄적 이론을 제시하려 했던 것이 아니라는 점은 분명해 보인다. 그 주제에 관해서라면 마르크스가 논의의 장을 연 이래 독일에서 수많은 논쟁이 있어왔거니와, 그에 관한 최근 저술 중 가장 방대한 좀바르트의 『근대자본주의』(*Der Moderne Kapitalismus*) 초판이 2년 전 세상에 나왔다.

베버의 관심범위와 지적 비전의 폭이 대단히 넓다는 점은 의심할 여지가 없지만, 그의 맨 처음 저술은 경제사에 관한 것이었다. 그는 1920년 세상을 뜰 때까지 그 주제에 관해 강의를 계속했다. 그는 자신의 논문들[『프로테스탄티즘의 윤리와 자본주의 정신』]에서 신대륙 발견이나 통화가치의 폭락 혹은 가톨릭 도시 앤트워프가 금융 중심지로 부상한 것 등이 초래한 경제적 효과를 언급하지 않았는데 이는 수줍어하며 숨어 있던 이런 사건들이 베버라는 역사가의 주목을 받지 못하다가 뒤늦게야 그에게 다가왔기 때문이 아니었다. 분명 그 사건들은 획기적이었고, 경제조직뿐 아니라 경제사상에 심대한 영향을 미쳤다는 점도 명백했다. 그러나 베버의 당면한 관심은 다른 데 있었다.

몽테스키외는, 어쩌면 지나치게 낙관적으로, 영국인이 신앙심, 상업, 자유의 세 가지 중요한 점에서 모든 국민 가운데 가장 많은 진보를 일궈냈다고 언급한 바 있다. 이 바람직한 가치들 중 세 번째 것[자

---

7) 같은 책, p.183 그리고 제5장의 각주 118. "근대문화의 모든 특징을 프로테스탄트 민족주의로부터 논리적으로 연역하는 통상적인 방식을 택했다면 편했을 것이다. ……그러나 그런 일은 집단정신의 일체성 그리고 그것의 단일 처방으로의 환원가능성을 믿는 아마추어들에게 맡겨도 될 것이다." '관념론적'(spiritual)은 거의 번역이 불가능한 '정신적 원인'(*spiritualistische kausale*)을 옮긴 것이다.

유]이 첫 번째 것[신앙심]에 빚지고 있다는 점은 빈번히 강조되어왔다. 베버가 던진 질문은 두 번째 것[상업] 또한 첫 번째 것[신앙심]에 빚졌다고 볼 수는 없느냐는 것이었다. 이 질문에 대한 그의 답은 긍정적이었다. 그리고 그는 그 둘을 잇는 고리를 칼뱅이 주도했던 종교 운동의 영향에서 찾아야 한다고 생각했다.

이제는 베버의 논문들을 영어로도 읽을 수 있으니 여기에서 그의 논거를 조목조목 요약할 필요는 없다. 그에 관한 내 견해는, 별로 내세울 것이 없지만 구태여 언급한다면, 이 책의 초판에 실린 주석 — 읽기에는 너무 긴 — 에서 요약되었고, 1930년에 출간된 베버 논문들의 영역본 서문에서 좀더 충실히 다시 취급되었다.[8] 베버가 일반화한 것들은 그 영역본이 나오기까지 20여 년 동안 대륙의 학자들이 폭넓게 다루어왔다. 따라서 그 서문에 실린 내 비판이 독창성을 지녔다고 보기는 어렵지만, 실제로 그것이 한 학자를 논박하기보다는 이해하는 데 주안점을 둔 것이라면 그 자체로 의의가 없지는 않을 것이다.

내 비판의 첫 번째 — "16세기와 17세기 네덜란드와 잉글랜드에서의 자본주의 발전은 [베버의 주장과 달리] 이 두 나라가 신교국가라는 사실보다는 광범위한 경제적 흐름, 특히 지리상의 발견과 그로부터 나온 결과들 때문이다" — 는 이후 로버트슨 씨가 꽤 상세하게 발전시켰다. 그러나 이런 비판이 전적으로 타당한 것은 아닐 수도 있다. 틀림없이 베버는 [만일 살아 있었다면] 내 지적이 그 자체로는 진실일지라도 자기 논문들에 관한 한 '논점 상위(相違)의 허위'(*ignoratio elenchi*)에 해당한다고 답했을지도 모른다.

베버는 자신의 주장에 정당하게 맞서려면, 자신이 제시한 논점 안

---

8) 다음에 오는 제4장의 각주 32 참고. 그리고 베버, 앞의 책, pp.3~11.

에서, 즉 보편적 경제사가 아니라 사회문제에 관한 종교사상의 지평 위에서 비판해야 한다고 말했을 것이다. 브렌타노도 같은 지적을 한 바 있지만, 나의 두 번째 논평—르네상스의 정치사상이 좀더 비중 있게 취급됐어야 했다는 것—은 베버 자신도 예상했던 것이다.[9] 따라서 나는 그 점에 관한 베버의 관찰을 간과했음을 인정하며 유감스럽게 생각한다.

베버 자신의 전문 분야—비판은 이와 관련해서만 타당하다—에서 드러난 몹시 심각한 약점은 일반적으로 크게 주목받는 것들은 아니다. '소명'(Calling) 교의의 칼뱅주의적 적용들이 나름대로 의미가 있음을 부인할 수는 없지만, 그것들이 끼친 영향의 정도와 그것들이 소명 개념의 다른 해석들과 관련해서 갖는 유사성이나 차이는 개인적 판단의 문제이지 엄밀한 증거가 필요한 문제는 아니다[즉 칼뱅주의적 소명 개념이 객관적으로 우월한 것은 아니다]. 그런데도 나 자신도 그랬지만, 베버와 그의 비판자들 모두 그것들을 너무 부각했다. 그러나 칼뱅주의 사회이론에 대한 베버의 설명은 몇 가지 점을 특별히 강조한 것은 정당하지만, 많은 것을 언급하지 않은 채 지나갔다.

베버 주장의 그런 공백을 여기서 다 논할 수는 없되, 그들 중 두 가지는 짚고 넘어갈 필요가 있다. 당대 가톨릭 저술가들에서 칼뱅주의 사회이론에 필적할 만한 것들을 찾아보려는 최근의 몇몇 시도는 그리 만족스럽지 못했지만, 베버는 그 이론을 실제보다 더 특별한 것으로 취급하려는 경향을 보였다.[10] 더 중요한 것은, 그가 그 이론의 안

9) 베버, 앞의 책, pp.197~198. 동일한 비판을 확대한 장(章)은 H.M. Robertson, *Aspects of the Rise of Economic Individualism*, pp.58~87. 이 주제를 가잘 잘 취급한 곳은 Brentano, *Die Anfange des modernen Kapitalismus*, 1916, pp.117~157 그리고 *Der Wirtschaftende Mensch in der Geschichte*, Leipzig, 1923, p.363 이하.

10) H.M. Robertson, 앞의 책, pp.88~110, pp.133~167 그리고 로버트슨의 오

정성과 일관성을 과장했다는 점이다. 그는 증거의 상당 부분을 칼뱅주의 운동사의 후기 국면에 치우쳐서 취했기 때문에, 칼뱅주의가 칼뱅 사후 바로 이어진 세기[17세기]를 거치며 겪은 심대한 변화를 충분히 강조하지 않았다.

이 마지막 지적은 꽤 중요하다. 베버가 논의한 문제가 다시 진술돼야 한다는 것을 시사하기 때문이다. 물론 그 주제에 관한 훗날의 많은 작업이 그를 목표로 삼은 것은 자연스럽고, 그가 오로지 한 부류의 현상만을 설명하기 위한 가설로서 제시한 이론이, 비판이라는 목적 때문에 더는 타협이 안 되는 최종적 형태의 냉혹한 도그마로 제시돼야 했던 것도, 논쟁이란 게 본래 그렇듯이, 아마 불가피했을 것이다.

베버의 광산은 그동안 많은 배당금을 안겨주었지만, 매력이 무엇이었든지 간에 이제 그 광맥은 다 소진되었다. 결국 중요한 문제는 사실들에 관한 베버의 기록이 아니며, 그의 세례를 받은 후학들이 그의 기록에 대해 내놓은 해석은 더더욱 아니다. 사실이 무엇이었던가 하는 바로 그것이다. 16, 17세기의 종교운동과, 네덜란드와 잉글랜드 사회를 변모시킨 경제적 활력의 분출 사이의 연관성을 베버만이 독자적으로 지적했다고 상정하는 것은 착각이다. 다른 학자들도 베버와 별개로 별로 심오하달 수 없는 유사한 결론에 도달했다.[11] 그런데

류를 시정했을 뿐 아니라 영어로 된 자료 가운데 예수회의 경제적 가르침을 가장 잘 설명한 J. Brodrick, S. J., *The Economic Morals of the Jesuits* 참조.

11) 가령, H. Wiskemann, *Darstellung der in Deutschland zur Zeit der Reformation herrschenden Nationalokonomischen Ansichten*, Leipzig, 1861; F. Engels, *Socialism, Utopian and Scientific*, London, 1892, 도입부; Alfred Marshall, *Principles of Economics*, 1898, chap. III; W. Cunningham, *Christianity and Social Questions*, London, 1910(다음 제4장의 각주 33 참조). 마지막 저술은, 베버 논문들이 출간되고 7년이 지난 뒤에 나왔지만, 그것들에 대한 언급을 하지 않았으며 주장도 그것들과는 다르다.

과연 그 결론에는 얼마만한 진실이 담겨 있는가?

이 질문에 답하려면 서문이 책 한 권 분량으로 늘어날 것이다. 그러나 답변을 위한 자료는 얼마든지 있다. 만일 그 점에 관해 당대의 견해가 잘 인용되지 않는다면, 그것을 드러낼 증거가 부족하기 때문이 아니라 오히려 인용할 만한 것들이 차고 넘치기 때문이다. 그것이 말하려는 바는 명백하다. 사실, 경제적 태도가 서로 다른 이유가 신앙의 차이에서 비롯됐다는 인식은 17세기에선 드문 일이 아니었거니와, 이는 이런 문제를 다룬 저술가들에게 거의 공통적으로 나타났다. 그것은 종교적 논쟁을 다룬 책들에서 반복적으로 드러난다.

또한 템플(William Temple), 페티(William Petty), 디포(Daniel Defoe) 같은 이들의 저서 그리고 종교가 아닌 경제문제가 주된 관심인 사람들이 쓴 수많은 팸플릿에서도 나타난다. 경제적 급진주의와 종교적 급진주의가 연관이 있다는 점은, 지금까지 어처구니없이 순진하게 제시되어온 것과는 전혀 다르게,[12] 칼뱅주의와 자본주의, 경건한 제네바와 근면한 맨체스터를 공히 파멸하려고 기획된 음험한 근대적 음모의 사악한 획책이 결코 아니며, 이 둘을 코앞에서 지켜본 사람들에게는 거의 진부한 일에 가깝다.

---

12) 가령, H.M. Robertson, 앞의 책, p.xi. "많은 저술가가 20세기에 자본주의의 나쁜 평판에 편승하여 [그러한 자본주의를 형성한 데 대한 책임을 물으며] 칼뱅주의 혹은 다른 종교적 분파들을 공격하는 데 그것들(베버의 것으로 추정되는 이론들)을 채용하고 있다." 로버트슨 씨가 그 무리의 유일한 가이 포크스[Guy Fawkes. 1605년 영국 가톨릭교도가 계획한 제임스 1세 암살미수 사건인 화약음모사건의 주도자], 즉 실제로 기차를 향해 발포한 사람으로 지목한 인물은―물론 나 자신을 제외하면―저 완강한 선동가인 헉슬리(Aldous Huxley)가 유일한 것처럼 보인다. 주공모자인 베버처럼 우리는 '자본주의에 대한 깊은 증오심에 전염돼서,'그와 더불어 '자본주의 사회의 토대를 훼손하는 대세'에 가담했다는 유죄선고를 받는다(같은 책, pp.207~208). 감춰졌던 죄가 마침내 드러난 것이다.

이들의 증언을 거부할 만한 이렇다 할 이유를 찾기까지는, 그들도 자신들이 무슨 말을 하고 있는지 알고 있었다고 가정하는 편이 낫다. 물론 그러한 연관성이 얼마나 엄밀하게 구축돼야 하는지는 다른 문제다. 거기엔 분명 두 측면이 있다. 종교는 오늘날에는 상상하기 힘들 정도로 사람들의 사회관에 영향을 미쳤다. 경제와 사회의 변화도 종교에 강력하게 작용했다. 베버는, 그의 특별한 관심에 비추어 자연스러운 일이지만, 전자를 강조했다. 그는 그의 몇몇 결론에 감히 이의를 제기한 사람들조차—나를 포함하여—경탄할 만한 풍부한 지식과 지적 능력으로 그 일을 해냈다.

그러나 그는 두 번째 점은 그저 지나가는 정도로만 다뤘다. 우리는 베버가 종교개혁이 얼마나 많은 정도로 사회적 필요에 대한 반응이었는지에 관해서는 탐구하지 않았거나 그가 그리도 깊은 안목으로 분석했던 종교적 심성의 효과들에 못지않게 그 원인들에 관해서는 조사하지 않았다는 워커 씨의 비판에 귀를 기울일 필요가 있다.

이 점이야말로 그 주제에 관해 오늘날 가장 연구가 필요한 측면이다. 스페인의 무적함대와 영국의 시민혁명 사이에 영국이 겪었던 정치, 교회, 경제 삼중의 재건과정에서, 이 세 요소는 함께 들끓으며 서로에게 미묘한 변화를 불러일으켰다. 작용과 반작용이 있었다. '칼뱅주의 정신'과 '당대의 경제혁명을 통해 일상사에 스며들었던 신인류의 정신'은,[13] 이론적으로는 구분될지언정 현실에서는 서로 뒤얽혀 있었다. 청교도주의는 사회질서를 주조하는 데 일정한 역할을 했지만, 그 자신이 또한 갈수록 후자에 따라 형성되었다.

이 책은 [두 번째에 초점을 맞추어, 즉 베버의 인과관계를 뒤집어서] 그 시대의 경제적 팽창이 영국의 종교사상에 미친 영향을 논의한 것

---

13) H. Pirenne, *Les Périodes de l' Histoire Sociale due Capitalisme*, 1914.

이다. 이 책의 부족한 점들에 자극을 받아서 좀더 유능한 학자들이
이 주제의 중요성이 잘 드러나도록 다루어주기를 바란다.

R.H. 토니

제1장 중세라는 배경

"신의 자비는 무한하다. 그것은 부자도 구원한다."-아나톨 프랑스, 『생클레르의 우물』(*Le Puits de Sainte Claire*)

"어리석은 의견, 선포됐던 교의를 수집한다고 해서 무슨 유익이 있으며, 누가 그런 일에 나서겠는가? 그런 것들을 파헤치는 일은 지겹고도 무익한 일이리라." 한 유명한 경제학자의 말이다.[1] 사회이론사를 연구하는 사람은 방치된 헛간에 수북이 쌓인 먼지를 괜히 건드려 흩뜨리는 사람들과 다름없다는 비판을 면키 어렵다. 그 일이 개인적 호기심 때문이 아니라고 변명하려면, 그는 과거는 현재가 볼 수 있는 것을 현재에 드러내주며 어떤 시대에선 무표정이었던 얼굴이 다른 시대에선 의미로 충만해 있다는 깨달음을 보여줘야 한다.

경제학이 도그마에 취한 젊음을 막 뽐내던 초창기에는, 세(Jean-Baptiste Say)가 그 새 복음["공급은 스스로 수요를 창출한다"는 고전학파의 명제]이 발하는 빛의 세례를 받지 못한 몽매한 시대[이 책이 주

---

1) J.B. Say, *Cours complet d'Economie politique pratique*, vol. vi, 1829, pp.351~352.

로 다룬 16~17세기를 이름]를 뒤돌아보는 일을 무익한 도락으로 내친다 해도 이상하지 않았다. 그러나 견해의 중요성을 판단하는 일은 그가 생각한 것처럼 그리 간단하지 않다. 토렌스(R. Torrens)가 정치경제학을 논하며 "앞으로 20년 안에 정치경제학의 근본원리들에 관한 모든 의심은 사라지리라"라는 대담한 선언을 한 이래,[2] [고전적 정치경제학에 관한] 그 자신감 넘치던 확신이 얼마나 모호한 것으로 돼버렸던가! 또한 한때 가장 공허한 미신으로 경멸되었던 주장 가운데 얼마나 많은 것이 뜻밖의 활력을 보여주었던가!

경제활동과 사회조직에 윤리적 잣대를 들이대는 일은 영원히 풀리지 않는 문제를 던져준다. 그런 시도가 성공 여부와 무관하게, 적어도 확신과 인내로 행해지기만 한다면, 한 시대의 사상을 탐구하는 일은 오늘날에조차 전적으로 무익한 일은 아닐 수도 있다. 금세기 들어와 옛 쟁점들은 새로운 현실성을 띠고 다가오는 듯하다. 경제적 이해와 윤리적 이상을 분리하여 그 각각을 구획된 감방 안에 안전하게 가두는 철학은 각 방의 죄수가 시간이 지날수록 더 다루기 힘들어진다는 점을 깨닫게 되었다.

한편으로, 현대사회가 경제적 이기심의 자유로운 작동을 제약하기 위해 도입한 수많은 규제는 의도했든 무의식적이든, 도덕적 기준—여기에 비추어 특정의 경제행위들이 위법으로 선언되는— 이 이미 수용되고 있음을 명료하게 보여준다. 다른 한편에선, 종교사상은 더 이상 기업거래와 사회제도를 정신적 삶과 무관한 것으로 도외시하며 자족하지 않는다는 여러 조짐이 드러나고 있다.

조용하지만 확실하게, 19세기에 꽤 널리 받아들여졌던—보편적이진 않을지라도—기독교윤리의 범위와 내용에 관한 사고에 변화

---

2) R. Torrens, *An Essay on the Production of Wealth*, 1821, Preface, p.xiii.

가 일고 있다. 그러한 변화에는 인류의 경험, 곧 역사를 반추하는 일
이 일정한 역할을 해왔고 그 역할은 시간이 지날수록 더욱 커질 것이
다. 암묵적 합의―이론적으로 명시되진 않았지만 실천적으로는 수
용된―에 따라 경제활동과 사회제도를 종교에 비추어 점검하거나
비판하는 일을 금기시했던 시절이 있었다.

　교회와 국가의 관계에 관해서 콜린스(William Collins) 씨와 캐서
린 드 버그 부인[제인 오스틴의 『오만과 편견』에 나오는 인물들]의 생
각을 추종하는 듯 보이는 19세기 초의 한 정치인은 "만약 종교가 사
생활을 간섭한다면 상황은 엉망이 될 것"이라고 호통을 치며 한 개
혁파 목사의 기를 꺾어놨다고 전해지며, 최근에 그와 같은 관직[수상
직]에 있었던 한 인사[D. 로이드 조지, 1916~22 기간 수상 재임]는 만
일 교회가 영적인 변방을 공무가 행해지는 세속적 중심부로부터 분
리하는 루비콘 강을 건넌다면 그 뒤에 불어닥치고 말 재앙에 관해 엄
포를 놓은 적이 있다.[3]

　이런 경구들이 주는 교훈이 무엇이든지, 그것들이 자명한 것으로
가정하는 종교와 세속적 업무의 영역분계선이 오늘날 이동하고 있
다는 점은 명백하다. 만장일치로 분할협약은 소멸됐고 경계들은 다
시 한 번 요동하고 있다. 교회의 허세에 대한 낭만적 숭배자가 결코
아니었던 프루드(James Anthony Froude)가 종교의 대변인들이 "현
세를 기업가와 악마에게 넘겨주었다"고, [종교의 책임방기에 관해] 아
마 과장되게 비통해하며 쓸 수 있었던 시대는 이제 저물고 있다는 징
후가 엿보인다.[4]

　옳건 그르건, 분별력이 있건 없건, 영국뿐 아니라 대륙과 미국에서

---

3) 로이드-조지가 포트매독에서 행한 연설. *Times*, June 16, 1921.
4) J.A. Froude, *Revival of Romanism*, in *Short Studies on Great Subjects*, 제3집,
　1877, p.108.

도, 하나의 교파를 넘어 로마가톨릭, 영국국교회 그리고 비국교도들에게도, 기독교 신앙의 사회윤리에 담긴 실천적 함의들을 재천명하려는 시도가 진행 중인데, 그 범위는 국제정치와 사회조직 모두에서 인류의 집단행동과 제도들을 평가할 기준을 제시할 수 있을 정도로 충분히 포괄적이다. 그런 시도가 지금도 행해지고 있으며 과거에도 있었다. 그것이 새로운 종합을 결과해낼지, 아니면 먼 훗날 현실문제들의 거친 세계 속으로 더 깊이 내몰린 어느 시점에서 사람들이 다음과 같이 말할지, 이 세대는 알지 못할 것이다.

여기에서 자연의 가장 먼 변경이 처음 시작되고
혼돈은 패배한 적군이 되어 가장 외각의 요새로부터 퇴각한다.

확실한 것은, 유사한 문제인 교회와 국가 간 관계가 그렇듯이, 몇 세기 동안 사려 깊게 묻어두었다고 생각한 문제들이 실은 죽지 않고 잠자고 있었음이 우리 자신의 시대에 드러났다는 점이다. 그런 문제들이 취했던 여러 형태와 그것들이 겪어온 단계들을 점검하는 일은 단일 국가와 제한된 시기의 좁은 범위에 국한할지라도, 그저 복고적 취미가 아니다. 그런 일은 시체를 일으키려는 것이 아니라 살아 있는 것을 호출하는 것이며, 이 시대의 문제들을 숙고하는 데 필요한 경험을 확대함으로써 그것들을 새로운 각도에서 바라보려는 것이다.

이런 검토를 할 때 명백히 16세기와 17세기는 결정적인 시기다. 피기스(John Neville Figgis) 박사는 정치이론의 세속화야말로 근대세계를 도래시킨 지적 변화들 가운데 가장 중요한 것이었다고 지적했다.[5] 그 결과가 확연하게 드러나기까지 진행이 점진적이었다 해서

---

5) J.N. Figgis, *From Gerson to Grotius*, 1916, p.21 이하.

그것이 덜 혁명적이었다고 볼 수는 없거니와, 종교개혁 이전에 뿌려진 씨앗들이 영국에서는 시민혁명[1642~51] 이후에야 비로소 결실을 맺었다. 변화의 정치적 측면들은 잘 알려져 있다.

중세부터 17세기까지 정치이론을 주조했던 신학적 틀은 파탄이 났다. 정치학은 하나의 학문이다가 궁극적으로는 일련의 학문을 포괄하게 되고, 신학은 많은 학문들 중 하나에 불과하게 된다. 이성이 계시를 대체하고 종교적 권위 대신 편의(expediency)가 정치제도들을 평가하는 기준으로 들어선다. 종교는 더 이상 인류의 최대 관심사가 아니며, 그것이 쉽사리 침범할 수 없는 경계들로 둘러싸인 삶의 한 영역으로 축소된다.

종교가 떠난 빈자리를 새 신조로 무장한 새 제도들이 점거한다. 중세의 교회가 일종의 국가였다면, 튜더왕조의 국가는 아직 교회의 몇몇 특징을 지니고 있었는데, 영국에서 청교도주의와 군주의 갈등을 돌이킬 수 없게 만든 것은 종교가 사적으로만 중요하고 공적으로는 무관한 사회를 상상하는 것이, 소수의 비국교도를 제외한 모두에게 불가능했기 때문이다. 대중이 시민혁명의 용광로 안에서 달궈졌을 때, 대중 내부의 구성원들은 피차 반목할 태세가 돼 있었다. 17세기 말에 이르면 세속국가가 자신에게 종속된 교회들로부터 분리되어, 국가와 교회를 단일 사회의 두 측면으로 간주했던 이론으로부터 태동했다.

국가는 종교에 형식적인 존경심을 보내고, 교회는 국가의 관심사인 정치적, 사회적 체제의 외부구조에 관여하지 않는다. 종교적 갈등의 시대는 1648년의 베스트팔렌조약과 함께 사실상 막을 내린다. 경제민족주의 전쟁의 시대는 올리버 크롬웰(Oliver Cromwell)의 공화정과 찰스 2세 당시 영국과 네덜란드 간의 전쟁과 더불어 사실상 시작된다. 국가는 영국을 필두로 그리고 프랑스와 미국이 그 뒤를 이어, 종교가 아닌 자연, 국가를 창출하기 위한 가상의 계약, 상호보호의 필요성, 그리고 상호부조라는 편이에서 정당성을 발견한다. 그것은 어떤 초자연적 위임에 호소하지 않으며, 불변의 자연법에 의해 부여된 절대적 권리를 향유하도록 개인들을 보호하기 위해 존재한다. "사람들이 공화국으로 결속하고 또 스스로를 정부의 통치에 맡기는 가장 크고 주된 목적은 재산을 보존하는 것이다."[6]

지금까지 이러한 발전의 정치적 의의는 종종 논의되었지만, 사회경제사상에서의 유사한 변화들은 별로 주목받지 못했다. 그러나 그것들은 중요하며 검토돼야 한다. 객관적이고 냉철한 경제학은 그에 상응하는 국가이론보다 더디게 출현했는데, 그 이유는 쟁점들 자체가 흥미를 덜 유발했을 뿐 아니라 한쪽[국가이론]이 공개무대에서 집중적으로 조명을 받으며 발전했던 데 반해 다른 쪽[경제학]은 무대 뒤편에 숨겨져 있었기 때문이다.

마키아벨리(Nicco lò Machiavelli)가 국가를 종교에서 해방시킨 후 한 세기가 지나서야 '자체의 법칙을 지닌 독자적 영역'이란 원리가 기업의 세계에 보편적으로 적용되기 시작했다. 17세기 초의 영국에서조차 순전히 금전적 손익의 관점에서 경제조직의 문제를 논하는 일은 별로 덕스럽지 못한 냉소를 동반했다. 16세기가 시작될 무렵엔 정치이론뿐 아니라 사회이론도 윤리학과 종교 분야에서 끌어온 교의들로 넘쳤다. 경제현상들은 19세기가 그것들을 기계론적으로[가령 앞에서 말했던 세의 법칙에 입각하여] 진술하는 것이 당연하고도 불가피했던 것처럼 사적 [즉, 도덕적] 행위의 관점에서 표현되었다.

사회이론들 간의 가장 근본적인 불화는 인간사의 세계가 자기 충족적이라고 믿는 사람들과 초자연적 기준에 호소하는 사람들 사이

---

6) Locke, *Two Treatises of Government*, 제2권, 제9장, § 124.

에서 나타난다. 근대사회이론은 근대정치이론이 그런 것처럼, 사회를 종교적이 아닌 자연주의적으로 설명할 때에만 발전하며, 이 둘 모두의 태동을 촉발한 핵심적 사실은 교회의 본질과 기능에 관한 생각이 변화한 것이다.

결정적인 시기는 16세기와 17세기다. (네덜란드를 제외한다면) 가장 중요한 나라는 영국이다. 영국은 유럽과 미국의 중계국가로서 새롭게 획득한 지리적 위상, 프랑스보다는 2세기, 독일보다는 2세기 반을 앞선 국내적 경제통합의 성취, 헌정혁명 그리고 은행가·조선업자·상인을 주축으로 한 강력한 부르주아지의 형성 등의 요인들로 사회구조의 변혁을 가장 먼저, 가장 신속하게 그리고 가장 완벽하게 일궈냈기 때문이다. 그 본질은 사회경제적 철학의 세속화다. 하나로 통합됐던 것이 정치, 기업 그리고 영적 활동 등의 요소들로 분해되고, 각각의 요소는 별도의 독자적인 활력을 지니며 자기만의 운행법칙을 준수한다.

교회 내부에서 숙성되고 오랫동안 교회와 동일시되어온 사회기능들은 국가로 이전되고, 그런 국가는 다시 번영의 제공자요, 문명의 수호자로서 숭배된다. 한때 종교를 정점으로 한 체계 속으로 인간의 모든 이해와 활동을 포괄했던 위계적 가치론 대신에, 그 둘은 피차 적절한 균형을 유지하되 어떤 필연적 관련성도 갖지 않는 별개의 대등한 영역들이란 개념이 들어선다.

물론 지적 변동이란 매우 완만해서, 일률적인 규정을 거부한 채 때론 퇴행하고 때론 조숙함을 보이기도 한다. 중세 후기에도 다가올 철학의 전조가 엿보이고 17세기 말에 이르러서도 이전 방식으로의 회귀를 간파해내는 일이 어렵지 않다. 가령 14세기의 오렘(Nicole d'Oresme)은 그레셤(Sir Thomas Gresham)이란 이름과 결부된 통화이론을 얘기했고, 15세기에는 로돌피스(Laurentius de Rodolfis)가 상업

어음과 재정어음을 구분했으며, 성 안토니노(St. Antoninus Pierozzi)는 자본의 중요성에 관해 서술했다.

반면에 백스터(Richard Baxter)는 1673년에 중세의 아퀴나스(Thomas Aquinas)가 쓴『신학대전』을 본따서『기독교 훈령집』을 저술했으며, 버니언(John Bunyan)은 1680년에 중세 수도사가 했던 방식으로 빈자를 높은 가격과 대부로 쥐어짰던 배드맨 씨의 경제적 비행들을 파헤쳤다.[7] 그럼에도 1500년과 1700년을 가로지르는 두 세기의 거리는 엄청나다.

비록 이탈리아에서는 경제적 합리주의가 한참 진척되었지만, 그 초기만 해도 전형적인 경제체제는 스콜라 철학자들의 머리에서 나왔고, 통상적인 대중교육은 설교나『부자와 빈자』(Dives et Pauper) 같은 훈육서의 몫이었다. 양심과 관련된 어려운 문제들에서는 성서, 교부들, 교회법과 그 해설자들에게 호소했고, 주된 논쟁들은, 2세기 후에는 경제적 편이의 관점에서 진행될 터이지만, 아직은 도덕과 종

---

7) Nocholas Oresme, 대략 1320~82. 1377년부터 리지외 주교. 그의 *Tractatus de origine, natura, jure et mutationibus monetarum*은 1360년경에 쓰인 것으로 추정된다. 라틴어와 프랑스어 본은 월로프스키(Paris, 1864)가 편집했고, 몬로가 번역한 발췌문들이 *Early Economic Thought*, 1924, pp.81~102에 실렸다. 이 책이 지닌 의의에 관해서는 Cunningham이 *Growth of English Industry and Commerce, Early and Middle Ages*(4th ed., 1905, pp.354~359)에서 그리고 월로프스키가 쓴 서문에서 짧게 논의되었다. 로돌피스가 *De Usuris*를 펴낸 해는 1403년이며, 교역에 관한 그의 이론들에 대한 간략한 소개는 E. Schreiber, *Die volkswirthschaftlichen Anschauungen der Scholastik seit Thomas v. Aquin*, 1913, pp.211~217에 실려 있다. St. Antonino(1389~1459, 피렌체 대주교, 1446)의 가장 중요한 저술은 *Summa Theologica, Summa Confessionalis*와 *De Usuris*이다. 그의 가르침에 관한 설명은 Carl Ilgner, *Die volkswirthschaftlichen Anschauungen Antonins von Florenz*, 1904; Schreiber, 앞의 책, pp.217~223; Bede Jarrett, *St. Antonino and Medioeval Economics*, 1914에 나와 있다. 백스터 책의 원제목은 *A Christian Directory: a Summ of Practical Theologie and Cases of Conscience*이다.

교의 맥락에서 규칙적이고도 불가피하게 수행되었다.

정치적 음모나 상업적 사기행위의 교묘함이라면, 헨리 8세와 토머스 크롬웰(Thomas Cromwell)의 시대[즉 16세기 전반기]가 20세기에 결코 뒤지지 않으리라는 점을 새삼스럽게 지적할 필요는 없다. 그러나 고위층의 탐욕스러운 부도덕에도 불구하고 다른 한편에선 그것과 상충하는 도덕적 기준의 정당성에 대한 신뢰가 널리 퍼져 있었다. 1500년과 1550년 사이의 세 가지 뜨거운 쟁점―곡가상승, 자본과 이자 그리고 토지문제―을 둘러싸고 영국에서 일었던 논쟁들을 읽다보면, 당시 새롭게 부상하며 요란하게 각자의 불만을 제기하던 경제적 이익집단들이 [자신들의 입장을 정당화하기 위해] 끊임없이 전통적 기독교윤리에 호소했다는 사실 앞에 놀라지 않을 수 없다. 기독교윤리는 개인들의 관계는 물론이고 사회조직에서도 여전히 최종적 권위로 간주된 것이다.

바로 이런 일로 인하여 교회 관계자들은 사회정책의 문제들에서 발언권을 주장했고, 가톨릭, 영국국교회, 루터교회, 칼뱅주의자가 교리나 교회정부에 대해 아무리 견해를 달리했다 할지라도, 루터(Martin Luther)와 칼뱅(Jean Calvin), 래티머(Hugh Latimer)와 로드(William Laud), 녹스(John Knox)와 '필그림 선조들'[Pilgrim Fathers, 1620년 메이플라워를 타고 미국 뉴잉글랜드에 처음 정착한 청교도 102명]은 모두 사회도덕이 교회의 관할이라는 데는 이견을 보이지 않았을 뿐 아니라 그것을 가르치고, 필요하다면 적절한 규율과 함께 강제할 만반의 준비가 되어 있었다.

17세기 중엽에 이르면, 이 모든 것이 달라진다. 왕정복고[1660년] 이후 사람들은 정치사상뿐 아니라 경제사상에서도 새로운 세계에 놓이게 된다. 경제문제에서 선한 양심의 규칙을 따라야 한다는 종교의 요구는, 그 실체가 모호하기도 했지만, 로드의 고백국가[기독교 신앙을 시민의 자격요건으로 규정하는 국가] 실험과 웨스트민스터 의회의 노력이 실패하면서 마침내 사라졌다.

시민혁명 이후에는 경제행위에 관한 기독교적 준칙이 있다는 견해를 유지하기는 불가능했는데, 일반인들의 반대도 있었지만 교회들의 분열로 교회기구가 강제할 수 있는 어떤 공동의 기준도 실재하지 않는다는 점이 분명해졌기 때문이다. 왕정복고를 지지한 경제학자들의 독트린, 곧 네덜란드의 경험이 증명해주었듯이, 경제교역과 종교적 관용이 [배타적이 아니라] 함께 융성했다는 교의는[8] 개인주의를 폭넓게 용인하지 않는다면 이 둘의 어느 쪽도 번창할 수 없었다는 사실에서 그 실천적 의의를 찾았다.

기독교 도덕주의자들이 떠난 자리는 또 다른 계열의 이론가들이 신속히 채웠다. 향후 200년의 미래가 손을 들어줄 쪽은 도덕적 준칙이 기독교인들의 경제적 거래를 구속한다는 개념을 변화된 환경을 적절히 감안하면서 재확증하려는 시도가 아니라, 실정법을 넘어서는 어떤 도덕규칙도 존재하지 않는다고 단언하는—처음에는 조심스럽다가 나중에는 확신에 차서—새로운 정치산술학(Political Arithmetic)이었다.

수학과 물리학의 당대적 진보로부터 방법론적 영향을 받은 정치산술학은 옳고 그름의 구별을 중시하는 결의론자(決疑論者)로서가 아니라 비인격적인 경제적 힘들에 새로운 미적분학을 적용하는 과학자로서 경제현상을 취급했다. 정치산술학의 특정 결론들에 대해선 논란이 오래 지속될 터이지만, 그것의 방법, 성격, 가정들은 성직자를 포함한 교육받은 모든 사람들이 받아들였다. 애덤 스미스(Adam Smith)가 활동하던 시절 이전의 영국에서 정치산술학의 가장

---

8) 이 책 제4장, pp.228~229.

두드러진 주창자는 글로스터대성당의 주임사제 터커 박사(Reverend Dr. Tucker)였다.

이러한 이행의 몇몇 특정 단계에 관해서는 뒤에서 논의할 것이다. 그러나 이행이 있었다는 사실과 그에 따른 지적, 도덕적 전환이 우리에게 친숙한 몇몇 지적 혁명의 영향 못지않게 중요하다는 점은 부인할 수 없다. 또한 그것은 경제적 동기와 경제적 필요가 [당대에 부상한 것이 아니라] 역사만큼이나 오래되었다거나, 어차피 종교에 호소하는 것은 실은 득의에 찬 물질주의를 위한 점잖은 휘장이었을 뿐이라고 주장한다 해서 반박되는 것이 아니다. 중세의 한 험담가는 대부에 관한 교회법을 해설하면서 "이자를 취한 사람은 지옥에 가고, 그렇지 않은 사람은 구빈소로 간다"며 [당시 교회법의 비현실성을] 냉소했다.[9]

콜턴(George Gordon Coulton) 씨가 '신앙의 시대'[중세]에조차 완벽한 원칙들이 매우 추악한 관행과 양립할 수 있었다는 점을 환기시킨 것도 적절했다. 기업조직의 역사가 아니라 사회사상이 토론의 주제라면 이러한 자명한 이치[즉 원칙과 관행이 일치하지 않는다는 것]를 상술할 필요는 없다. 잘 속는 사람이나 환멸에 젖은 사람만이 이어지는 시기들을 빛과 어둠이 뒤바뀌는 것으로서 대비하거나, 자신의 시대를 제외한 모든 시대에서 낭만적인 덕목들을 찾아내려는 유혹에 빠질 것이다. 사회조직에 관한 상이한 이론들의 장점을 평가하는 과제는 스스로 적절한 기준을 가지고 있다고 자신하는 사람들에게 맡겨져야 한다. 이 책이 할 수 있는 일이란 그 장점들 중 일부나마 이해하고자 노력하는 것이다.

---

9) Benvenuto da Imola, *Comentum super Dantis Comoediam*(ed., Lacaita), vol. i. p.579에 실린 "Qui facit usuram vadit ad infernum; qui non facit vadit ad inopiam"(G.G. Coulton의 *Social Life in Britain from the Conquest to the Reformation*, 1919, p.342에서 인용됨).

왜냐하면 결국엔, 교의와 행위가 어긋난다고 해서 교의를 검토하는 일이 현실과 유리된 채 그저 추상을 좇는 것이라는 논리로 이어지지는 않기 때문이다. 사람들이 실제로 생각한 대로 생각했어야 한다는 것[즉 이론이 요구하는 것]은 때때로 그들이 실제로 행동한 대로 행동했어야 한다는 것만큼이나 중요한데, 생각과 실천이 일치하지 않을 때에 더욱 그러하다. "이론이 삶의 비판인 것은 선한 사람이 악한 사람의 비판이라는 바로 그 의미에서만 그러하다"는 말[이론은 선하고 현실은 악하다는 말]은 맞을지 모른다. 그러나 이론가가 특정의 양상과 가치를 강조하는 일은 자의적이 아니라 이미 그 자체가 [현실에 대한] 해석이며, 그의 답변이 불신받는다 할지라도 질문들은 그것들이 던져진 시대의 가정들을 보여주는 증거다. 만약 인류가 이상적인 군주, 휘그, 개인주의자, 공리주의자를 여전히 기다려야 하기 때문에 마키아벨리와 로크(John Lockse)와 스미스(Adam Smith)와 벤담(Jeremy Bentham)을 그들이 살던 시대의 정치적 관행과 무관한 것으로 내쳐버린다면, 이는 모순일 것이다.

교회법과 신학총서와 설교들의 배후에, 자치도시와 길드의 선한 조례들 배후에, 규정과 법령과 특권재판소의 배후에 하나같이 경제적 인간의 변치 않는 탐욕이 숨어 있다는 이유를 들어, 중세나 16세기에 경제사회이론을 구축했던 사람들을 일축하는 일 또한 그에 못지않게 모순적이다[이론(사상)은 시대와 불화하지만, 동시에 시대의 산물이기 때문에 현실과의 괴리를 들어 이론(사상)의 의의를 간과해서는 안 된다].

사상도 유기체처럼 진화한다. 월러스(Graham Wallas) 교수가 매우 설득력 있게 보여주었듯이, 문명의 수준은 물질적 특성보다는 습속, 지식, 신조로 이루어진 복합적 구조의 유산에 크게 의존하거니와, 만일 그런 유산이 파괴된다면 1년도 못 가서 인류의 절반이 파멸되는 일이 뒤따를 것이다. 개인이 태어날 때 지니는 유전적 기질들의 기반이 역사가 기록되기 시작한 이래 거의 변하지 않았다 할지라도, 그의 세계를 구성하는 이해관계와 가치들은 일련의 혁명을 겪어왔다.

인간의 본성이 변치 않는다는 통상적 진술은 그러한 본성의 가장 인간적이지 못한 측면들과 관련해서만 타당하다[인간본성의 인간적인 측면들은 유전되면서 변화한다]. 오늘날의 늑대는 니므롯[Nimrod, 구약(창세기 10:8~9)에 나오는 뛰어난 수렵가]이 사냥하던 때의 늑대와 변한 것이 없다. 그러나 인간은 늑대의 많은 속성을 지니고 태어날지라도 순치된 늑대다. 그러한 늑대는 자신을 부분적으로 길들여온 기예들을 후대에 물려주면서 또한 그런 기예들을 개선해나간다. 그가 사회적 유산 속으로 발을 들여놓는 것인데, 각 세대는 그런 유산을 후대에 물려주기 전에 자기만의 때론 선하고 때론 악한 기여를 추가한다.

물질적 환경뿐 아니라 도덕적이고 종교적인 환경도, 개인이 의식하지 못할 때조차 개인에게 표식을 남긴다. 이런 환경의 변화들이 가져다주는 효과도 마찬가지로 심대하다. 재산권, 계약의 자유, 경쟁 등 근대사회의 경제적 범주들은 근대사회의 정치적 개념들 못지않게 그것의 지적 구조물의 일부인데, 추측건대 그것들은 종교와 함께 근대사회의 성격을 형성한 가장 강력한 힘이었다.

서로 다른 기능이 부여된 불평등한 계급들이 공동의 목표를 위해 조직한 공동체로서의 사회개념과 경제적 동기를 작동해 스스로 경제적 필요의 공급에 적응하는 하나의 기계장치로서 사회개념 사이에, 인간은 자기 이웃의 곤궁을 악용하지 말아야 한다는 사상과 '이기심은 신의 섭리'라는 교의 사이에, 그리고 경제적 탐욕을 억제하기 위해 종교적 기준에 호소하는 태도와 편의를 최종적 기준으로 간주하는 태도 사이에는 경제적 이해관계들의 항구성과 보편성을 주창하는 어떤 이론도 가교역할을 할 수 없는 괴리가 있다. 그런 간극을 탐구하는 것은 충분히 가치 있는 일이다.

후자의 것들이 어떻게 전자들로부터 생성됐는지 연구하는 일, 경제활동을 여타 종류의 도덕행위 가운데 하나로 간주했던 견해로부터 그것을 비인격적이며 거의 자동적인 힘들에 의존하는 것으로 보는 태도로 이행하는 것을 추적하는 일, 교회가 종교의 이름으로 그리고 국가가 공공정책의 이름으로 부과한 여러 제약에 직면하여, 처음에는 비난받다가 다음에는 변론되고 결국 경제적 자유의 기치 아래 큰 승리를 거두며 정당화된 개인주의의 분투(奮鬪)를 관찰하는 것, 교회권력이 자신의 관할로서 옹호했던 영역들을 고수하려 애쓰다가 결국 그것들을 포기하게 된 경위를 조사하는 일들은 헛된 호기심에 탐닉하는 것이 아니다. 지금은 격랑을 이루며 쏟아지는 여러 물줄기의 수원(水源)들을 찾아나서는 일이다.

과거의 종교적 의견은 사회조직과 경제행위의 문제들을 정신적 삶과는 무관한 것으로 여겼는가, 아니면 개인을 기독교로 전향시킬 뿐 아니라 기독교 문명을 창출하려고 노력했는가? 종교는 사적 도덕성과 상거래에서 허용되는 관행 간의 날카로운 대립을 용납할 수 있는가? 교회라는 개념은 사회윤리와 관련해서 어떤 특정한 기준을 수용하는 것을 의미하는가? 만일 그렇다면, 교회는 그런 기준을 교회 구성원들에게 부과된 의무로서 강제해야 하는가? 이는 오늘날 사람들이 던지는 질문들 중 일부를 나열한 것이다. 이것들에 관해 누군가 내가 할 수 있는 것보다 더 충실하게 역사적 탐구를 시도하여 우회적이나마 가냘픈 빛줄기를 비춰주길 바란다.

I. 사회유기체

이것들이 오늘날 우리가 던지는 질문이다. 인류는 이와 똑같은 질문들을 언어는 달랐지만 16세기 내내 던졌다. 근대경제사가 상업의 방향과 조직 그리고 금융, 가격, 농업에서 일어난 일련의 혁명적 변화로 시작한다는 것은 진부한 말이 되었다. 새로운 경제상황에 맞서서 사람들은 그 이전의 3세기 동안 고심해서 만들어낸 일군의 원리, 법률 그리고 전통을 들이댔다.

새로운 힘들은 심성이 보수적인 사람들에게 당혹스럽고 왕왕 충격적이었기 때문에 도덕가와 종교교사들은 처음엔 전통적 교의들을 재차 천명함으로써 그런 힘들에 대항했는데, 그럼으로써 그것들의 과잉과 남용이 제어되고 교정될 수 있다고 보았다. 그러나 변화된 환경이 시간이 지나면서 기정사실로 되자 전통적 교의들은 수정돼야 했다. 종교개혁의 효과가 나타나면서, 교회들은 사회적 태도에서 독특한 차이를 보여주었다.

그러나 이는 훗날에 가서야 나타난 것이며, 점진적으로만 윤곽을 드러냈다. 새로운 경제세계가 수용되기까지는 갈등이 없지 않았다. 소수 과격파를 제외하면, 첫 세대 개혁가들은 사회이론의 문제에서 혁신자들이 아니었거니와, 그들은 교부들과 교회위원회, 교령집과 교회법학자들을 인용했고, 교리와 교회정부의 혁신이 그들이 배웠던 기독교 세계의 도덕적 전통과 상충하리라고는 전혀 생각하지 못했다. 그러므로 16세기에는 종교사상의 여러 학파 사이뿐 아니라 변화된 경제환경과 용인된 사회이론 간에도 충돌이 있었다. 이 점을 이해하려면 그것이 시작된 지점을 살펴야 한다. 간략하더라도 역사적 배경을 검토해야 한다.

그 배경은 중세시대의 유산인 일군의 사회이론—명시적이고 암묵적인—으로 구성되어 있다. 공식적 교리는 성경, 교부와 신학자, 교회법과 그 주석자에게서 왔고, 설교와 종교훈령집을 통해 널리 대중화되었다. 비공식적 가정들은 법, 관습 그리고 사회제도들에 함축돼 있었다. 양쪽 모두 단순하지 않았는데, 이 둘을 단일체로 취급하는 것은 편의를 위해 진리를 희생하는 일이 될 것이다. 정치사가라면 전통에 따라 중세라는 딱지가 붙은 다섯 혹은 그 이상의 세기들을 하나의 어귀로 뭉뚱그려도 될지 모른다. 그러나 경제조건들을 연구하는 사람에겐 동질성을 내세우는 일이야말로 가장 먼저 버려야 할 착각이다.

중세의 경제세계가 몇몇 공통적 특징을 지녔다는 것은 사실이다. 이런 특성들이 가능했던 이유는, 서쪽은 폐쇄된 체계였고, 북쪽에는 발트해와 그것으로 흘러들어가는 강들이 만든 여유 공간이 많았으며, 개방된 동쪽에는 알렉산드리아로부터 흑해에 걸친 비교적 짧은 해안선을 따라 항구들이 몰려 있어서 동지중해를 지배하는 해군력에 쉽사리 장악됐고 무역로들이 바다에 닿기도 전에 그것들을 점거한 군대에 쉽게 차단되었기 때문이다.

그러나 이런 개괄적인 사실들로 무역의 주된 두 흐름이 동에서 서로 그리고 북에서 남으로 형성되었다. 당시 가장 진보적인 경제활동이 이런 흐름이 시작되고 만나는 지역들에 집중됐던 것은 사실이며, 이러한 전반적인 경제적 틀 속에는 지극히 다양한 조건과 발전양상이 혼재했다. 경제문명의 지형도는 뒤이은 세기들의 그것과는 다른 등고선을 따라 나뉘었는데, 산과 골짜기의 대비도 그 못지않게 뚜렷했다. 복잡한 경제구조가 흥기한 지역들은 뒤에 번성한 지역들로부터 꽤 멀리 떨어져 있었거니와, 그럼에도 그러한 경제구조는 성장을 위한 좋은 조건이 주어진 곳에서 융성했다.

장원과 길드는 도처에 있었지만, 마치 근대의 랭커셔 또는 런던과 근대 덴마크가 다른 것처럼, 15세기 플랑드르 같은 자본주의적 산업의 중심지 혹은 15세기 피렌체 같은 자본주의적 금융의 중심지에서의 삶은 중세 영국같이 원료와 식량을 약간 수출하는 목축사회와는 많이 달랐다. 당시 영국의 상황을 확대해석하여, 전 세계가 경제적 궁핍에서 헤어나오지 못했거나 경제적 단순함에 갇힌 채 그것을 즐기고 있었다고 상상한다면, 이는 20세기 유럽의 경제생활을 셰틀랜드군도[양모사의 원산지로 유명한 영국의 지명] 혹은 우크라이나에 대한 연구로부터 재구성하는 것만큼이나 어리석다.

중세 사회이론의 요소들도 마찬가지로 다양하고 변화무쌍했다. 설사 학자가 자신의 연구를 명백하게 종교와 결합된 일단의 교의에 한정하고 교부들의 『신학대전』(Summa)을 그런 교의의 전형으로 간주한다 할지라도, 그는 그 교의도 끊임없는 발전의 도정에 있다는 것을 알게 된다. 가령 15세기 성 안토니노의 경제적 가르침은 13세기 성 아퀴나스의 그것보다 훨씬 복잡하고 현실주의적이었는데, 중세의 마지막에 이르러서까지 그 체제의 가장 잘 정립되고 특징적인 요소들—예컨대 가격과 대부이론—도 정태적이기는커녕 꾸준히 수정되고 정교해졌다.

종교적 견해는 사회제도와 경제관계의 세계에 대해 대체로 네 가지 정도의 태도를 취할 수 있을 것 같다. 첫 번째는 한쪽에 비켜서서 금욕적인 초연함을 보이며 그것들을 본질상 불의한 영역으로 간주하는 것이다. 사람들은 그 영역을 벗어날 수도 있겠지만—스스로의 영혼을 생각한다면 벗어나려고 애를 쓸 것이다—오직 위로 날아오름으로써만[즉 신에 의지해서만] 그곳을 정복할 수 있다고 여긴다. 두 번째 태도는 그것들을 덤덤하게 받아들이면서 종교와 무관한 세계에 속하는 무관심의 대상으로서 무시하는 것이다. 이처럼 모든 시대에서 문제들을 대담하게 정면에서 응시하고는 그냥 흘려보낼 줄 아는 지혜는 아주 자명해서 설명이 따로 필요치 않다.

또 하나의 태도는 특정 개혁을 위해, 그냥 넘길 수 없는 어떤 추문을 발본하기 위해, 어떤 최후의 혁명을 촉구하기 위해, 요컨대 지상에서 의(義)의 왕국을 건설하기 위해 선동하는 데에 직접 뛰어드는

것이다. 마지막 태도는 인간의 욕망들이 뒤얽힌 거친 세상을 영적 부
활을 위한 성긴 발판으로 수용하면서 비판하고, 관용하면서 수정하
고, 환영하면서 그것 역시 신의 왕국을 위한 재료가 된다고 주장하는
것이다. 이런 성향의 사람에겐 종교와 유리된 모든 활동은 잔혹하거
나 생명을 잃은 것이지만, 그렇다고 그 어떤 것도 너무 천박해서 종
교 아래에 있거나 매우 위대해서 종교 위에 있는 것은 아니다. 왜냐
하면 그것들 모두는 서로 다른 정도로 그 전체에 스며 있는 정신과
교감하기 때문이다. 피카르다(Piccarda Donati)의 말은 이런 태도를
가장 숭고하게 들려준다.

"천국은 어디에나 있다오. 비록 최고선[신]의 은총이 어디서나 같
은 정도로 비추지는 않을 테지만"[단테(Alighieri Dante)의 『신곡』「천
당」편 세 번째 칸토에 처음 등장하는 단테 친구의 누이 피카르다 도나티
가 단테에게 들려준 말. 그녀는 지상에 있을 때 오빠의 정략에 따라 강제
로 수녀원을 떠나 결혼해야 했고 결국 신과 서약을 지키지 못한 탓에 천
당의 가장 낮은 층인 월층(月層)에 속하게 되었다].

오늘날 우리는 이 네 가지 태도 하나하나를 모두 만난다. 그 각각
은 중세의 사상 속에서 우리를 대면하거니와, 시기 · 장소 · 경제환
경 · 개인적 성정의 차이가 이런 상이한 태도를 불러들이기 때문이
다. 중세 초기에는 금욕주의적 기질이 지배적이었다. 가령, 경제생
활에서 사체(死體)에 달려드는 늑대들의 아귀다툼만 보았던 랑프랑
(Lanfranc)은 교역에 종사하는 사람들이 사기와 폭리로 살아가기 때
문에 구원을 받을 수 없다고 생각했다.[10]

종교적 삶의 절정은 세속세계의 영광과 유혹을 배척한 수도원 생

---

10) Lanfranc, *Elucidarium*, 제2권, p.18(J.A. Giles가 편집한 *Opera*에 실림). 또한
Vita Sancti Guidonis(*Bollandists' Acta Sanctorum*, 9월호, vol. iv, p.43) 참조:
"Mercatura raro aut nunquam ab aliquo diu sine crimine exerceri potuit."

활을 하는 것이었다. 그런 생활의 어떤 단계에서 안일과 부유함이 만연하면, 새로운 단계가 시작돼서 초기의 검약을 되살렸고, 성 프란시스(St. Francis)가 선포했지만 그의 많은 추종자는 포기했던 복음주의적 가난을 회복하는 일은 대부분 개혁운동에서 나타났던 특징이었다. 종교적 무관심주의[앞의 두 번째 태도]라면, "의인은 이미 모든 것을 다스리고 있고," "이 세상에서는 신이 악마를 섬겨야 한다"는 위클리프(John Wycliffe)의 가르침으로 대표될 텐데, 그의 가르침은 모든 공산주의적 미사여구에도 불구하고 지상의 고난은 천상의 행복으로 보응받는다는 교의로 연결되지 않았던가? 홉스(Thomas Hobbes)는 이런 교의에 대해 박해받는 자들은 반란을 일으키기보다는 "천국에서의 보상을 기다려야 한다"라고 냉소함으로써 그것에 불후의 명성을 안겨준 바 있고, 해먼드 부부(John and Barbara Hammond)는 그런 교의가 산업혁명이 야기한 고통과 동요를 모두 잠재우는 아편임을 밝혀낸 바 있다.

'리용의 빈자들'[Poor Men of Lyons, 12세기 말 프랑스 남부 리용에서 시작된 기독교 종파로 16세기에는 칼뱅주의 교의를 택했다] 같은 잘 알려지지 않은 종파들이 너무 이단적이어서 인용하기가 꺼려진다면, 탁발수도회[Friars, 13세기 초에 시작된 탁발수도원 운동으로, 자청하여 가난을 택함으로써 수도원의 영적 부흥을 주도했다. 『신학대전』을 쓴 아퀴나스 등 많은 신학자를 배출했다]는 거론해도 무방할 터인데, 랭글런드(William Langland)뿐 아니라 점잖은 언론인인 프루아사르(Jean Froissart)도 계급혐오를 선동한다— 이 말의 역사는 길다—는 이유로 탁발수도사들을 비난했다.

사회와 종교에 관한 사상들의 광활한 바다에서 자신의 빈약한 그물에 걸린 사례들만 건져올려서 그것들에 '중세사상'이라는 이름을 붙인다면, 이는 허다한 문제를 일으킨다. 사상에는 그 주창자들이 알면 당혹스러워했을 계보가 있기 마련이다. 근대 기독교의 오직 절반 [즉 가톨릭]만이 중세 종교에 뿌리를 두고 있다고 말할 수 있는 시대는 오래전에 지나갔다. 중세 가톨릭 외에도 중세 청교도주의도 있고 중세 합리주의도 있다.

마닝이 그의 탁월한 저서에서 지적했던 것처럼,[11] 교회이론 분야에서는 그레고리 7세(Gregory Ⅶ)와 보니파시오 8세(Boniface Ⅷ)의 진정한 계승자가 칼뱅과 녹스다. 경제사회적 교의도 종교와 정치사상의 경우와 다를 바 없다. 루터와 래티머, 부처(Martin Bucer)와 불링거(Heinrich Bullinger), 16세기의 재세례파[Anabaptists, 유아세례, 국가종교, 전쟁참여를 거부하고 근본주의적 신앙을 고수하며 수많은 박해를 받음. 메노나이트와 아미쉬 등 신앙의 순수성을 지키려는 분파로 연결됨]와 17세기의 수평파[Levellers, 청교도혁명의 급진적 분파로서 정치적 자유와 경제적 평등을 주창했으나 곧 소멸함], 백스터 같은 청교도, 로드 같은 영국교도, 버니언 같은 침례교도, 벨러스(John Bellers) 같은 퀘이커 등은 모두 중세라는 부모가 낳은 자식들이다.

미개상태에 있는 지역에 파견된 오늘날의 교회들처럼, 중세 초의 교회들도 방대한 선교사업을 벌였는데, 그들이 도처에서 야만성과 싸울 때 영적 전향을 위한 노력과 사회건설을 위한 활동은 거의 구분이 없었다. 지도자들의 의도 못지않게 그런 활동의 성격 자체로 교회는 가장 중요한 정치제도였다. 좋건 나쁘건, 교회는 종파 아닌 문명이 되기를 열망했거니와, 그 일체성이 종교개혁으로 산산조각 나자, 그로부터 생겨난 다양한 교회도 저마다 주어진 기회를 살려서 동일한 전통을 이어나갔다. 고행이나 금욕주의, 정적주의 혹은 무관심주의, 마땅히 분노해야 할 때 분노하는 열정, 외적 질서와 영적 종교의

---

11) B.L. Manning, *The People's Faith in the Time of Wyclif*, 1919, p.186.

합일을 추구하는 기질 등은 모두 중세의 종교적 사상과 실천 속에서 이러저러한 형태로 표출되었다.

그것들 모두가 그 안에서 표출된 것은 맞지만, 드러난 정도가 같았던 것은 아니다. 앞에서 언급한 네 가지 태도 가운데 가장 두드러진 것은 마지막 태도였다. 16세기가 인계받은 제1의 핵심가정은 인간제도와 활동의 궁극적 기준은 종교라는 것이다. 그 체제의 설계도는 교부들의 신학총서들 속에서 제시되었다. 근대적 기질이 궁극적 목적지를 당연한 것으로 치부하며 엔진의 굉음에 전율했던 것과는 사뭇 대조적으로, 중세의 종교사상은 모든 이해관계와 활동을, 때로는 지극히 자의적으로, 오직 하나의 관념을 향해 강박적으로 몰고 간다.

그 기획의 구획들은 종횡무진 얽혀 있고, 목적은 보편적이고 포괄적이어서, 적어도 이론적으로는 자신만의 고유한 궤도를 운행하는 특이한 행성들은 용납되지 않는다. 그것의 목적은 우주에 관한 신적 계획이 정한 것이다. "인간의 완전한 행복은 오직 신적 본질을 바라보는 데 있다."[12]

그리하여 모든 활동은 단일체계의 범위 안에 귀속되는데, 비록 관련된 정도는 다를지라도, 그것들 모두가 하나의 목적에 연결돼 있고 그 목적에 비추어서만 의미를 지니기 때문이다. 넓은 의미의 교회는 그런 목적이 구현되는 기독교공동체이며, 좁은 의미로는 신에게서 그 목적을 해석하도록 위임받은 위계체계다. 이 두 의미 모두에서 교회는 삶의 전 영역을 아우르는 최종적 권위다. 실천이란 영원히 이론과 불화하지만 '종교적 영역', 곧 내면적이고 개인적인 삶과 실천적 이해, 외적 질서, 비인격적 메커니즘—근대의 몇몇 교사의 말을 의심 없이 받아들인다면, 이것들은 종교와 무관하다— 을 가르는 절대

---

12) Aquinas, *Summa Theologica*, 2a 2æ, div. I, Q. iii, art. viii.

적 경계는 없다.

절대적 경계는 없지만 질적 구분은 존재한다. 오늘날의 어법을 따르면, 현실성의 등급이 다르다는 것이다. 중세사상의 두드러진 특징은 훗날 화해가 불가능한 안티테제로서 제시될 대립물들이 거기에선 더 큰 통합체 내부에서의 차이 정도로 나타난다는 것과 물리적 생존의 필요에서 기인한 사회조직의 세계가 우리도 모르는 사이에 서서히 영적 세계로 전화한다는 점이다.

인간은 자신의 종을 유지하고 영속시켜야 한다는 점에서 여타 동물과 다를 바 없지만, 거기에 더하여 자연의 피조물로서, 인간 특유의 지성적이고 사회적인 삶을 살려는 경향, 곧 '신의 진리를 탐구하고 공동체를 꾸리려는' 경향을 지닌다.[13] 자연의 법칙을 따라 인간의 삶을 형성하는 이런 활동들은 영적 삶과 무관하거나 거기에 적대적이라고 여겨질지도 모르며, 때때로 그렇게 간주되기도 한다. 그러나 일반적으로 사상은 그렇지 않고 통합적이다.

자연과 은혜 사이, 인간의 욕구와 이해관계 그리고 종교 사이의 대비는 절대적이 아니라 상대적이다. 그것은 물질과 그것의 본질을 이루는 정신, 과정의 여러 단계, 준비와 결실을 대비하는 것이다. 은혜는 스스로 갱생하지 못하는 인간의 본성에 작용해서 그것을 파괴하지 않고 변화시킨다. 사회도 개인과 다를 바 없다. 사회를 계시가 지시해준 인생의 목적에 연결함으로써 사회에 새로운 의미를 부여하려는 시도도 있다. 한 유명한(혹은 악명 높은) 교황칙서에는 이렇게 쓰여 있다. "종교의 도(道)는 천한 것들이 중간 것들을 거쳐 고귀한 것들에 이르도록 하는 데 있다. 우주의 법칙상 모든 것이 동일하고도 즉각적으로 질서로 귀결되지는 않으며, 가장 낮은 것은 중간 단계를

---

13) 같은 책, Iᵃ 2ᵃᵉ, div. i, Q. xciv, art. ii.

통과하고, 중간 것은 더 높은 단계를 통과한다."[14] 그러므로 사회제
도들은 거의 신성하다 불릴 만한 특성을 지니는데, 외형적이고 불완
전하게나마 최고의 영적 실체를 표상하고 있기 때문이다.

이념형으로서의 사회는 다양한 계층으로 이루어진 유기체이고,
인간의 활동들은 종류와 중요도에서 상이한 기능들의 위계를 형성
한다. 그 기능 하나하나가 모두에게 아무리 미미할지라도, 공통된 목
적에 의해 지배되는 한, 그 각자는 자신의 영역에서 나름의 가치를
지닌다. 천상의 질서가 그렇듯이, 그 질서를 어렴풋이 반영하는 사회
도 안정적이다. 왜냐하면 위를 향하여 분투하기 때문이다.

축복의 경지에 이르는 데 정말 필요한 것은
우리 자신의 의지들을 하나 되게 만드는
신의 의지 내에 머무르는 것이다.

말할 필요도 없이, 형이상학이 아무리 숭고할지라도 그것은 오늘
날엔 물론이고 중세에도 일용할 양식이 아니었다. 15세기에는 상업
활동과 경제적 투기가 분출했거니와, 그 중엽에 이르면 중세의 모든
가르침[형이상학]은 낡은 것이 되었다. 그런데도 보편적 관념을 억지
로 칸막이를 쳐서 가두어둘 수 없다는 점 또한 자명한바, 중세의 목
적론적 사유는 18세기에는 물리학 그리고 19세기에는 진화사상이
그랬듯이, 일상사에 대한 해석 전반에 영향을 미쳤다.

중세가 16세기에 물려준 첫 번째 유산이 종교가 인간사의 모든 측
면을 아우른다는 개념이었다면, 그 개념이 당대의 경제환경 속에서
작동하면서 두 번째와 세 번째 유산도 자연스럽게 흘러나왔다. 그 각

---

14) The Bull *Unam Sanctam* of Boniface VIII.

각을 기능주의적 계급조직론과 경제윤리론으로 부를 수 있다.

12세기에서 16세기에 이르도록, 가령 1159년 베케트(Thomas Becket)의 비서가 쓴 글로부터 헨리 8세의 궁정사제의 저술에 이르기까지, 사회를 묘사하는 데 동원된 비유—원리적이면서도 틀에 박힌—는 동일했다.[15] 그 비유는 경제위기가 발생할 때마다 착취와 분쟁을 질책하기 위해 사회적 연대라는 고상한 교의와 더불어 환기되곤 했는데, 그것이 최종적으로 포기된 것은 17세기 영국에서 이론적 개인주의가 부상하면서부터였다. 인간신체의 비유가 바로 그것이다.

사람들은 사회질서의 총체적 현실을 거칠고 잔인한 모습 그대로 받아들였다. 그것은 경이로운 순응이었거니와, 극히 드문 경우를 제외하면 인위적 재건은 아예 꿈도 꾸지 못했다. 그 현실에서 사소한 것이라고는 없다. 그것은 다름 아닌 봉건사회를 떠받치는 전 구조물, 곧 계급특권, 계급압제, 착취, 농노제다. 그러나 이런 것들이 그저 종교와 무관한 것으로 취급될 수 있다고 보지는 않았는데, 종교는 모든 것을 아우르기 때문이다. 따라서 그것들에는 어떤 윤리적 의미가 부여돼야 했고 그것들이 더 큰 어떤 계획의 표출임을 드러내야 했다. 그들에게 부여된 의미는 소박했다.

계급적 지위와 불평등이라는 중세적 현실은 기능적 사회이론으로 합리화되었는데, 이는 18세기에 경쟁이라는 현실이 경제조화사상에 정당화된 것과 같았다. 전자가 사회조직에서 계시된 도덕적 목적을 음미하며 흐뭇해했다면, 후자는 인간사회의 기묘한 운행에서 도

---

15) John of Salisbury, *Polycraticus*(ed., C.C.I. Webb), Iib. v, cap.ii, and lib. vi, cap.x. 여기에서 비유가 상세히 취급되었다. 헨리 8세의 궁정사제에 대해서는 Starkey, *A Dialogue between Cardinal Pole and Thomas Lupset*(Early English Text Society, Extra Ser., no. xxxii, 1878) 참조.

덕적 목적은 불필요하거나 혼란만 가중할 뿐이라는 점을 드러내면서 희열을 느꼈다. 사회는 인간신체가 그렇듯이 다양한 부분으로 구성된 유기체다. 각 부분은 가령 기도, 방위, 상업, 농업 등 자신의 고유한 기능을 수행한다. 각자는 자신의 지위에 합당한 보수를 받으며 그 이상을 요구해서는 안 된다. 계급 내에서는 평등해야 하며, 한 사람이 두 사람 몫을 가져가면 그의 이웃은 그만큼 궁핍해질 것이다.

계급 간에는 불평등이 있어야 하거니와, 그렇지 않다면 계급은 자신의 기능을 적절히 수행할 수 없거나 우리에겐 낯선 생각이지만, 자신의 권리를 누릴 수 없다. 농부는 자신보다 지위가 높은 사람들을 넘봐서는 안 되고, 영주는 농부를 약탈할 수 없다. 장인과 상인은 각자의 직업으로 생계를 유지할 수 있을 정도만 받아야 하며 그 이상을 취해서는 안 된다.

사회정책의 관점에서 볼 때, 이런 교의는 억압적이기도 하고 보호막이 되기도 한다. "신분의 위아래가 있는 것은 합리적이고, 자신이 속한 신분에 따라 본분을 다하는 일은 정당하다. 그러나 분명 신분이 낮은 사람들을 착취하고 경멸하는 일은 비난받아 마땅하다."[16] 하나의 사회철학으로서 그 교의는 물질세계를 신적 질서에 편입함으로써 정화하고자 하는데, 후자는 전자를 흡수해서 변환시킨다. 돈벌이에만 집착하는 삶은 이런 변환 과정에 순순히 복종하려 하지 않기 때문에 실제로 거기엔 오명이 덧씌워진다. 왜냐하면 이론가들이 아무리 기발해도, 그 본질이 서비스가 아닌 오로지 '무한한 축적의 욕구' (*appetitus divitiarum infinitus*)에 있는 듯이 보이는 금융과 상업을 사회적 기능을 수행하는 것으로 해석하기는 쉽지 않기 때문이다. 금융과 상업은 상업시대의 도래 이전에 주조된 개념들이 지배하는 세계

---

16) Chaucer, *The Persone's Tale*, §66.

로 비교적 뒤늦게 침투해 들어와서는 결코 중세적 종합 속으로 조화롭게 편입되지 못했거니와, 그것들이 만개(滿開)하자 종국적으로는 오히려 그런 종합을 전복시키는 데 기여할 것이었다.

그러나 사람들은 봉건영주의 재산, 농민 혹은 장인의 노동, 심지어 전사의 흉포함조차 영적인 삶에 적대적이거나 그것과 무관한 것으로 내치지 않았다. 이수리엘의 창[the spear of Ithuriel, 밀턴이 쓴 『실락원』에서 마왕의 정체를 폭로한 천사의 창으로 진위를 확실히 가르는 기준을 의미]에 닿자, 그 셋은 서비스, 소명, 기사도로 승화되고, 그것들을 둘러싼 의식(儀式)은 그것들이 이미 종교의 제단에 재헌정되었다는 점을 강조하도록 설계되었다. 특권과 권력은 교회가 베푼 세례를 등에 업고 직무와 의무가 되었다.

이런 타협은 피상적이었으며, 그것을 시도할 때 교회는 종종 세상을 끌어올리기보다는 자신을 아래로 타락시켰다. 이 점은 그런 타협이 물질적 이해에 보편적 설계의 인장을 찍어줌으로써 그것에 품위를 실어주려는 경향을 지녔다는 것 못지않게 명백하다. 영주들은 혹독한 지대를 취하며 빈자를 억압했지만 동시에 자신의 진정한 역할이 '세상의 권력으로 신의 법을 수호하는 것'임을 귀가 따갑게 듣고 있었다는 점 또한 놓쳐서는 안 된다.[17] 교회의 설교 때마다 거론되었던 장인들은 눈속임에 능했지만, 동시에 그들이 입으로나마 기술로 먹고사는 사람들은 사술(邪術)로 사람들을 속여서는 안 된다는 정직한 상행위의 이상을 외쳤던 것을 아예 무가치한 일로서 치부할 수는 없다. 영주와 농노, 상인과 장인, 도시사람과 시골사람은 서로 심하게 압박했지만, 다투는 와중에도 이들은 경제적 편의와 경제권력 모

---

17) *On the Seven Deadly Sins*, chap. xix (*Select English Works of John Wyclif*, ed., T. Arnold, vol. iii, 1871, p.145).

두가 보편적 유대를 훼손하면 안 된다고 역설했거니와, 이것이 그저 무의미하다고 볼 수는 없을 것이다. "신분이 높은 구성원들이 신분이 낮은 구성원들을 배려하고 후자 역시 마찬가지로 전자에 화답함으로써 서로가 서로의 편이 되어줄 때, 공동체 전체는 건강한 활력을 유지해나갈 것이다."[18]

만일 중세의 도덕주의자가 종종 너무 순진해서 그저 고결한 원칙만 내세워도 건전한 관행이 뒤따를 것이라고 기대했다 하더라도, 적어도 그는 그런 원칙이 없거나 그와 반대되는 원칙이라도 선한 관행을 낳을 수 있다는, 당시에 꽤 넓게 퍼져 있던 유형의 맹신에는 얽매이지 않았다. 그런 가르침을 배운 사람들도 밖에서는 훔치고 속이지 않느냐고 말한다면, 그들도 인간일 뿐이라고 말할 수밖에 없다.

그들이, 그들의 일부 후손들처럼 정직의 자리에 경쟁을 들어앉힌 것이 신의 섭리라고 배웠더라면[가령 애덤 스미스는 경쟁시장에서 신의 섭리인 '보이지 않는 손'이 작동해서 인간의 이기심이 제어될 수 있다고 보았다.] 더 정직해졌으리라는 점 또한 자명하지 않다. 요컨대 사회는 경제적 이기심의 표출이 아닌, 다양하되 상호적인 책무들의 체계에 의해 결속된 것으로서 이해되었다. 각 계급이 자신에게 주어진 기능을 수행하고 그에 걸맞은 권리를 향유하는 한 사회적 안녕은 따라온다고 생각했다.

"교회는 설교자, 변론자, 일꾼 세 부분으로 나뉜다. ……교회는 우리의 어머니이듯 하나의 몸이고, 이 몸의 건강은 예수 그리스도가 정한 바에 따라 교회의 한 지체가 다른 지체에 책임을 지는 바로 그 지

---

18) John of Salisbury, *op.cit.*, lib. vi, cap.x: "그러나 국가 전체의 안녕은, 상층부의 구성원들이 하층부의 구성원들을 위해 자신을 바치고 하층부의 구성원들도 거기에 화답하여 상층부의 구성원들에게 자신을 바칠 때, 그리고 그 결과 마치 각자가 서로에 대해 다른 이의 일부처럼 될 때, 보존될 것이다."

점에 있다. ……친절하게도 사람의 손은 머리를 돕고, 눈은 발을 도우며, 발은 신체를 돕는다. ……교회라는 몸의 지체들도 그래야 한다. ……만일 인간신체의 상이한 부분들이 자신의 고유한 일을 버리고 다른 부분이 하는 일을 한다면, 그것들은 인간을 옳게 섬기지 못하는 게 될 터다. 이와 마찬가지로 교회의 다양한 지체도 자신에게 맡겨진 역할을 수행함으로써 하나님을 섬긴다. 만일 교회의 한 지체가 하나님이 그에게 맡긴 일의 영역을 떠나서 다른 지체의 일을 빼앗는다면, 사악하고 기이한 일들이 교회에 나타나서. ……하늘이 나서고 인간이 노력하여 교회의 지체들이 기능적 균형을 다시 회복하기 전까지 교회는 결코 온전해지지 못할 것이다."[19]

생각이란 진공 속에서(*in vacuo*) 숙성되는 것이 아니다. 아무리 과격한 사상도 기성질서를 반영하게 되어 있다. 앞의 가부장적 교의도 봉건적 토지체제를 순화된 형태로 반영했음이 명백하다. 교회의 경제윤리관이 중세산업의 상황을 보여준다는 점 또한 숨길 수 없다. 종교철학이 실천영역 대부분을 어둠의 권세에 공공연히 방치할 것이 아니라면, 그것이 상업과 경제관계가 윤리와 종교에서 유리된 자족적 세계라는 교의를 받아들이는 것은 불가능하다.

그러나 현실에서 일어나는 일들을 도덕적으로 교화하는 것은 어려울 수도, 상대적으로 쉬울 수도 있다. 중세 후기에 대체적인 유럽의 경제환경은 로마제국 시대나 오늘날에서보다 다루기가 덜 까다로웠다. 물론 거대 상업중심지들에서는 때때로 유례를 찾기 힘들 정도의 비인간적인 자본주의도 있었고, 장인과 상인들 간의 격렬한 계급전쟁도 수시로 일어났다.[20] 그러나 그런 지역을 벗어나면, 무역,

---

19) Wyclif, *op.cit.*, chaps. ix, x, xi, xvii, *passim*(*Works of Wyclif*, ed., T. Arnold, vol. iii, p.130, p.131, p.132, p.134, p.143).

20) 가령, A. Doren, *Studien aus der Florentiner Wirthschaftsgeschichte*, 1901, vol.

산업, 화폐시장 등 우리가 경제체제로 부르는 모든 것은 하나의 체제라기보다는 개별적 교역과 거래들의 군집에 불과했다. 금전거래는 자연경제세계에서 부차적이었다.

이동이나 경쟁도 거의 없었다. 대규모 조직은 더더욱 드물었다. 14세기에 거듭해서 반란을 일으켰던 플랑드르나 이탈리아의 직물업자 같은 몇몇 중요한 예외도 있었지만, 중세의 수공업자들은, 특히 영국처럼 후진국가들에서는 소장인(小匠人)이었다. 13세기가 끝나기 전에도 런던에 남아 있던 임노동자들의 한시적 조직 혹은 '의회'가 형성되고[21] 중세 후기에 직인조합들이 발전한 것은 근대적 노동조합주의를 탄생시킨 조건들이 이미 존재했음을 보여준다.

그러나 파리와 같은 대도시에서조차 13세기 말에 존재한 128개 길드에는 장인이 5,000명 정도만 속했고, 그들이 고용한 직인은 6,000명에서 7,000명을 넘지 않았다. 실제로 1387년에 프랑크푸르트에는 많아야 750명에서 800명 정도 직인만이 1,554명에 달하는 장인에 딸려 있었던 것으로 추산된다.[22]

---

i, chaps. v, vii 참조. 이 책의 최종 결론(p.458)은 이렇다. "이것만은 확실히 말할 수 있다. 세계 역사의 어떤 시대를 둘러보아도 피렌체 모직산업의 융성기보다 자본의 자연적으로 우월한 힘이 일체의 도덕적, 법적 고려를 배제한 채 무분별하게, 그리고 그것이 당연하게 결과하는 것들에 전혀 개의치 않고, 토지도 자본도 없는 육체노동을 더 가열하게 지배했던 때는 없었다." 플랑드르의 방직업에 관한 피렌(Henri Pirenne)의 묘사(*Belgian Democracy: Its Early History*, trans. by J.V. Saunders, 1915, pp.128~134)도 이와 크게 다르지 않다.

21) 1298년 혹은 1299년 1월에 "마일헨드에서 열린 목수 의회는 시장과 시의원들이 그들의 직종과 관련하여 제정한 특정의 조례나 규정을 따르지 않기로 엄숙히 선언함으로써 결속을 다졌고," 뒤이어 3월에는 공동기금을 지닌 '대장장이 의회'가 출범했다(*Calender of Early Mayor's Court Rolls of the City of London, 1298~1307*, ed., A.H. Thomas, 1924, p.25, pp.33~34).

22) 파리의 수치는 생-레옹(Martin Saint-Léon)의 추정치이고(*Histoire des*

자유와 웬만큼의 평화 그리고 강한 집단적 정서를 지녔던 이런 종류의 도시들은 많은 결사체가 번성할 정도로 컸으면서도 이웃이 누구인지 서로 잘 알 정도로 작았기 때문에 거기에서 상호부조의 윤리가 아예 불가능한 것은 아니었다. 우리는 바로 이런 조건들에 비추어 중세의 가장 주목할 만한 산업제도들을 이해해야 한다. 중세 노동자들 대다수가 동업자길드에 속했다는 말은 과장된 것이다.

어쨌든 영국에선 90퍼센트 이상이 농민이었기 때문에, 길드로 불렸던 친목단체들이 흔하기는 했지만, 동업자조직 운운은 아직 어울리지 않았다. 기중기가 발명되기 전에 대성당을 짓는 기술자들에게 필요했을 비숙련 노동자들의 숫자만 어림잡더라도, 소도시에서조차 관건은 항구적 단체를 조직하는 경우가 거의 없던 임시노동자들이 얼마나 충분히 공급될 수 있는가 하는 문제였다. 동업자길드에 경제적 기사도의 후광을 비춰주는 일도 부적절하기는 마찬가지다. 그것들은 다른 무엇보다 먼저 독점조직이었고, 그들의 기득권이 소비자와 충돌한 사례들도 적지 않았다.

Corporations de Métiers, 3rd., 1922, pp.219~220, p.224, p.226), 프랑크푸르트의 경우는 뷔허(Karl Bücher)에게서 온 것이다(*Die Bevölkerung von Frankfurt am Main im XIV und XV Jahrhundert*, 1886, p.103, p.146, p.605). 이 수치는 도제를 포함하지 않으므로 지나치게 강조돼서는 안 된다. 생-레옹의 결론은 이렇다. "(플랑드르 도시들을 제외하면) 중세에는 아직 프롤레타리아가 존재하지 않았다는 것이 분명하며, 노동자의 수는 고용주의 수를 넘어서지 못하거나 거기에 미치지 못했던 것이다"(앞의 책, p.227 각주). 이탈리아의 도시들이 예외로서 플랑드르 도시들에 추가되어야 하는데, 어쨌든 이런 진술은 중세 후기에는 일반적으로 적용되지 않거니와, 그때가 되면 독일에서도 임노동 프롤레타리아가 확실히 존재했고 (Lamprecht, *Zum Verständnis der wirthschaftlichen und sozialen Wandlungen in Deutschland vom 14. zum 16. Jahrhundert*, in the *Zeitschrift für Sozial-und Wirthschaftsgeschichte*, vol. I, 1893, pp.191~263), 규모는 더 작았지만 영국에서도 그러했다.

공공선을 위해 특수이익을 압도하는 단일의 통합체 개념에 거의 근대적인 열정으로 헌신했던 위클리프(John Wycliffe)는 법인체들에 자연스럽게 반감을 드러냈는데, 그것들이 분파적 탐욕과 사악한 욕망으로 사회적 유대를 해친다는 이유였다. 그러나 "남성들로 이루어진 모든 새로운 조합 혹은 길드가 (거짓 모사꾼들에게나 향할) 이런 비난을 공개적으로 받는 것은 ……실로 부당한 일에도 공모하여 서로 지원하고, 정당함에도 상대를 술수와 권력으로 억압했기" 때문이라는 그의 불만이 때로는 상당히 타당해 보인다.[23]

이와 관련하여 종교개혁 직전인 15세기에 독일에서 발의되었던 인상적인 정치적, 사회적 재건 프로젝트들이 부패와 횡포가 도를 넘었다는 이유로 길드들을 완전히 철폐하자고 제안했다는 점은 주목

---

23) *The Grete Sentence of Curs Expouned*, chap.xxviii(*Select English Works of Wyclif*, ed., T. Arnold, vol. iii, p.333). 이 대목은 모든 종류의 결사체들, 특히 길드, '프리메이슨 등과 같은 기이한 직종의 사람들' 그리고 '물건을 원래의 가치보다 훨씬 저렴하게 사들이기 위해 사악한 공모를 하는 장사치, 잡화상, 식료품상'에 대한 광범위한 비난을 담고 있다(같은 책, p.333, p.334). 위클리프의 주장은 대단히 흥미롭고 중요하다. ① 상호부조를 위한 이런 결사체들은 불필요하다. 어차피 공동체의 모든 구성원은 서로 도와야 하기 때문에 친목을 증진하기 위해 어떤 별도 제도가 요구되는 것은 아니다. "이런 길드들에서 행해지는 모든 선행은 각자가 신의 명령에 따라 마땅히 지켜야 하는 기독교 세계의 형제애다." ② 결사체들은 공중에 대한 음모다. 이 두 논점은 단일국가의 주권을 지지하는 것들이며, 차후의 역사에서 중요한 역할을 수행할 터였다. 16세기의 절대주의 정치인들은 길드와 자치도시의 폐쇄적 무력감을 타파하고 산업에 대한 국가통제를 정당화하는 논거로서, 그리고 18세기의 개인주의자들은 자유경쟁을 위한 근거로서 그것들을 활용하였다. 국가와 소규모 결사체들의 관계에 관한 사고의 흐름은 위클리프부터 튀르고, 루소, 애덤 스미스, 1792년의 [프랑스]의회가 노동조합을 금하기 위해 제정한 법률("동일 신분 혹은 같은 직종의 시민, 통상적 기술을 지닌 노동자와 직인은 자신들의 이른바 공동이익에 관한 규례를 만들 수 없다."), 그리고 영국의 일련의 결사금지법(Combination Acts)[1799년과 1800년에 제정, 1824년에 폐지]으로 이어진다.

할 만한 일이다.[24)]

그러나 독점조직들은 끈질기게 이어진다. 결사체들이 종교에 아부할 필요를 느끼지 못하는 [오늘과 같은] 시절에 기억해야 할 것은 중세의 길드가, 비록 경제적 필요에서 발원했지만 적어도 그런 필요를 사회적 이익—사회적인 것과 영적인 것이 불가피하게 엮여 있다고 보는 사람들이 정의하는—에 종속시켜야 한다고 주장하는 특성을 지녔다는 점이다.

프랑스 길드를 연구하는 역사가는 이렇게 썼다. "이 작은 옛 세계 전체가 공정한 임금과 가격에 관한 기독교적 관념에 깊게 물들어 있었다. 물론 당시에도 오늘날처럼 탐욕과 질투는 있었다. 그러나 강력한 하나의 규범이 모두에게 부과되었고, 하나의 통례(通例)로서 복음서가 약속한 일용한 양식이 누구에게나 주어질 것을 요구했다."[25)] '성례전에 참여하는 선한 이들' 간의 소박한 평등을 보존하고, 형제라면 마땅히 재물을 서로 나누고 곤궁에 처한 이웃을 도와야 한다고

---

24) *Kayser Sigmunds Reformation aller Ständen des Heiligen Römischen Reichs*, printed by Goldast, *Collectio Constitutionum Imperialium*, 1713, vol. iv, pp.170~200. 대략적인 연대는 1437년경으로 추정된다. 이 문제는 다음의 책에서 간략히 취급되었다. J.S. Schapiro, *Social Reform and the Reformation*, 1909, pp.93~99.

25) Martin Saint-Léon, 앞의 책, p.187. 저자의 언급은 파리 섬유노동자들의 최저임금을 정한 1270년의 판결과 관련된 것이다. 그러나 이는 지나치게 낙관적인 것 같다. 섬유노동자를 위한 최저임금이 정해졌다는 사실이 그런 정책이 일반적이었다는 증거로 간주돼서는 안 된다. 왜냐하면 영국에서 그리고 아마 프랑스에서도 섬유업은 특별대우를 받았고, 그 산업종사자들을 위해서는 최저임금이 규정되었지만, 훨씬 숫자가 많은 여타 노동자 집단에는 최대임금이 부과되었기 때문이다. 사실을 말하자면, 임금에 관한 중세의 가정은 훨씬 더 중요한 가격문제에서처럼, 임금을 객관적인 공정기준—그저 경제적 힘들의 작용을 반영하는 것이 아닌—에 합치하도록 만드는 일이 가능하다는 것이었다.

86

주장함으로써 경제적 이기심을 억제하며, 몰인정한 금력(金力)의 침탈에 저항하고, 훈련과 장인정신에서 직업적 기준을 유지하며, 모든 사람에게 손해를 끼치면서도 자신만의 특수 이익을 취하려는 우리 모두의 자연적 욕구를 엄격한 집단적 규율로 제어하려는 시도들이 과연 보수적 질서와 조합의 배타성이라는 악들을 압도할 만한 가치를 지니는지는 학자마다 자신의 성향에 따라 답해야 할 문제다.

적어도, 조합의 규율과 교회의 경제교의가 동일한 환경이 낳은 문제들에서 비롯했다는 점만은 분명하다. 오늘날 기계가 하는 많은 일이 당시에는 사적이고 친밀하게 직접적으로 행해졌는데, 개인들을 향한 규범을 적용하지 못할 정도로 규모가 큰 조직도 없었고, 양심을 잠재우고 경제적 편의라는 최종적 피난처에 기대서 나머지 모든 고려를 아예 봉쇄하는 독트린이 들어설 여지도 없었다.

사적인 경제관계가 주를 이루는 이런 환경이 사회윤리의 체계를 세우기에 부적절한 것은 아니었다. 그리고 가장 비천한 활동조차 신의 목적에 연결하는 엄청난 과제를 책무로 떠안은 교회가 그러한 체계를 제시하고자 했다. 물론 교회의 가르침은 현실에서는 제대로 지켜지지 않았는데, 그것도 그것을 선포한 기독교 세계의 바로 그 중심부에서 심대하게 침해되었다.

당대 사람들은 '신앙의 시대'에도 경제적 동기가 실재한다는 점을 잘 알고 있었다. 멀리 갈 것도 없이 로마만 보면 되었다. 13세기 중엽부터 교회의 악행을 향한 통곡소리가 그치지 않았거니와, 그 죄업은 '탐욕'이라는 한 단어로 요약할 수 있다. 로마에서는 모든 것이 판매되었다. 사람들이 숭앙하는 복음은 마가복음이 아니라 은화(銀貨)복음이었다.[26]

---

26) "The Cardinals' Gospel," G.G. Coulton이 *Carmina Burana*로부터 옮김. *A*

교황에게 올 때에는, 다음을 명심해주시게나.

거기에 빈자를 위한 자리는 없고, 주는 자만이 복을 받네.

실제로 교황이라는 말은 다음의 사실로부터 기원했지.

남이 가진 것은 무엇이든 그(교황, pap) 혼자 빨아먹으려(papare)
한다는 사실 말이네.

그대가 말끝을 누그러뜨리며 프랑스어로 멋을 좀 부린다면,

교황이 의미하는 바는, 뭔가를 얻고자 한다면 "돈 내라, 돈 내라"
일세.[27]

교황청이 대부업자들을 비난할 수는 있다. 그러나 교황청은 당대
가장 고도로 조직된 행정체계의 핵심으로서 유럽 전역으로부터 송
금을 받았는데 그것도 여타 정부들의 수익이 여전히 부역과 현물을
포함할 때 현금으로만 받았기 때문에, 그 자체가 대부업자들 없이는
유지될 수 없었다. 단테는 카오르[프랑스의 소도시]의 사채업자들을
지옥에 배치했지만, 당시 교황은 그들에게 '로마교회의 특별한 아들
들'이란 칭호를 수여했다.[28]

그로스테트(Robert Grosstête)는 롬바르드의 은행가들을 질책했고
런던의 한 주교는 그들을 축출했지만, 그들은 교황의 후원으로 다시
불러들여졌다.[29] 몇 년 후, 페컴(John Peckham) 대주교는 이탈리아

Medieval Garner, 1910, p.347에 실림.

27) *An Anthology of Medieval Latin*, 1925, pp.58~59에 실린 게이슬리(S.
Gaselee)의 *Carmina Burana*에서 옮김.

28) 이노센트 4세는 1248년 그들에게 '로마교회의 특별한 아들들'이란 칭호를
부여했다. Ehrenberg, *Das Zeitalter der Fugger*, 1896, vol. ii. p.66.

29) 그로스테트에 관해선 Matthew Paris, *Chronica Majora*, vol. v, pp.404~405
와 F.S. Stevenson, *Robert Grosseteste, Bishop of Lincoln*, 1899, pp.101~104 참
조. 전자의 기록에 따르면 그로스테트는 "우리 시대의 위대한 교부와 교사
들은 카오르 사람들을 ……프랑스 밖으로 추방했지만, 교황은 이들을 이전

사채업자들에게 고금리를 지불하라며 교황 니콜라스 3세(Nicholas Ⅲ)가 파문을 위협하자, 교황에게 파문을 말아달라고 탄원해야 했다. 물론 대주교가 "교황 전하의 특별위임으로 그런 대부업자들에게 강력한 조치를 취하는 것이 나의 의무"라고 말했던 것은 정당했다.[30]

어떤 점에서 교황청은 중세의 가장 거대한 금융기관이었는데, 그것의 재정체계가 정교화될수록 상황은 개선되는 것이 아니라 악화되었다. 13세기에 실개천이던 부패가 15세기에는 급류를 이뤘다. 로마의 악명은 예외적인 것이었지만, 로마가 범한 과실은 결코 특별하다고 볼 수 없었다. 성직자들이 상거래에 종사하고 이자를 취한다는 불만이 심심치 않게 터져나왔다.[31]

대성당의 사제단도 이자로 돈놀이를 했다. 교회는 성직매매에서처럼 대부업으로 취한 이윤도 신에게 가증스러운 것으로서 거부해야 했지만, 파리의 어떤 주교는 영혼의 구원을 상담하던 한 대부업자에게 배상을 독촉하기보다는 잘못 취득한 부를 노트르담사원을 짓는 데 바치라고 권했다.[32]

에 이런 폐해를 겪어본 적이 없던 영국에 머물게 하며 격려하고 보호해왔다"고 비난했다. 런던의 주교와 카오르 사람들에 관해서는 Matthew Paris, *Chron. Maj.*, vol. iii, pp.331~332 참조. 이 주제 전반에 관한 유용한 참고문헌들을 위해서는 Ehrenberg, 앞의 책, vol. ii, pp.64~68 참조.

30) *Registrum Epistolarum J. Peckham*, vol. i, p.18, July 1279(Coulton 옮김, *Social Life in Britain from the Conquest to the Reformation*, p.345).

31) 성직자의 대부업 사례들을 위해서는 Selden Society, vol. v, 1891, *Leet Jurisdiction in the City of Norwich*, ed., W. Hudson, p.35; *Hist. MSS. Comm.*, *MSS. of the Marquis of Lothian*, 1905, p.26; and Th. Bonnin, *Regestrum Vistationum Odonis Rigaldi*, 1852, p.35 참조. 또한 아래의 각주 88)을 볼 것.

32) 노트르담대성당 사제단은 파리 시민들에게 이자를 받고 돈을 빌려주었던 것처럼 보인다. A. Luchaire, *Social France at the time of Philip Augustus*, E.B. Krehbiel 옮김, 1912, p.130. 대부업자에 대한 주교의 권고에 관해선, 같은 책, p.166 참조.

고딕건축물을 바라보던 성 버나드(St. Bernard de Clairvaux)는 이렇게 탄식했다. "그렇게, 부의 밧줄이 부를 길어올리고 돈은 돈을 낳는구나. ……아 헛되고 헛되다. 이젠 아예 미쳐간다! 교회는 자기 울타리 안에서 광채를 발하지만, 가난한 성도들의 눈엔 거지로다. 자신은 금으로 치장하고, 자식들은 헐벗도록 방치한다."[33]

정경은 끔찍했다. 우리는 루케르(Denis Jean Achille Luchaire)와 콜턴같이 낭만을 거둬내고 실상을 파헤친 사람들에게 감사해야 한다. 그러나 악행에 대한 비난은 적어도 악들이 악으로 인식되고 있다는 점을 시사해주거니와, 이들의 고발을 폄하하는 일은 악들의 존재를 은폐하는 것 못지않게 편파적이다. [교회의] 후광이 현실에서 사라지자 남은 것은 사람들이 어떤 원칙을 중시했고 어떤 기준을 세웠던가 하는 물음들이었다.

교부들의 신학서는 이런 질문들을 가장 체계적으로 취급했지만, 거기에서 구체화된 경제교의들은 빈번히 무시되었다. 내세에 대한 병적인 집착으로 현세를 조명해낼 자격을 잃은 학자들의 몽상적인 유희라는 것이 그 이유였다. 실은, 그들이 내린 결론이 어떻게 해석되든지 간에, 경제문제들에 대한 스콜라 철학적 사색의 계기와 목적은 모두 의심할 여지없이 실천적이었다. 그들의 사고를 자극했던 변화는 아직 사회범주들이 자급자족적 마을과 봉건적 위계 중심이던 세계에서, 무역과 도시생활 그리고 상업경제가 성장하는 것이었다. 저자들의 목적은 이런 흐름이 일으킨 문제들을 해결하는 데 있었다.

그것은 경제적 팽창에서 비롯된 새로운 계약관계를 교회가 설파한 전통적 도덕과 화해시키는 일이었다. 후대사람들에게 이들은 뜬

---

33) 1125년경의 성 버나드 편지로부터. Coulton, *A Medieval Garner*, pp.68~73 에 수록.

금없이 성서와 교부들에게 기댐으로써 경제적 모험의 조류를 흐트러놓았던 반동주의자로 비쳤지만, 그들 당대에서는 자유로운 지적 운동의 선구자들이었다. 그들은 낡은 틀이 주는 중압감을 걷어냄으로써 종교적 권위의 경직된 틀 안에서 새롭고도 유동적인 경제적 이해관계를 위한 공간을 열었거니와, 그럼으로써 앞선 세대들이 비난해 마지않았을 변화들에 지적인 정당성을 제공했다.

몇 세기 후의 중상주의 사상은 화폐, 가격 그리고 이자에 관한 스콜라철학의 논의로부터 상당히 많은 것을 빚졌다. 그러나 중세 저자들의 주된 기여는 경제이론의 방법론이 아니라 그들이 내건 전제에 있었다. 근본가정 두 개가 16세기와 17세기의 사회사상에 깊은 영향을 남겼다. 하나는 경제적 이익은 삶의 진정한 문제, 곧 구원에 부차적이라는 것이고, 다른 하나는 경제적 행위는 개인행위의 한 측면에 불과하며, 다른 측면들과 마찬가지로 도덕의 제 규범에 구속된다는 것이다.

물질적 부는 필요하고 이차적으로 중요하다. 왜냐하면 그것이 없다면 인간은 생존해갈 수도, 서로 도울 수도 없기 때문이다. 성 아퀴나스가 말했듯이,[34] 현명한 지도자는 국가를 세울 때 그 나라의 천연자원을 고려할 것이다. 그러나 경제적 동기란 묘한 것이다. 그것은 강력한 욕구여서 사람들은 그것을 두려워하지만 그렇다고 그것을 찬양할 정도로 상스럽지는 않다. 사람들은 모든 강력한 열정이 그런 것처럼 그것도 방임할 것이 아니라 억제할 필요가 있다고 본다.

중세의 이론에서는 도덕적 목적과 유리된 경제활동은 어디에도 들어설 자리가 없다. 사회과학을 경제적 이익에 대한 욕구란 무시 못

---

34) Aquinas, *De Regimine Principum*, lib. ii, cap.i~vii. 여기에서 국가의 경제적 기초를 논함.

할 불변의 힘이며 여타의 자연적 힘들과 마찬가지로 불가피하고 자명한 데이터로서 받아들여야 한다는 가정 위에 세우는 사상은, 중세 사상가의 눈에는, 호전성이나 성적 본능 같은 인간의 필요한 속성들을 무제한 방치하는 것을 사회철학의 전제로 삼는 것과 하등 다를 바 없이 비합리적이고 비도덕적으로 비쳤을 것이다.

외면은 내면을 위해 규율돼야 하며, 경제적 재화는 도구적이다. 마치 우리가 축복을 받기 위해 의지하는 수단과 같은 것이다. "현세적 축복을 욕망하는 것이 정당한 이유는 그것을 최우선으로 하여 그 안에 안주하는 것이 아니라 오히려 그런 축복을 진정한 행복을 위한 보조물로 간주하여 그것이 우리의 공동체적 삶을 고양하고 덕행을 위한 도구로 작용하기 때문이다."[35] 성 안토니노는 부가 인간을 위해 존재하는 것이지 인간이 부를 위해 존재하는 것이 아니라고 말했다.

그러므로 우리는 경제적 이해관계가 중대사를 침범하도록 허용하는 데 대한 제약, 규제, 경고를 도처에서 발견할 수 있다. 인간이 자신의 처지에 맞는 삶을 영위하는 데 필요한 만큼의 부를 추구하는 것은 타당하다. 그 이상을 구하는 것은 기업가정신이 아니라 탐욕이며, 탐욕은 치명적 죄다. 무역은 정당한 활동인데, 나라들마다 부존자원이 다르다는 것은 무역이 신의 섭리임을 보여준다. 그러나 그것은 위험한 활동이기도 하다. 우리는 그것이 공익을 위한 일이며 노동에 대한 대가 이상을 그로부터 취해서는 안 된다는 점을 명확히 해야 한다.

우리가 타락한 세상에 사는 한, 사유재산은 필요한 제도인데, 재화가 공유되지 않고 사적으로 소유될 때 사람들은 더 많이 일하고 분쟁은 줄어든다. 그러나 사유재산제도는 인간의 연약함으로 양해되고

---

35) Aquinas, *Summa Theol.*, 2ª 2ᵃᵉ, Q. Ixxxiii, art. vi. 성 안토니노가 했던 비슷한 취지의 말을 보려면 Jarrett, *St. Antonino and Mediæval Economics*, p.59 참조.

허용되는 것이지 그 자체가 바람직한 것으로서 칭송되어야 하는 것은 아니다. 만약 인간의 본성이 도달할 수만 있다면, 이상적인 것은 공산주의다.

로마황제 그라티아누스(Flavius Gratianus Augustus)가 교서(decretum)에서 말했듯이, "왜냐하면 현세에 있는 일체의 것은 모두가 사용할 수 있게 제공돼야 하기 때문이다."[36] 사실, 소유한다는 것은 얼마간은 빚을 진다는 말이다. 그것은 합법적으로 획득되어야 하고, 가능하면 많은 사람의 수중에 있어야 하며, 빈자를 위해 쓰여야 한다. 그것은 최대한 공동의 이익에 맞게 활용돼야 한다. 소유자들은 극빈이 아닐지라도 궁핍에 처한 사람들과 자신의 재물을 나눌 준비가 돼 있어야 한다.

이런 제약들이 15세기 유럽의 상업중심지에서 대주교로 있던 이가 상찬해 마지않던 것들이다.[37] 그것들이 재산권에 대한 정당화가 아니라 혁명적 도전으로 간주되던 시절이 있었다. 왜냐하면 농민이나 소(小)장인의 재산을 옹호하려면 그것을 집어삼킴으로써 성장하는 독점업자와 대부업자를 공격할 수밖에 없었기 때문이다.

이 모든 일단의 교의가 근거해 있는 가정은 단순했다. 경제적 이해관계의 위험성은 그것과 결합된 금전적 동기가 커가는 정도에 정확히 비례해서 증가했다는 것이다. 인류의 공동운명인 노동은 필요하고 또 영예로운 것이다. 상행위는 필요하지만 영혼을 위태롭게 한다. 금융은 부도덕하지 않으면 기껏해야 불미스럽고 최악의 경우엔 명예를 실추시킨다. 훗날의 더 문명된 시대가 중시할 사회적 가치들에 대한 이러한 기이한 전도(顛倒)는 상업윤리에 관한 중세의 논의들에

---

36) Gratian, *Decretum*, pt. ii. causa xii, Q. i, c. ii, §I.
37) 성 안토니노의 재산론에 관한 훌륭한 해설을 위해서는 Ilgner, *Die Volkswirthschaftlichen Anschauungen Antonins von Florenz*, chap. x 참조.

서 가장 잘 드러난다.

상인에게 관용을 베푸는 데 극도로 인색했던 이유는 의심할 바 없이, 부분적으로는 고전적 모델에서 유래한 학문적 전통 때문이었다. 아퀴나스가 자체 토지에서 난 생산물로 필요를 충족시킬 수 있기 때문에 크게 상인이 필요하지 않았던 국가를 칭송한 것은 자연스러운 일이었거니와, 아리스토텔레스[Aristoteles, 아퀴나스의 지적 스승] 스스로도 '자급자족'을 찬양하지 않았던가? 그러나 그것은 중세의 사회이론에 담긴 핵심적 요소와 부합하며 중세사회에서 광범위한 호응을 얻은 전통이었다. 물론 상거래가 불가피하다는 데에는 논란의 여지가 없으며, 상인은 한 나라에 결핍된 것을 다른 나라에서 넘치는 것들로 보충한다.

거리낌이 없었던 스코틀랜드 신학자 스코터스(Johannes Duns Scotus)는 민간상인들이 없다면 시장(governor)이라도 그들을 고용해야 한다고 주장했다. 그러므로 그들의 이윤은 정당하고, 거기에는 상인의 지위에 합당한 생계수단뿐 아니라 노동, 기술, 위험부담에 대한 보상이 포함돼도 좋았다.[38]

[상인에 대한] 이러한 변론은 적절할지 모르나 꽤 곤혹스러웠다. 도대체 왜 그런 변론이 필요했는가? 상거래가 그 자체로 죄악은 아니라는 주장은 상인들의 행위에는 어쨌든 모호한 측면이 있으리라는 암시를 주며, 대부분 중세사상가들의 눈에도 그렇게 보인다. "사

---

38) "그러나 만일 궁핍한 조국에 훌륭한 입법자가 존재한다면, 그는 어떤 큰 대가를 치르더라도 이러한 상인들이 자리를 잡도록 해주어야 할 것이다. ⋯⋯ 그리고 그는 상인들과 그 가족에게 필요한 생계를 마련해주어야 할 뿐만 아니라, 그들의 근면, 숙련, 그리고 모험을 장려해야 한다. 그렇게 되면 그들은 판매에서도 스스로 이러한 것들을 성취할 수 있을 것이다"(Schreiber, *Die volkswirthschaftlichen Anschauungen der Scholastik seit Thomas v. Aquin*, p.154에서 인용).

고파는 거래는 더할 나위 없이 위험하다."[39] 이런 태도는 당대 경제 조직의 실체를 보면 부분적으로 이해된다.

중세 자치도시의 경제에서는—식량공급과 가격문제만을 떠올리더라도—소비가 경제적 노력의 보편적 중재자로서 어느 정도 19세기의 이윤과 같은 중요성을 지닌 것으로 대중의 눈에 비쳤다. 상인은 왕을 위해 세금을 걷고 자금을 조달했으며 수도원 같은 거대 조직들에 대량으로 모직물을 구매해주었기 때문에 이 둘에게는 유용한 존재였지만, 그야말로 그 자신은 이방인에다 기생충이라는 이중의 비난을 받았다.

이론가들이 상인에게 마지못해 보였던 관용은 현실에서는 상업활동을 뺑 둘러 중세의 정책이 부과한 일련의 제약들, 상인으로 향해 빗발치던 대중적 분노의 거듭된 분출, 그리고 소비자와 생산자 사이에 개입하는 중개인에 대한 자치도시의 가혹한 억압 등에서 가장 잘 드러난다.

그러나 중세의 사회이론은 환경적 요인을 떠나서도, 노동과 달리 상업이 왜 각별하게 정당화될 필요가 있는지에 대한 자신만의 이유를 가지고 있었다. 경제적 동기에 대한 불신은 교회의 사회적 가르침에 처음부터 들어 있던 내용으로서, 칼뱅주의가 기업의 경제활동에 새로운 신성함을 부여할 때까지 지속되었다. 중세철학에서 모든 상업을 악의 영역으로 낙인찍었던 금욕적 전통은, 그것의 현실적 필요성이 인정되면서 완화되기는 했지만, 전적으로 소멸되지는 않았으며, 비난까지는 아니더라도 상업활동에 대한 경고를 줄기차게 지속했다.

---

39) Henry of Ghent, *Aurea Quodlibeta*, p.42b(Schreiber, 앞의 책, p.135에서 인용).

왜냐하면 취득 욕망에 단연 우뚝한 지위를 부여한 점이야말로 상거래의 핵심적 특성이었고, 중세의 이론가들은 근대 사상가 대부분에게 단일의, 가장 확실한 사회적 역동성처럼 보였던 욕망들에 대해 늑대의 귀를 잡은 사람처럼 적대적인 태도를 취했기 때문이다. 장인들은 생계를 위해 노동하고 자신들을 부양하는 데 필요한 것 이상은 추구하지 않는다. 상인은 생계뿐 아니라 이윤도 목적으로 삼는다. 이 둘의 전통적 구분을 그라티아누스는 이렇게 표현했다.

"누구라도 무엇인가를 사서 그것을 있는 그대로 내다팔지 않고 다른 무엇을 만드는 원료로 삼는 사람은 상인이 아니다. 그러나 그것을 샀던 그대로 다시 팔아 이익을 얻기 위해 사들이는 사람은 신전에서 내쫓김을 당해 마땅한 매매자들이다."[40]

바로 그 정의상, '비싸게 팔기 위해 사는' 사람인 상인은 공공심이나 사적 자선에 일절 구속받지 않는, 자신만의 금전적 이해에 대한 잔혹한 집착에 따라 움직인다. 그는 수단이 돼야 할 것을 목적으로 전환하므로 그의 직업은 "그 자체로서 이익의 욕망을 충족시키기 위한 것으로서 비난받아 마땅하다."[41]

영혼을 위태롭게 하지만 사회에는 필요한 형태의 경제활동이 주는 딜레마는 그것을 위해 가장 일반적으로 제시된 해결책이 보여주었다. 그것은 이윤을 임금의 특정 사례로서 취급하되, 상인의 노동에 대한 합리적 보수를 초과하는 이익은, 불법은 아니더라도 '부당이득'(*turpe lucrum*)으로서 비난받을 일이라는 단서를 덧붙이는 것이었다. 상인이 면책되는 조건은 "그가 이익을 목적이 아닌 자신의 노동에 대한 임금으로써 추구한다"는 것이다.[42]

---

40) Gratian, *Decretum*, pt. I. dist. lxxxviii, cap. xi.

41) Aquinas, *Summa Theol.*, 2ᵃ 2ᵃᵉ, Q. lxxvii, art. iv.

42) 같은 책. "어떤 이가 사업에서 국가의 이익을 도모할 때, 즉 조국의 생명

이런 원칙은 이론적으로는 편리하지만 적용하기는 어렵다. 왜냐하면 명백히 그것은 훗날 애덤 스미스가 '상인들이 통상적으로 드러내기를 꺼리는 가식'이라고 묘사하게 될 점잖은 역설[사익의 추구가 공적 조화를 낳는다.]을 수용한다는 뜻이기 때문이다. 그러나 그 원칙을 촉발한 동기는 분명했다. 중세이론가는 근대사회가 덕목으로 칭송하는 물질적 부에 대한 지속적이고 무제한적인 증식을 위한 노력을 죄로서 비난했는데, 그가 가장 혹독하게 비난했던 악들은 경제적 덕목들 중 더욱 세련되고 교묘한 것들이었다.

14세기의 한 스콜라 철학자는 이렇게 썼다. "자신의 필요를 충족하기에 충분한 것을 가졌으면서도, 더 높은 사회적 지위를 얻기 위해서 혹은 일하지 않고 살 만큼 충분한 것을 갖기 원해서 혹은 자손들이 부와 명성을 얻기 바라서 끊임없이 부를 획득하려고 노동하는 사람은 저주받을 탐욕, 음욕 혹은 교만에 자극받은 사람이다."[43] 두 세기 반이 지난 후 경제적, 영적 환경의 혁명적 소용돌이 속에서 루터는 더욱더 강경한 어조로 같은 취지의 말을 하게 될 터였다.[44]

그의 논지는 재화를 만드는 장인이나 그것을 운송하는 상인이 보상을 요구하는 것은 적절하다는 것인데, 이 둘은 모두 각자의 소명 안에서 노동하고 사회 전체의 필요에 봉사하기 때문이다. 용서할 수 없는 것은 공공의 필요를 이용해서 사적 이익을 탈취하는 투기꾼 혹은 거간꾼이 지은 죄다. 아퀴나스 교의의 진정한 계승자는 노동가치설이고, 최후의 스콜라 철학자는 마르크스(Karl Marx)였다.

에 필요한 것에 부족함이 없도록 하기 위해 공공의 이익을 의도할 때, 그리고 이익을 추구하되, 그것을 목적으로서가 아니라 노동의 대가로서 추구할 때," 우리는 상거래를 반대할 수 없다.

43) Henry of Langenstein, *Tractatus bipartitus de constractibus emptionis et venditionis*, i, 12 (Schreiber, 앞의 책, p.197).

44) Chap.II, §ii 참조.

II. 탐욕의 죄

이러한 관념들이 일반론적 진술 이상이 되려면 교역이 행해지고 재산이 취득되는 특정거래들의 언어로 표현되어야 한다. 현실에서 그것들은 일단의 경제적 결의론(決疑論)[casuistry, 양심·행위를 도덕률에 비추어 규정하려는 접근]을 통해 표출되었는데, 가장 잘 알려진 주제는 공정가격과 대부업의 금지에 관한 가르침이다.

이런 원리들은 그것들을 주창한 이론가들에 못지않게 경제상황의 명백한 사실들에 대한 대중적 인식에서 왔다. 가령 대부업자에 관한 수많은 우화는 법률가들의 정제된 글보다 훨씬 이해하기 쉽다. 우화들에서 그는 일찌감치 죽어 지옥에 떨어지거나, 금고에 넣어둔 돈이 말라비틀어진 이파리로 변해 있거나, (주도면밀한 기록자의 기록에 따르면) '1240년경에' 결혼하러 교회에 들어서던 그가 넘어지는 석물(石物)에 깔려 현관에서 으스러지는데, 신의 은혜로 그 석물은 또 다른 대부업의 조상(彫像)임이 밝혀지고 그의 돈 가방은 악마가 채 가버린다.[45]

중앙정부뿐 아니라 자치도시와 장원의 관행이 보여주듯이, 이런 문제에 관한 교회의 설교는 보통의 믿는 사람들을 향한 것이었다. 따라서 경제윤리에 관한 교회의 가르침을 직업적 도덕교사들[즉 성직자들]의 경건한 미사여구일 뿐이라고 내치는 것은 정확하게 같은 생각이 부자가 되는 방법에 대해 유달리 결벽증이 있다고는 볼 수 없는 사람들에게도 통용됐다는 사실을 간과하는 것이다.

대부업과 가격에 대한 교회교리를 가장 잘 설명해주는 것은 같은 주제를 다룬 세속의 법률인데, 적어도 16세기 중엽에 이르기까지, 전

---

45) 이 이야기 사례들은, Coulton, *A Mediaeval Garner*, 1910, pp.212~215, p.298 그리고 *Social Life in England from the Conquest to the Reformation*, 1919, p.346 에 실려 있다.

자의 중심 사상이 후자에 반영되었기 때문이다. 보통 사람은 교회 법률가들의 교묘한 속임수에 욕을 해대고 길드와 자치구들은 자기 회원이 교회법정에 호소하는 일을 금했을지 몰라도, 이들이 스스로 만든 상행위의 준칙들은 교회법의 외양만 따온 것이 결코 아니었다.

피렌체는 중세 유럽의 금융 중심지였지만, 피렌체에서조차 세속의 정부는 14세기 중엽 무렵 대부업이라면 은행가들에게 좌고우면 없이 벌금을 부과했으며, 50년 후에는, 처음엔 신용거래를 전면 금하다가, 결국 유대인을 끌어들여 기독교인에게 금지된 상행위를 하게 만들었다.[46] 쾰른은 매우 번성하던 상업 요충지의 하나였으나, 그곳의 성공한 상인은 유언장을 작성할 때가 되면 상행위가 영혼을 좀먹고 탐욕이 치명적인 죄악임을 기억하고는 자식들에게 [자신의 지난 잘못에 대해] 보상할 뿐만 아니라 상인보다 덜 위험한 직종을 택하도록 지시함으로써 나름의 속죄를 했다.[47]

코벤트리의 시민들은 공민권문제로 거의 한 세기 동안 수도원장과 다퉜지만, 그 번성하던 상업도시의 영주재판소는 대부업을 간통이나 불륜과 같이 취급하여 대부업자 누구도 시장이나 시의원 혹은 길드의 조합원이 될 수 없다는 판결을 내렸다.[48] 보통 사람들이 특별하게 의로웠다는 것이 아니며, 비록 교회의 가르침이 수많은 경로를 거쳐 사람들의 마음에 스며들었고, 또 그것이 명령의 효력을 잃은 뒤에도 오랫동안 하나의 정서로서 살아남았다 할지라도, 교회가 무소

---

46) 이 사실들은 Arturo Segre, *Storia del Commercio*, vol. i, p.223에 실려 있다. 피렌체의 신용과 대부업에 관한 좀더 자세한 설명은 Doren, *Studien aus der Florentiner Wirthschaftgeschichte*, vol. i, pp.173~209 참조.

47) Bruno Kuske, *Quellen zur Geschichte des Kölner Handels und Verkehrs im Mittelalter*, vol. iii, 1923, pp.197~198.

48) Early English Text Society, *The Coventry Leet Book*, ed., M.D. Harris, 1907~13, p.544.

불위의 권력을 지녔다는 것도 아니다. 단지 경제현실이 이 둘 모두에 불가항력적인 영향을 끼쳤다는 것이다.

실제로 교회의 교의와 상업세계의 공공정책 사이에는—물론 후자의 개별적 관행은 다른 문제지만—어떤 심각한 갈등도 없었다. 둘은 모두 동일한 환경에서 형성되었고 사회적 편의에 대해 가정도 마찬가지로 포괄적이었기 때문이다.

이 모두의 경제적 배경은 지극히 단순했다. 중세의 소비자는—우리는 1914년 무렵보다 오늘날 더 쉽게 그와 공감할 수 있다—역(驛) 주변의 여인숙에서 일생을 보내도록 운명 지워진 여행객과 같다. 그는 숙소에 딸린 주점을 들락거리며 그 지역의 빵집과 양조업자에 의존할 수밖에 없다. 독점은 불가피하다. 실제로 중세산업은 대부분 공적 지위를 부여받은 조직된 독점업체들의 체계인데, 이들이 권력을 남용하지 않도록 방심하지 않고 감시해야 했다. 그것은 영세 장인과 농민들로 이루어진 사회다. 임금은 큰 논란거리가 아니었으니, 이탈리아와 플랑드르의 거대한 산업중심지를 제외하면, 항구적으로 임금소득에 의존하는 계급은 미미했기 때문이다. 대부업이 치한 상황은 오늘날과 유사했다. 대부는 주로 소비를 위한 것이었고 생산을 위해 행해진 것이 아니었다. 흉작을 당하거나 가축이 죽은 농부 혹은 손해를 본 수공업자는 신용으로 종자나 가축, 원료를 얻어야 했고, 그들이 처한 곤궁은 대부업자에겐 기회였다.

당연히 도시를 인질로 삼는 매점자, 다수의 생계를 혼자서 좌지우지하는 독점업체, 토지와 담보물에 대한 선취권을 얻기 위해 이웃의 절박함을 이용하는 대부업자 등을 향한 대중의 반감은 격렬했다. "대부업자는 자선보다 그가 더 사랑하는 이익을 바라는 것이 아니라면, 이런 재화들을 빌려주려 하지 않는다. 대부업보다 더 큰 죄들은 많지만, 사람들은 그것을 저주하고 어떤 다른 죄보다 더 증오한다."[49]

　중세 후기에 법정에서 실제로 다루어졌던 사건들을 살펴본 사람은 누구나 그런 분노가 당연하다고 생각할 것이다. 왜냐하면 그것들이 상업적 악행의 가능성을 적나라하게 들춰주기 때문이다.[50] 중세 영국에서 인민대중을 형성했던 농민과 소장인들 사이에는 빌리고 빌려주는 일이 흔했는데, 대부업자에 대한 전통적 반감이 명확히 드러난 것은 대형 금융거래가 아니라 액수가 사소한 돈 거래와 관련해서였다.

　'어음에 비싼 이자를 붙여 파는 여자 사채업자 주에타,' 극악한 대부업자 사제 존[51]은 이웃들이 참아내기엔 너무 가증스러웠지만, 아예 활동을 금하기엔 몹시도 유용한 존재였다. 교회는 이런 대중정서를 받아들여서 그것에 종교적 의미를 부여하고 그것을 하나의 체계 속에 구체화했다. 그에 따라 경제윤리가 강단에서 선포되었고, 고해실에서 재차 환기되었으며, 최종적으로는 법정을 통해서 실행되었다.

　이런 정서의 철학적 근거는 자연법 개념이다. "인간이 만든 모든 법은 정확히 그것이 자연법에서 파생된 정도에 따라 법의 특성을 지닌다. 그러나 어떤 점에서건 자연법을 거스른다면, 그것은 즉각 법적

---

49) Wyclif, *On the Seven Deadly Sins*, chap.xxiv(*Works of Wyclif*, ed., T. Arnold, vol. iii, pp.154~155). 본문에서는 'loan'(대부)이 'leeve'[? leene]로 나와 있다.

50) 이런 사건사례들을 위해서는 *Early Chancery Proceedings*, Bdle. lxiv, nos. 291 과 1089; Bdle. xxxvii, no. 38; Bdle. xlvi, no. 307 참조. Thomas Wilson's *Discourse upon Usury*, 1925, pp.28~29에 내가 쓴 서론에서도 꽤 자세하게 논의되었다.

51) *Hist. MSS. Com.*, *MSS. of Marquis of Lothian*, p.27; Selden Soc., *Leet Jurisdiction in the City of Norwich*, p.35.

효력을 잃는다. 그것은 법의 왜곡에 불과하다."[52] 보상, 장기(長期), 자기보정적 메커니즘 등에 관한 적절한 교의들은 아직 만들어지기 전이었다.

자연법사상, 즉 실정법으로 표출돼야 하지만 실정법으로 다 담아 낼 수 없는 본원적 정의 개념은 특정 관계들의 공정성 정도를 잴 수 있는 이상적 기준을 제공한다. 실제로 중세와 근대 경제사상의 가장 근본적 차이는 후자가 통상적으로 경제적 편의―이에 관한 해석은 분분할지라도―에 주목하여 특정의 행위를 정당화하는 데 반해 전자는 경제적 편의의 상위개념으로서 도덕적 권위가 존재한다는 전제에서 출발한다.

이런 전제를 실천적으로 적용하기 위하여 모든 거래를 권리기준, 곧 경제상황의 우연한 조합으로부터, 전적으로는 아닐지라도 대체로 독립된 기준에 비추어 평가하고자 했다. 공공기관에 의해서든 혹은 그것이 실패하여 통념에 따르든, 일단 가격이 결정되면 누구도 그보다 더 많이 요구해서는 안 된다. 물론 그때에도 가격은 희소성에 따라 변할 수 있다. 아무리 엄정한 신학자라 할지라도 공급량의 변화가 가져다줄 효과를 아예 무시할 정도로 비현실적이지는 않기 때문이다.

그러나 가격이 개인적 필요 혹은 개인적 기회에 따라 바뀌지는 않는다. 골칫거리는 일시적 공급부족을 부당하게 이용하거나 심지어 인위적으로 창출하는 사람, 시장상황의 변동으로부터 이익을 취하는 사람이다. 위클리프의 표현에 따르면, 그는 사악한 사람이 '틀림없는데,' 그렇지 않다면 어제 빈한했던 이가 오늘 갑자기 부유하게 될 수는 없기 때문이다.[53]

---

52) Aquinas, *Summa Theol.*, 1ª 2ᵆ, Q. xcv, art. ii.
53) *On the Seven Deadly Sins*, chap. xxiv (*Works of Wyclif*, ed., T. Arnold, vol. iii, p.153). "법률가, 상인, 행상, 식품상은 가난한 노동자보다 더 많은 탐욕의

공정가격에 관한 공식이론이 엄청나게 발전해온 것은 사실이다. 아퀴나스의 주된 견해, 즉 비록 다양한 시장의 상이한 조건에 따라 변할지라도, 가격은 통념(communis estimatio)의 적절한 근거로서 생산자의 노동과 생산비에 조응해야 하며, 그런 합치(合致)야말로 부당이득을 막는 안전장치라는 개념은 뒤이은 저술가들에 의해 수정되었다.

14세기의 몇몇 스콜라 신학자는 통념에 들어 있는 주관적 요소를 부각했는데, 그들은 가치의 본질은 효용이라고 주장하면서, 거래가 성사됐다는 단순한 사실이 양 당사자가 만족했다는 것을 보여주기 때문에 공정가격은 계약의 자유 아래 도달될 가능성이 가장 크다는 결론을 끌어냈다.[54] 15세기에는 고도의 상업문명을 눈앞에서 보며 저술활동을 했던 성 안토니노가 하나의 종합을 시도했는데, 전통적 교의의 원칙은 준수하되 경제적 동기가 마땅한 역할을 담당해야 한다는 것이다.

그는 가치에 영향을 미치는 조건들을 세밀하게 분석한 후, 가격의 공정성은 장소, 시기, 사람에 따라 변하기 때문에 기껏해야 '확률과

죄를 짓는다. 이에 대한 증거는, 그들이 지금은 가난할지라도 곧 그들이 범한 악행으로 큰 부자가 된다는 것이다."

54) 가령 Aegidius Lessinus, *De Usuris*, cap.ix, pt. i에는, "물건은 소유자에게 이익이 되는 만큼 정당하게 평가되고, 또한 기만 없이 판매된다면 정당한 값이 매겨지는 법이다. 당사자들의 자유의지에 따른 모든 교역은 정당하게 수행된 것이다"라고 되어 있다. 그리고 Johannes Buridanus, *Quaestiones super decem libros Ethicorum Aristotelis*, v, 23에는, "그러므로 만약 어떤 이가 물건을 자신의 평가에 따라 손해를 입지 않고 이익이 되도록 양도한다면, 그는 부정을 범한 것이 아니다"라고 쓰여 있다. 이 두 저술가에 관해선 Schreiber(앞의 책, pp.161~171, pp.177~191)에서 논의되었다. 부리다누스 이론은 특히 현대적이지만, 그는 가격이란 '공동체 전체의 이익과 필요에 따라' 정해져야지 '매매의 필요 때문에' 결정되어서는 안 된다는 점을 조심스럽게 강조했다.

추측'의 문제일 뿐이라는 결론을 내렸다. 그의 실천적 기여는 가격의 3등급―양심적 단계, 신중한 단계, 엄정한 단계―을 구분해냄으로써 그 개념에 새로운 탄력성을 들여왔다는 데 있다.

그는 정가를 50퍼센트 초과한 판매자는 반드시 보상해야 하며, 벗어난 폭이 그보다 작을지라도 알면서 그랬다면, 자선의 형식으로 속죄해야 한다고 주장했다. 그러나 우연한 실수는 가볍게 취급됐는데, 죄를 동반하지 않고 가격을 변동할 수 있는 범위는 논쟁적이었기 때문이다.[55]

이러한 결론은 시장의 비인격적 힘을 인정한 것으로써 중세 말의 치열한 경제활동이 가져다준 자연스러운 결과로, 명백히 지적 혁명의 맹아를 그 안에 담고 있었다. 14세기 중엽에 벌써 그러한 점이 주창되기 시작했다는 사실은 스콜라 신학자들의 경제사상이 때때로 얘기되는 것보다 훨씬 더 다양하고 근대적인 요소들을 지니고 있었음을 상기시킨다.

그러나 전형적인 교의는 달랐다. 공정가격을 부당이득에 대한 안전장치로서 주장했다. "상품의 가격을 판매자들의 재량에 맡기면 탐욕이 활개를 치고 그로써 그들 대부분은 과도한 이익을 추구할 것이다." 가격은 각자가 '자기의 신분에 걸맞은 생활필수품을 갖도록' 만드는 수준에서 정해져야 하며 그것을 넘어서서는 안 된다. 가장 바람직한 경로는 그것을 정부관리가 결정하도록 하되, 그로 하여금 가용공급량을 조사한 후 다양한 계급에 필요한 양을 추정하도록 만드는

---

55) St. Antonino, *Summa Thelogica*, pars ii, tit. i, cap.viii, § I, 그리고 cap.xvi, § iii. St. Antonino의 가격이론에 관해서는, Ilgner, *Die volkswirthschaftlichen Anschauungen Antonins von Florenz*, chap.iv; Jarrett, *St. Antonino and Mediaeval Economics*; and Schreiber, 앞의 책, pp.217~223 참조. 이 이론의 주된 관심은 실제적 필요를 고려하면서도 공정가격의 원칙을 유지하려는 여러 시도에 있다.

것이다.

이것이 잘 안 될 경우, 각자는 스스로 가격을 정해야 한다. 그 경우에 그는 '자신의 지위와 적절한 영양 상태를 유지하기 위해 어떤 가격수준을 책정할지' 고려하고 또 "그가 들인 비용과 노동에 대해 합리적 추산을 함으로써" 지침을 삼아야 한다.[56] 후자의 권고가 '완덕(完德)의 권유'(counsel of perfection)라면, 전자는 거의 진부할 정도라서, 의욕이 있는 시장이라면 아침식사 이전에 충분히 마무리지을 수 있을 것이다.

다시 말하지만, 어느 누구도 대출의 대가로 돈을 요구해서는 안 된다. 물론 동업에 따른 이익을 취할 수는 있겠지만, 그때에는 동업자의 위험을 같이 감수한다는 조건이 따른다. 지대를 청구할 수는 있을 터인데, 땅의 소산은 자연이 주었을 뿐 인간에게 억지로 얻어내는 것이 아니기 때문이다. 만약 원금이 정한 시점에 회수되지 않는다면 보상, 곧 이자를 요구할 수도 있다.

그는 자신이 입은 손실이나 기회비용에 상응하는 보상을 물을 수 있다. 연금형식의 회수도 가능한데, 상환에는 확실성보다는 돌발적인 위험부담이 따르기 때문이다. 만약 존이 19파운드 16실링을 빌리고 원금상환을 못하는 경우 40파운드를 위약금으로 지불하기로 서약했다면, 이는 대부가 아니다. 이때 40파운드는 손해를 끼친 것에 대한 보상이기 때문이다.

제프리가 윌리엄에게 은화 3마르크를 빌려주고 연간 6실링의 지대를 받기로 한 것 또한 대부로 볼 수 없다. 이는 대부가 아니라 지대 청구권을 사들인 것이기 때문이다. 런던의 제임스가 더블린의 상인

---

56) Henry of Langenstein, *Tractatus bipartitus de contractibus emptionis et venditionis*, i, II, 12(Schreiber, 앞의 책, pp.198~200에서 인용).

로버트에게 아일랜드에서 2년간 장사할 수 있도록 100파운드를 체당(替當)해주었다면, 이는 동업이지 대부가 아니다. 우스터수도원이 연금권을 목돈을 받고 판다 해도 대부가 아니기는 마찬가지다.[57]

마지막까지 불법으로 간주됐던 것은 현대 경제학 교과서에 '순이자'(pure interest)로 나와 있는 것, 곧 대부자에겐 어떤 위험부담도 지우지 않은 채 화폐나 상품을 빌려준 데 대해 사전(事前)에 문서로 명기한 고정지불금이었다. "이자는 상호계약에 따라 지불되거나 강요된 이윤이다. ……원금에 부가되는 일체의 것은 계약에 의하든 강요에 따른 것이든 어떤 명칭이 붙든 간에 이자다."[58]

강조점은 계약(*pactum*)에 있었다. 대부의 본질은 확실하다는 것인데, 채무자가 이익을 얻든 손해를 보든 대부자는 대출금을 혹독하게 챙겼다. 합리적인 지대나 이윤은 반대하지 않았던—사소하게나마 이윤을 취하지 않는 자가 누가 있는가?—중세의 여론도 사채권자에 대해서만은 관대함을 보이지 않았다. 그의 죄목은 미리 정해진 돈의 보상액을 확실하게 취한다는 것이며, 그런 보상액이 대부다.

물론 이론은 이런 단순한 요약이 제시하는 것보다 훨씬 복잡하고 미묘하다. 투자가 관행이 되고 자본시장이 확대되며 보험이나 외환

---

57) 사례들을 위해선, *Cal. of Early Mayor's Court Rolls of the City of London*, ed., A.H. Thomas, pp.259~260; *Records of the City of Norwich*, ed., W. Hudson and J.C. Tingey, vol. i, 1906, p.227; *Cal. of Early Mayor's Court Rolls*, p.132; J.M. Wilson, *The Worcester Liber Albus*, 1920, pp.199~200, pp.212~213 참조. 지대청구와 동업자 이윤의 정당성 문제는 Max Neumann, *Geschichte des Wuchers in Deutschland*(1865); Ashley, *Economic History*에서 상세히 논했다. 또한 G. O'Brien, *An Essay on Mediaeval Economic Teaching*(1920); G.G. Coulton, *An Episode in Canon Law*(in *History*, July 1921)에서는 『교령집』이 제기한 어려운 문제가 논의되었다.

58) *Bernardi Papiensis Summa Decretalium*(ed., E.A.D. Laspeyres, 1860); lib. v, tit. xv.

같은 새로운 형태의 경제활동이 증대되면서 이론은 점차 더욱 정교해졌고 학파들은 좀더 날카롭게 대립했다. 지대청구권의 구입에까지 확대된 관용의 정확한 의미와 범위가 문제되자 외환문제가 뒤따랐고, 뒤이어 공영전당포의 발전이 논란거리가 되었다.

14세기가 저물기도 전에 벌써 이자는 대부자가 행한 서비스에 대한 보상이라고 주장하며 현재의 재화가 미래의 것보다 더욱 가치 있다고 지적하는—비록 그것의 근대적 의의를 유추해낸 것은 아닌 게 분명했지만—저술가들이 생겨났다.[59] 그러나 대부행위 자체에 대한 보상의 사악함에 관해서는 자유주의적이든 보수적이든 신학적 의견은 일치했는데, 근대의 학자가 이자에 대한 신학적 관용을 이자를 용인한 것으로 해석한다면, 칼뱅 이전 시대의 모든 신학계에서 그의 해석은 한바탕 공분을 일으켰을 것이다.[60]

이자를 취하는 것은 성서에 어긋나고, 아리스토텔레스도 반대했으며, 자연도 거스르는 것이었다. 왜냐하면 그것은 노동 없이 살아가는 것이기 때문이다. 그것은 악인의 이익을 위해 신에 속한 시간을 파는 행위이며, 빌린 돈을 활용하여 이윤을 만든 사람들에게 당연히 귀속돼야 하는 이윤을 탈취하는 것이다.

이자는 그 자체가 부당하기도 한데, 채무자에게 돌아가는 이익이 그가 빌린 원금의 가치를 초과할 수 없기 때문이다. 그것은 건전한 사법적 원칙에 대한 도전이기도 하다. 대출이 되면 빌린 돈의 소유권은 채무자에게 이전되는데, 이제 자기 소유가 된 것을 그저 활용하는

---

59) 예를 들면, AEgidius Lessinus, *De Usuris*, cap.ix, pt. ii. "실제로, 시간적으로 볼 때 미래의 재화는 현재 모을 수 있는 재화만큼 가치를 지니지 못하며 소유자에게 그만큼의 효용을 가져다주지도 못한다. 그러므로 정의(正義)상 미래의 재화는 적은 가치밖에 갖지 못하는 것이다."

60) O'Brien(앞의 책)은 내가 잘못 이해하지 않았다면 이런 견해를 취한 것처럼 보인다.

사람에게 채권자는 도대체 무슨 근거로 대가를 요구할 수 있다는 말인가?

이 모두에서 권위의 역할은 분명했다. 출애굽기와 레위기 본문, 명백한 오역인 누가복음 6장 35절이 이 점을 보여준다. 오늘날엔 일부 사람들이 역시 잘못 번역되었다고 지적하는 [아리스토텔레스] 『정치학』(Politics)의 한 구절도 있다.[61] 그러나 현실적 고려들은 종종 상상하는 것보다 교의에 더 많이 기여했다. 그 교의의 특성은 대부가 대부분 신용체제의 일부가 아니라 예외적인 편의에 따라 이루어지고 또 "빌리는 사람은 언제나 절박한 압박 아래 처해 있다"는 말이 이해되던 시대에 형성되었다.

만일 이자가 일반적이었다면 "사람들은 그 외의 다른 할 일이 없지 않는 한 자기 땅을 경작할 생각을 하지 않았을 것이고, 대규모 기근이 발생해서 빈자들이 굶주림으로 죽어갈 것이다. 그들이 경작할 땅을 얻을 수 있다 할지라도 그것을 경작할 가축과 도구를 얻을 수 없었을 터다. 왜냐하면 빈자들 자신은 그것들을 지니지 못했고 부자들은 자금을 위험부담이 큰 소규모 투자보다는 이윤과 안전 모두를 담보해주는 대부를 위해 사용했을 것이기 때문이다."[62]

이런 주장을 활용했던 사람은 지식인 공상가가 아니었다. 교황 이노센트 4세[Innocent IV, 1243~54 재위]가 그였는데, 그는 뛰어난 사업가에다 때로는 과하다 싶게 현실정치를 신봉했던, 당대 유능한 정치인들 중 한 사람이었다.

진정으로 교회는 고위직의 상업적 악덕을 제거할 수 없었다. 그것은 너무도 유용했다. 평판이 나쁜 전당포업과 지극히 영예로운 고급

---

61) *Politics*, I, iii, *ad. fin.* 1258b. *Who said "Baren Metal"?* by E. Cannan, W.D. Ross, etc., in *Economica*, June 1922, pp.105~107 참조.

62) Innocent IV, *Apparatus*, lib. v, *De Usuris*.

금융업을 구분하는 일은 신앙의 시대에도 20세기에 못지않게 친숙했다. 따라서 대부업에 대한 중세의 비난을 합리적으로 평가하려면, 먼저 금융업 전반이 그런 비난에서 거의 전적으로 비껴나 있었다는 점을 기억해야 한다.

그런 비난은 왕, 봉건영주, 주교와 수도원장의 대형 거래들에는 좀처럼 적용되지 않았다. 외국인 대부자들에게서 상환 압박에 시달리던 백성들이라면 불평하거나 반항할 수도 있었겠지만, 에드워드 3세(Edward Ⅲ) 혹은 샹파뉴 백작이 금융가의 손에서 놀아나는 마당에 과연 누가 채무자나 채권자에게 책임을 물을 수 있겠는가? 비난이 교황청까지 미치는 경우는 더더욱 드물었다.

당시 교황은 정례적으로 국제금융회사들을 고용하면서도 그들 사업관행의 도덕성에 관해서는 일관되게 무관심했고—이에 대해서는 종종 비난이 일었다—오히려 그들을 특별한 보호 아래 두었으며, 때때로 파문을 위협하면서 빚의 상환을 강요했다. 대체로, 좀 꺼림칙하긴 했지만, 국제금융시장은 비난을 피해갔다. 14세기에 이탈리아는 콘스탄티노플에서 런던에 이르는 모든 상업중심지에서 외환업무를 하는 금융회사들로 북적댔고, 샹파뉴에 있는 것들 같은 대규모 정기시들에서는 대출협상과 채무청산을 위해 특별기간이 정례적으로 책정되었다.[63]

이런 유의 거래들이 특별히 예외적으로 취급되었다는 것이 아니다. 오히려 그들 모두는 도덕가들에게서 심심치 않게 항의를 받았다. 상업도 정부도 신용거래 없이는 유지될 수 없다는 점을 익히 알고 있

---

63) 이탈리아에 관해선, Arturo Segre, *Storia del Commercio*, vol. i, pp.179~191, 그리고 프랑스에 관해선, P. Boissonade, *Le Travail dans L'Europe chrétienne au Moyen Age*, 1921, pp.206~209, pp.212~212 참조. 이 둘은 모두 교황청의 금융관계들을 강조한다.

던 저술가들이 전통적 교의를 반복한 것이 그저 위선만은 아니다. 대부업을 금했던 지적 가정과 실제적 관심사들 전반은 대부자금―거대 금융회사들로부터 그들의 고객인 상인과 유력자로 흘러들어가는―으로 대표되는 것과는 전혀 다른 질서의 경제활동에 연결되어 있었던 것이다.

그 목적은 단순하고도 직접적이었던바, 부유한 대부업자가 농부나 수공업자의 필수품들을 탈취하지 못하게 하는 것이었다. 그런 식의 거래에 아주 적합한 범주는 사적 도덕성이었다. 착취하기가 가장 쉬워서 그 결과가 제일 비참했던 것은 서민들 사이의 통상적 거래들에서였다. 경제윤리에 관한 교회의 시책은 고위층들 사이에서는 무시당했지만 바로 그러한 서민들을 위해 안출되었고, 그들을 염두에 두고 집행하도록 의도되었다. 왜냐하면 그것은 기독교적 사랑의 일부였기 때문이다.

그것은 때론 세속의 정부가, 세속정부들이 다퉈서 틈이 생길 때는 교회의 징벌기구들이 집행했다. 이자문제를 다룬 교회법에 관해서는 꽤 연구되어 있기 때문에 여기서는 간단히 언급하고자 한다. 초기의 교회협의회는 성직자가 이자를 취하는 것을 금했다.[64] 12, 13세기의 협의회는 성직자든 평신도든 이자놀이를 금했고 위반자들을 처벌하는 규정을 마련했다. 곤궁에 처한 사람에게 돈을 빌려주거나, 재산을 담보로 잡고 원금 이상의 이익을 거두는 성직자는 성직을 박탈당하도록 되어 있었다.[65]

명백한 대부업자는 성찬식이나 교회가 거행하는 장례식에 참여할 수 없었으며, 그들의 헌금은 받아들여지지 않았다. 이들에 대한 처벌

---

64) 가령, Council of Arles, 314; Nicaea, 325; Laodicea, 372 등등.
65) *Corpus Juris Canonici*, Decretal. Greg. IX, lib. v, tit. xix, cap. i.

을 소홀히 한 성직자는 담당주교에게 사죄하기 전까지 자격이 정지되어야 했다.[66] 이자에 대한 교회의 공격은 리용공의회(1274)와 비엔나공의회(1312)가 제정한 법률에서 절정에 달했던 듯하다. 전자는 제3차 라테란공의회(1175)가 제정한 조치들을 재차 입법화하면서 사실상 대부행위를 불법화하는 규정을 덧붙였다.

어떤 개인이나 단체도 대부업자들에게 주택을 임대하면 파문 혹은 성직정지에 처해져야 했다. 이미 입주해 있는 경우에는 3개월 안에 집을 비워야 했다. 배상이 될 때까지 그들에겐 고해성사, 사면, 교회장이 거부되었고, 그들이 작성한 유언장도 효력이 없었다.[67] 비엔나공의회의 법규는 좀더 전면적이었다. 이 공의회는 인간법과 신법을 거슬러서 이자행위를 허용하고 채무자로 하여금 대부계약을 준수하도록 강요하는 공동체들이 있다는 것에 경악한다는 뜻을 밝혔다. 그리고 그런 법률을 알면서도 유지하는 모든 통치자와 지방판사는 파문에 처해질 것이라고 선언하고, 문제의 법을 3개월 안에 폐지하라고 요구했다.

대부거래의 실상이 그럴듯한 다양한 장치로 종종 은폐됐기 때문에, 대부자들은 의무적으로 교회당국에 회계장부를 제출하여 검사를 받아야 했다. 대부행위가 죄가 아니라고 고집하는 사람은 누구나 이단으로 처벌받아야 하며, 종교심문관은 그들을 '악평이 나 있거나 이단의 혐의가 있는 자들을 대하듯이' 재판에 회부해야 했다.[68]

교회가 파문을 위협함으로써 이자행위를 허용하는 모든 세속의 법률을 폐기하라고 요구한 것보다 교회의 주권적 지위 혹은 경제적 편의에 대한 도덕법의 우위를 확립하려는 시도를 더 과격하게 보여

---

66) 같은 책, cap.iii.
67) 같은 책, Sexti Decretal, lib. v, tit. v, cap.i, ii.
68) 같은 책, Clementinarum, lib. v, tit. v, cap.i.

주는 사례를 찾기란 쉽지 않다. 그러나 체제가 어떤 방식으로 작동하도록 의도되었는지를 이해하려면 특정의 사례와 해석의 문제를 둘러싸고 교황청법정과 하위의 교회당국자가 주고받은 서신을 들여다보는 것이 공의회의 법규를 살피는 것보다 더 유익할 것이다.

대부로 부자가 되었다면 그 후손이라도 반드시 상환해야 하는가? 그렇다. 최초의 범법자에게 적용된 동일한 벌칙이 후손에게도 적용되었다. 죄수를 속량한다는 경건한 목적[곧 성경적 원리]도 대부의 대가를 요구하는 것을 정당화할 수 없다. 이자를 부과하는 것뿐 아니라 외상으로 물건을 팔 때 더 높은 가격을 요구함으로써 거래에서 시간이란 요소를 개입시켜도 이자행위자로 취급돼야 한다. 채무자가 이자행위자에게 소송을 하지 않겠다고 서약하는 경우에도, 교회당국은 후자로 하여금 이익을 반환토록 할 의무가 있다. 이자행위자가 권력자의 도움을 받아 증인을 협박하는 경우 위법행위가 일반적인 악행으로 인정된다면, 증인의 증언이 없이도 처벌할 수 있다.

캔터베리 대주교에게는 이자행위가 성직자는 물론 어느 누구에게도 위험한 일임이 고지되었다. 그리고 교회의 견책을 동원하여 담보로 잡힌 재산을 이자를 제하지 않고 상환토록 하라는 주의를 받았다. 교황이 살레르노 대주교에게 보낸 한 편지에는 이렇게 적혀 있다. 이자행위자는 이득을 상환하기를 반대하거나 재력이 없다고 발뺌한다. 따라서 능력이 있다면 누구나 이자를 탈취당한 사람들이나 그 후손들에게 상환하도록 강제되어야 하며, 이 두 경우가 다 불가능하다면, 빈민들에게 상환금을 주어야 한다. 왜냐하면 아우구스티누스(Aurelius Augustine)가 말한 바와 같이, "죄는 빼앗긴 것이 되돌려지지 않는 한 용서되지 않기"때문이다. 교황이 듣기로, 제네바에서는 외상거래 후 일정 시간이 지나면 구매자는 원래보다 높은 가격을 지불하는 관행이 퍼져 있었다. 이런 계약을 이자행위로 보아야 하는지는 분명치 않다. 그런데도 대금이 지불될 때까지 물건의 가치가 변할 개연성이 없다면, 판매자는 죄를 짓는 것이다. "그러므로 당신의 동료시민들이 이런 유의 거래를 멈춘다면, 자신의 구원에 지혜롭게 대비하고 있음을 보여주는 것일 텐데, 사람의 생각을 전능의 신으로부터 감출 수는 없기 때문이다."[69]

대부와 관련된 법규의 집행이 쉽지 않았다는 점은 교황청으로 이첩된 모호한 사건들의 수만 보더라도 알 수 있다. 까다롭고 기술적인 문제를 다루는 지침을 제시하려는 다양한 노력이 있었다는 점 또한 분명하다. 일반규정집─13세기에 상습범들을 취급하는 교황청 내사원의 지침을 위해 만들어진 것─에는 대부업자들을 어떻게 다루어야 하는지 보여주는 선례들이 들어 있다.[70] 비슷한 시기에 부주교의 의무에 관한 성 레이몬드(St. Raymond of Penáfort)의 안내서가 선보였는데, 거기에는 순회조사 때 물어야 할 질문들의 긴 목록이 담겨 있다. 그 목록은 상상할 수 있는 모든 종류의 갈취를 망라한 것으로, 거짓 동업, 판매로 위장한 대부, 대출금에 대한 과도한 적립금 등 위법행위를 은폐하려는 다양한 사기계약을 들춰내기 위해 고안되었다.[71] 고해신부를 위한 안내서도 마찬가지로 상세하게 준수해야 할

---

69) 이 단락에서 언급된 구절들은 다음에 실려 있다. *Corp. Jur. Can.*, Decretal. Greg. IX, lib. v, tit. xix, cap. ix, iv, x, xiii, xv, ii, v, vi.

70) *A Formulary of the Papal Penitentiary in the Thirteenth Century*, ed., H. C. Lea, 1892, Nos. xcii, clxxviii(2), clxxix.

71) *Raimundi de Penna-forti Summa Pastoralis*(Ravaisson, *Catalogue Général des MSS. des Bibliothèques publiques des Departements*, 1849, vol. i, p.592 seqq). 부주교는 다음과 같은 조사를 해야 한다. "[신부가] 그의 양들을 먹이고, 곤궁에 처한 자 특히 병든 자들을 돕고 있는가. 또한 부주교는 신부로 하여금 그들을 돕기 위한 자선사업을 하도록 권고할 수 있다. 만일 신부가 자신의 재원으로 그 일을 충분히 감당할 수 없다면, 그는 자기에게 부여된 권한에 따라 다른 이들에게 그것들을 수행할 재원을 조달하도록 영향력을 행사해야 한다. ……교구민들에 대한 조사는 시정돼야 할 문제들과 관련하여 이웃

들뿐 아니라 신부와 신망이 두터운 다른 교구민들이 행하는데, 필요하다면 이들은 그 목적을 위해 부주교 앞으로 호출될 수 있다. 첫째, 조사는 악명 높은 대부업자 혹은 대부업으로 평판이 자자한 사람들이 있는지, 그들이 어떤 종류의 대부업무를 하고 있는지, 즉 누구라도 돈이나 다른 무엇을 빌려주되 ……원금을 초과하여 받는다는 조건을 첨부하는지, 혹은 담보를 받고 그것을 자신의 이익을 위해 그 기간에 활용하는지 ……말들을 담보로 잡고 그것들이 먹을 수 있는 것 이상의 사료비용을 청구하는지 ……혹은 그가 실제 가격보다 훨씬 싼 가격으로 무엇을 사들이되, 판매자가 일단 가격을 지불한 후에는 확정가격으로 그것을 다시 사들일 수 있다는 조건을—비록 구매자는 판매자가 그리할 수 없으리라는 점을 알고 있을지라도—제시하는지, 혹은 가령 입도선매의 경우처럼, 물건을 받기 전에 돈을 지불한다는 이유로 실제가격보다 낮은 가격으로 물건을 사들이는지, 혹은 누군가 관례상 그리고 명시적인 계약 없이, 카오르 사람들이 하듯이 원금을 초과하는 액수를 상습적으로 취하는지 ……더 나아가서 그가, 가령 상인에게 돈을 빌려주면서 이익이 날 때는 함께 나누지만 손실이 날 경우는 책임이 없다는 조건을 내거는 경우처럼, 동업으로 위장하여(*nomine societatis palliatam*) 대부업을 행하는지 ……또한, [정해진 날짜에 지불하지 못할 경우에] 벌과금을 부과한다는 그의 의도가 실은 원금을 제 날짜에 받기보다는 그보다 많이 받는 데 있으면서도, 그가 벌과금으로 위장하여 대부업을 하는지, 더욱이, 돈을 빌려준 부자가 원금을 초과한 금액을 빈자에게서 받지 않되, 그의 포도원이나 그와 유사한 곳에서 빈자가 이틀 동안 일할 것을 합의하는 경우처럼, 현물 형식으로 대부업을 행하는지, 또한 어떤 이가 자신이 직접 빌려주는 것이 아니라 자신이 설득하여 대신 빌려줄 친구가 있을 때처럼, 제3자를 개입시켜서 대부업을 위장하는지 등을 조사해야 한다. 그 교구에 얼마나 많은 사람이 이런 유의 악명 높은 대부업에 종사하는지가 밝혀지면, 그들의 이름은 문서로 작성해야 하고, 부주교는 고발자가 없더라도 여론을 기소의 근거로 삼아, 직권으로 소송을 제기하고 정해진 날짜에 그들을 법정에 소환해서 자신이나 책임 있는 관리에게 재판을 받도록 해야 한다. 범죄행위가 명백하거나 혹은 자백이나 증언에 따라 그들의 유죄가 확정되면, 그는 자신이 최선이라고 생각하는 바에 따라 그들을 처벌해야 한다. ……만일 그들이 갖가지 계략과 술책을 써서 한때 유죄판결을 피한다 할지라도, 대부자로서 그들의 나쁜 평판은 쉽사리 입증될 수 있다. ……부주교가 신중하고 성실하게 그들의 악한 행위에 소송을 추진한다면, 그들은 끝까지 버티거나 피해갈 수 없을 것이다. 즉 그가, 빈번히 소환장을 발부하고 재판날짜를 여러 차례 서로 다른 날에 배정함으로써 애를 먹이고 경비를 쓰게 만들어 그들을 성가시게 하고 굴욕을 준다면, 번거로움, 비용, 시간손실, 그리고 온갖 종류의 혼란으로 그들은 마음을 절차를 규정하고 있다. 일련의 종교회의 규정에 따르면, 고해신부는 "상품거래 및 탐욕과 과욕에 관련된 모든 문제를 조사해야 한다." 필요하면 남작과 기사는 교회의 자유에 반하는 규정을 만들었는지, 제소하려는 사람에게 재판을 거부하지는 않았는지, 부당한 지대·사용료·노역 등을 요구하며 아랫사람들을 억압하지는 않았는지를 진술해야 한다.

"신부는 시민, 상인, 관리를 상대로 강탈, 대부, 대부로 위장한 서약, 수회(收賄), 사기판매, 부정직한 계량, 협잡, 위증 그리고 잔꾀 등의 여부를 조사할 수 있다. 경작자(농부)에 대해서는 절도, 특히 십일조와 관련된 타인 재산의 절취 ……토지경계표의 불법이동과 남의 땅의 부당점유를 조사하고 ……탐욕과 관련해서는 성직매매 ……편파판결 ……절도, 강도, 위증, 신성모독, 노름, 논밭의 토지경계표 이동 ……부정직한 상행위, 누구라도 특히 과부, 미성년자 및 여타 곤경에 빠진 사람들에 대한 억압 등을 통해 부당하고 탐욕스러운 이득을 취하려 했는지를 질문할 수 있다."

"위법행위(contraries)는 그에 상응하는 행위(contraries)로 교정돼야 한다"는 원칙에 따라, 탐욕의 죄는 큰 자선을 행함으로써 속죄해야 한다. 그러나 어떤 죄들은 배상으로만 진정으로 탕감된다. 대부업이 거기에 속하는데, 주목할 것은 이때 대부란 오늘날 이자로 불리는 것뿐 아니라 시간 경과를 이유로 더 비싸게 팔고 더 싸게 사들이는 사람의 죄도 포함한다는 점이다.

만일 어떤 사정 때문에 배상할 수 없다면 그 후손이 대신 배상해야 하고, 피해자를 찾을 수 없는 경우에는, 피해액이 클 때는 주교, 작을 때는 신부의 권고에 따라 '경건한 목적 특히 가난한 자들을 위해' 그

돌이켜서 교회의 규율에 복종하고 말 것이다."

돈이 사용되어야 한다.[72]

이 주제에 대한 좀더 대중적인 지침은 고백성사실 교본과 신도안 내서에 잘 설명되어 있다. 거기에서는 상당한 지면을 할애하여 상도 덕을 다뤘다. 15세기에 피콕(Reginald Pecock) 주교는 성서가 해석의 더미에 묻혀버렸다는 롤라즈[Lollards, 종교개혁가, 위클리프의 추종자 들]의 불평에 대해, "꾸어줄 때는 아무것도 되돌려받기를 바라지 말 라"[누가복음 6:34]라는 성경 본문을 해석한 책들을 예로 들고는, 그 모든 가르침도 "사람들이 일상적으로 행하는 거래와 흥정에서 해결 돼야 할 까다롭고 세세한 의문들과 질문들을 모두 답하기에는" 결코 충분치 않다고 대답했다.[73]

---

72) E. Martène and U. Durand, *Thesaurus novus Anecdotorum*, 1717, vol. iv, p.696 seqq.

73) Pecock, *The Repressor of over-much blaming of the Clergy*, ed., C. Babington, 1860, pt. i, chap. iii, pp.15~16. 그의 말은 교회의 가르침이 직면한 어려움과 그것을 극복하려는 시도들 둘 다를 보여준다. "제발 ……말해주십시오. 도대 체 성경의 어디에서 『결혼』이라는 책자와 『기독교』 첫 부분에서 제시한 결혼에 관한 가르침의 극히 일부만이라도 찾을 수 있단 말인지요.……그리 고 성경 어디에 『제8계명[도적질하지 말라]의 준수』라는 책 3부에 나온 대 부업에 관한 가르침의 일부나마 나와 있는지요. 그러나 이 책에 실린 이자에 관한 그 많은 가르침도 대부에 대해 마땅히 배우고 익혀야 할 바를 배우고 익히며 그것을 사람의 의무와 신에 대한 진정한 헌신 그리고 율례의 준수로 전환하기 위해서는 대체로 충분치 않습니다. 독자와 연구자들에게 그 책은 완벽한 것이 아니라 열려 있어야 하는 것이지요. 누가복음 6장의 '꾸어줄 때 는 아무것도 되돌려받기를 바라지 말라'라는 구절 외에 신약성서에 대부에 관해 더 쓰인 것이 있습니까. 구약에 대부와 관련된 구절은 그것을 책망하기 보다는 오히려 옹호하지 않던가요. 그러므로 대부 혹은 그와 반대되는 덕목 에 관해 성경으로부터 충분히 배우고 익힐 수 있다고 누가 장담할 수 있을까 요. 지금도 되풀이되는 누가복음 6장의 이 구절이 사람들이 일상적으로 행 하는 거래와 흥정에서 해결돼야 할 까다롭고 세세한 의문들과 질문들에 모 두 답하기에는 얼마나 불충분한가요. 그런 문제들을 처리해야 하는 사람들 은 누구나 성서가 그 문제에 관해 거의 혹은 전혀 지침을 주지 못한다는 것 을 금방 알게 될 것입니다. 그럼에도 성서는 하나님이 대부행위를 금하며 따

이로부터 한 세기가 지나서도 본문의 원칙을 여전히 문자 그대로 가르치는 지역들이 있었다. 1552년은 스코틀랜드 의회가 종교 개혁을 선언하기 8년 전의 해였다. 그해에 작성된 성 앤드루스(St. Andrews) 대주교의 교리문답은 백성들의 경제적 나약함과 타협할 생각이 전혀 없었음을 보여준다.

그것은 대부업자, 임금을 착복한 장인, 사기를 쳐서 물건을 파는 탐욕스러운 상인, 소작인을 짜내는 게걸스러운 지주, 그리고 구체적으로 명시는 안 했지만 당혹스러울 정도로 싸잡아서, '무절제하게 부를 추구하는 모든 악인'과 '이웃을 가난과 불행에서 벗어날 수 있게 할 수 있는데도 그리하지 않는' 모든 사람을 비난하고 있다.[74]

라서 대부업은 불법이라는 점을 우리에게 들려주고 있습니다. 그러나 이로부터 대부행위가 불법임을 믿는다 할지라도, 하지 말라는 경고의 효과를 가지려면 어떤 벌을 내려야 할지, 사람마다 시각이 다르기 때문에 누가 언제, 어떻게 대부행위를 했는지 아닌지를 어떻게 판단할 수 있겠습니까." 피콕이 성경의 가르침에 대한 주석서의 필요성을 옹호한 것은 훗날 루터가 "네 이웃을 네 몸과 같이 사랑하라"는 그 자체로 충분한 행동의 지침이 된다고 말한 데 대한 실질적인 답변이다(Chap. II, p.99 참조). 피콕이 염두에 두었던 대부행위에 대한 가르침 사례들은 Myrc's *Instructions for Parish Priests*(Early English Text Society, ed., E. Peacock and F.J. Furnivall, 1902), the *Pupilla Oculi*, and *Dan Michel's Ayenbite of Inwyt*(Early English Text Society, ed., R. Morris, 1866) 참조.

74) *The Catechism of John Hamilton, Archbishop of St. Andrews*, 1552, ed., T.G. Law, 1884, pp.97~99. 제7계명은 이런 자들을 꾸짖는다. "다섯째, 자기 혼자만의 이익을 위해 공공복리를 거슬러서 공공재산을 사취하고 약탈하는 모든 사람. 여섯째, 그리스도의 명에 반하여 돈을 무료가 아닌 금전을 조건으로 빌려줌으로써 이 계명을 범하는 모든 고리업자와 대부업자. 일곱째, 하인이나 일꾼을 부리면서도 조건과 자격에 따라 정당한 사례나 임금을 지불하려 하지 않음으로써, 성 야고보가 말한 바와 같이, 하나님의 복수를 부르는 죄를 범한 자. 여덟째, 불법적 금속으로 주화를 만듦으로써 공공복리를 해치고 문란케 하는 자. 아홉째, 상하고 나쁜 물건을 파는 모든 상인과 물건을 사고파는 데 술책을 부리거나 사기를 치거나 위증을 하거나 도량을 속여 이웃에 손해를 끼침으로써 이 계명을 위반한 큰 죄를 짓는 자. 자신의 기술을 정

중요한 문제, 즉 실제로 교회법정이 이런 문제를 어떻게 다루었는지에 관해서는 알려진 바가 극히 드물다. 이에 관해선 아직 거의 연구되지 않았다. 유럽대륙에서는 이따금 일제검거가 있었다는 흔적들이 보이기도 한다.

주교들이 악명 높은 대부업자들과 전면전을 선포하기도 했지만, 대부업자가 몹시 유용해서 그가 자기 외에 누구로부터도 괴롭힘을 받는 것을 원치 않았던 세속적 권력들로부터 보복을 당하기 일쑤였다.[75] 13세기 말에 부르주의 어떤 대주교는 대부업자 35명에게 앉은 자리에서 게워내도록 했고,[76] 70년 후 피렌체의 교회심문관은 대부업자와 불경죄를 범한 이들로부터 2년 동안 7,000플로린[지금의 10

직하고 성실하게 사용하지 않는 모든 종류의 수공업자 역시 이 계명의 위반자라는 비난에서 자유롭지 않거니와 ……비양심적으로 부를 축적하고, 기만과 술책으로 사람들의 부를 갈취하며, 이웃을 궁핍과 불행에서 구할 수 있는 데도 수수방관하는 자, 소작인에게 급납이나 높은 화폐지대 혹은 가혹한 부역을 부과함으로써 그들을 곤궁에 빠뜨리는 자. 이웃의 재산을 시기하여 온갖 술책으로 그의 재산을 탈취하거나 상인의 손에 속아 넘어가게 만드는 자." 다양한 형태의 상업적 사기행위들을 상세하게 비난한 것이 주목할 만하다.

75) 가령, 파문당한 대부업자에 대한 기독교식 장례를 거부했다는 이유로 브리타니 백작의 명령에 따라 체포되어 죽은 자와 묶인 채 산 채로 매장당한 신부의 사례를 보기 위해서는, Matt. Paris, *Chron. Maj.*, vol. iii, pp.191~192 참조. 또한 *Materials for the History of Thomas Becket*, vol. v, p.38을 보라.

76) Harduin, *Acta Conciliorum*, vol. vii, pp.1017~1020. "앞에 말한 해(1485년) 성지주일(聖枝主日)[부활절 직전의 일요일]에 앞선 수요일과 목요일 이틀 동안 비카눔에 있는 비카눔수도원에서, 고르고니의 교구민으로서 부정한 이자를 취해 악명 높았던 후술(後述)의 사람들이 대주교의 명에 따라 그의 앞에 소환되었는데, 그들은 맹세코 그것을 부인했다. 그러나 그들은 자기들이 부정을 자백한 후술의 대주교의 명에 따라 부정한 이자를 서약하고 반환했으며 이 일에 대하여는 법규에 따를 것을 대주교에 약속했다. 전술한 것과 같은 이자를 부인한 파베리아의 베르트란두스는, 자백에 따르면 부정한 이자로 벌었다는 옛 금화 1백 솔리도스를 반환하기로 약속했다." 이 외에도 36건이 이런 식으로 다루어졌다.

펜스에 해당하는 옛날 영국 동전]을 거둬들였다.[77] 영국에서 상도덕은
교회와 세속의 권력이 종종 관할권을 다뤘던 논란 많은 영역이었다.
교회법정은 계약 위반 사건들에 대한 전반적인 관할권을 주장했는
데, 그것들이 '신뢰의 손상'(*Læsio fidei*)을 동반하거나, 특히 대부업
의 경우 교회법이 각별히 금하는 도덕에 대한 범죄를 구성한다는 것
이 그 이유였다.

　두 주장 모두 왕과 자치단체들의 항의를 피하지 못했다. 전자는 클
라렌던 규약(Constitution of Clarendon)[78]을 들어서 부채에 관한 소
송은 왕실의 관할임을 분명히 했는데, 동일한 규정이 다음 세기 동안
몇 차례 더 제정되었다. 후자는 도시민들이 교회법정에서 재판받는
것에 대해 반복해서 금지령을 내리고, 이를 거역한 사람들에게는 벌
금을 부과했다.[79] 이 둘은 모두 성직자의 거듭된 항의에도,[80] 대부거

---

77) Villani, *Cronica*, book xii, chap lviii(ed., 1823, vol. vi, p.142). 빌라니는 심
　　문관의 행태에 불만을 터뜨린다. "그러나 종교재판관은 누구는 신이 허용한
　　것보다도 더 많은 돈을 갖고 있다든가, 대부행위는 큰 죄는 아니라든가 하
　　는 식의 대수롭지 않은 투의 말을 내뱉는 것만으로 돈을 거둬들이고 ……또
　　는 같은 말을 사용하여 피고의 돈의 액수에 따라 대단한 금액의 벌금을 물
　　린다."

78) Constitutions of Clarendon, cap.15: "채무자의 서약이 개입돼 있든 아니
　　든, 채무에 관한 소송은 국왕의 법 아래에서 다루어진다." 이 문제 전반에
　　관해서는 Pollock and Maitland, *History of English Law*, 2nd ed., 1898, vol.
　　ii, pp.197~202, 그리고 F. Makower, *Constitutional History of the Church of
　　England*, 1895, §60 참조.

79) *Cal. of Early Mayor's Court Rolls of the City of London*, ed., A.H. Thomas, p.44,
　　p.88, p.156, p.235; Selden Soc., *Borough Customs*, ed., M. Bateson, vol. ii,
　　1906, p.161(London) 그리고 pp.209~210(Dublin); *Records of Leicester*, ed.,
　　M. Bateson, vol. ii, 1901, p.49. 장원재판소에 의한 유사한 금지령에 대해서
　　는, *Hist. MSS. Com.*, *MSS. of Marquis of Lothian*, p.28 그리고 G.P. Scrope,
　　History of the Manor and Barony of Castle Combe, 1852, p.238 참조.

80) *Annales de Burton*, p.256; Wilkins, *Concilia*, vol. ii, p.115; *Rot. Parl.*, vol. ii,
　　p.129*b*.

래는 세속법정에서 취급해야 한다는 주장을 관철해나갔지만, 어느 쪽도 교회의 재판권을 완전히 축출하지는 못했다.

쟁점은 대부업자 처벌 여부가 아니라―이 문제라면 이견이 있을 수 없었다―그를 처벌한다면 이익이 되는 장사를 과연 누가 차지하느냐 하는 문제였는데, 실제로 대부업자는 모두의 비난을 받았기 때문이다. 런던 시로부터 저 밑의 영주법정에 이르기까지 지방정부는 '부당이득'에 대한 조례를 제정하여 위반자들을 고발했다.[81] 하원은 롬바르드 중개상들이 추방되고 중개상에 관한 런던의 법령이 널리 적용되기를 간절히 원했다.[82] 순회재판관은 대부업자 기소 건을 심리했고,[83] 형평법 재판소(Court of Chancery)는 관습법의 도움을 받지 못한 피해자들의 청원을 취급했다.[84]

이 문제에 관한 법규라면 한 영국 교회공의회가 제정한 단 하나의 사례만이 있는 것 같은데,[85] 그럼에도 교회는 교회대로 대부업자 문제를 지속적으로 다루었다. 왜냐하면, 관할권의 충돌과 교회 재판관들의 행태에 대한 점증하는 분노 그리고 중세 후기에 팽창하던 자본주의 등에도 불구하고, 교회법정에 올라온 상업적 송사가 늘지는 않았지만, 끊이지 않았기 때문이다. 14세기 중엽 이후에는, 세속당국이

---

81) *Cal. of Letter Books of the City of London*, ed., R.R. Sharpe, vol. H, pp.23~24, pp.24~25, p.27~28, p.200, pp.206~207, pp.261~262, p.365; Liber Albus, bk. iii, pt. ii, p.77, p.315, pp.394~401, p.683; Selden Soc., *Leet Jurisdiction in the City of Norwich*, p.35; *Hist. MSS. Com., MSS. of Marquis of Lothian*, p.26~27.

82) *Rot. Parl.*, vol. ii, p.332*a*, 350*b*.

83) R.H. Morris, *Chester in the Plantagenet and Tudor Reigns*, 1894(?), p.190.

84) Early Chancery Proceedings, Bdle. xi, no. 307; Bdle. xxix, nos. 193~195; Bdle. xxxi, nos. 96~100, 527; Bdle. lx, no. 20; Bdle. lxiv, no. 1089. 또한 *Year Books and Plea Rolls as Sources of Historical Information*, by H.G. Richardson, in *Trans. Royal Historical Society*, 4th series, vol. v, 1922, pp.47~48 참조.

85) Ed., Gibson, *Cadex Juris Ecclesiastici Anglicani*, 2nd ed., 1761, p.1026.

대부사건을 다루는 교회법정의 권리에 이의를 제기하지도 않았다. 1341년의 법률은 (오래전부터 제정된 그대로) 대부업자의 문제가 왕이 아니라 전적으로 교회의 소관임을 분명히 했다. 교회권에 대한 이러한 유보는 한 세기 후 헨리 7세하에서 재차 확인되었고, 자본주의가 활기를 띠던 엘리자베스와 제임스 1세 시절에도 낡고 흔한 법조문의 형태로 살아남았다.[86]

교회당국이 대부와 관련하여 교회법을 행사할 기회가 많았던 것은 아니다. 이런 송사는 당연히 상업도시들에서 빈번히 발생했고, 그런 도시들이 상행위문제에 교회의 관여를 달가워할 리 없었다. 런던에서는 13세기 초만 해도 교회재판소, 시법정, 그리고 궁정법정들 간에 다툼이 잦았다. 신속한 판결을 원하거나 세속법정이 호의적이지 않을 것 같으면 사람들은 첫 번째 법정을 택했던 것 같다.

많은 예 가운데 특이한 것 하나만 들면, 수공업자들은 시장과 시의회가 노동조합규정을 적용하기보다는 오히려 처벌하려는 경향을 보였기 때문에 그 규정을 실질적인 것으로 만들기 위하여 교회법정을 활용했다. 이를 위해 그들은 먼저 [조합원들에게 규정을 지키겠다는] 서약을 하게 하고 서약을 깨뜨리면 불신행위(breach of faith)로 규정하여 [교회법정에] 고소하는 간편한 방식을 택했다. 가령 금속세공인들은 표면적으로는 야간작업 폐지를 목적으로 한 '연맹'을 결성해서 서약하게 하고는 위반자들을 종교법정으로 호출했는데, 법원에서의 증언에 따르면, 그 조직의 실제 목적은 외부인이 그 일을 못하게 하려는 데 있었다. 박차제조자(拍車製造者)들은 해가 진 이후 다음 날 해가 뜰 때까지 일하는 것을 금했고 이를 위반한 직인을 부주교 앞에

---

86) 15 Ed., III, st. I, c. 5; 3 Hen. VII, c. 5; II Hen. VII, c. 8; 13 Eliz. c. 8; 21 Jac. I, c. 17.

끌고 와서 다음과 같은 판결을 받아냈다. "앞에서 말한 리처드는 종교재판관에게서 세 차례 경고를 받은 후에 규약을 준수하겠다고 서약할 때까지 교회로부터 축출되고 파문되었다."[87]

훗날에 와서도 교회재판권이 전적으로 사문화된 것이 아님은 교회의 재판기록들을 대략만 훑어보아도 충분히 알 수 있다. 대부행위로 기소된 신부는 관할 주교의 교화과정을 거쳐야 했다.[88] 청원자가

---

87) *Cal. of Early Mayor's Court Rolls of City of London*, ed., A.H. Thomas, p.1, p.12, pp.28~29, pp.33~34, p.44, p.52, p.88, p.141, p.156, p.226, p.235, p.251. 금속세공인과 박차제조자 사례는 pp.33~34, p.52에 실려 있다. 15세기에도 길드는 여전히 교회법정을 통해 규정을 집행하려고 이따금 시도했다(Wm. H. Hale, *A Series of Precedents and Proceedings in Criminal Causes*, 1847, nos. xxxvi 그리고 lxviii 참조. 길드규정을 위반한 사람들이 주교대리 법정에 소환된다고 기록되어 있다).

88) Canterbury and Yory Soc., *Registrum Thome Spofford*, ed., A.T. Bannister, 1919, p.52(1424); 그리고 Surtees Society, vol. cxxxviii, *The Register of Thomas of Corbridge, Lord Archbishop of York*, ed., Wm. Brown, 1925, vol. i, pp.187~188. "1303년 5월 6일 윌튼에서. 이자의 죄에 관한 가튼 교구 사제 오 요브 멀소프 신부의 면죄증명서. 이 증서를 제출받을 모든 기독교도에게 이하의 사항을 고시한다. 우리 주교관구인 가튼교구의 사제 존 오브 멀소프 신부는 신의 은총에 따라 우리 토머스 등의 면전에서, 그의 순시에 즈음하여 이자 때문에 견책당했는데, 기소장에 따르면 전술한 사제가 졸란 오브 브리달이라는 자에게 33실링 4펜스의 돈을 빌려주고 10년 동안에 걸쳐 매년 그로부터 10실링의 돈을 받는다는 계약을 체결한 것으로, 실제로 이 계약을 근거로 하여 전술한 졸란은 8년에 걸쳐 사제에게 계약을 이행하고 부채를 상환했다고 한다. 이런 까닭으로 사제를 우리 앞으로 소환하여 전기 사항에 대하여 심문하는바, 그는 그것을 시종일관 부인하면서 이 일에 대해 몸으로 증명하기 위해 재판을 소망했다. 따라서 우리는 이 사제의 소망에 따라 그의 동료 6인과 그의 도당의 다른 장로들과 함께 1303년 빌립보와 야고보의 축일(4월 26일) 직전의 금요일에 우리들의 심리가 있을 것이라고 공포했다. 이와 같이 이 사제에 대해 고시한 뒤에 우리 윌튼 장(莊)에서, 요크성문 옆에 있는 성 메어리교회의 설교사로서 같은 사제인 존 신부, 워림과 워버소프 교회의 사제인 두 사람의 존, 또 내퍼튼, 드리필드, 웨트왕, 윌리엄 등을 면회하고 상기의 사정에 대해 시비를 밝혀본바, 그 진술로 사제의 결백이 명백해졌다. 따라서 성직자로서 명예회복을 위해 이 사제의 무죄를 공포하고 그 결

부채 혹은 대부 관련 사건들에 대한 조치가 '신령한 사람들'에 의해 처음으로 취해지는 주교나 부주교 법정에서 부당한 판결을 받았다고 생각하면 그는 형평법 법원에 상고할 수 있다.[89] 교회법정 기록에 따르면, 교회법정은 상행위문제가 세속법정 관할이라며 때때로 기각하기도 했지만, 계약위반과 대부행위 사건들을 지속적으로 처리해왔다.[90] 예를 들면 평판이 안 좋았던 마크로프트 일가―아버지 윌리엄은 흔한 대부업자였고, 딸인 앨리스는 오순절에 빵을 구웠으며, 아들 에드워드는 만성절에 셔츠를 만들었다―는 웨일리 교회법정에서 그에 합당한 처벌을 받는다.[91]

리폰에서는 대부업자와 피해자가 법정 밖에서 합의하도록 유도한다.[92] 런던의 주교대리는 포스터의 벨트를 담보로 4실링을 빌려주고는 원금 외에 12페니를 더 요구했다는 이유로 토머스 홀을 '극악한 대부범죄'(*super crimine usurariæ pravitatis*)라는 죄명으로 소환했는

백을 문서로 고시한다. 이 사건의 증명서에서 우리는 날인을 이 증서를 위해 첨부한다."

89) *Early Chancery Proceedings*, Bdle. xviii, no. 137; Bdle. xix, no. 2155; Bdle. xxiv, no. 255; Bdle. xxxi, no. 348. 또한 A. Abram, *Social England in the Fifteenth Century*, 1909, pp.215~217 참조. 이런 사례들에 비추어볼 때, *Early Chancery Proceedings*를 좀더 세밀히 검토하면 15세기에 와서도 계약과 대부문제에서 교회법정의 관할권이 종종 상정되는 것보다 실제로는 훨씬 더 중요했다는 것을 알게 될 것이다.

90) Surtees Soc., vol. lxiv, 1875(*Acts of Chapter of the Collegiate Church of Ripon*)에는 교회법정이 계약, 부채 등의 문제들을 다룬 100개 이상의 사건이 기술돼 있다. '민사사건이라는 이유로'(propter civilitatem causæ) 기각된 사례는 1532년에 발견된다(Surtees Soc., vol. xxi, 1845, *Ecclesiastical Proceedings from the Courts of Durham*, p.49).

91) Chetham Soc., vol. xliv, 1901, *Act Book of the Ecclesiastical Court of Whalley*, pp.15~16.

92) Surtees Soc., vol. lxiv, 1875, *Acts of Chapter of the Collegiate Church of Ripon*, p.26.

데, 그가 법정에 출두하지 않자 그를 정직시킨다.[93] 이런 유의 재판
이 종교개혁과 함께 끝난 것도 아니다. 엘리자베스 여왕 치하의 교회
법정도 대부사건을 심리했고, 제임스 1세 시절에는 심지어 런던 같
은 거대 상업중심지에서도 "담보대출로 과도한 이익을 취했다"는 이
유로 주교대리가 상인을 재판하는 일이 여전히 가능했다.[94]

그러나 금전대부자의 강제적 징수에 대한 방어벽을 반드시 법정
형으로 구축한 것은 아니었다. 대부계약을 '분식하는' 다양한 전략
에 비추어볼 때 직접적인 금지는 거의 실패로 끝날 수밖에 없다는 주
장이 아주 초기부터 있었다. 이런 주장은 금전대부자가 제시하는 것
보다 더 합리적인 조건으로 돈을 빌릴 수 있도록 정책을 마련해 여건
을 제공하자는 쪽이었다.

실제로 교회는 빈자들이 값싸게 자본을 조달할 수 있는 제도를 만
듦으로써 우회적으로 대부업자들에 맞섰다. 교구, 종교단체, 길드, 병
원 그리고 어쩌면 수도원도 종자, 가축, 돈을 빌려주었다.[95] 13세기

---

93) Hale, 앞의 책(위의 각주 87), no. ccxxxviii.

94) Chap.III, p.161 참조.

95) 교구들에 관해선, S.O. Addy, *Church and Manor*, 1913, chap.xv에 많은
사례가 실려 있다. 은행 역할을 했던 것처럼 보이는 길드에 관해선, *Hist.
MSS. Com.*, 11th Report, 1887, Appx., pt. iii, p.228(*MSS. of the Borough of
King's Lynn*) 그리고 대부에 관한 여타 사례에 관해선, H.F. Westlake, *The
Parish Gilds of Mediaeval England*, 1919, pp.61~63, *Records of the City of
Oxford*, ed., Wm. H. Turner, 1880, p.8, *Statutes of Lincoln Cathedral*, ed.,
C. Wordsworth, pt. ii, 1897, pp.616~617 그리고 G. Unwin, *The Gilds and
Companies of London*, 1908, p.121 참조. 병원에 관해선, *Hist. MSS. Com.*,
14th Report, Appx., pt. viii, 1895, p.129(*MSS. of the Corporation of Bury St.
Edmunds*) 참조. 여기에는 자기 땅에 뿌릴 종자를 사려는 빈자에게 20페니
를 빌려준다(혹은 준다)고 기록되어 있다. (해산령 이후 반세기 지난 다음에
행해진) 수도원의 대부에 관한 진술 하나가 F.A. Gasquet, *Henry VIII and the
English Monasteries*, 7th ed., 1920, p.463에 인용되어 있다. 구체적 사례들에
관해서는 내게 자료가 없다.

중엽에[96] 영국에서는 주교들이 교황의 허락을 받아 이런 대부를 조직했고, 2세기 뒤인 1462년에는 프란시스 수도사들이 공영전당포(*Monts de Piété*)를 창설하려고 주도적으로 나섰다. 이탈리아에서 시작된 공영전당포는 16세기 전반기에는 프랑스, 독일, 베네룩스 3국의 저지대국가들로 퍼졌다. 영국에서는 종교개혁으로 발을 들이지 못했지만 경제윤리에 관심 있는 영국 학자들에게서 잦은 논평과 찬사를 들었던 주제였다.[97]

금전대부문제에 관한 교회법은 적어도 1515년의 라테란공의회에 이르기까지 점차적으로 발전했는데, 기업조직의 복잡성이 점차 증가하면서 거기에 적응할 필요가 있었기 때문이다. 법규를 정교하게 다듬는 데 동원된 전문가적 식견은 그 자체가 그 일에 상당한 노고와 비용이 들었음을 보여주는 증거인데, 법률가들이 무보수로 신께 봉사하지는 않기 때문이다. 평신도에게서 안 좋은 평판을 들었던 교회법학자들은 세심한 사업적 수완에서 결코 여타 법률가보다, 좀 온건하게 표현하면, 더 순진하다고 볼 수 없었다.

특히 이탈리아 사람들이 이탈리아가 유럽의 금융수도라는 이름에 걸맞게 선두를 달렸는데, 이탈리아 교회법학자들은 법률적 정교함에서 천재적인 수완을 발휘했다. 반면에 영국에서는 영국인들이 특별히 덕스럽기 때문이거나, 한 외국인이 박정하게 말했듯이, "그들은

---

96) W.H. Bliss, *Cal. of Papal Letters*, vol. i, pp.267~268.
97) 공영전당포의 초기 역사에 관해선, Holzapfel, *Die Anfänge der Montes Pietatis*(1903) 그리고 저지대국가들에서의 발전에 관해선, A. Henne, *Histoire du Règne de Charles-quint en Belgique*, 1859, vol. v, pp.220~223 참조. 영국에서 그것들을 설치하기 위한 제안들에 대해서는, S.P.D. Eliz., vol. cx, no. 57(Tawney and Power, *Tudor Economic Documents*, vol. iii, sect. iii, no. 6에 수록되어 있다). 그리고 Thomas Wilson's *Discourse upon Usury*, 1925, pp.125~127에 실린 내가 쓴 서문 참조.

대부계약을 아무런 두려움 없이 체결하기"때문이거나,[98] 영국인은
보수적이고 더디게 일을 처리하기 때문에 ─ 이것이 가장 그럴듯하
다 ─ 영국 교회법학자 린드우드(Lyndwood)는 13세기 영국 대주교
의 말 한마디를 인용하는 선에서 만족하고 멈췄다.[99]

그러나 법률가들이 아무리 세련된 기교를 부린다 할지라도, 본
질적인 사실들은 단순했다. 교회는 사고파는 문제, 빌려주고 빌리
는 문제를 이웃 사랑의 단순한 문제로 취급했다. 비록 피콕 주교 같
은 합리주의자는 신은 부자 자체를 미워하지는 않는다고 주장하겠
지만,[100] 교회는 사람 혹은 적어도 평민들이 부를 취득하는 수완들에
대해 전통적으로 반감을 보여왔으며, 그것들 모두를 탐욕이라는 추
한 이름 아래 하나로 묶어내려 한다. 교회는 결사체를 조직하는 상인
들 혹은 빈자를 쥐어짜는 대부업자들을 사업전략가가 아닌 불의한

---

98) Camden Soc., *A Relation of the Island of England about the Year 1500*(이탈리
아 원문 옮김), 1847, p.23.

99) Lyndwood, *Provinciale*, sub. tit. *Usura*, and Gibson, *Codex Jur. Eccl. Angl.*, vol.
ii. p.1026.

100) Pecock, *The Repressor of over-much blaming of the Clergy*, pt. iii, chap.iv,
pp.296~297: "또한 여기서 그리스도는 이렇게 말했다. '신과 함께라면' 부
자도 천국에 들어가는 것이 가능하다. 즉 신이 베푸는 은혜로 ……부자인
채로 말이다. 그러나 이런 은혜가 없다면 부자가 천국에 들어가는 것은 매
우 어렵다. 당연히, 누구라도 부자가 되는 것을 신이 금하지 않는데, 왜냐
하면 그렇다면 부자는 누구나 결코 천국에 들어갈 수 없기 때문이다 ……
누구에게나 부자가 되는 것이 허락된다면, 그렇다면 명백히 누구나 부자가
되어도 정당하다. 단지 그가 빈곤의 서약을 하거나 여러 시도와 경험을 통
해 자신은 부를 추구하는 것이 적성에 맞지 않는다는 것을 알게 된다면 그
는 부에 대해 스스로 올바른 태도를 갖게 될 터인데, 이 경우에 그는 스스로
를 가난 속으로 밀어넣기 때문이다." 마지막의 곤혹스러운 단서 ─ 이는 그
렇다면 누가 감히 부자가 되고자 하겠는가라는 질문을 던져준다 ─ 는 이
단락의 나머지 내용에 담긴 상식적 합리주의와 대비되면서 더 두드러져 보
인다.

괴물(*nefandæ belluæ*)로서 간주한다.

"아무도 더 싸게 팔지 못하도록 부정한 공모를 하는" 식품 도소매업자와 "곡물, 육류, 와인을 사재기해서 ……다른 이들을 희생시켜 부를 축적하는" 투기꾼들은 "교회법에 따르면 일반형사범보다 나을 게 없다."[101] 그리하여 빵 가격이 오를 때, 혹은 한 대담한 사람이 런던의 과일상들을 "그들은 모두 순진하기 때문에 가난한 겁쟁이가 되었으니 자신의 충고를 따르면 부유하고 강력해질 것"이라고 설득하여[102] 그들로 하여금 결사체를 조직하게 해서 사람들에게 막대한 손실과 고통을 안겨줄 때, 도시민과 농민들은 공급과 수요의 법칙이 가격을 다시 떨어뜨리리라는 헛된 희망으로 스스로를 위로하지는 않는다.

그들은 모든 선한 기독교인의 지지에 힘을 얻어서 제분업자에게 칼(pillory)을 씌우고, 시장(市長)의 법정에서 과일상들과 시시비비를 따진다. 그리고 교구목사는 "나를 가난하게도 마옵시고 부하게도 마옵시고 오직 필요한 양식으로 내게 먹이시옵소서"라는 잠언 [30:8] 말씀을 본문으로 택해 제6계명["살인하지 말라"]에 관해 설교를 한다.

III. 이상과 현실

지금까지 간단히 요약한 것이 16세기가 물려받은 경제사상의 배경이었다. 그것은 그 시대를 경제발전의 분수령으로 만든 토지보유

---

101) Trithemius. J. Janssen, *History of the German People at the close of the Middle Ages*, vol. ii, 1896, p.102에서 인용.

102) *Cal. of Early Mayor's Court Rolls of the City of London*, ed., A.H. Thomas, pp.157~158.

권, 가격, 상업과 금융조직에서의 현란한 변화를 가져왔다. 어떤 점에서 이러한 철학이 전반적으로 시사해주는 바가 지극히 보수적이라는 것은 명백하다. 거기에서 진보의 문제는 제기되지 않았고, 급진적 사회재건의 문제는 더더욱 그러했다. 중세의 허다한 이단운동들 속에서 사회적 열망은 종종 교회지배층의 사치와 허식에 대한 비판과 결부되어 표출되었다.

지위가 낮은 성직자들에게 사상의 자유를 허용하는 것을 영생에서는 물론이고 현세적 행복과 관련해서도 질색해 했던 로마교회는 이러한 위험한 사고를 못마땅해 했을 뿐 아니라 근대사에서 가장 극단적인 야만성을 보였던 '백색테러'가 가장 가공할 봉기에 대해 취했던 것과 같은 무자비함으로 난폭하게 박멸하기도 했다.

이론적으로, 종교적 견해는 사회질서를 개선이 아니라 수용되어야 하는 불변의 것으로서 간주하는 정태적 입장을 완벽하게 지지했다. 드물게 예외가 있긴 하지만, 그 주창자들은 발은 노동을 위해, 손은 싸우기 위해 그리고 머리는 지배하기 위해 생겨났다는 전통적 교의를 반복했다.

그러므로 '자유도시들'의 발흥이 중세 유럽의 큰 자랑거리 가운데 하나였고 뒤이어 일어난 거의 모든 문명적 진보의 맹아였음에도, 당연히 그들은 자치체운동(communal movement) 같은[103] 소요들을 자연질서를 전복하려는 시도라며 맹렬히 비난했다. 그들이 경제행위의 문제를 거론할 때, 그들은 개혁의 고취를 열망한 것이 아니라 경제행위가 중요한 일부를 형성하는 개인적 도덕성의 전통적 기준을 유지하는 데 주된 관심이 있었다.

---

103) A. Luchaire, *Social France at the time of Philip Augustus*(E.B. Krehbiel 옮김), pp.391~392 참조. 여기에는 Jacques de Vitry가 행한 탁월한 비판이 인용되어 있다.

현실적으로, 교회는 특히 농업과 토지보유권과 관련하여 경제구조에 철저히 연루된 방대한 기득권세력이었다. 스스로가 가장 강력한 지주였던 교회가 봉건체제에 저항한다는 것은 오늘날 최대 광산주인 교무위원회(Ecclesiastical Commission)[1836~1948. 영국국교회재산의 관리, 운영을 맡음. 1948년 Queen Anne's Bounty와 합쳐짐]가 광산특허권을 폐지하기 위한 성전에 나서는 것만큼이나 불가능한 일이었다.

부(富)의 신성성에 의문을 제기하는 교의는, 복음적 가난에 대한 성 프란시스의 규율을 지키기 위해 요한 22세의 교서에 감히 항거했던 '영적 프란시스수도사들'에 대한 박해가 보여주듯이, 그리스도의 가르침에 너무 가까이 가 있어서 교회추기경들로서는 도저히 받아들일 수 없는 것이었다.

이탈리아와 플랑드르를 제외하면, 인구의 90퍼센트 이상이 농업종사자였던 중세 내내 경제체제의 기반은 농노제였다. 16세기에 경쟁적 농업이라는 생소한 병폐에 직면한 보수적 개혁가들은 흘러간 시대의 사회적 조화를 그리워하며 탄식했으니, 그 시절엔 "영주와 소작인 사이에 상호 친교의 유대가 맺어져 있어서 영주는 소작인을 자식처럼 보호했고, 소작인은 자식이 아버지를 대하듯 자연스럽게 영주를 사랑하고 공경했다."[104] 과거에 대한 이들의 이상화는 그들이 살았던 시대적 환경에 대한 한 의견으로는 참고할 만하지만, 이전 세기들의 상황에 대한 설명으로는 그 못지않게 우리를 오도한다.

현실에서는, 중세 농업종사자들의 대부분을 형성했던 노예소작인들의 편에서 보면, 농노번영의 황금기란, 아주 드문 경우를 제외하면

---

104) *Topographer and Genealogist*, vol. ii, 1846, p.35(저자는 Humberstone이란 이름의 한 측량사이다).

하나의 낭만적 신화에 불과했으니, 누구보다도 농노들 자신이 거기에 가장 질겁했을 것이다. 봉건적 소유관계의 핵심은 가장 적나라하고 몰염치하게 행해지던 착취였으며, 그것은 강제노역, 농민들 자신의 소작지에서 가장 절박하게 일손이 필요한 바로 그 순간에 행해지던 추가부역, 셀 수도 없이 종류가 많은 세금과 부과금, 영주의 방앗간에서 곡식을 찧고 영주의 오븐에서 빵을 구워야 하는 강제적 의무, 영주법정에서의 자의적 재판 등을 동반한 것이었다.

장원의 관습, 노동의 부족, 그리고 영국에서는 왕실법정의 영향력의 점진적 침식 등이 체제의 예봉을 무디게 했거니와, 15세기 영국에서는 부유한 자유농민계급(yeomanry)이 그 폐허 위에서 부상했다. 그럼에도 대부분의 중세시절에 체제로 인한 누적된 압박감이 엄청났고, 그 밑에서 살았던 사람 누구나 그 잔혹함을 아주 잘 알고 있었다.

돈을 약간 모은 농노가 가장 먼저 했던 일은 배상금을 지불하고 영지의 노역의무에서 벗어나는 것이었다. 영국의 '농민반란'[1381년]과 프랑스의 자크리 난[Jacquerie, 1358년 프랑스 북부의 농민폭동] 그리고 독일 농민의 거듭된 봉기는 차후의 어떤 운동에서도 볼 수 없는 격렬한 사회적 분노를 드러내 보였다.

(중세경제를 주제로 글을 쓰는 몇몇 저자는 꺼리는 질문이지만) 농노제에 대한 교회의 태도가 과연 무엇이었는지를 묻는 일은 자연스럽다. 종교적 견해는 소수의 드문 개인을 제외하면, 그것을 무시하는 것이었다고 말하는 것이 아마 가장 적절한 대답이 될 것이다. 물론 교회는 자의적인 지대를 비난했고 농노를 인간답게 대우하라고 촉구했다. 교회가 농노해방을 빈자에게 구호품을 주는 것과 같은 신앙적 행위로서 그렸던 것도 사실이다. 왜냐하면 농노는 '숨 쉬는 도구'가 아니라 인간이고, 신의 눈에 인간은 모두 농노, 곧 종이며, 천국

에서는 빈자 나사로가 부자보다 더 앞자리에 있기 때문이다[105)][누가복음 16장]. 물론 농노제는 경제적 범주가 아니라 법적 범주였으며, 14세기 영국에는 부유한 농노들도 있었다. 그러나 농노 개인을 해방하는 일이 제도에 대한 비난으로 이어진 것은 아니다. '정신 나간 신부들'이 무슨 말과 행동을 하든지, 농노가 부의 대부분을 형성하고 있던 제도교회는 신중하게 발걸음을 옮겼다.

교회법은 농노제를 인정하고 또 강행했던 것처럼 보인다.[106) 그것에 대해 대놓고 반대한 저명한 성직자는 없었다. 아퀴나스는 그것을 죄의 결과라고 설명하면서도, 경제적 근거에서 정당화했다.[107) 거의 모든 중세의 저자가 그것을 가정하거나 옹호한 듯하다. 아마 방법에서는 다소 더 보수적이었을지 모르나, 대체로 성직자 지주들은 여타 지주들에 비해 더 낫지도, 더 못하지도 않았던 것 같다. "시골사람은 최선의 것을 슬퍼하고 최악의 것을 기뻐한다"는 말이야말로 교회의 상층부와 불가불리로 얽혀 있던 봉건귀족에 못지않게, 우려할 만하게도 지대장부와 농업이윤에 관심이 있는 '빛의 자녀들'[여기서는 성직자 지주들]에게도 호소력을 지녔던 정서였다.

누가 자기편인지를 아마 알았을 아무개 존과 방앗간 일꾼 존 그리고 짐마차꾼 존에게 기회가 왔을 때, 이들은 성 올번스 수도원장의 재판기록을 불태우고 대주교 한 명의 목을 벴으며, 켐프텐 수도원장의 영지에서 폭동을 일으켰는데, 그 격렬함이 세속의 착취자들을 노

---

105) 가령 Chaucer, *The Persone's Tale*, §§ 64~66. 이 책에서 교구사제는 "노예가 처한 상황과 노예가 되는 첫 번째 원인은 죄 때문이다"라는 전통적 견해를 말한다. 그러나 그는 농노와 영주는 영적으로 동등하다고 주장한다. "당신이 자신의 종이라고 부르는 이들은 신의 백성이다. 왜냐하면 비천한 사람은 그리스도의 친구이기 때문이다."

106) Gratian, *Decretum*, pt. ii, causa x, Q. ii, c. iii, and causa xii, Q. ii, c. xxxix.

107) *Summa Theol.*, 1ᵃ 2ᵉ, Q. xciv, art. v, § 3.

략질할 때 그들이 보였던 것 못지않았다. "그리스도는 모든 인간을 자유롭게 만들었다"는 사실을 환기시킨 것은 교회가 아니라 독일과 영국의 반란 농민들이었다.[108]

그리고 적어도 독일에서는 교회 지주들이 그들에게 약간의 자비심을 보여주었다. 농노제가 소멸한 것은—어쨌든 프랑스에서는 농노제가 18세기 말까지 없어지지 않았고 독일에서도 19세기까지 지속되었다—광범위한 경제운동의 일환이었는데, 거기에 교회는 아무런 관련이 없었고 성직자들은 자산소유자로서 심지어 거기에 저항하기도 했다. 그것은 기독교보다는 프랑스혁명의 인도주의적 자유주의에 더 많은 것을 빚졌다.

진실을 말하면, 교회는 승리하면서 입을 닫았다. 3세기의 교회, 곧 이방의 문명에 맞서야 했던 소수 신앙인이었다면 저항도 하고 비판도 했을 것이다. 그러나 누룩 전체가 반죽덩어리와 섞이고, 교회가 '하나의' 사회가 아니라 사회 그 자체로 간주되었을 때, 교회는 자신이 빨아들인 대중에 의해서 불가피하게 희석되었다. 결과는 타협이었고, 그 타협에 대해서 비판자들은 "용납돼서는 안 될 것들이 얼마나 많이 용인되었던가!"라고 탄식한 반면 예찬자들은 "용납될 수 없는 것들이 얼마나 많이 유연해졌는가!"라며 환호했다.

비판자와 예찬자 모두 옳다. 왜냐하면 교회는 많은 것을 용납했지

---

108) 1525년에 독일농민강령의 한 조항은 이렇게 선언했다. "그리스도가 보혈을 흘림으로써 우리 모두를, 고귀하고 비천한 자를 모두 예외없이 속죄하고 구원하셨음을 생각할 때 ……사람이 사람을 자기 재산으로 간주하는 것은 딱한 일이다. 따라서 우리가 해방되는 것은 성경에 부합한다"(이 강령은 J.S. Schapiro, *Social Reform and the Reformation*, 1909, pp.137~142에 수록되었다). 케트가 이끈 반란군들은 "신이 보혈을 흘림으로 농노를 자유롭게 했으니, 그들 모두가 자유롭게 되기를"이라고 기도했다(Bland, Brown, and Tawney, *English Economic History*, *Select Documents*, pt. ii, sect. ii, no. 8에 수록).

만, 또한 많은 것을 요구했기 때문인데, 중세 토지체제의 수많은 폐해 앞에서 중세교회를 거의 무력하게 만들었던 성향은 개인의 경제적 거래들을 다룰 때는, 적어도 이론적으로는 그것을 강하게 만들었다[즉 중세교회는 하나님의 질서의 이름으로 구조적 악에 침묵했지만 동시에 같은 이유로 개인의 도덕성에 대해서는 엄격한 태도를 견지했다]. 중세 초기에 교회는 평화로운 노동을 보호하고, 가난한 자, 불우한 자 그리고 억압받는 자를 배려했으니, 폭력과 억압의 적나라한 권력에 대항해서 적어도 사회적 결속이라는 이상을 옹호했다.

경제문명의 복잡성이 증대되면서, 교회는 전통적 범주들로는 대처하기가 쉽지 않은 문제들에 직면했다. 그러나 들쑥날쑥하게 적용되긴 했지만, 그런 범주들은 포기되지 않았고, 오늘날 우리를 당황케 만드는 경제도덕의 세계는 이제 교회에 의해 비록 당혹스러운 것이긴 해도 새로운 기회로 전환되었다. 이론과 실천 간의 격차, 원칙을 우습게 만드는 조건들과 세속적 법률가 못지않게 교회법학자들의 작업도 불품없이 만든 결의론(casuistry) 사이의 간극을 얼마나 강조하든지 간에―그리고 그 강조는 결코 지나치지 않다―인간의 활동 중 가장 평범한 것과 인간의 욕망 중 가장 다루기 힘든 것을 보편체계의 포괄적 세계 안으로 끌어들이려는 노력은, 조금 희미해지긴 했지만 여전히 그 세계를 관류하며 광채를 발하고 있다.

사적 생활에서 허용될 수 있는 것과 상업활동에서 용납될 수 있는 것을 구분함으로써 탐욕에 대한 정죄를 무리 없이 피해갈 수 있는데도, 사랑의 법칙이 전자 못지않게 후자도 구속한다고 주장했던 것은 의미가 있다. 원칙들의 엄정성이 그 적용이 가장 쉬운 삶의 관계들에만 적용되도록 취급함으로써 회피될 수 있을 때, 상업적 부도덕에 대항할 만큼 충분히 강인하지만, 또한 어떤 정당한 거래도 용인할 정도로 충분히 탄력적인 체제를 구축하려고 시도했던 것은 무가치한 일이 아니다. 고위층에서 탐욕과 욕심이 만연한다고 탄식하는 것이 정당하다면, 사람들이 이런 악덕을 악덕이라고 부르며 탐욕은 기업가 정신이요, 욕심은 섭리라며 둘러대지 않았던 것을 포착하는 것도 그 못지않게 중요하다.

이러한 반명제들은 매력적이라서 몇몇 저자가 그것들을 깊이 숙고했다 하더라도 놀랄 일은 아니다. 자유경쟁에 환멸을 느끼고 시장의 평결보다 더 설득력 있는 사회적 편의의 어떤 기준을 요구하려는 경향이 있는 세대에게, 중세에 지배적인 태도, 곧 경제적 이기심에 대한 세심하고 냉소적인 의구심은 인간의 사회적 행위이론에 관한 한, 13세기보다 더욱더 '신앙의 시대'로 불릴 만한 '이성의 시대'의 자신만만한 낙천주의자들에게 더욱 쉽게 이해된다.

트러스트와 기업연합, 산업에 대한 경영의 통제와 이 둘 모두에 대한 금융의 통제, 공정임금과 공정가격을 찾아내려는 시도들, 배급제와 식량관리 그리고 섬유산업 통제 등을 특징으로 하는 20세기에, 경제적 조화사상은 아마 얼마간 타격을 입었을 것이다. 20세기가 경제조직의 문제에 접근하는 성향은 순진한 선조들이 보이지 않는 손의 무오류한 작동에 걸었던 신뢰보다는 대부업자와 매점자의 몰인정한 탐욕에 대한 중세 도시민들의 분노와 더욱 유사하다.

그러나 이러한 유사성은, 틀린 것은 아니지만 피상적이며 그것을 과장한다면 중세의 사상에서 가장 두드러진 특징에 대한 정당한 평가를 놓친다. 중세사상의 공헌이 지닌 의의는 (경제환경이 소비자와 채무자를 착취에 노출시킬 때마다 모든 시대에서 되풀이되는) 가격과 이자에 대한 특정이론에 있는 것이 아니다. 그것은 사회가 경제기구가 아니라 영적 유기체이며, 경제활동은 방대하고 복잡한 통합체 내부의 한 하위요소로서, 그것이 물적 수단을 제공하는 도덕적 목적에 비추어서 통제되고 제약되어야 한다는 주장에 있다.

경제적 욕구의 횡포는 너무도 잔혹하고, 경제적 기득권의 제국은 자기증식의 경향이 너무도 강하기 때문에, 이것들을 문명의 주인이 아닌 하인으로서 자기 분수를 지키도록 만드는 교의는 건전한 철학의 항구적인 요소, 곧 의미심장한 진리에 속한 것으로 간주돼도 무방할 것이다. 개인적 욕구와 한시적 편이보다 우월한 삶의 규율이라는 개념—중세이론가가 '자연법'이라고 불렀던—이 너무도 쉽게 양과 수의 문제로 치환되는 경제적 편의라는 기준으로 대체된 것이 과연 순전히 유익하기만 했는지는, 한 세기 전보다 오늘날에 더 확연한 것 같지도 않다.

결국, 사람들은, 규모는 작을지언정, 경제적 삶을 교화하는 문제를 포기하기보다 오히려 직시했다는 사실이 남는다. 실험은 비현실적이었을 터인데, 절제를 설교하고 탐욕에 대한 교훈을 외쳤던 교회 당국은 악명 높은 부패로 거의 시작부터 신뢰를 잃었다. 그러나 그런 실험 속에는 영웅적인 무엇이 들어 있었으니, 시도에 담긴 숭고함을 무시하는 일은 그것의 실제 결과를 이상화하는 것 못지않게 불합리하다. 경제적 이해를 종교에 복속하려 했던 시도의 호소력은 개혁가들이 동일한 시도를 끈질기게 행해왔다는 데서 가장 잘 드러난다. 그들이 보기에 교황은 적그리스도(anti-Christ)였으며, 16세기에 들어서 교회법의 붕괴가 확실시되면서, 교회법은 점잖은 이들의 혐오와 공포의 대상이었다.

제2장 대륙의 개혁가들

"그리스도의 교회도 기독교 국가도 사적 이익을 공공복리보다 앞세우거나 이웃에 피해를 입히면서 그것을 추구하는 일을 방치해서는 안 된다." – 부처, 『그리스도의 통치에 관하여』(*De Regno Christi*)

액튼 경(Lord Acton)은 『역사연구에 관한 취임강연』(*Inaugural Lecture on the Study of History*)에서 다음과 같은 기념비적인 말을 남겼다. "사회의 급격한 추락과 임박한 해체에 대한 믿음이 커가고 무덤 속에 있는 장인들의 관습과 유언이 통치하던 긴 세월을 보낸 후, 16세기는 전대미문의 경험에 맞설 만반의 채비와 엄청난 변화의 전망을 희망차게 지켜볼 태세를 갖추고 출발했다."[1]

여기서 그가 주목한 것은 학문과 과학의 발견이 열어준 새로운 세계였다. 그러나 그의 말은 같은 기간에 일어났던 종교와 세속적 이해 간의 관계에 관한 개념의 변화를 토구(討究)하는 데 적절한 논제를

---

1) *A Lecture on the Study of History*, p.9. 1895년 6월 2일 케임브리지에서 액튼 경이 행함.

제공한다. 이러한 변화의 불가피한 결과로, 사회적 편의에 대한 새로운 구상과 경제사상의 새로운 흐름이, 장기간의 도덕적, 지적 갈등을 겪은 후에 출현했다.

이런 움직임의 가닥들은 복잡했으며, 종교개혁을 경제적 개인주의의 발흥에 결부하는 설명의 틀은 완결되지 않은 채로 남아 있다. 체제들은 화석화(化石化) 과정을 거치며 자신의 붕괴를 예비한다. 전통적 사회철학은, 관습과 법에 따라 엄밀하게 규정되며 경제운동들의 성쇠에 거의 영향을 받지 않는 일련의 계급관계를 가정한다는 의미에서 정적(靜的)이다. 그것이 새로운 힘들 앞에서 얼마나 취약한지는 교회사법권의 전거(典據)에 대한 반란, 교회법과 교회규율에 대한 부분적 불신, 그리고 고대라는 병기창의 무기로 무장한 정치학의 발흥이 그것에 가한 압박만큼이나 명백하다.

그러나 그 시대를 사회이론의 새로운 흐름들이 발원한 분수령으로 만드는 주된 이유가 [종교개혁이 아닌] 다른 데 있다고 말한다 해서 종교개혁의 영향을 과소평가하는 것은 아니다. 인류는 어떤 실제적인 위기상황이 가하는 첨예한 압박으로 어찌할 수 없는 상황에 이르러서야 비로소 경제사회적 조직의 문제를 성찰한다. 16세기가 사회적 성찰의 시기였던 이유는 그 시기가 19세기 초와 마찬가지로 사회적 격변의 시대였기 때문이다.

보수적 종교교사들이 그들의 눈에 맘몬의 승리로 비친 정신에 대해 항변했을 때 옛 사회질서가 형성한 평균적 양심에 대한 호소를 형상화한 최후의 위대한 문학적 표현이 만들어지게 된다. 중세 사회이론의 실천적 함의들은 그것이 절정에 달했던 때보다 오히려 16세기에 더 명료하게 진술되었는데, 그 과정에서 위협받은 신조가 부각되었기 때문이다.

I. 경제혁명

16세기의 종교혁명은 유럽이 로마 멸망 이후 맞은 최대의 경제위기로 몸살을 앓던 때 불어닥쳤다. 미술과 과학적 호기심과 전문기술, 학식과 정치적 경륜, 과거를 탐구하는 학문과 미래를 꿰뚫는 예언적 비전, 이 모두가 새로운 문명의 화려한 전당에 각자의 보물을 쏟아부었다. 그 설계자인 미와 지혜의 귀재들 배후에선 뿌옇지만 없어서는 안 되는 형상이 움직이고 있었다.

그것은 단테가 『신곡』의 「지옥」 제4계에서 만났을 때 횡설수설하던, 그리고 그로부터 3세기 후에 가이언 경[Sir Guyon, 스펜서의 미완성 서사시 『요정여왕』에 나오는 절제의 기사]이 지옥의 입구에 이웃한 동굴에서 부딪치게 될, 연기에 그을리고 불길에 시든 악마[재물의 신인 플루토스]였다. 그의 거친 노동이 미켈란젤로(Michael Angelo)가 장차 들어올릴 돌들을 캐냈고, 라파엘(Raphael)이 장식하게 될 벽들의 기초를 로마의 점토 깊숙이 다져 넣었다.

왜냐하면 새 시대의 여명을 알린 것은 인간이 자신의 환경을 장악하면서였고, 그런 장악은 경제적 에너지가 팽창하는 기운 속에서 증명되고 성취되었기 때문이다. 봉건사회에서의 통치권이 그랬듯이, 중세의 경제적 노력도 소수 혜택받은 지역을 제외하면 단편적이고 분산돼 있었다. 이제 흩어져 있던 그런 침입자들은 조직되고 규율돼야 했으며, 부정기적이고 산발적으로 진행되던 소규모 전투들은 발트해에서 갠지스 강으로 이어지고 몰루카 제도에서 페루까지 펼쳐진 전선에서의 거대한 투쟁으로 합쳐져야 했다. 해마다 새로운 승전 소식이 들려왔다. 군대를 통솔해서 공격을 감행했던 지휘자는 경제력(economic power)이었다.

오랫동안 이탈리아 안에서 머물던 경제력은 대발견의 시대가 절정을 이루고 그 수위가 가슴까지 차오르기 이전의 한 세기 동안 수많은 시내와 만(灣)을 통해 서유럽으로 스며들었다. 15세기 정치에 대한 전통적 평가가 어떠하든지, 그것이 무익한 세기였다고 평가한다면 이는 그 시대가 지닌 경제적 의의를 제대로 보지 못한 것이다. 미래를 재배하도록 운명 지워진 힘들이 비상을 시도했던 때는 정치적 혼돈의 시절이었다. 크롬프톤과 와트의 시대가 무명의 선임자들의 외로운 실험들이 있었기 때문에 가능했던 것처럼, 콜럼버스와 바스코 다가마의 시대는 이탈리아 지도제작자와 포르투갈 선원들의 끈질긴 노고가 예비해준 것이었다.

그 시대의 영웅들이 풀어야 할 문제는 물질적 필요가 주도한 것이었다. 중세 초의 유럽은 20세기의 세계가 그런 것처럼 폐쇄된 세계였다. 그러나 그것이 폐쇄적이었던 이유는 지식이 발달했기 때문이 아니라 무지가 지속되었기 때문이다. 후자가 전 지구를 단일의 경제체제 속으로 끌어들인 후 더 이상 팽창할 수 있는 여지가 없었던 데 반해, 오래전부터 지중해가 중심축이었던 전자에서 팽창은 시작도 하기 전이었다. 레반트[the Levant, 동부 지중해 및 그 섬과 연안제국]의 협소한 항구들을 경유하여 동양의 부를 받아들이던 당시 유럽은, 상업적 전략이 엄정한 제약을 받는 가운데 벽의 틈새로 음식을 받아먹는 거인을 닮아 있었다.

세부적 상황도 대체적 모습과 다르지 않았다. 외부세계에 대해 비탄력적이었던 유럽은 내적 관계들에서도 결코 유연하지 않았다. 그 기초단위는 촌락이었는데, 관습으로 똘똘 뭉친 농지보유자들의 공동체였던 촌락은 자신의 전통적 일상을 '변화'라는 이름의 악덕으로 위협하는 무질서한 욕구들을 의기투합하여 맹렬히 억눌렀다.

촌락 너머에는 더 크고 더 많은 특권을 누리던 자치시들이 있었는데, 자치시와 길드의 형제들도 고지대와 골짜기에서 온 외부의 악마들을 냉정하게 물리쳤다. 이 둘 위로 서서히 잠을 깨던 국민국가들이 있었다. 민족성이 정치적 사실이 되기 이전에 민족주의는 경제적 세력이었거니와, 민족주의는 경쟁자를 피렌체 사람 혹은 교황의 신하라며 공격할 수 있는 정당한 근거였다.

자신의 집하창고(集荷倉庫)를 지닌 특권화된 식민지, 한자동맹의 런던 적치장(積置場), 베네치아에 있던 남부독일의 상인회관, 영국 모험상인조합의 상관(商館) 등은 경제적 배타성이란 벽에 생긴 사소한 틈새일 뿐이었다. 근대의 터키와 중국에서처럼, 무역은 치외법권 협정이 체결된 지역에서만 이루어졌다.

이런 협소한 틀은 가정처럼 편안했다. 그러나 15세기가 되자 그것은 감옥처럼 느껴졌다. 팽창하려는 기운이 벽들을 압박했고, 표면에 좁은 틈이라도 생겨서 침식 여지가 보일 때마다 요동하는 욕구가 그 틈을 갉아대고 가만두지 않았다. 터키인들이 남쪽으로 진군해서 동방으로부터의 마지막 거대 운송로를 뚫기 오래전에 이미 베네치아의 독점은 더 지속될 수 없었다. 멕시코의 약탈품과 포토시[볼리비아 남부도시]의 은이 유럽을 귀금속으로 뒤덮기 오래전에 이미 독일과 오스트리아 티롤 지방의 금광에선 여전히 미약하긴 했지만, 금괴들을 점점 더 많이 생산했는데, 이는 금에 대한 욕구를 달래주기보다 오히려 더 자극했다.[2]

영국에서 처음으로 공유지를 잠식하고 장원제의 기반을 허문 것은 대토지 영주들이 아니라 열성적이고 번창하던 농부들이었다. 이들은 장원제를 제방으로 삼아 자신들의 저축을 조금씩 불려나갔다. 공제조합에 대한 통제를 금권적 착취체제의 발판으로 만들기 시작했던, 혹은 조숙한 개인주의자로서 자치시와 직능단체의 유대를 뒤

---

2) W. Sombart(*Der moderne Kapitalismus*, 1916, vol. i, pp.524~526)는 사실과 수치들을 제시한다. 또한 J. Strieder, *Studien zur Geschichte kapitalistischer Organisationsformen*, 1914, kap.i, ii 참조.

로 하고 먼 농촌에서 마음껏 지위를 누리고자 했던 이들은 대자본가들이 아니라 기업가정신에 불타던 길드조합원들이었다.

심지어는 경제력의 균형을 남과 동에서 북과 서로 처음으로 확실히 기울게 만든 것도 지리상의 발견이 아니었다. 독일과 영국의 무역에 관한 기록들을 보면, 북유럽 국가들은 지리상의 발견 한 세기 전부터 부와 문명을 키워오고 있었다.[3] 그 뒤 한 세기 동안 영국의 경제발전은 마치 디아스(Bartholomeu Diaz)가 희망봉을 돌아 항해한 적이 없고 콜럼버스가 중국의 취안저우와 필리핀의 긴세이 해변으로 인도했던 데 대해 하늘에 감사하지 않았다는 듯이, 대륙국가들과의 긴밀한 연계 속에서 진행될 터였다[영국은 인도나 중국보다 유럽대륙에 더 밀착해서 경제발전을 했다].

처음에는 이탈리아 독점업체들을 견제하기 위해 시도되었고, 다음에는 터키가 동부교역의 목줄을 조임에 따라 터키의 측면을 우회하려는 열망이 커지면서 가속화된 지리상의 발견은 운 좋게 일어난 일도 아니었고 중립적인 과학적 호기심의 결과도 아니었다. 그것은 거의 한 세기 동안 진행된 끈질긴 경제적 노력이 마침내 이룩한 성과였다. 그 동기는 증기기관이 그런 것처럼 실제적이었다.

오랫동안 준비한 것에 걸맞게 그 결과는 경이적이었다. 16세기의 새로운 세계는 3세기 후에 있을 것[즉 산업혁명] 못지않은 심대한 경제혁명이 예고한 것으로, 그것을 탄생시킨 경제적 역동성을 분출하면서 그 주된 특성이 드러났다. 그 세계가 목도한 것은, 19세기에서와 마찬가지로, 부의 급격한 증가와 무역의 놀라운 확장, 금융 권력의 유례없는 집중, 맹렬한 사회적 격변의 와중에 있었던 새 계급의

---

3) E.R. Daenell, *Die Blütezeit der Deutschen Hanse*, 1905; Schanz, *Englische Handelspolitik gegen die Ende des Mittelalters*, vol. i; N.S.B. Gras, *The Early English Customs System*, 1918, pp.452~514.

부상과 옛 계급의 쇠락, 그 못지않게 치열했던 분쟁들의 소용돌이 속에서 나타난 새로운 문화와 사상체계의 승리였다.

그 시대는 정치적으로뿐 아니라 경제적 흥분의 시대였거니와, 이점은 정부의 공식문서들과 기업가들의 서신대장에 기록되어 있다.[4] 베네치아와 더불어 남부독일의 도시들이 쇠락했는데, 베네치아가 수입한 상품을 유통시켰던 이 도시들은 이제 새 무역로로부터 멀리 고립되든가, 그들 중 일부가 실제로 그랬듯이, 저지대국가들을 경유하여 바다로 활로를 개척해야 했다.

포르투갈과 스페인의 새로운 경제제국주의가 등장했으며, 광산과 섬유 부문에서 자본주의적 기업들이 쏟아져나왔다. 국내를 벗어나 국제적으로 활동하며 독점적 특권뿐 아니라 모든 취약한 경쟁업체를 몰아내기 위한 대규모 자본력을 갖춘 영리회사들이 부상했으며, 모든 관습적 관계를 파괴한 가격혁명이 있었다. 농민전쟁의 악몽 속에서 중세 농촌사회가 무너졌으며, 중세의 조합식 산업조직은 새로운 금융 권력에 종속됐다. 대부분 유럽지역에서 국가는 승리했으며 교회는 정복당했다.

이 모든 일이 두 세대도 채 안 되는 기간에 동시다발적으로 일어났다. 바젤공의회가 열리던 해[1431~47년]에 태어난 사람 가운데 아주 오래 산 사람은, 영국 수도원들이 해체되는 것[1540년]도 목격했다. 전자의 시점에서 포르투갈 탐험가들은 미처 시에라리온을 통과하지 못했지만, 후자의 시점에 이르면 포르투갈이 인도제국의 맹주가 된 지 거의 한 세대가 지나 있었다. 그 둘 사이, 사반세기가 세 차례 지나는 동안 유럽문명의 전 골조가 바뀌었다.

---

4) 예컨대, *The Fugger News-Letters, 1568~1605*, ed., V.von Klarwill, 옮김 P.de Chary, 1924.

이탈리아나 독일이나 저지대국가들 안에서 다투어 흐르던 조류들과 비교하면, 영국에서의 삶은 경제적으로 고인 물이었다. 그러나 영국의 정체되고 얕은 여울물마저도 대륙의 소용돌이치는 격랑으로 교란되었다. 헨리 7세가 왕위에 올랐을 때, 영국의 경제조직은 위클리프 시대와 별반 다르지 않았다. 헨리 8세가 죄로 얼룩진 긴 일생을 마감했을 때, 증기력과 기계의 시대가 열릴 때까지 그의 시대를 돋보이게 했던 몇몇 주된 특징은, 희미하게나마 이미 감지되고 있었다. 여전히 잠겨 있던 문 하나가 식민지 팽창이었는데, 40년 후에는 식민지 확대정책의 첫 번째 실험이 시작되었다.

당대인들을 황홀하게 만들었던 것은 처음엔 포르투갈 그리고 다음엔 스페인이 명백한 풍요의 시대로 신속하게 진입한 일이었다. 기생적 부에 대한 응보가 무엇인지는 아직 드러나지 않았다. 스페인제국의 진정한 보고(寶庫)는 아메리카가 아니라 침수된 나라 네덜란드의 습기 찬 진흙땅이라는 것을 간파한 것은 그 상인공화국에 와 있던 한 대사의 냉소적 합리주의였으니, 그의 노회한 지혜에 비하면 서방의 신흥 부자들은 그저 오지랖 넓은 아이들이었다.[5] 당대의 가장 자유롭고 진보적인 국가의 등에 달라붙은 시체에 불과했던 스페인이 포토시에서보다 훨씬 더 많은 부를 끌어왔던 그 보고[즉 네덜란드]를 침탈함으로써 최종적인 파멸에 이르렀을 때, 이런 비판이 정당하다는 것이 밝혀졌다.

그러나 유럽기업의 본고장[즉 스페인]을 반신불수로 만들었던 그 긴 고난은 아직 시작되지도 않았으니 후세의 스페인 사람들이 카를로스 5세의 막바지 시기를 경제적 번영의 황금기로 과장되게 회고한

---

5) E. Albèri, *Le Relazione degli Ambasciatori Veneti al Senato*, serie I, vol. iii, 1853, p.357(*Relazione di Filippo II Re di Spagna da Michele Soriano nel 1559*). "여러 해에 걸쳐 황제의 계획을 지켜준 것은 스페인 왕의 보화, 광산, 인도였다."

것은 이해할 만한 일이었다. 그러나 하나의 전체로서 유럽은 비록 정치적, 종교적 분란으로 만신창이가 됐을지언정, 중세 말에 자신을 괴롭혔던 경제문제들 가운데 가장 절박한 것들을 해결한 것처럼 보였다. 유럽은 1,000년 동안 습지, 삼림, 황무지와 쉼 없이 싸움을 벌이면서 내부의 불모지들을 식민지로 만들었다.

그 엄청난 작업이 거의 마무리되자, 이제 세계를 식민지화하는 과업에 눈을 돌렸다. 더 이상 수세에 머물 필요가 없게 된 유럽은 경제적 팽창의 단계에 돌입했는데, 이 단계는 향후 400년 동안 커가다가 20세기에 들어와서야 비로소 막을 내릴 것이다. 1년에 한 차례는 아메리카의 금괴가 밀려들었고, 또 한 차례는 동양으로부터 막대한 수익이 들어와 부를 늘려주었다. 단순한 실험의 시대가 끝나고, 새로운 연고들이 견고히 자리 잡으면서, 유럽은 과거 어느 때보다도 더 광대한 토대 위에 구축된 경제적 안정을 목전에 둔 것처럼 보였다.

포르투갈과 스페인은 동서양 보물창고의 열쇠를 쥐고 있었다. 포르투갈은 끈질긴 노력으로, 스페인은 행운이 따라주어서 각각 제국을 이뤘지만, 그 제국들로부터 물질적 수확을 거둬들인 것은 보잘것없는 인구에다 기껏 1만 6,000킬로미터의 요새와 공장들의 제국을 지닌 포르투갈도, 몇 세기 동안 전쟁을 치르고 이제는 광대하고 분산된 제국의 책임 아래 비틀거리며 종교적 광신에 매몰되어 경제문제들에 대해선 거의 천부적인 무능력을 보이는 스페인도 아니었다.

모아둔 전리품은 어디론가 사라지고, 쌓아올린 부는 줄줄 새나갔으니, 그 두 나라는 더 기민한 정신과 평화의 기예에 더욱 정통한 기질을 지닌 사람들의 정치적 대리인에 불과했다. 모든 시대와 사회는 특정의 중심축이나 제도 혹은 사회계급을 통해 저마다 비범한 정신을 확립하고 구현한다. 르네상스 초기 유럽에서 운동의 중심은 이탈리아였다. 종교개혁이 일어난 유럽에선 저지대국가들이었다.

새 문명의 경제수도는 앤트워프였고, 그것의 격정적 경제에너지를 가장 잘 표상한 제도는 국제금융시장과 물산거래소였으며, 그 상징적 인물 곧 제후의 재무관은 국제금융가였다. 네덜란드의 정신이 박해, 혁명, 전쟁으로 독살당하기 전에 그것을 가장 순수하게 체현한 인물은 에라스무스(Desiderius Erasmus)였다. 그는 삼베옷을 걸치지 않은 선지자, 격정과 분노에 사로잡히지 않은 개혁가였거니와, 그의 수정 같은 정신에 새겨진 보편적 국제주의의 눈으로 보면, 국가들의 경계선이란 왕들의 유치한 원한을 달래려고 이리저리 그어놓은 무늬였다.

유럽의 모든 다른 나라가 불법화했던 국제적 사상의 피난처가 될 운명을 지닌 그 세계주의적 국가에서도 '모든 민족이 공유하는 고향' 앤트워프는 가장 국제적인 도시였다. 일찍이 플랜틴(Christophe Plantin)의 인쇄물을 통해 학문의 중심지로 이름을 떨쳤고 회화가 거의 국가적 산업인 나라에서 회화의 본고장이었던 그 도시는 크라나흐(Lucas 'the Elder' Cranach), 뒤러(Albrecht Dürer) 그리고 홀바인(Hans Holbein der Ältere) 같은 회화의 거장들이 신앙의 순례길에 올랐던 성지였으며, 주변 국가들의 박해받는 난민들에게 아직은 이단박멸의 조직적 캠페인에서 벗어나 있는 피난처를 제공했던 망명지였다.

사상가와 개혁가는 그 도시가 제공한 눈부신 물질적 번영과 지적 생활의 활기 속에서 정신적 고향을 발견했거니와, 새 시대의 기운들이 행복과 꿈의 세상으로 도약하기 위해 그곳으로 집결했다. 당대 유럽을 잘 알던 모어(Thomas More)가 [그가 쓴 『유토피아』의] 그나마 가장 그럴싸한 무대로 앤트워프에 있던 자신의 숙소 정원을 선택했던 것도 이런 모습 때문이었다.

앤트워프의 경제적 우월성은 그 배후의 산업지역에 많은 빚을 지고 있었다. 발랑시엔느와 투르네의 양모와 소모사(梳毛絲), 브뤼셀과 우데나르드의 융단, 나무르의 철, 그리고 리에주를 둘러싼 블랙컨트리[Black Country, 잉글랜드 중서부의 버밍엄을 중심으로 한 중공업지대]의 군수품들이 앤트워프의 부두로 쉼 없이 흘러들었다.[6]

그러나 앤트워프는 플랑드르의 수도라기보다는 유럽의 수도였다. 앤트워프는 저지대국가들에서 합류하는 지중해와 발트해 무역의 양대 흐름을 끌어들이기 위해 브루제[벨기에 서북부의 도시. 운하로 그 해항(海港) 지브루게와 연결됨]와 오랫동안 경쟁하던 항구도시였지만, 15세기의 마지막 사반세기에 이르면 라이벌인 브루제를 완전히 제압하기에 이른다. 한자동맹은 앤트워프에 대규모 물류창고를 두었고, 이탈리아 금융회사들은 점점 더 많은 숫자가 그곳에서 거래를 개시했다. 영국의 모험상인조합은 앤트워프를 화물집산지로 삼아 그곳의 오랜 수입품인 영국의 직물을 북부유럽에 유통시켰고, 1490년대에 이르면 구리시장이 베네치아에서 앤트워프로 옮겨왔다.

지리상의 발견이 찾아왔을 때, 내해 아닌 대양의 부를 개척한 첫 번째 도시인 앤트워프는 유럽 역사에서 거의 유례없는 독보적인 지위에 올라섰다. 동서를 달리는 긴 해로들이 그곳의 항구들에서 만났고 그곳에서 멈춰 섰다. 포르투갈 정부는 1503년에 그곳을 동방향료 무역의 집결지로 만들었다. 카를로스 5세가 왕위에 오르면서부터 그곳은 스페인제국의 상업중심지가 되었는데, 귀금속이 스페인으로부

---

6) 앤트워프 무역에 대한 당대 최고의 묘사는 L. Guicciardini, *Descrittione di tutti i Paesi Bassi*(1567)에 실려 있는데, 그 일부가 Tawney and Power, *Tudor Economic Documents*, vol. iii, pp.149~173에 재수록됐다. 앤트워프에 관한 현대의 탁월한 해설은 Pirenne, *Histoire de Belgique*, vol. ii, pp.399~403 그리고 vol. iii, pp.259~272, Ehrenberg, *Das Zeitalter der Fugger*, vol. ii, pp.3~68. 그리고 J.A. Goris, *Étude sur les Colonies Marchandes Méridionales à Anvers de 1488 à 1567*(1925)에서 볼 수 있다.

터 유출된다는 항의 속에서도, 아메리카 은이 거래되는 시장이 되었다. 상업이 싸고 손쉬운 신용을 요구하자 잇달아 금융이 들어섰다. 남부독일의 상사와 은행들은 알프스 횡단 무역이 쇠퇴하면서 앤트워프를 근거지로 하여 전례 없이 크고 복잡해진 금융 업무를 처리했다.[7]

이러한 경제적 토양에서 새로운 사회철학들이 새 종교적 신조들처럼 움텄다. 피렌느(Pirenne) 교수는 조합적, 지역적 특권을 보존하는 데 열중하던 중세 중간계급의 세계관을 16세기의 새로운 금권주의적 세계관과 대비한 바 있거니와, 후자는 단순한 지역적 이해관계에서 벗어나 국제적으로 뻗어나가며 길드와 자치시에 대한 인위적 보호를 폐기하고 스스로 운명을 개척하고자 했던 자본권력을 성공적으로 옹호했다.[8] 앤트워프의 외국상인들이 외환거래의 자유를 간섭하려는 시도에 항의하여 펠리페 2세에게 보낸 편지에는 이렇게 쓰여 있었다. "이 도시의 번영이 그곳에서 무역하는 사람들에게 부여된 자유 덕분임을 누구도 부인할 수 없습니다."[9]

앤트워프의 진취적 부르주아지는 급속히 팽창하던 기업의 성공가도를 타며 한 세기 전만 해도 도저히 상상할 수 없었을 부를 거머쥐었다. 그들은 모든 선례에 맞서서, 다른 도시에서라면 저항에 직면했을 실용적 개인주의 정책을 추구했고, 그들에 비해 보수적인 이웃 국가들은 맞서 싸웠던 부르고뉴왕조의 전면적 침략에 대해 타협적인 태도를 취했다. 관세를 낮추고 민간통행세를 없앴으며, 다른 곳에서는 저항을 받은 기술진보를 장려했고, 소란스러웠던 길드의 독립을 무마했다. 그리고 "민족과 언어에 관계없이 모든 상인의 이용을 위

---

7) 모이팅 가, 호흐슈테터 가, 푸거 가, 벨제르 가는 가각 1479, 1486, 1508, 1509년에 앤트워프에 지점을 개설했다(Pirenne, 앞의 책, vol. iii, p. 261).

8) Pirenne, 앞의 책, vol. iii, pp. 273~276.

9) Ehrenberg, 앞의 책, vol. ii, pp. 7~8.

해서"라는 의미심장한 헌사와 함께 새 거래소를 외국인과 시민 모두에게 개방했다.

앤트워프가 상업적 유럽의 영혼을 보여주는 소우주라면, 거래소야말로 앤트워프의 심장이었다. 산업자본주의가 19세기의 특징이었듯이 금융자본주의는 르네상스의 시대적 특징이었거니와, 그 부분적인 원인은 영리기업의 규모가 팽창했다는 단순한 데에 있었다. 자본의 안정적인 흐름이 세계시장에서의 물류를 재정적으로 뒷받침하기 위해 필요했는데, 거기서 취급된 생산품으로는, 무일푼이던 포르투갈 정부가 배가 항구에 닿기도 전에 독일의 기업조합에 대량으로 팔아넘긴 후추를 비롯한 동양의 향신작물과 구리, 알루미늄, 보석 그리고 영국 모험상인들이 배로 실어나르던 옷감 등이 있었다.

금의 가격이 떨어지고 물가가 오르면서 투자처를 찾는 이윤이 늘어났고, 국제금융체제가 발달하면서 전략적 요충지에서 엄청난 자원이 동원되었다. 앤트워프가 유럽 금융시장의 수도였기 때문에 그곳에서 발행된 어음은 가장 일반적으로 유통되는 국제통화가 되었다.

앤트워프, 리용, 프랑크푸르트, 베네치아 그리고 그 밑으로 루앙, 파리, 스트라스부르, 세비야, 런던은 대륙의 거대 금융거래소들을 통해 서로 연결되었다. 헝가리와 티롤 지방의 광산에서 쏟아져 들어오는 유동자금, 동양에서의 무역투기, 스페인 농민들에게서 짜낸 세금, 금융업자들의 투기 그리고 일반 사람들의 저축 등을 기반으로, 세기 중엽에 이르면 규모가 상당한 금융전문가 계급과 오늘날과 본질적으로 다름없는 금융기법들이 발전했다. 위의 도시들이 모두 국제어음교환소의 지소 역할을 하면서 어음은 손쉽게 할인됐고, 모든 주요 도시에서 발행한 수표와 거의 모든 국적의 상인어음이 주인을 바꿨다.[10]

---

10) 16세기 국제금융관계에 관한 짤막한 설명은 Thomas Wilson's *Discourse*

상업의 순조로운 성장에 힘입어서 당대 금융자본주의도 제후들의 궁정에서 더 위험할지언정, 그에 못지않게 찬란한 성과를 보였다. 인류는 어떤 무엇보다도 자신의 번영을 더 시기하는 것 같다. 자신의 수고를 덜어줄 부가 늘어나자 두려움을 느낀 인류는 황급히 배전의 노력을 기울여서 가난이라는 불만의 싹을 없앴던 그 위험한 요소[즉 부의 성취]를 아예 제거해버린다.

만일 16세기 전반기에 유럽이 획득한 새 자원이 평화의 기예를 위해 활용됐다면, 그것은 전염병과 기근의 망령을 추방하고 물질문명의 바탕을 이전엔 꿈도 못 꿨던 새로운 단계로 끌어올리는 데 기여했을 것이다. 그러나 세속이건 교회건, 지도자들의 생각은 달랐다. 자연의 불가항력적 재앙이던 전염병과 기근이 극복되자, 이번에는 정치적 술수를 통해 그런 재앙을 다시 불러들였다.

매번 새롭게 넘쳐나는 부를 소모하기 위해 그들이 열어젖힌 수문은 전쟁이었다. 당시의 가장 예리한 저술가는 이렇게 기록했다. "지혜로운 사람의 눈에는 모든 날짐승 가운데 오로지 독수리만이 왕족의 유형에 걸맞아 보인다. 그것은 아름답지도, 음악적이지도 않고 먹기에도 적절치 않지만, 육식성에다 탐욕스럽고 누구에게나 혐오스러우며, 모두에게 재앙이고 화를 부르는 엄청난 힘이 있어서 해를 끼치려는 욕구가 다른 모든 새를 능가한다."[11]

에라스무스가 1517년에 했던 이 말은 아주 정확한 경고였다. 16세기와 17세기 각각의 대략 4분의 3 기간에 유럽은 갈기갈기 찢겼다. 분쟁의 와중에서 르네상스와 종교개혁이 일으킨 정신적 불길은 하나같이 셰익스피어(William Shakespeare)의 가장 절망적인 비극들에

---

upon Usury, 1925, pp.60~86에 실린 나의 서론을 참조.
11) Erasmus, *Adagia*. 또한 *The Complaint of Peace* 참조.

서, 테르시테스[Thersites, 『일리어드』에 나오는 추악한 불구이자, 입이
험하고 호전적인 것으로 유명한 그리스인. 트로이 전쟁 때 아가멤논을 욕
심꾸러기라 비난하고, 아킬레스를 비겁자라고 욕했지만 결국 아킬레스에
게 살해됨]가 혐오스럽게 비웃는 가운데, 허영과 심술과 공허함에 갇
혀 거들먹거리며 위선을 떠는 장군들처럼 사악하고 해악적인 폭한
들의 발아래 모두 짓밟혔다.

16세기 중엽에 이르면 영국정부는 한바탕 부패와 약탈의 향연을
치르고는 재정붕괴 상태에 빠졌고, 말엽에 오면 스페인, 앤트워프를
포함한 남부네덜란드 그리고 남유럽의 금융수도인 리용을 합친 프
랑스 상당 부분이 파멸되었다. 17세기 중엽에는 독일의 광활한 농토
가 폐허로 되었고, 같은 세기가 끝날 무렵 프랑스의 재정은 콜베르
(Jean Baptiste Colbert)의 기지로 잠시 모면했던 위기 상황보다 더 깊
은 혼돈 속으로 빠져들었다. 승자들은 자신의 처지를 패자의 그것과
비교하고 자화자찬하며 전리품을 챙겼다. 승자도 패자도 없이 오로
지 평화만 있었다면 과연 어떠했을까 하는 질문을 던진 이는 아무도
없었다.

전반적으로 보면 정부들의 파산보다는 그들의 공채발행 수완이
인류에게 더 해를 끼쳤을 수도 있다. 전대미문의 규모로 동원된 경제
력에 힘입어 당시의 격렬한 민족주의는 화약이나 대포보다 더 치명
적인 무기로 무장했다. 르네상스 시절에 부상하던 중앙집중적 국가
들은 도처에서 극심한 재정문제에 직면했다. 그것은 근대적 행정과
군사체계가 중세적 재정방식과 결합된 데서 비롯됐다.

종전에는 어찌어찌 처리된 일들, 곧 토지보유에 부수돼서 혹은 자
치시와 길드에서 수행했던 일들이 관료에게 맡겨졌고, 관리에겐 급
료가 지불돼야 했다. 이들 국가들은 항시적 전쟁상태에 있었거니와,
라블레(François Rabelais)가 신의 영감에 따른 인쇄술의 발명과 대비

해 악마의 영감이 만들었다고 말했던 직업적 보병과 포병대군이 동원되는 새로운 전쟁기법으로, 1870년 이후처럼 전쟁은 고도로 자본화된 산업이 되어갔다.

새 정부가 들어설 때마다 거의 예외 없이 이웃 국가들이 겪는 참상에 아랑곳하지 않고 일련의 익숙한 편법을 좇았으니, 매번 참상 정도는 더 커져갔다. 정부들은 보물을 쌓아갔지만, 검약했던 헨리 7세 혹은 프리드리히 3세 같은 왕이 축적하면 헨리 8세나 맥시밀리언 같은 왕이 나타나서 탕진했다. 그들은 화폐가치를 떨어뜨렸고 무역을 파탄에 이르게 했다. 관직을 팔고 독점체를 만들었으며 과중한 간접세로 납세자들을 짓밟았다. 정부들은 교회도 약탈했는데, 자본으로 활용되었어야 할 자산을 소득으로 간주하여 흥청망청 써버렸다. 그들은 왕실 소유지를 팔아넘겼고, 뒤에 오는 정부는 골칫거리를 떠안아야 했다.

그러나 이러한 매력적인 도구들은 명백한 한계를 지니고 있었다. 그것들의 효력이 다 소진됐을 때 이제 남은 것은 금융시장이었고, 머지않아 모든 국가가 금융시장의 큰손들에게 도움을 요청했다. 금융가에 대한 정부의 의존은 보통 사람의 경우와 다를 바 없었는데, 그 결과 또한 그에 못지않게 참담했다. 자연히 금융권은 유럽의 대국 행세를 했다. 논자들은 새로운 메시아는 군주라고 쓰고, 개혁가들은 군주가 곧 교황이라고 말할지 모른다.

그러나 군주와 교황의 배후에는 공히 유럽의 모든 수도에 지점을 가지고 있는 독일의 작은 은행가가 최종적으로 버티고 있었거니와, 이들은 헨리 8세, 에드워드 6세, 엘리자베스 여왕과 [보통 사람들인] 프란시스, 찰스, 필립에게 차별을 두지 않고 대출했다. 또 그는 전쟁에서 용병의 역할을 금융의 세계에서 수행했으며, 마키아벨리의 『군주론』이 정치영역에서 전형화했던 도덕성을 경제영역에서 대표했다. 이런 금융왕조들에 비하면, 합스부르크왕가나 발루아왕가 그리고 튜더왕조는 이익과 무관한 정치투쟁엔 고개를 돌렸던 화폐권력이 움켜쥔 줄에 매달려 춤추는 인형에 불과했다.

금융가들은 납입금을 일부는 현금으로, 일부는 이권으로 받았다. 이로써 유럽을 하나의 경제단일체로 만드는 금융의 연결망은 더욱 정교해졌다. 독일의 금융회사들이 연루된 이해관계의 범위는 엄청났다. 벨제르 가문(the Welsers)은 1505년에 포르투갈의 동인도 항해에 투자했고, 1527년에는 반은 상업적이고 반은 군사적인 목적으로, 베네수엘라 원정대에 자금을 댔다. 리스본, 앤트워프, 남부독일 간의 향신무역에 관여했고, 티롤 지방과 헝가리의 은과 구리 광산에 동업자로 참여했다. 그리고 리스본과 앤트워프뿐 아니라 독일, 이탈리아, 스위스의 주요 도시들에 회사를 가지고 있었다.

호흐스테터 가, 하우크 가, 모이팅 가 그리고 임호프 가도 대동소이했다. 후거 가는 맥시밀리언에게 신중하게 대부했던 덕택에 방대한 광물채굴권을 따냈으며, 스페인 국왕이 자기 땅에서 거둬들인 수령액의 상당 부분을 관리했다. 스페인에 은과 수은 광산을 소유했으며, 이탈리아, 특히 앤트워프의 은행과 상업업무를 총괄했다. 그들이 대출해준 돈으로 브란덴부르크의 알브레히트는 마인츠의 대주교가 됐으며, 자신의 대리인을 테첼(Johann Tetzel)의 캠페인에 참여시키고는 면죄부 판매로 얻은 수익금의 반을 취함으로써 보상을 받았다. 카를로스 5세에게 자금을 제공해서 도박에 버금가는 공개적인 경매 방식으로 치러진 선거를 통해 황제의 왕관을 사도록 했으며, 돈을 돌려받지 못하자 마치 전당포 주인이 가난한 고객을 나무라는 어조로 그를 협박했고, 그가 1552년에 신교도들과 싸우려고 군대를 일으킨 자금을 조달했다.

그 회사의 우두머리는 아우스부르크의 고향마을에 교회를 짓고 가난한 노인을 위한 구호소를 기증했다. 그는 성자로 추앙받으며, 선한 가톨릭교도요 제국의 백작으로서 죽었는데, 마지막 16년간 그의 회사는 그에게 수익금의 54퍼센트를 배당금으로 지불했다.[12]

II. 루터

3세기 뒤에 일어난 거대산업의 발흥이 그런 것처럼, 르네상스를 동반했던 경제혁명은 강력하게 투기를 부추겼다. 영국과 독일의 인도주의자들은 당대의 사회적 해악들을 향해 신랄한 비판을 퍼부었다. 중상주의 사상가들은 군주의 무기고를 채울 옛 경제무기를 다시 벼렸다. 아직 유년기에 있던 '객관적' 경제분석은 물가앙등과 화폐 그리고 외환과 관련하여 실무종사자들이 벌인 논쟁에서 새로운 자극을 받았다.

이러한 새로운 세력들에 대해 종교가 어떤 태도를 취하는가는 중대한 문제였다. 고전문화의 재발견에 흠뻑 빠졌던 교황들처럼 교회는 경제기업의 분출을 부와 안락의 도구로 환영할 수도 있다. 로마의 물질적 성취를 몸서리치며 멀리했던 교부들처럼 그것을 이교도적 부도덕으로 다시 빠져든 것이라며 비난할 수도 있다. 옛 도식을 잡아 늘려서 자본과 상업이라는 새 세력들을 담아냈던 스콜라 학자들처럼 팽창하는 에너지를 스스로 정의한 인간의 영적 목표에 이어붙이려고 애썼을 수도 있다.

어쨌든 새로운 세력들을 무시할 수는 없었다. 마키아벨리의 시도에도 불구하고 사회이론은 겨우 이제야 중세시대의 경직된 기독교적 틀에서 벗어나기 시작했기 때문이다. 경제문제는 여전히 교회법

---

12) 푸거 가문에 관해선, Ehrenberg, 앞의 책, vol. i, pp.85~186. 앞에 언급된 독일의 다른 기업들에 관해서는 같은 책, pp.187~269 참조.

학자들의 저술 속에서 가장 체계적으로 취급되었고, 성직자들은 재산과 계약의 문제에 관해 신학적 문제에서와 꼭 같은 확신을 가지고 판결 내리기를 멈추지 않았다.

평신도들은 그들이 가르친 내용을 트집 잡고 그 결론에 감히 도전도 했을 것이다. 그러나 그들이 경제적 행위의 문제는 교회법학자의 관할이라는 가정을 대놓고 공격하는 일은 아직 극히 드물었다. 벨라르미노(Robert Bellarmine)는 신앙심 깊은 상인들이 고해성사 때 늘 어놓는 경제적 결의론이 도무지 종잡을 수 없다며 호되게 질책했다. 특별히 예민하게 양심의 가책을 느끼는 부류가 결코 아니었던 앤트워프 증권거래소의 스페인 중개인들도 투기적 외환업무가 교회법에 저촉되는지에 관해 파리대학의 신학자들과 협의하기 위해 고해신부를 파리에 파견할 정도로 교회당국을 존중했다.[13] 훗날 루터와 맞섰던 투사로 이름을 떨친 에크(Johann Eck)가 상인들 간의 거래에서 이자를 합법적으로 물릴 수 있다는 자신의 대담한 주장에 대해 볼로냐대학교의 권위 있는 확약을 얻어내고자 이탈리아로 여행했을 때, 대후거가문 같은 자본가그룹마저도 그처럼 유익한 진리를 좇아 수행된 원정을 재정적으로 지원하는 것이 마땅하다고 생각했다.[14]

새로운 경제문명은 개인주의적, 경쟁적이었고, 제조업보다는 상

---

13) Goris, 앞의 책, pp.510~545에는 파리 신학자들의 답변 전문이 실려 있다. 또한 Ehrenberg, 앞의 책, vol. ii, p.18, p.21 참조. 벨라르미노에 관해선 Goris, 앞의 책, pp.551~552 참조. 16세기 후반의 프로테스탄트 영국에서도 경제정책을 교회법 교리와 합치시켜야 한다고 생각했던 점에 대한 흥미로운 기술은 S.P.D. Eliz., vol. lxxv, no. 54에 실려 있다(Tawney and Power, *Tudor Economic Documents*, vol. iii, pp.359~370에 수록). 모든 형태의 이자를 금한 1552년 법의 폐기를 촉구하는 저자는 아퀴나스와 호스티엔시스(Hostiensis)를 인용하여 '순수하고 진실된 이자'는 대부행위로 비난받아선 안 된다는 주장을 펴고 있다.

14) Ashley, *Economic History*, 1893, vol. i, pt. ii, pp.442~443.

업과 금융의 엄청난 팽창에 따라 뻗어나갔으며, 전대미문의 규모로 투기적 수익의 기회를 열어주었고, 불가피하게 격정적인 논란을 불러일으켰다. 종교개혁의 우군과 적군이 모두 그것을 사회적 변화로 파악했기 때문에, 종교적 갈등의 지도자들이 그 논쟁의 주역이었다는 점 또한 불가피했다. 사회혁명이 반세기 동안 끓어오르던 독일에서 마침내 새 경제문명이 도래한 듯 보였다.

보댕(Jean Bodin)이 1569년 그의 유명한 소책자를 펴낼 때까지 당대 사람들을 당혹시켰던 수수께끼, 곧 물가앙등은 독점체들을 향한 분노를 격발했다.[15] 1476년에 뵈하임(Hans Böheim)이 주도했던 봉기 이래 농민반란은 채 10년도 안 되는 주기로 발생했다. 오랫동안 수공업자와 농민의 원성을 샀던 대부업은 전투의 표적이었다. 이 도시 저 도시에서 지방정부는 약탈자들을 제지하라는 민중의 요구에 겁을 먹고는 이자의 정당성에 관해 대학과 신학자들의 자문을 구했으며, 대학과 신학자들은 늘 그래왔듯이, 소리만 요란하고 일관성은 결여된 답변을 들려주었다.

멜란히톤(Philipp Melanchthon)은 금전대출과 가격에 관한 경건한 교의를 주창했다.[16] 칼뱅은 대부업에 관한 유명한 편지를 썼고, 같은 주제에 관해 일련의 설교를 했다.[17] 부처는 기독교인 군주를 위해 사회재건의 구상을 펴보였다.[18] 불링거는 에드워드 6세에게 헌정한 『수십 년』(The Decades)에서 사회윤리에 관한 고전적 해설을 선보

---

15) Bodin, *La Response de Jean Bodin aux Paradoxes de Malestroit touchant l'enchérissement de toutes choses et le moyen d'y remédier.*

16) Max Neumann, *Geschichte des Wuchers in Deutschland*, 1865, p.487 이하 참조.

17) 칼뱅의 견해는 그의 *Epistolæ et Responsa*, 1575, pp.355~357, 그리고 Sermon xxviii in the Opera에서 확인할 수 있음.

18) Bucer, *De Regno Christi.*

156

였다.[19] 루터는 착취자들을 질타하는 설교를 했고 선전책자들을 펴냈는데,[20] 마침내 '후거 가의 거룩한 일당의 입에 재갈을 물릴' 때가 도래했다고 말했다.[21]

츠빙글리와 외콜람파디우스(Johannes Oecolampadius)는 빈민구호를 재조직할 안들을 구상해냈다.[22] 무엇보다 복음에 기대어 가슴 뭉클한 호소를 했지만 끔찍한 파국을 맞은 농민전쟁은 루터를 격분시켜 그로 하여금 "할 수 있는 사람은 누구나 때리고, 쳐부수고, 목을 조르고, 칼로 찔러라. 비밀리든 공개적으로든 ……지금은 피의 살육을 하는 군주가 기도하는 군주보다 더 하늘의 칭찬을 받는 경이로운 시대"라고 외치게 했을 뿐 아니라,[23] 루터주의에 대해 세속적 권위에 거의 노예적으로 의존한다는 낙인을 찍는 데 일조했다.

영국에서는 폭력은 덜했지만 소요마저 적었던 것은 아니었다. 문서와 설교가 마찬가지로 홍수를 이뤄서 잘 알려진 이름만 열거하더라도, 래티머(Hugh Latimer), 포넷(Ponet), 크롤리(Robert Crowley), 레버(Thomas Lever), 베컨(Thomas Becon), 샌디스(Edwin Sandys) 그리고 주얼(John Jewel) 등이 모두 논쟁에 기여했다.[24] 16세기의

19) *Third Decade*, 1st and 2nd Sermons, in *The Decades of Henry Bullinger*(Parker Society), vol. iii, 1850.

20) Luther, *Kleiner Sermon vom Wucher*(1519) in *Werke*(Weimar ed.,), vol. vi, pp.1~8; *Grosser Sermon vom Wucher*(1520), 같은 책, pp.33~60; *Von Kaufshandlung und Wucher*(1524), 같은 책, vol. xv, pp.279~322; *An die Pfarrherrn wider den Wucher zu predigen, Vermahnung*(1540), 같은 책, vol. li, pp.325~424.

21) "이 기회에 푸거 가와 교회공동체의 주둥이에 확실히 재갈을 물려야 한다." Ehrenberg, 앞의 책, vol. I, p.117 각주에서 인용.

22) 같은 책, pp.114~115 참조.

23) Luther, *Wider die räuberischen und mörderischen Rotten der Bauern*(1525), in *Werke*, vol. xviii, pp.357~361.

24) Latimer, *Sermons*; Ponet, *An Exhortation, or rather a Warning, to the Lords*

사회적 실천이 실제로 어떠했든 간에, 종교인들이 행한 사회적 가르침이 부족해서 문제가 됐던 적은 없었다. 만일 세상이 설교와 팸플릿으로 구원받을 수 있다면, 아마 16세기는 진즉 낙원이 됐을 것이다.

급변하는 경제환경이 낳은 문제들이 과거 어느 때보다도 극심한 종교적 불화로 찢겨 있을 때 분출됐다는 사실이 유럽 역사의 커다란 비극으로 기록될 수 있을지 모른다. 그러나 사회이론의 차이가 종교적 견해 차이와 일치한 것은 아니었으며, 대체로 모든 가르침은 독일이나 영국이나 차이 없이 보수성(보수주의)을 특징으로 했다. 사회윤리의 문제가 개입될 때 종교혁명의 상징으로 거론되던 인물들은 거의 예외 없이 옛 방식을 고수했고, 중세의 권위에 호소했으며, 스콜라 철학자들의 교의를 대중적 언어로 재생산했다.

16세기 사회사에 관한 특정의 견해에 따르면, 종교개혁은 기독교세계의 전통적 사회윤리에 대한 상업적 정신의 승리를 표상했다. 이런 견해의 역사는 제법 길다. 1540년에 이미 크랜머(Thomas Cranmer)는 오시안더(Andreas Oziander)에게 독일의 개혁가들이 경제적 거래와 결혼의 두 문제 모두에서 도덕적 해이를 방치함으로써 영국의 개혁가들을 당혹시켰다고 항의하는 편지를 쓴 바 있다.[25]

17세기에 이르면 징후들은 이론이 되고 주장이 되었다. 보쉬에 (Jacques-Bénigne Bossuet)는 칼뱅과 부처가 착취를 옹호한 첫 번째

---

and Commons; Crowley, *The Way to Wealth, and Epigrams*(in *Select Works of Robert Crowley*, ed., J.M. Cowper, E.E.T.S., 1872); Lever, *Sermons*, 1550(영어판, ed., E. Arber, 1895); Becon, *The Jewel of Joy*, 1553; Sandys, 2nd, 10th, 11th, and 12th of *Sermons*(Parker Society, 1841); Jewel, *Works*, pt. iv, pp.1293~1298(Parker Society, 1850). 덜 알려진 작가와 설교가들로부터의 인용은 J.O.W. Haweis, *Sketches of the Reformation*, 1844에 실려 있다.

25) Gairdner, *Letters and Papers of Henry VIII*, vol. xvi, no. 357.

신학자라며 비아냥댔는데,[26] 그런 조롱을 대중적으로 먹히게 만드는 데는 "대부업이 이단[즉 종교개혁]이 낳은 후레자식이라는 말은 하나의 격언이 되었다"고 직설적으로 썼던 팸플릿 저자 하나만으로도 충분했다.[27]

로마에 대한 반발이 독일과 영국 모두에서 극심한 사회적 궁핍의 시기와 동시에 나타났다는 것은 부인할 수 없으며, 또한 다른 모든 혁명과 마찬가지로, 이러한 반발에도 어두운 면이 있다는 것을 보이려고 장광설을 늘어놓을 필요가 없었다. 그러나 때때로 제기된 것은 종교운동과 경제운동의 우연한 병발(倂發)이 아니라 경제조직의 변화와 종교적 교의의 변화가 논리적으로 연결돼 있다는 주장이었다. 당대의 타락한 사회적 관행은 종교적 혁신이 필연적으로 초래한 것이며, 비록 개혁가들이 노골적으로 파렴치한 개인주의를 설파하진 않았을지라도, 적어도 개인주의가 그들이 가르친 바로부터 불가피하게 귀결했다는 것이다. 수도승적 미신의 시대에 있었던 상업적 제약들이 당대의 정치이론만큼이나 인기가 없었던 18세기에는 이런 견해가 [비난이 아닌] 찬사로 간주되었다.

우리 시대엔 바퀴가 한 바퀴 돌아 다시 원점으로 돌아온 듯하다. 그때[18세기]에는 경하할 만한 일이었던 것이 지금은 종종 비판의 계기로 된 것이다. 오늘날의 어떤 학자들은 과거에 교회의 교리에 견제받았던 부도덕한 상업주의의 시대가 종교개혁으로 열리게 되었다고 공격한다.

사회이론의 변화들을 그 시대의 거대한 종교적 갈등에 연결하는

---

26) Bossuet, *Traité de l'Usure*. 그의 견해에 대한 설명은, Favre, *Le prêt a intérêt dans l'ancienne France* 참조.

27) *Brief Survey of the Growth of Usury in England with the Mischiefs attending it*, 1673.

이런 시도들은 나름의 의미를 지닌다. 그러나 날선 공방 속에 덧붙여진 말들은 주장의 내용보다는 주창자의 기질을 더 많이 드러내주거니와, 쟁점들은 너무 복잡해서 진영논리에 호소하는 단순한 대립구도 속에서는 적절히 표출될 수 없었다. 만약 자본주의가 자신의 금전적 이득을 추구하는 자본소유자들의 산업지배와 그들과 그들이 통제하는 임금노동자 간에 성립되는 사회적 관계를 의미한다면, 그런 자본주의는 중세 이탈리아와 중세 플랑드르에 이미 거대한 규모로 존재했다.

만약 자본주의 정신이 이윤추구를 위해 모든 도덕적 양심을 희생할 태세를 갖춘 기질을 가리킨다면, 그런 자본주의는 중세의 성인과 현자들에게 아주 친숙했다. 무적함대에 이르기까지 당대인을 감동시킨 것은 가톨릭국가인 포르투갈과 스페인의 경제제국주의였지, 실속은 더 있었을지 모르나 위용은 그만 못했던 신교국가들의 성취가 아니었다. 유럽의 상업적 수도들은 압도적으로 가톨릭 도시들이었고, 유럽을 대표하던 금융가들의 절대다수는 가톨릭 은행가들이었다.

프로테스탄트의 태도가 기업규제를 공격했던 풍조에 너무 관대했다는[즉 기업활동의 자유를 지향했다는] 주장 또한 근거가 박약하기는 마찬가지다. 종교개혁이 사회경제적 쟁점들에 대해 종교사상이 전통적으로 지녀온 입장을 완화할 힘들을 방출시켰다는 주장이 사실이라 할지라도, 그것은 미리 계획된 것이 아니었으며 대부분 개혁가 의도에도 반하는 것이었다[즉 기억규제 완화가 종교개혁이 의도했던 것은 아니다].

그러나 16세기에 금융자본주의의 팽창에 동반된 경제관행의 혁신들이 아무리 엄청난 것이었다 할지라도, 실제로는 경제윤리라는 주제에 관한 교의의 발전은 지속되었고, 세밀히 들여다볼수록 그 흐름이 종교혁명과 더불어 급작스럽게 멈춰버렸다는 견해는 지지받기 힘들어 보인다. 종교가 경제활동과 사회제도에 대한 자신의 이론적 우위를 포기한 것이 로마와의 거리두기와 동시에 일어났다고[즉 종교개혁과 더불어 기독교가 사회경제적 흐름과 타협했다고] 생각한다면, 이는 한 세기 반이 지나서야 최종적으로 도달하게 될 그리고 종교사상의 영역에서의 발전 못지않게 경제적, 정치적 조직의 변화에도 빚을 진 흐름을 지레 예단하는 것이다[즉 자본주의 발전과 관련해서 종교개혁의 영향을 과장해서는 안 된다].

16세기만 해도 종교교사들은 교파를 막론하고 사회윤리라는 실천적 문제에 대한 답을 얻기 위해 여전히 성경과 교부들 그리고 교회법을 탐구했다. 제1세대 개혁가들에 관한 한, 루터주의자든, 칼뱅추종자들이든 혹은 앵글리칸이든, 경제적 거래와 사회관계를 규제하는 선한 양심의 규율들을 타협할 의사가 없었다. 그들은 실제로는 르네상스의 도덕적 해이, 특히 로마의 범죄로 간주됐던 탐욕에 맞서기 위해 오히려 그런 규율들을 더 엄정하게 해석하려는 경향을 보였다. 종교개혁의 한 요소였던 갱생과 속죄에 대한 그들의 열정은 교회뿐 아니라 사회의 타락을 향한 것이기도 했기 때문이다. 군주, 귀족, 기업가들은 각각의 본성에 따라 행동했으며, 그 혼란한 틈을 타서 자기 이익을 챙기기에 분주했다. 그러나 종교지도자들의 목적은 지금은 잊힌 초대기독교의 순수함을 좇아 교의와 교회당국은 물론이고 행위와 제도들도 재건하자는 것이었다. 현재의 타락을 딛고 황금기의 본래적 순수함을 회복하자는 호소는 독일 개혁가들의 저술에서 가장 강력하고도 정직하게 표출되었다. 자연으로 돌아가자는 18세기의 구호처럼, 그것은 너무도 복잡한 문명에서 물질주의가 승리한 데 대해 넌더리 치는 한 사회가 정신적 평화를 갈구하여 외친 것이었다.

평자들은 너나없이 아우크스부르크, 뉘른베르크, 레겐스부르크,

울름, 프랑크푸르트와 심지어는 로텐부르크와 프라이부르크 같은 작은 도시들이 이룩한 번영을 오랫동안 찬탄의 눈으로 바라보았다.

이 도시들은 알프스를 가로질러 라인에 이르는 거대한 무역로들을 관장하며 중추적인 위상을 누려왔거니와, 그러한 위상은 향신무역의 중심지가 앤트워프와 리스본으로 옮아가면서 추락할 것이며 19세기에 철도체계가 자리 잡으면서 독일이 재차 서유럽과 러시아, 오스트리아, 이탈리아 그리고 근동의 화물집결지로 떠오를 때까지 그것을 되찾지 못하게 될 터였다.

그러나 부유한 부르주아지에게 부를 안겨준 상업의 팽창은 심각한 사회문제들의 증가를 동반했으니, 이는 지리상의 발견이 독일을 중심부에서 벽지로 추락시키기 전에도 문학과 대중선동에 강한 영향을 미쳤다. 발전의 경제적 측면은 자본과 신용의 지배에 터 잡은 새로운 이권들이 압도적인 우위에 올랐다는 점이다. 중세 초기만 해도 자본은 수공업자와 장인이 행한 사적 노동의 부속물이고 협력자였다. 15세기 독일에서 자본은 오래전에 이탈리아에서 그랬듯이 더 이상 하인이 아니라 주인이 되어 있었다. 자기만의 독자적인 생존능력을 갖추게 된 자본은 이제 우월한 파트너로서 자체의 엄정한 요구조건에 따라 경제조직을 통솔할 권리를 요구했다.

이러한 새로운 힘들의 영향 아래에서 이전 시대의 제도들은 형태는 살아남았지만, 그 정신과 작동방식은 완전히 바뀌었다. 대도시들에선, 한때 자본가의 잠식에 장애물이었던 길드조직들은 자본가가 자신의 권력을 공고히 하기 위해 활용하는 도구 중 하나가 되었다. 조합의 규정과 달리 조합원들은 하나의 공동체가 아니었다. 그들은 부유한 장인들만이 넘을 수 있는 장벽 뒤에 은신한 부자상인들과, 공장주가 제공한 자본과 신용에 생계를 의존하며 봉기와 점차 커가는 절망적인 빈곤의 늪으로 침몰을 반복하던 프롤레타리아로 나뉘어갔다.[28] 농노들도 상업문명이 농촌을 파고들고 구래의 농업노예가 지속되면서 마찬가지로 고통을 받았다. 영국에서처럼 도시의 신흥부자들은 구입과 대부를 통해 토지에 돈을 투자했으며, 경쟁적으로 지대와 부담금을 끌어올렸다.

그러나 영국에서는 통상적 소작인이 농노의 힘겨운 의무를 떨쳐내고 이따금 왕의 법정에 호소하여 자신의 권리를 지키기도 했지만, 농노제가 19세기 중반까지 지속될 남부독일에서는 궁핍해지던 귀족들을 위해 부역이 배가됐고, 현금납부가 늘었으며, 공민권은 축소되었다. 귀족들은 부르주아지의 부가 급증하는 상황에서 농민을 착취하는 것만이 자신의 사회적 지위를 유지하는 유일한 길이라고 생각했으며, 당시 상류층이 애용하던 로마법에 매달려서 가장 혹독한 수탈행위조차 법적으로 용인되도록 만들었다.[29]

성장의 고통으로 그리도 혼란을 겪던 사회에 지리상 발견이 가져다준 상업혁명이 찾아왔다. 그 결과 경제기업에는 무제한인 듯 보이는 세계가 열렸고 사회문제는 더욱 첨예해져갔다. 이제 동방의 부를 개척하는 데 베네치아를 통할 수 없게 되자 남부독일의 거대 상업회사들은 알프스 횡단무역에서 손을 떼고 푸거 가처럼 은행과 금융업으로 특화하든가 아니면 리스본과 앤트워프에서 높은 비용 때문에 상인들이 단독으로 수행할 수 없는 원거리무역을 취급하는 사업체를 열어야 했다.

근대세계가 아메리카에서 목도한 것은 막강한 자본력으로 생산

---

28) 이런 변화들을 설명하기 위해서는, K. Lamprecht, *Zum Verständniss der wirthschaftlichen und sozialen Wandlungen in Deutschland vom 14. zum 16. Jahrhundert*, in the *Zeitschrift für Sozial- und Wirthschaftsgeschichte*, Bd. i, 1893, p.191 이하 참조.

29) Lamprecht, 앞의 책 그리고 J.S. Schapiro, *Social Reform and the Reformation*, 1909, pp.40~73.

과 가격을 통제하는 기업결사체들의 급부상이었거니와, 이와 꽤 유사한 흐름이 종교개혁 한 세대 전에 그보다 협소한 유럽 상업의 무대에서 일어났다. 그 중심에는 독일이 있었고, 그런 추세를 둘러싸고 오늘날 친숙해진 주장들과 거의 동일한 논거들을 따라 공방(攻防)이 이루어졌다. 기업동맹과 독점체들은 대량구매를 통해 '한 마리 거대한 강꼬치고기가 수많은 작은 물고기를 삼키듯' 취약한 경쟁자들을 몰아내고 소비자들을 약탈했는데, 이들의 착취행위는 사회개혁가들의 일상적 관심사였다.[30]

회사들은 대규모 조직의 이점과 기업의 자유에 간섭하는 일의 위험성을 역설했다. 이 문제는 여러 계기로 제국의회에 상정되었다. 그러나 한 번 깨진 달걀은 원상태로 되돌릴 수 없다고 관찰했던 현자(賢者)의 혜안이 보여주듯이, 이권 당사자들의 격렬한 반대를 무릅쓰고 제국의회가 통과시킨 법령들[가령 반독점 법령들]이 같은 문제에 대한 현대 입법보다 더 효과적이었던 것처럼 보이지는 않는다.

이런 상황이 야기한 격렬한 반자본주의적 반작용은, 1430년대에 나온 『지기스문트 황제의 회심』(*Reformation of the Emperor Sigismund*)에서부터 1525년에 있었던 농민들의 『12개조』(*Twelve Articles*)에 이르는, 사회재건에 관한 수많은 구상 속에서 표출되었다.[31] 종교개혁 당시에는, 히플러(Wendel Hipler)가 『신성한 복음적 개혁』(*Ulrich von Hutten*)에서 푸거 가, 호흐슈테터 가, 벨저 가 등 모든 상인회사를 해체하라고 촉구했고, 후텐(Ulirich von Hutten, *Divine Evangelical Reformation*)은 상인들을 기사, 변호사, 성직자와

---

30) Schapiro, 앞의 책, pp.20~39 그리고 Strieder, 앞의 책(note 2 참조), pp.156~212.
31) 이른바 지기스문트 황제의 회심에 관해서는 Chap I, note 24 그리고 농민들의 12개조에 관해서는 같은 책, note 108 참조.

함께 공도(公盜)로 분류했으며, 카이저스베르크(Johann Geiler von Kaiserberg)는 독점체들은 유대인보다 더 가증스러우며 늑대처럼 박멸해야 한다고 썼다. 그리고 누구보다도 루터가 있었다.[32]

사회윤리에 관한 루터의 발언들은 변덕스러운 화산처럼 가끔 폭발했는데, 연기와 화염이 넘실대는 가운데 매우 드물게만 섬광이 번뜩였기 때문에, 그것들로부터 어떤 일관된 교의를 찾아내려고 애쓸 필요는 없다. 성 안토니노 같은 사상가의 명료하고도 정교한 합리주의와 비교하면, 사회문제를 다룬 루터의 설교와 팸플릿들에는 순진함이 배어 있다. 그것은 마치 열정은 있으나 정보에 어두운 한 천재가 법과 논리 같은 거추장스러운 걸림돌들을 생략한 채, 그 자신의 소박한 의식이 발하는 영감의 열기로부터 하나의 사회윤리체계를 끌어온 것과 같다.

부분적으로 그것들은 혁명의 폭풍 속에 던져진 임기응변의 대응이었고, 부분적으로는 루터가 혐오했던 바로 그 법과 논리를 다듬은 것들이었다. 루터는 외국무역과 금융조직의 복잡성 혹은 경제분석의 정교함에 맞닥뜨리면 마치 발전기와 증기엔진을 처음 본 원시인 같다. 그는 너무 놀라고 분노해서 호기심조차 느낄 겨를이 없다. 그 메커니즘을 설명하려는 시도들은 오히려 그를 격분시킬 뿐이며, 그는 그 안에는 악마가 있고 선한 기독교인은 악의 괴이한 소행에 끼어들지 않으리라는 말만 되풀이한다. 그러나 그의 격분에는 하나의 방식이 있다. 그가 스콜라 철학에 정통했다는 점을 생각하면, 그것은 무지에서 기인한 것이 아니라 여러 학파의 학문을 사소하거나 해악

---

32) 카이저스베르크와 히플러에 관해서는 Schapiro, 앞의 책, p.30, pp.126~131, 후텐에 관해서는 H. Wiskemann, *Dartstellung der in Deutschland zur Zeit der Reformation herrschenden Nationalökonomischen Ansichten*, 1861, pp.13~24 참조.

적으로 보이게 만드는 어떤 관념으로부터 발원한 것이었다.

콜럼버스는 자명한 이치를 말하는 사람처럼 이렇게 썼다. "금은 보물이며 그것을 소유한 사람은 이 세상에서 필요한 모든 것을 가진 셈이고 또한 영혼을 연옥에서 구출하여 낙원을 향유하도록 회복시키는 수단을 지닌다."[33] 모든 것에는—현재의 행복뿐 아니라 미래의 구원까지도—저마다 가격이 있다는 이런 교의야말로 교회에 대한 불충성의 죄를 범할 리 없는 사람들을 분노하게 만들고 개혁가들에게 [그것을 비판할 수 있는] 가장 강력한 구실을 제공해주었다.

개혁가들의 사회관과 교회관의 공통적인 본질은 타락한 문명을 오염되지 않은 과거의 장엄한 법정에 세운다는 점이었다. 이와 같은 혁명적 보수주의를 가장 잘 표상한 인물은 당시의 경제적 개인주의를 영적 타락 못지않게 미워했던 루터다. 사회가 상인과 금융가에게 장악된 것을 바라보는 그의 태도는 종교의 상업화를 향한 견해와 같았다.

그는 독일교회가 새 바빌론으로 흘러들어가는 공물에 완전히 생명력을 잃어버렸다고 느낀다. 독일인의 사회생활을 보면서는, 그것이 푸거 가의 은행업처럼 자신도 모르게 로마의 탐욕과 부패를 조장하는, 철면피한 금융 권력에 짓눌려 있다고 생각한다. 그러므로 교황의 교회 착취와 자본가의 농민과 수공업자 수탈은 로마의 일곱 언덕에 앉아 있는 야수의 두 뿔이다. 이 둘은 모두 본질적으로 이교도적이며, 그것들을 살해하는 검(劍)은 동일하다. 그것은 복음(the Gospel)의 종교다. 교회는 제국이 되기를 멈추고 믿는 이들의 회합이 되어야 한다. 사회는 마음을 병들게 만드는 전리품과 다툼을 내려놓고, 아담의 후손들의 공동운명인 소박한 노동의 일과를 인내와 유쾌함 속에서 수행하는 형제들의 무리로 거듭나야 한다.

---

33) W. Raleigh, *The English Voyages of the Sixteenth Century*, 1910, p.28에서 인용.

사상의 자녀도 육체의 자녀와 다를 바 없다. 일단 태어나면 그들은 나름의 존재법칙에 따라 성장하거니와, 만일 부모가 자녀의 미래를 내다볼 수 있다면, 때때로 그들의 마음은 무너져내릴 것이다. 만일 위대한 개인주의자로서 찬사와 비난을 모두 얻은 루터가 자기주장이 연역해주는 것을 좀더 멀리 내다볼 수 있었다면, 그는 섬뜩함을 느꼈을 것이다.

왐바[Wamba, 월터 스콧의 소설『아이반호』에 나오는 광대노예]는 기독교인으로서 용서하는 것은 전혀 용서가 아니라고[용서받은 자에게 오히려 더 큰 짐을 지운다고] 말한 바 있거니와, 루터가 설파한 기독교적 자유는 사회적 제약들을 제거하기보다 오히려 더 많이 부과했다고 주장했던 냉소가는, 루터의 가르침에서 경제적 행위와 사회조직을 영적으로 무관한 문제들로 취급하자는 호소를 읽은 자유주의자보다 루터 자신의 사상을 더 잘 대변하고 있을 것이다. 권위에 대한 루터의 반란은 그것의 엄정함이 아니라 해이와 부패를 향한 공격이었다. 그의 개인주의는 공공당국의 약점을 활용하여 사적 이익의 기회를 취하려 혈안이 된 부자의 탐욕이 아니었다. 그것은 '관습과 법과 규정의 지루하고 진부하고 험악한 방식들'이 사라지고 질서와 형제애가 지배하는 사회를 갈망하는 무정부주의자의 순진한 열정이었으니, 그것들은 마음에서 본래적 순수함으로 용솟음치는 것들이기 때문이다.

트뢸치 교수는 프로테스탄트도 가톨릭교도 못지않게 교회문명─그 안에서 삶의 모든 영역, 즉 국가와 사회, 교육과 학문, 법, 상업과 산업이 신의 법에 따라 규제되는─개념을 강조한다고 지적한 바 있다.[34] 이런 개념은 사회문제들에 관한 루터의 모든 발언에 스며 있다.

---

34) Troeltsch, *Protestantism and Progress*, 1912, pp.44~52.

루터는 훗날 만연하게 될 견해, 즉 기업의 세계는 자신의 법칙을 지닌 하나의 닫힌 공간이며 종교교사가 사회문제와 관련하여 도덕적 행위의 규준을 정하는 것은 그의 직무를 넘어서는 일이라는 견해를 수용하기는커녕, 이러한 그럴듯한 이단에 대해 로마로 향한 것보다 결코 덜하다고 볼 수 없는 혹독한 비난을 퍼부을 태세가 돼 있다.

그가 한 책망의 성경적 근거는 언제나 "너의 의가 서기관과 바리새인의 의를 넘어서지 않는다면"이라는 구절[마태복음 5:20]에 있었고, 그의 호소는 형식적이고 율법적이며 계산된 덕목이 아니라 법률에 체계화될 필요가 없는 자연스러운 온정으로 향하거니와, 그런 온정은 사랑의 습관이 즉각적으로 표출된 것이기 때문이다. [그러나] 회복한다는 것은 파괴한다는 것이다.

교회와 세속 법정의 인위적인 책략이 없던 시절의 단순한 기독교적 덕목들을 향한 루터의 열정에 대한 논평은 혁명의 뇌우와 함께 왔다. "오직 사랑과 평화와 인내와 화합만을 가르치는 그리스도, 곧 약속된 메시아의 메시지, 곧 생명의 말씀"은 농노제, 강제노역, 인클로저[enclosure, 소작인이나 마을의 공유지를 회수 또는 매수하여 울타리를 둘러치고 목양지로 했던 일. 영국에서는 15~19세기에 지속]와 양립할 수 없다는 것이 농노들의 선언이었다.[35]

이런 전제들이 이끈 실천적 결론은 중세시대의 많은 사상가가 지녔던 것보다 더 중세적인 사회이론이었다. 왜냐하면 그것은 지난 2세기 동안의 상업적 발전을 이교주의로의 퇴행으로 내쳤기 때문이다. 그 기초는 부분적으론 성경이었고, 부분적으론 인간이 아직 부에 타락하지 않았던 자연상태에 대한 막연한 관념이었다. 또 부분적으로는 상업문명에 대한 인민의 저항들이었는데, 그런 저항들은 도처

---

35) Schapiro, 앞의 책, p.137.

에서 그 기운이 감지됐다. 인민의 사람이던 루터는 그것들을 구체화하기 위해 제안된 실천적 조치들을 비난하던 순간에도 놀랄 만한 순진함으로 그것들을 수용했고 몸소 재현했다[루터는 농민반란을 반대했지만 그 취지에는 동의했다].

20세기 가톨릭의 반응에서 일부 엿보이듯이, 16세기 프로테스탄트의 반응에서도 농민이 번성하던 사라져버린 시절에 대한 동경이 들어 있었다. 상업과 자본주의를 혐오했던 루터의 사회이론은 벨록(Hilaire Belloc) 씨와 체스터턴(Gilbert Keith Chesterton) 씨의 분배국가(Distribute State)에서 가장 거기에 가까운 현대적 유비(喩比)를 발견한다.

루터는 미래를 위해 축적하며 초조하게 대비하는 모습에 대해서처럼 부와 권력을 쌓아올리는 기술에 대해서도, 농부와 승려가 보였음직한 깊은 불신을 드러냈다. 크리스천들은 이마에 땀을 흘리며 생계를 꾸려가되, 내일을 걱정하지 말고, 젊어서 결혼하며, 하늘이 알아서 예비해줄 것을 믿어야 한다. 멜란히톤과 마찬가지로 루터도 상업적 계산의 부패한 정신에 가장 적게 감염된 농부야말로 가장 훌륭한 삶을 산다고 생각했으며, 베르길리우스를 인용하여 족장들의 삶이 보여주는 교훈을 드러내고자 애썼다.[36]

수공업자의 노동은 그가 소명을 통해 공동체에 봉사한다는 점에서 영예롭고, 정직한 대장장이나 구두수선공도 [소명을 수행한다는 점에서] 성직자와 같다. 장사도 필수품의 교환에 한정되고 판매자가 자신의 노동과 위험부담에 대한 보상을 초과하여 요구하지 않는다면, 용인될 수 있다. 용서될 수 없는 죄악은 나태와 탐욕인데, 기독교인들

---

36) Wiskemann, 앞의 책, pp.47~48의 인용문들 참조. 루터의 사회이론에 관한 논의는 Troeltsch, *Die Soziallehren der Christlichen Kirchen*, 1912, pp.549~593을 볼 것.

이 그 지체(members)인 신체(body)의 일체성을 파괴하기 때문이다.

이 둘 모두의 최대 당사자이자 방조자는 교황이다. 어떤 왕이나 황제도 넘볼 수 없는 세속적 화려함 속에서 사는 이 성 베드로의 계승자[가톨릭에서는 베드로를 초대 교황으로 간주함]는 이탈리아를 파멸한 후에는 그 독아(毒牙)로 독일을 물고 놓지 않았다. 그로써 실제로도 또 모범을 보인다는 점에서도 해악적인 탁발수도회[재산을 소유하지 않고 구걸과 자선에 의존해서 살아가는 수도회]는 나라 전체를 거지 떼로 들끓게 만들었다.

성지순례, 성인의 날, 수도원제도는 모두 태만을 감추기 위한 구실로 폐지돼야 마땅하다. 부랑자들은 추방되거나 강제로라도 일을 시켜야 하며, 모든 도시는 정직한 빈자를 지원하기 위한 자선단체를 조직해야 한다.[37]

루터는 교회서열의 사다리는 배척했지만 사회적 위계질서는 거기에 담긴 지위와 복종의 원칙과 함께 받아들였다. 종교적 급진주의와 경제적 보수주의가 결합하는 것은 드문 일이 아니었거니와, 뒤에 일어난 모든 혁명의 아버지[루터]는 사회는 상이한 권리와 역할을 지닌 불평등한 계급들의 유기체라는 전통적인 사회개념에서 변화에 맞설 논거들의 무기고를 찾아냈으며, 반란하는 농민과 탐욕에 젖은 독점주의자 모두를 향해 거의 비슷하게 격정적으로 자기 생각을 퍼부어댔다.

그가 보통 사람의 정신적 자유를 옹호하고 독일의 제후들을 향해 거침없는 독설을 쏟아냈을 때, 끔찍한 전제 아래서 신음하던 농노들이 이를 곧이곧대로 받아들인 것은 자연스러웠다. 그리고 마침내 농

---

37) Luther, *An den christlichen Adel deutscher Nation* (1520), in *Werke*, vol. vi, p.381 이하.

민봉기가 불가피하게 찾아오자, 루터의 격분은, 훗날 [프랑스혁명을 향해] 버크(Edmond Burke)가 그랬듯이 더욱 강렬해졌으니, 그의 눈에는 당혹스럽게도 그런 봉기가, 신성하며 또 그 자신이 확신하던 진리에 대한 혐오스러운 패러디로 비쳤기 때문이다.

농노제가 사회의 필수적 토대라는 루터의 확신은 여느 중세 저술가에 못지않았는데, 그것을 폐지하려는 시도에 대해 그가 느꼈던 공포는 세속정부의 절대주의를 칭송하는 정치이론과 외적 질서와 내면의 정신적 삶을 선명하게 대립시키는 종교적 교의로 더욱 깊어졌다. "그리스도는 그의 소중한 피를 흘림으로써 위대하거나 천하거나 예외 없이 우리 모두를 구원했[기]" 때문에,[38] 농노제가 종식돼야 한다는 농노들의 요구는 그에게는 큰 충격이었다.

그가 보기에 그런 요구는 무정부주의적 혼란의 전조이기도 했고, 그로써 종교개혁운동을 오해하거나, 또 실제로도 그랬던 것처럼 왜곡할 가능성이 충분하며, 영적 메시지를 사회재건 프로그램으로 호도하여 복음을 타락시키기도 했다. "이런 신조는 모든 사람을 동등하게 만들어서 그리스도의 영적 왕국을 외면적인 세속왕국으로 변화시킬 것이다. 도저히 있을 수 없는 일이다! 지구상의 왕국은 사람들 간의 불평등이 없이는 존재할 수 없다. 누군가는 자유롭고, 누군가는 농노여야 하며, 누군가는 다스려야 하고, 누군가는 복종해야 한다. 사도 바울이 말하듯이, '그리스도 앞에서 주인과 노예는 하나다.'"[39] 이로부터 400년이 지난 오늘날, 천국이 너무 성급하게 도래하리라는 데 대한 루터의 우려는 다소 과장된 듯이 보인다.

사회는 폭력뿐 아니라 부패로 망하기도 한다. 농노들은 주먹을 들

---

38) Schapiro, 앞의 책, p.139.
39) Luther, *Ermahnung zum Frieden auf die zwölf Artikel der Bauerschaft in Schwaben*(1525), in *Werke*, vol. xviii, p.327.

이댔지만 자본가들은 지뢰를 매설했다. 한때 존재했더라도 지금은 명백히 해체되고 있는 세계에서 가부장적 윤리를 꿈꿨던 루터는 반역의 곤봉에 대해서 그랬던 것처럼 상업과 금융이 서서히 퍼뜨리는 독소에 대해서도 가차 없었다. 루터의 사회이론과 칼뱅의 관점처럼 그 대비가 극명한 경우도 없을 것이다.

그토록 엄정했던 칼뱅도 상업문명의 주된 제도들을 받아들였고 미래를 지배할 계급들에게 신조를 제공했다. 루터의 눈은 과거로 향했다. 그는 언젠가 한 영국 정치인이 인류의 가장 자연스러운 대표자라고 불렀던 중간계급이 기독교사회에는 들어설 여지가 없다고 보았다. 그가 보기에, 그 자신이 일으킨 혁명 다음으로 강력하게 중세 세계를 해체할 용해제인 국제무역, 은행업과 신용, 자본주의적 산업, 경제세력들의 복잡한 양상 등은 바로 그 본질에서, 기독교인이라면 마땅히 피해야 할 어둠의 왕국에 속했다.

루터는 교회법의 권위를 공격했지만, 그로써 그것을 활용하여 집행하고자 했던 세부적 규율들이 더욱 교조적으로 재확인되었을 뿐이다. 그가 1520년의 『대부업에 관한 긴 설교』(*Long Sermon on Usury*)나 1524년의 『교역과 대부업에 관해서』(*On Trade and Usury*)에서 그랬듯이, 경제문제들을 장황하게 논할 때 그의 원칙들은 교회법제에 관한 가장 엄정한 해석에 기반을 둔 것이었는데, 거기에는 교회법학자들 스스로 실제 생활의 시급한 요구에 맞춰 그 엄정성을 완화하려 동원했던 유보적 단서들이 전혀 들어 있지 않았다.

가격문제에서 루터는 전통적 교의를 반복하는 데 그쳤다. "우리는 '내 물건을 내가 원하는 대로 비싸게 팔리라'가 아니라 '내 물건을 옳고 정당한 가격에 팔리라'고 말해야 한다. 왜냐하면 당신이 무엇을 판다는 것이, 아무에게도 매이지 않는 신처럼, 모든 법과 제약에서 벗어나서 당신 자신의 권력 혹은 의지 안에서 하는 일이 되어서는 안

되기 때문이다. 당신이 파는 행위는 당신 이웃에게 행하는 것이기 때문에 이웃에게 손해나 상해가 발생하지 않도록 법과 양심의 제약을 받아야 한다."[40]

만약 가격을 공공기관에서 매긴다면, 판매자는 그것에서 벗어나지 말아야 한다. 그렇지 않을 때는, 통상적으로 추정된 가격을 따라야 한다. 만약 판매자가 스스로 가격을 정해야 한다면, 그는 자신의 사회적 신분을 유지하는 데 필요한 소득, 노동, 위험부담 등을 고려한 후 거기에 따라 가격을 설정해야 한다. 그는 물자부족(희소성)을 핑계 삼아 가격을 인상해도 안 된다. 상품을 사재기하거나 선물(先物)거래를 하지 말아야 하며, 연불(延拂)이라는 이유로 더 높은 가격을 매겨서도 안 된다.

그러나 대부행위라는 주제를 다룰 때, 루터는 정통적 가르침보다 더 멀리 나아간다. 그는 교회법학자들이 현실적 필요 때문에 인정했던 양보조항들도 맹렬히 비난한다. "독일 국민의 가장 큰 불행은 틀림없이 이자를 밀거래한 일일 것이다. ……그것은 악마가 만들어낸 것인바, 교황은 그것을 추인함으로써 전 세계에 걸쳐 유례없는 화를 가져왔다."[41] 그는 대부가 이자 없이 이뤄져야 한다는 주장에 머물지 않고, 손실에 대한 보상으로서의 이자지불과 [흔히 동산압류의 권리가 동반되는] 지대부담(rent-charges)에 투자하는 관행—이 둘 모두 당대의 교회법이 용인했다—을 공공연히 질타하고 대부행위업자의 성체와 면죄 그리고 기독교식 장례를 모두 거부하곤 했다.

이러한 윤리강령에 입각해 있던 루터는 자연히 그가 살던 시대에 전형적으로 나타나던 현상들—동방과의 사치품 무역, 국제금융, 외

---

40) *Von Kaufshandlung und Wucher*, 같은 책, vol. xv, p.295.
41) *An den christlichen Adel*, 같은 책, vol. vi, p.466(R.H. Murray, Erasmus and Luther, 1920, p.239에서 인용).

환투기, 기업합병, 독점― 을 대단히 충격적으로 바라본다. "캘리컷과 인도 등지에서 은, 보석, 향신료 같은 물품을 들여와서 ……나라와 국민의 화폐를 유출하는 외국무역은 ……금지되어야 한다. ……기업연합에 관해서는 정말 할 말이 많지만, 탐욕과 부정으로 그득하여 밑도 끝도 없는 일이 될 것이다. ……도대체 기업연합이―신권이나 교회법을 거론할 필요도 없이―이교국가의 시민법조차 명백히 해악적인 것으로서 비난하는, 노골적인 독점체임을 알아채지 못할 정도로 어리석은 사람은 없을 것이다."[42]

우리는 이처럼 단호한 '방종의 적'[루터]은 당연히 법의 수호자였으리라고 기대한다. 경제적 탐욕을 혐오했던 루터가 그런 욕망을, 적어도 이론적으로나마 제어했던 규제들을 동지라며 환영했으리라고 상상하는 것이다. 물론 실제로는 교회법과 규율의 메커니즘에 대한 그의 태도는 그 반대였다.

그것은 단순한 무관심을 넘은 반감에 가까운 태도였다. 개인의 탐욕에 채찍을 휘둘렀던 예언자는 사회가 그것에 부과한 규제들은 쇠갈고리로 내리쳤다. 기독교 사랑의 이상적 윤리를 설파했던 사도는 기독교교회라는 단체조직에는 추상같은 논법으로 맞섰다. 대부분의 역사에서, 인간제도는 인간의 희망을 비극적으로 농락해왔기 때문에, 인류가 행하거나 만든 거의 모든 것을 미워하면서도 인류를 사랑했던 사람들이 있었다.

숭고한 이론과 가증스러운 현실 간의 격차가 오랜 세월을 거치며 참을 수 없을 정도로 벌어져버린 시대를 살았던 루터야말로 가장 좋은 예다. 그는 이타적인 사랑을 설교하면서도, 그런 사랑을 구체적으로 표현하려고 만든 모든 제도로부터는 몸서리치며 뒤로 물러선

---

42) *Von Kaufshandlung und Wucher*, 같은 책, vol. xv, pp.293~294, p.312.

다. 그는 중세의 경제적 가르침에 담긴 교훈을 문자 그대로 받아들이며—이런 태도는 중세 말의 사상가들에게는 좀처럼 찾아볼 수 없다—강조했지만, 애석하게도 그런 교훈을 불완전할지는 모르나 긍정적으로 구현했던 규율이나 법령에는 반감만을 드러냈다.

신은 성직(聖職)이나 인간이 만든 사회적 제도들의 매개를 통하는 것이 아니라, 심령 안의 오로지 심령 안에만 있는 목소리로서, 인간의 영혼에 일대일로(*solus cum solo*) 말씀하신다. 그리하여 정신과 감각[교회와 세속]의 세계를 연결하는 교량들은 무너졌고, 영혼은 인간 사회로부터 격리돼서 '창조주'와 직접 교감할 수 있게 되었다. 영혼에 보상 없이 주어진 은혜는 영혼의 사회적 관계들 속으로 넘쳐흐를 수도 있지만, 그 관계들은 은혜가 더 쉽게 수용되도록 하기 위한 정신적 자양분을 조금도 공급할 수 없다.

타락한 천사가 치명적인 임무를 띠고 뛰어든 원시의 혼돈처럼, 그런 관계들이란 야수들의 카오스, 마른 뼈들의 광야이며 성화(聖化)에 이바지할 수 없는 부정한 사막이다. "확실한 것은, 외적 세계—이를 무엇이라고 부르든—의 어느 무엇도 기독교적 의로움이나 자유를 만드는 데 전혀 아무런 영향을 미칠 수 없다는 점이다. ……하나, 오직 한 가지만이 생명, 칭의(稱義), 기독교적 자유를 위해 필요하거니와, 그것은 신의 가장 거룩한 말씀, 곧 그리스도의 복음이다."[43]

먼저 신을 사랑한 결과로 인간을 사랑하는 것과 인간에 대한 사랑이 커져서 신을 사랑하게 된 것의 차이는 얼핏 보면 그리 심각하지 않은 것 같다. 루터에게 이 둘은 전혀 다른 것으로 비쳤다. 그리고 그가 옳았다. 어떤 점에서 그 차이는 종교개혁 자체였다. 루터는 그리

---

43) *Concerning Christian Liberty*, in Wace and Buchheim, *Luther's Primary Works*, 1896, pp.256~257.

하지 않았지만, 그의 주장을 논리적으로 추적하면 선행뿐 아니라 성례와 교회도 불필요하게 된다. 강조점의 이러한 변화가 지닌 종교적 의의나 루터가 결론에 도달하기 위해 거친 지적 과정의 타당성을 탐구하는 일은 신학자들의 몫이다.

그러나 그것이 사회이론에 미친 영향은 엄청났다. 구원이 심령 안에서 오직 은혜로만 주어진다면, 개인의 영혼과 조물주 사이를 매개했던 조직종교[즉 가톨릭교회]의 전 체계—신이 위임한 위계, 조직적인 활동, 법인제도들—는, 행위의 종교[가톨릭]의 불경스럽고 하찮은 장치로 무너져내린다. 중세적 사회질서, 곧 하나의 영적 목적에 다양한 정도로 기여하는 구성원들의 정밀하게 연결된 유기체라는 개념은 산산조각이 났고, 더 큰 통일체 안에서의 고유한 특징들이었던 차이들은 이제 피차 화해할 수 없는 적대관계에 놓이게 되었다.

은혜는 더 이상 자연을 완성하는 것이 아니라 그것과 대립했다. 사회구성원으로서 인간의 행위들은 이제 신의 자녀로서 삶의 확장이 아닌, 부정이 되었다. 세속적 이해관계들은 모든 종교적 의미를 상실했고, 종교와 경쟁할지언정 종교를 풍요롭게 할 수는 없었다. 상세한 행위준칙들—일종의 기독교적 결의론(決疑論)[casuistry, 도덕상 행위의 선악을 윤리적, 사회적 관행의 관점에서 결정하는 것]—은 불필요하거나 혐오스러웠으니, 기독교인에겐 성경과 자기 양심이라는 안내자만으로 충분하기 때문이다. 어떤 점에선 세속적 삶과 종교적 삶의 구분이 사라졌다.

말하자면 수도원주의가 세속화된 것인데, 이제부터는 모든 인간이 신 앞에서 동등한 관계에 서게 되었다. 차후 모든 혁명의 맹아를 담은 이런 진전은 그 외의 모든 것을 사소하게 만들 정도로 엄청난 것이었다. 또 다른 점에서 보면, 그런 구분은 그 어느 때보다도 확실해졌다. 왜냐하면 이론적으론 누구나 성화(聖化)를 이룰 수 있지만,

실제로는 오직 영적인 삶을 사는 자만이 거기에 참여할 수 있기 때문이다. 세상은 선과 악, 빛과 어둠, 정신과 물질로 나뉘었는데, 그 간극은 절대적이어서 인간 편에서 어떤 노력을 해도 메울 수 없었다.

이런 변화가 먼 훗날 어떤 결과를 가져다줄지에 관해선 차후 세대가 말해줄 것이다. 루터 자신은 일관성이 없었다. 그는 중세의 사회적 가르침의 내용은 승인하면서 그것이 요구하는 교회의 제재는 거부할 수 있다고 믿었고, 선행이 구원에 기여한다는 점을 맹렬히 부인했지만 그것이 구원의 열매라고 그 못지않은 열정으로 주장했다. 그는 사회문제들에 관한 자신의 저술들에서 전통적 기독교윤리를 강조하면서 그것이 가시화된 제도적 장치는 승인하지 않았다. 정신과 문자, 형식과 내용, 은혜와 행위 간에 발생하는 비극적 갈등 속에서 적어도 그가 의도한 것은, 경제문제에서 선한 양심의 규율들을 폐기하는 것이 아니라 그것들을 엄청난 노력으로 단순화함으로써 정화(淨化)하려 한 것이다.

중세적 자선, 동업자조합, 탁발수도회, 종교적 축일, 성지순례 등에 대한 그의 비난은, 이것들이 현실적으로 오용된 데서 기인하기도 했지만, 공로(merit)가 일상생활의 통상적 의무를 양심적으로 이행하는 것 이외에 어떤 특별한 기구들을 동원함으로써 얻어질 수 있다는 사상을 거부한 데서 불가피하게 비롯됐다. 그가 교회법의 폐지를 요구한 것은 성경이 모든 행위를 위한 충분한 지침이라는 믿음의 당연한 귀결이었다.

그는 교회의 규율을 전적으로 내친 것은 아닐지라도 그것을 못 견뎌했다. 그의 주장에 따르면, 크리스천은 그에게 그의 의무를 가르치거나 그것을 소홀히 했을 때, 그를 교정해줄 어떤 정교한 메커니즘도 필요로 하지 않는다. 그가 가진 성서와 양심만으로 충분하니, 그것들에 귀를 기울이게 하라. "현세적 재화의 모든 거래에서 ……자신의 이웃을 상대해야 하는 모든 사람에게 최상의 가르침은 '네가 대접받고자 하는 대로 너도 남을 대접하라'와 '네 이웃을 네 몸과 같이 사랑하라'는 계명들을 스스로에게 되묻는 것이다. 이것들을 철저히 따른다면 모든 일은 스스로 움직이며 풀려갈 것이다. 그러면 법전도, 법정도, 사법적 조치들도 불필요하게 될 터인데, 각 사람의 마음과 양심이 그를 인도할 것이기 때문에, 모든 것은 소동을 일으키지 않고 또 복잡하지 않게 바로잡힐 것이다."[44]

"모든 일이 저절로 풀리리라." 맞는 말이다. 그러나 그렇게 되지 않는다면? 진정 감성이 이성을, 웅변이 법을 적절히 대체할 수 있는가? 사회적 의무가 개인에게 안겨주는 문제가 애초에 문제란 없다고 통보함으로써 해결되는가? 만약 내면적 삶이 종교의 영역이라면 외적 세계는 부득이 종교와 무관해진다는 말은 진실인가? 제도와 법의 세계와 영적 세계가 별개라고 일축한다면, 이는 기독교윤리를 전파하는 책무—중세학자들은 공동의 목적에 연결된 가치들의 위계라는 개념을 가지고, 아무리 불충분할지라도 기독교윤리를 위한 교의를 발견하기 위해 분투했다—를 직시하기보다는 오히려 포기하는 것은 아닐까?

한 가톨릭 합리주의자는 법과 학식에 대한 루터의 경멸적인 배척에 대해 지레 답한 바 있거니와, 그는 교회가 착취를 금한다 해도, 만일 그런 금지규정이 적용되는 거래들을 밝히려는 지적 작업을 수행할 준비가 되어 있지 않다면, 그것은 도로(徒勞)에 그치리라고 다그쳤다.[45] 피콕의 '상식에 기댄 정화(淨化)'가 애초부터 루터의 취향과 맞지 않았다는 것은 애석한 일이었다.

---

44) *Grosser Sermon vom Wucher*, in Werke, vol. vi, p.49.
45) 앞의 제1장, 각주 73 참조.

루터는 온갖 악담을 퍼부으며 탐욕을 총체적으로 비난했다. 그러나 단치히당국이 대부행위를 단속해야 하는지 묻는 구체적 질문에 대한 자문을 구하자, 명확한 답변을 피했다. "설교자는 오직 복음의 원칙만을 설교해야 하며 각자의 양심을 따르는 일은 개인에게 맡겨야 한다. 이를 받아들일 자는 받아들여라. 그는 하나님의 영이 앞으로 나아가도록 권고하는 기꺼운 심령들을 복음이 인도하는 지점보다 더 멀리 가도록 강요받아서는 안 된다."[46]

루터의 무력함은 우연이 아니었다. 그것은 종교를 규칙과 법령으로 구체화한다면 이는 종교를 타락시키는 것이라는 그의 근본사상에서 직접 기인했다. 그는 교회법학자들의 결의론을 공격했고, 실제로 그들의 가르침에는 그의 비판이 정당했음을 보여주는 대목이 무수히 많았다. 그러나 악법의 치유책은 좋은 법을 만드는 것이지 법을 폐기하는 것이 아니다. 결의론이란 단지 일반원칙들을 개별사례들에 적용하자는 것이며, 교회법이든 세속법이든 살아 있는 법체계라면 반드시 그런 사례들과 부딪치기 마련이다.

만일 루터가 말한 원칙들이 아주 숭고해서 상업과 정치의 거친 세계 속에서 오염되면 안 된다는 이유로 적용될 수 없다면, 그런 원칙들에서 남는 것은 무엇인가? 그가 푸거 가와 농민들을 향해 퍼부었던 비난들, 그가 『교역과 대부행위에 관하여』(*On Trade and Usury*)라는 소책자에서 주장했던 것 같은 기독교의 자비와 검약이 지배했던 목가적 삶에 대한 열망, 이런 것들이 전부이리라. 경건한 웅변은 사람들을 교화하기도 하지만, 그것이 사도 바울이 권고했던 갑옷과 투구가 될 수는 없다.

---

46) Neumann, *Geschichte des Wuchers in Deutschland*, Beilage F, pp.618~619에 실림.

"영혼은 생명과 죄사함을 받기 위해 오직 말씀만 필요로 하듯이, 행위가 아니라 오직 믿음으로만 의롭다 함을 얻는다. ……그러므로 모든 크리스천의 첫째 가는 책무는 행위에 대한 일체의 의존을 멈추고 오로지 믿음을 더욱 굳건히 하는 것이다."[47] 루터의 종교적 전제들의 논리는 과거의 사회윤리에 대한 그의 집착보다 후손에게 더 강력한 영향을 미쳤고, 후손들과 무관하게 그 자체의 단호한 결론들을 발전시켰다. 그것은 영적 체험을 대단히 풍요롭게 했고, 루터도 혐오했을 새로운 자유들이 생성되는 씨앗을 뿌렸다.

그러나 그것은 프로테스탄티즘의 사회사상에 이원주의를 각인시켰으니, 그 영향이 본격화되면서 종교는 사회적 내용을 잃어버렸고, 사회는 그 영혼을 상실했다. 빛과 어둠 사이에 커다란 심연이 파인 것이다. 한 단계 한 단계 위로 올라갈 수 없게 된 인간은 구원과 저주 사이에서 선택해야 한다. 그가 진정한 믿음만이 발견되는 험준한 정상에 도달하는 데 절망한다 할지라도, 인간이 만든 어떤 제도도 그를 도울 수 없다. 이것이 사람들이 대부분 처할 운명이라고 루터는 생각한다.

루터 스스로도 자신이 세속적 활동의 세계를 영적 규제로부터 위험천만하게 분리했다는 점을 알고 있었다. 한편으로는, 신비한 신의 섭리의 '장엄한 불합리'—그 섭리의 명령은 파기되지도 않고, 소수를 제외하면 지켜질 수도 없다—에서 지극한 희열을 맛보는 사람으로서, 그는 이 난점을 그것이 극복될 수 없다는 것을 인정함으로써 대처했다. 다른 한편으로 그는 사회윤리의 영역을 국가가 점유하도록 호소함으로써 그 난점에 응했는데, 사회윤리에 관한 한 그의 철학이 교회 안에서 들어설 자리는 없었다.

"이제 질문은 이것이다. '그러면 누가 구원을 받고, 우리는 어디에

---

47) *Concerning Christian Liberty*, in Wace and Buchheim, 앞의 책, pp.258~259.

서 크리스천을 발견할 것인가? 왜냐하면 이런 식이라면 지구상에는 어떤 상행위도 남아 있지 않을 것이기 때문이다.' ……당신들은, 내가 말한 대로 크리스천이 이 땅에서 아주 드문 종족이라는 것을 알고 있다. 그러므로 세상이 황폐해지고 평화가 사라지고 상업과 공공의 이익이 파괴되지 않으려면, 이 세상에는 엄중하고도 단호한 시민적 규율이 필요하다. ……세상이 피를 흘리지 않고 다스려질 수 있다고 생각할 필요는 없다. 국가의 검(劍)은 피로 붉게 물들 것이고 또 그래야 한다."[48]

그리하여 도끼가 화형주를 대체하고, 제단에서 축출된 권위는 왕좌에서 새롭고도 더욱 안전한 서식처를 발견한다. 기독교윤리를 유지하는 일은 신뢰를 잃은 교회당국에서 국가의 손으로 옮아갈 것이다. 유니콘과 샐러맨더[일각수와 불도마뱀]의 존재를 회의하던 마키아벨리와 헨리 8세의 시대는 저 희귀한 괴물, 곧 신을 두려워하는 경건한 군주에 대한 숭배에서 사람들의 맹신(盲信)을 위한 재료를 발견했다.

III. 칼뱅

종교개혁 이후 2세기 동안 가장 독특하고 영향력 있는 형태의 프로테스탄티즘은 칼뱅의 가르침으로부터 이러저러한 경로를 거쳐 나온 것이다. 칼뱅주의는 그 연원인 루터주의와 달리 여러 나라에서 다양한 형태로 나타났고, 평화가 아닌 검(劍)을 가져왔으며, 그 과정은 혁명들로 점철된 국제적 운동이 되었다.

루터주의는 사회적으로 보수적이어서 기성의 정치적 권위에 경

---

48) *Von Kaufshandlung und Wucher*, in *Werke*, vol. xv. p.302.

의를 표하고 거의 정적주의적인 사적 경건함을 옹호했지만, 칼뱅주의는 적극적이고 급진적인 세력이었다. 그것은 개인의 정화(淨化)뿐 아니라 교회와 국가의 재건 그리고 사적이고 공적인 삶의 모든 영역에 종교의 영향을 침투시킴으로써 사회를 쇄신하려는 신조였다.

여기서는 칼뱅주의의 수많은 정치적 태도에 관해 상술하지는 않을 것이다. 그것은 삶의 방식과 사회이론으로서, 처음부터 새롭고도 중요한 하나의 특징을 드러냈다. 그것은 비교적 발전된 경제조직을 가정했고, 그것에 토대를 둔 사회윤리를 제창했다. 이 점에서 많은 것을 칼뱅에게서 직접 끌어온 청교도도덕주의자들의 가르침은 중세 신학자들과 루터의 그것과는 뚜렷이 대비된다. 도출된 결론들뿐 아니라 논의의 지평 또한 달랐다.

대부분 중세 사회이론은 물론이고 루터와 그의 동시대 영국인들의 배경은 농촌사회의 전통적 계층구조다. 그것은 화폐경제가 아닌 자연경제로서, 소규모 장이 서는 마을에서 행해지는 농부와 수공업자 간의 사소한 거래들이 주를 이룬다. 거기에서 산업은 가족의 생존을 위해 수행되고 부의 소비는 그것의 생산에 연이어서 일어난다. 상업과 금융은 전 체제를 돌아가게 하는 동력이 아니라 이따금 일어나는 부수적인 일이다. 사람들이 경제적 폐해를 비난할 때, 그런 비난은 정확히 자연적 질서로부터의 이탈—아우성치는 경제적 욕구들로 기존 질서의 안정을 혼란에 빠뜨리는 사업, 탐욕스러운 이익추구, 멈추지 않는 경쟁 등—을 겨냥한 것이다.

이런 개념들은 부도덕한 상업주의의 해악들에 대한 전통적 항변이었으며, 스위스 개혁가들의 저술에 일정하게 그 흔적을 남겼다. 가령 사회에 대한 시각이 루터와 칼뱅의 중간쯤에 위치한 츠빙글리는 사유재산은 죄에서 기원한다는 잘 알려진 논지를 반복하면서, 부자는 천국에 들어가는 것이 사실상 불가능하다고 경고한다. 또한 '분명 성령의 뜻대로 소집된' 콘스탄스와 바젤의 공의회가 농작물을 담보로 토지를 저당 잡는 일을 눈감아줬다고 비난하고, 국가가 용인한 이자는 물어야 한다고 강조하면서도 이자 자체는 하나님의 법에 역행한다고 책망한다.[49]

착취를 금하기 위해 취리히와 제네바에서 시도된 것들에 관하여는 아래에서 더 언급할 것이다. 그러나 자본주의를 향한 이런 활발한 비난들은 실제적 삶의 지침을 제공하기 위한 것이 아니었다. 왜냐하면 이자를 허용한 세속법률에 순응하는 것은 개인의 의무였으며, 당시에 그런 비난들은 더 이상 개혁교회 좌파진영이 내린 결론을 대표하지도 않았기 때문이다. 칼뱅 그리고 뒷날의 해설자들은 더욱, 강의 하류를 따라 더 멀리 항해하기 시작했다. 경제적 삶을 농부와 신비주의자의 눈으로 바라본 루터와 달리, 그들은 실무자로서 거기에 접근했으며, 처음부터 농촌공동체의 가부장적 덕목을 이상화하거나 상업과 금융에서의 자본주의적 기업이라는 엄연한 현실에 의혹의 눈길을 보내지 않았다.

칼뱅주의는 초대기독교와 근대의 사회주의가 그렇듯이, 주로 도시적 운동이었다. 또한 그것들처럼 초기에는 어느 정도 이주상인과 노동자들을 통해 이 나라 저 나라로 옮아갔으며, 그것의 거점은 전통적 사회윤리 체계―경제적 이익을 인간사의 아주 사소한 측면으로 간주했던―를 시대에 뒤졌거나 부자연스러운 것으로 보았을 것이 틀림없는 바로 그 사회집단들이었다.

제네바에 본부를 둔 신앙의 주창자들에게 그리고 훗날에는 거대

---

49) Zwingli, *Von der göttlichen und menschlichen Gerechtigkeit, oder von dem göttlichen Gesetze und den bürgerlichen Gesetzen*. R. Christoffel, *H. Zwingli, Leben und ausgewählte Schriften*, 1857, pt. ii, p.313 이하에 수록. 또한 Wiskemann, 앞의 책, pp.71~74 참조.

상업중심지들—배후에 산업지역이 있던 앤트워프, 런던, 암스테르담 등—에 있는 그 신앙의 가장 영향력 있는 추종자들에게 통상 예상되듯이, 그 신앙의 지도자들은, 물론 전적으로 그런 것은 아니지만 대체로 그 시대의 삶에서 가장 근대적이고 진보적인 부분을 형성했던 무역과 산업 종사자 계급들을 향해 자신들의 가르침을 설파했다.

그런 일을 하면서 그들은 자본, 신용과 은행업, 대규모 상업과 금융 그리고 기업세계의 여타 현실적 사실들의 필요성을 솔직하게 인정함으로써 출발했다. 그리하여 그들은 '생존에 필요한 것을 넘어서는' 경제적 이익에 집착하는 일은 비난받아 마땅하다고 여기며 중간 상인들을 기생충으로, 대부업자를 도둑으로 낙인찍었던 전통과 결별했다.

그들은 중세의 저술가나 루터의 눈에는 간신히 '부당이득'(*turpe lucrum*)이라는 견책을 면했을 교역과 금융에서의 이윤을 노동자의 소득과 지주의 지대와 동일하게 점잖은 수준에서 취급했다. 칼뱅은 한 편지에서 "왜 사업에서 얻은 소득이 토지소유에서 얻은 것보다 더 크면 안 되는가? 도대체 상인의 이윤은 어디에서 오는가? 상인 자신의 번민, 근면, 노력 때문이 아니던가"라고 질문을 던졌다.[50] 부처가 상인의 속임수와 탐욕을 비난하면서도 모직산업을 중상주의적 노선에 따라 발전시킬 것을 영국정부에 촉구한 것은 이런 말에 담긴 정신과 아주 부합했다.[51]

칼뱅과 그의 추종자들의 생각에서 가장 중요한 것은 산업·상업 계

---

50) 라틴어 원문. "Quid si igitur ex negociatione plus lucri percipi possit quam ex fundi cuiusvis proventu? Unde vero mercatoris lucrum? Ex ipsius inquies, diligentia et industria"(Troeltsch, *Die Soziallehren der Christlichen Kirche*, p.707에 인용).

51) Bucer, *De Regno Christi*.

급들의 환경이었기 때문에, 그들은 그 환경의 현실적 필요성과 타협해야 했다. 문제는 경제생활을 도덕적으로 만들어야 한다는 종교의 가르침을 그들이 포기했다는 것이 아니라, 그들이 도덕화하려고 했던 삶은 상업문명의 주된 특징들을 당연한 것으로 간주하며, 바로 그런 조건들에 적용하기 위해 자신들의 가르침을 설계했다는 점이다.

다음에 보게 되듯이, 초기의 칼뱅주의는 경제적 업무를 수행하기 위한 그 자체의 아주 엄정한 원칙을 가지고 있었다. 그러나 더 이상 그것은 경제적 동기의 전 영역을 영적 삶과 어긋나는 것으로 의심하거나, 자본가를 늘 이웃의 불행을 이용해 부자가 된 사람이라며 불신하거나, 가난을 그 자체로 덕스러운 것으로 간주하거나 하지 않았다. 아마 칼뱅주의는 경제적 덕목들을 수용하고 성원했다고 말할 수 있는 최초의 체계적인 일군의 종교적 가르침이었을 것이다.

그것의 적은 부의 축적이 아니라 방종과 과시를 위한 부의 남용이다. 그것이 추구하는 이상은 근면한 노동으로 자신의 성품을 단련하며, 신이 용납하는 직무에 전념할 줄 아는 사람들이 균형 잡힌 진지함으로 부를 추구하는 사회다.

칼뱅의 이름과 결합된 대부행위의 원리는 바로 사회적 관점의 그런 변화에 비춰서 해석되어야 한다. 그것의 의의는 그것이 경제분석 기법의 새 국면을 보여줬다는 데 있는 것이 아니라 증가일로에 있던 강력한 사회적 이해관계들이 존경할 만한 새 지위를 얻었다는 점을 수용했다는 데 있다. 그때까지 종교이론은 그것들을, 현실적으로 아무리 제어하기가 힘들다 할지라도, 기껏해야 모호한 성격을 지녔거나, 최악의 경우에는 명백하게 부도덕한 것으로 간주해왔다.

엄밀하게 해석하면, 칼뱅 사후 한 세대가 흐른 뒤 영국의 한 신학자가 했던 다음의 유명한 언명은 그 엄정함이 아니라 너그러움으로 현대의 독자들을 놀라게 만든다. "칼뱅은 마치 약제상이 독약을 취급하듯이 대부행위를 대했다."[52] 이런 변론은 정당한데, 외콜람파디우스에게 쓴 그의 편지도, 같은 주제를 다룬 그의 설교도 금융가의 상행위에 대한 도를 넘은 관용을 드러내지는 않았기 때문이다.

이자는 합법적이지만 공식적인 최대치를 넘지 않아야 하고, 최대치가 정해졌을지라도 빈자에 대한 대출에는 이자를 부과하지 말아야 하며, 채무자가 채권자보다 이익을 적게 거두어서는 안 되고, 과도한 담보를 요구하지 말아야 하며, 임시방편으로 허용된 것을 정규적으로 행한다면 비난받아야 하고, 누구도 자기 이웃에게 손해를 끼치면서 경제적 이익을 취해서는 안 된다는 등 조건들이 따라붙었던 것이다. 대부업을 묵과하되, 이처럼 당혹스럽고 복잡한 조건들이 충족돼야 한다면, 신앙심이 깊은 대부업자들에게는 맥 빠진 위로가 될 수밖에 없었을 것이다.

당대 사람들이 해석하기에 칼뱅이 보여주려 했던 것은, 채권자의 자본으로 수익을 거둔 채무자는 이윤의 작은 일부를 양도하는 것이 정당하고, 이자의 탈취는 만약 그것이 "채권자가 채무자의 땀으로 부자가 되고 채무자는 자기 노동의 보상을 거두지 못한다"는 것을 의미한다면 옳지 않다는 점이었다. 시대에 따라서는 이러한 교의들이 금융업을 옹호하기보다는 공격하는 것으로 간주되기도 했다. 칼뱅이 대부이론에 대해 구체적으로 기여한 바가 특별히 독창적이었다고 볼 수도 없었다.

그는 빈틈없는 법률가로서 일관성을 잃지 않았고, 루터의 이상주의에 물들지도 않았다. 아마도 그는 자신의 교의를 이미 교회법이 그 주제를 취급하며 지나온 긴 발전과정에서 그저 한 단계를 추가한 것에 불과하다고 생각했을 것이다. 칼뱅 이전에도 마요르(George

---

52) Roger Fenton, *A Treatise of Usurie*, 1612, p.61.

Major)라는 사람이 빈자의 곤궁으로부터 짜낸 이자와 부유한 상인이 빌린 자본으로 벌어들인 이자를 구별할 것을 강조했는데, 부자에 대한 대출금에 적정한 이자를 용인했던 그의 입장은 이미 멜란히톤이 다소 망설이긴 했지만 취했던 태도와 동일했다.

조직가며 엄격한 교사였던 칼뱅을 사회윤리에서 느슨함을 옹호했던 원조로 그리는 일은 전설처럼 오래되고 익숙한 이야기다. 경제혁명에서 또 하나의 혁명을 일궜던 당사자[마르크스를 이름]가 그랬듯이, 그도 그의 전파자들에게 "나는 칼뱅주의자가 아니다"라고 항변했을지 모른다.

그러나 전설이란, 세부적으로 틀린 것 못지않게 실질적으로는 옳은 것이기 십상인데, 비판자나 옹호자 모두 자본에 대해 칼뱅이 취한 태도를 하나의 분수령으로 간주한 것은 정당했다. 칼뱅의 업적은 그가 논의의 지평을 바꿨다는 데 있다. 그는 대부의 윤리를 대부행위에 관한 일군의 특정한 교의에 호소하여 판단해야 할 문제가 아니라, 기독교공동체의 여러 사회관계라는 보편적 문제의 한 특수한 사례로서, 기존의 환경에 비추어 해결해야 할 문제로 취급했다.

이 주제에 관한 칼뱅의 논의에서 특기할 점은 그가 신용을 사회생활에서 정상적이고 불가피한 일상사로서 취급했다는 것이다. 따라서 그는 구약과 교부들에서 자주 인용되는 문구들을, 더 이상 존재하지 않는 상황을 위해 작성됐던 것들이기 때문에 부적절하다고 일축한다. 그는 자본에 대한 이자의 지불은 토지에 대한 지대의 지불처럼 합리적이며, 그것이 자연적 정의와 황금률["무엇이든지 남에게 대접을 받고자 하는 대로 남을 대접하라," 마가복음 7 : 12]이 명하는 정도를 넘지 못하도록 조심해야 할 의무는 개인의 양심에 맡겨야 한다고 주장한다.

요컨대 그는 새로운 시작을 하고 있거니와, 영원한 것은 "이자를 취하지 말라"(신명기 23 : 19~20)는 명령이 아니라 '공평과 정직'이라고 단언하며, 기독교 전통을 떠나 상업적 상식—그는 이것이 기독교적이리라고 희망할 정도로 자신감이 넘친다—에 호소한다. 이런 견해에 따르면, 크리스천은 모든 착취를 피해야 한다. 그러나 자본과 신용은 필요불가결한데, 금융가는 버림받은 존재가 아니라 사회의 유익한 구성원이며, 이자를 받고 빌려주는 행위도 이율이 합리적이고 빈자에게는 무상으로 이뤄진다면, 인간사를 꾸려나가는 데 반드시 필요한 여타의 경제적 거래들보다 그 자체로 더 강탈적이라고 볼 수는 없다.

상업적 관행의 현실을 출발점으로 받아들인 것은 매우 중요한 의미를 지닌다. 그것은 칼뱅주의와 그 분파들이 미래의 가장 중요한 특징이 될 활동들의 손을 들어주었다는 것을 의미했으며, 그런 활동들을 포기하는 것이 아니라 그것들이 제공하는 기회들을 하나님의 영광을 위해 사용하라는 책무에 쉼 없이 전념함으로써 크리스천의 삶을 살 수 있고 또 살아가야 한다고 촉구하고 있었다.

도시적 산업과 상업적 사업의 바로 이와 같은 실천적 기초 위에서 칼뱅주의적 사회윤리의 구조가 축조되었다. 그것의 신학적 배경은 아무나 탐구할 수 있는 것은 아닐 것이다. 그러나 아마추어라 할지라도, 만일 그가 실천적 결론들이 신학적 전제들로부터 논리적으로 불가피하게 도출되는 체계란 지금까지 사실상 없었다고 느낀다면, 그의 시도는 용서받을 수 있으리라.

칼뱅에 따르면, "신은 첫 번째 인간[아담]의 타락을 예견했을 뿐 아니라 ……또한 그 자신의 의지의 결정에 따라 모든 것을 예비해놓았다."[53] 신은 특정 개인들을 "인간의 공로와는 전적으로 무관하게,

---

53) Calvin, *Institutes of the Christian Religion*, J. Allen (옮김), 1838, vol. ii,

그의 편에서 값없는 자비"를 베풀어 영원에서부터 구원을 예정한 '선택받은 자들'(the elect)로 택했고, "공의롭고 순결하나, 인간이 이해할 수 없는 심판을 통하여" 남은 자들을 영원한 저주에 처하게 만들었다.[54]

요약하면, 구원은 그것을 위해 아무런 기여도 할 수 없는 인간 자신이 아닌 객관적 권능(Power)이 하는 일이다. 인간의 노력, 사회제도, 문화의 세계는 아무리 노력해도 구원과는 상관이 없으며, 최악의 경우에는 해악적이다. 그것들은 인간을 그의 존재의 진정한 목적에서 관심을 돌리게 만들어 상한 갈대에 의지하도록 부추긴다.

그 목적이란 개인의 구원이 아닌 하나님을 영화롭게 하는 것인데, 이는 기도뿐 아니라 행동, 곧 분발하고 노력해서 세상을 성화하는 일이다. 칼뱅주의는 개인의 공로를 전적으로 부인하면서도 지극히 실천적이기 때문이다.

선행은 구원을 얻는 길은 아니지만, 구원을 얻었다는 증거로서 필수적이다. 이 점이야말로 종교윤리의 가장 핵심적인 역설―어떤 '권능'이 좀더 심오한 의미에서, 이미 세상을 위해 최선의 것을 예비해놓으셨고 자신들은 그저 미천한 도구일 뿐이라고 확신하는 사람들만이 세상을 뒤엎는 데 필요한 담력과 용기를 지닌다는―을 각별히 드러내준다.

칼뱅주의자에게 세상은 신의 영광을 드러내도록 예정돼 있으며, 크리스천의 의무는 그러한 목적을 이루기 위해 사는 것이다. 그는 개인적 삶을 규율하고 성화된 사회를 만들어가야 한다. 그가 속한 교회, 국가, 공동체는 개인구원의 수단이면서 그의 현세적 필요를 충족

---

p.147(bk. iii, ch. xxiii, par. 7).
54) 같은 책, vol. ii, pp.128~129(bk. iii, ch. xxi, par. 7).

시켜야 하지만, 또한 '그리스도의 왕국'이 돼야 한다. 거기에서 개인의 책무는 자신들이 "언제나 위대한 감독자[하나님]의 눈 아래" 있다고 의식하는 사람들이 수행하며, 그 전체 구조는 전 영역을 아우르는 엄중한 규율 덕분에 타락하지 않고 보존된다.

모든 시대에서 개혁이나 혁명의 추동력은 사회의 외적 질서 그리고 개인의 양심 혹은 이성이 정당하다고 인정한 도덕기준 간의 대비(對比)를 깨닫는 데서 온다. 당연하게도 그런 불일치는 16세기와 18세기 같은 급속한 물질적 진보의 시대에 가장 극명하게 감지된다. 종교개혁을 일으켰던 사람들은 중세가 황금빛의 가을—그 시대의 그 모든 부패와 폭정의 와중에도 아에네아스 실비우스(Aeneas Silvius)의 뉘른베르크와 프랑크푸르트 그림들에서 그리고 뒤러의 목판화들 속에서 여전히 빛나던—속으로 저물어가는 것을 보았다.

그리고 이미 경제적 번영의 새벽이 펼쳐지고 있었다. 그 약속은 찬란했다. 그러나 동시에 그것은 냉소적 물질주의를 동반했다. 그것은 기독교적 덕목이 의미했던 모든 것을 부인하는 것처럼 보였고, 그것이 다름 아닌 기독교교회의 수도[로마]에서 최고조에 달했다는 점 때문에 더욱 끔찍했다. 이론과 실제 간의 격차에 놀란 사람들은 절박한 상황에 대한 해결책을 찾기 위해 동분서주했다.

독일의 개혁가들은 하나의 길을 따라서 갔고 초대교회의 단순함으로 돌아가자고 설교했다. 그러나 지난 두 세기가 성취한 것들을 누가 지울 것이며, 과학이 진즉 열어준 새로운 세상을 누가 없앨 것인가? 인본주의자들은 다른 길을 택했는데, 그 길은 미신과 야만과 탐욕에 대한 이성의 승리가 인류의 점진적 갱생을 가져오리라고 약속했다.

그러나 그렇게 멀리 있는 완성될 때를 기다릴 자 누구인가? 세 번째 길도 있지 않았을까? 정화되고 단련만 된다면, 경제적 성공이 요구한 바로 그 자질들—검약, 근면, 진지함, 소박함—이 결국엔 그 자체로 기독교 덕목들의 최소한의 토대가 될 수 있지 않을까? 방탕한 세계와 영적 삶 사이에 벌어진 간격은 물질적 이해관계들을 어둠의 왕국이라며 내치는 것이 아니라 오히려 그것들을 신의 제단에 봉정함으로써 메워질 수 있는 것이 아닐까?

스위스 개혁가들이 성취하려 했던 것은 윤리적 가치를 재는 전통적 척도에서의 혁명이었고, 그들이 힘들여 창출하려 한 것은 새로운 유형의 기독교적 품성이었다. 그들은 사회개혁을 위한 구상의 일부가 아니라 도덕적 갱신을 위한 기획의 일환으로서, 기업가적 삶이 배양해준 습성들을 포착해서 새로운 신성함을 날인하고는 그것들을 사회의 근본으로서 활용했는데, 가톨릭의 규율을 넘어서야만 로마에 대한 복종이 조장했던 것과 정반대되는 성품을 고착시키리라는 것이었다.

그들은 로마교회의 그 지도자들이 솔선하여 사치와 허식을 부추겼다고 생각했는데, 개혁교회의 구성원들은 검소와 절제를 몸에 익혀야 한다. 로마교회는 무분별한 구호와 겉치레의 자선을 용인했지만, 진정한 크리스천은 구걸행위를 금하고 근면과 검약의 덕목들을 고집해야 한다.

로마교회는 신도들로 하여금, 마치 인간이 창조주와 손익계산을 하듯, 개인적 선행—결국 상업적 체계로 변질된—이라는 단조롭고 의례적인 형식을 통해 세속적 삶을 속죄할 수 있다고 믿게 만들었던 반면, 진정한 크리스천이라면 자신의 삶 전체를 '주인'을 향한 봉사를 하기 위해 조직하도록 해야 한다. 로마교회는 이윤을 성공적으로 취득한 사람들에게서 뇌물을 받으면서도, 이윤 추구를 종교적 삶에 비해 하찮은 것으로 책망했지만, 크리스천은 사업 자체를 하나의 종교적 행위로서, 두렵고 떨리는 마음으로 수행해야 한다.

이런 가르침은 그것의 신학적 장단점이 무엇이든지, 경제적 활력의 물꼬를 트고 부상하는 부르주아지를 잘 규율된 사회세력으로 엮어내기 위해 정교하게 설계된 것이었다. 당시 부르주아지는 자신의 기준과 좀더 느슨한 세속의 기준의 차이를 알고 있었고, 경제적 덕목의 기수로서 자기 소명에 대해 긍지를 느꼈으며, 정치혁명과 전쟁을 포함한 모든 무기를 활용하여 그 자신의 생활방식으로 열린 길을 수호하려는 결의에 차 있었다. 왜냐하면 진정으로 중요한 것은 단순한 편의나 사리의 추구가 아니라 하나님의 뜻이었기 때문이다.

요컨대 칼뱅주의는 새로운 신학과 교회정치에 관한 새로운 교의뿐 아니라 도덕적 가치들의 척도와 사회적 행위규범의 새로운 이상을 옹호했다. 그것의 실천적 메시지는 '재능'이 아닌 '성품'을 향해 '열린 삶'이었다고 말할 수 있다.

중간계급들은 일단 세계가 자신들이 원하는 쪽으로 자리를 잡자, 자신들이야말로 신념에 불타는 폭력의 적(敵)이며 질서의 원칙에 대한 헌신적 추종자라는 것을 확신했다. 승리를 얻어내기 전부터, 그들은 도처에서 혁명의 전위에 섰다.

칼뱅이 무대는 더 좁았지만 그 가공할 성능에선 결코 뒤지지 않는 무기를 가지고, 마르크스가 19세기의 프롤레타리아를 위해 한 일을 16세기의 부르주아지를 위해 수행했다고 말한다 해도, 혹은 예정설이 다른 시대에 사적 유물론이 달래게 될 것과 꼭 같은 갈망, 곧 우주의 힘들이 선택받은 자들 편에 있다는 확신에 대한 열망을 충족했다고 말한다 해도, 전적으로 터무니없는 말은 아니다. 그는 부르주아지가 지닌 덕목들 중 최상의 것들을 기존 질서가 지닌 악덕들 가운데 최악의 것들과 극명하게 대비했고, 그들에게 그들 자신이야말로 선택받은 자들임을 자각하라고 가르쳤으며, 그들로 하여금 하나님의 섭리 안에서 자신들의 위대한 운명을 깨닫고 결연히 그것을 구현해 나가도록 만들었다.

새 법은 육신의 석판에 새겨졌으니, 그것은 교훈을 반복하여 들려줄 뿐 아니라 영혼을 조탁했다. 분쟁을 일삼고 방종에 젖은 대부분 유럽 국가들의 귀족이나 도락에 빠져 파산 직전에 있는 군주들과 비교할 때, 칼뱅주의가 가장 깊게 뿌리 내린 중간계급은 철의 인종이었다. 그들이 수차례 혁명을 이끌었고, 구세계와 신세계의 서로 다른 6개 국가의 공적 생활에 자신들이 창안한 정치적, 사회적 방책들을 각인시킨 것은 결코 놀랄 일이 아닌 것이다.

이런 가르침에 담긴 두 가지 주된 요소는 개인의 책임, 규율, 자기수련을 강조한 것과 기독교적 성품이 사회제도들 속에 객관적으로 구현되도록 만들자고 요청한 것이다. 이 둘은 논리적으로는 연결됐지만, 현실에서는 종종 불화했다. 칼뱅주의의 영향은 단순하기보다는 복잡했고, 칼뱅주의적이라고 불릴 만한 교회들 집단 너머로 퍼져나갔다. 칼뱅주의 신학은 칼뱅주의적 규율이 배척되는 곳에서도 수용되었다.

영국에서 장로교도와 독립교회파[회중주의자] 간에 있었던 극렬한 갈등도, 종교적 분파들의 통합이라는 개념 자체를 근본적으로 혐오했던 사람들이 가시적 기독교공동체—그중 한 사람은 여기에서 성서가 "실질적이고도 구체적으로 성취되리라"고 말했다—라는 개념에서 영감을 취하는 것을 막지 못했다.[55] 격렬한 개인주의와 엄정한 기독교 사회주의가 모두 칼뱅의 교의로부터 연역될 수 있었던 것이다. 이들 중 어느 것이 더 지배적이었는지는 정치적 환경과 사회계급의 변화에 따라 달리 나타났다.

무엇보다 그것은 칼뱅주의자들이 제네바와 스코틀랜드에서 그랬

---

55) Gerrard Winstanley, *A New-Year's Gift for the Parliament and Armie*, 1650 (Thomason Tracts, Brit. Mus., E. 587 [6], p.42).

듯, 다수를 점하여 자신들의 이상을 사회질서에 깊이 새길 수 있었는가, 아니면 잉글랜드에서처럼 소수자로서 적대적인 정부의 의심스러운 눈초리 아래서 수세적으로 지내야 했는가의 문제에 달려 있었다.

17세기 영국 상층계급이 호감을 가진 유형의 칼뱅주의에선 사회문제와 관련하여 개인주의 철학이 대체로 우세했다. 잉글랜드의 푸르고 쾌적한 땅을 찾아올 새 예루살렘의 비전에서 영감을 끌어왔던 사람들은 광신자나 선동가들뿐이었지만, 얼마 안 있어 [영국 시민혁명의 의회파 지도자인] 페어팍스(Thomas Fairfax)의 기병대가 그들을 환상에서 벗어나게 해주었다.

그러나 청교도주의 신학이 칼뱅의 신학이라면, 상업사회의 현실적 필요성으로 희석되고 토지귀족의 관습에 맞추어 유연해진 청교도주의의 사회개념은 규율을 세웠던 대가[칼뱅]의 그것과는 천양지차였다. 칼뱅에 비하면 로드의 사회개념은 그 자신도 자조적으로 말했지만, 잡동사니의 누더기[56][저자는 여기에서 막스 베버가 놓친 대목, 즉 초기 칼뱅주의와 후기 칼뱅주의 사회사상을 극명하게 대비시킨다]였다.

칼뱅 자신의 가르침이나 일부 칼뱅주의 공동체의 관행이 암시하듯이, 칼뱅주의가 위세를 떨치던 시절의 사회윤리는 개인주의보다는 집산주의적 독재의 기미를 더 많이 보였다. 그것은 중세의 교회체제에 대한 반발의 표출이었고, 상황이 허락하는 한 중세시대보다 더 엄격하고 포괄적인 규율을 옹호했다. 만일 몇몇 역사가의 주장대로 자유방임의 철학이 중간계급 사이에 칼뱅주의가 만연된 결과로 출현했다면, 그것은 관용이 그런 것처럼 단지 우회적으로만 나타난 것이다. 그것이 받아들여진 것은 그 자체로 칭송받을 만했기 때문이 아

---

56) *The Works of William Laud, D. D.*, ed., Wm. Scott, vol. vi, pt. i, 1857, p.213.

니라 비교적 후기 단계에서 칼뱅주의에 강요된 타협, 즉 상업적 이해의 압력에 따른 변형 혹은 다투던 정부들 간의 권력균형의 결과였기 때문이다.

그 체제의 정신은 빈곤이라는 절박한 문제를 취급하는 방식에서 드러난다. 전통적인 구빈방법들에 대한 개혁의 기운이 감지되었는데—비베스(Juan Luis Vives)는 그의 유명한 책[『빈민구제에 관하여』]을 1526년에 출간했다[57]—인문학자들과 종교인들이 재촉하자 전 유럽의 세속당국들은 그간 기껏해야 사회질서에 대한 위협 정도였고 최악의 경우엔 도덕적 불명예로 취급됐던 문제[즉 가난]에 분주히 대처하기 시작했다.

그 문제가 종교개혁의 윤리적 정신에 강력하게 호소했던 것은 자연스러웠다. 거기에 남다른 관심을 보였던 스위스 개혁가들의 특징은, 그들이 그 상황을 정치인들처럼 치안문제로 혹은 더 지적인 인문학자들처럼 사회조직문제로 본 것이 아니라, 성품문제로 인식했다는 데 있다.

칼뱅은 "일하지[일하려 하지 않는] 않는 자는 먹지도 말라"라는 사도 바울의 말을 긍정적으로 인용했고, 무분별한 자선행위를 여느 공리주의자 못지않게 호되게 비판했다. 그는 교회당국은 모든 가정을 정기적으로 방문하여 그 구성원들이 빈둥대는지, 술에 취했는지 혹은 다른 바람직하지 않은 상태에 있는지 확인하라고 촉구했다.[58] 외

---

57) *De Subventione Pauperum.*

58) "성인에 대해서 우리는 매년 반복하여 각 가정을 순찰한다. 차례로 각 열 가족의 검사가 가능할 수 있도록 우리 사이에서 도시의 구획을 정했다. 장로 가운데 한 사람이 수행원으로서 관리를 따라간다. 도시에 새로 온 주민은 조사 대상이 된다. 이미 도시거주가 허락된 자를 제외하면, 가정이 평화롭고 바르게 세워져 있는가, 이웃과 분쟁이 없는가, 주정뱅이는 아닌가, 민중의 집회에 파견되어 게으름을 부리지 않는가를 질문한다"(Wiskemann, 앞의

콜람파디우스는 구빈에 관한 소책자 두 편을 펴냈고,[59] 불링거는 수도원의 구호활동으로 생겨난 걸인의 무리를 보고 통탄하면서, 해체된 수도원의 수입 일부를 학교를 후원하고 빈민을 지원하기 위해 확보했다.[60]

1525년 츠빙글리가 작성했던 취리히의 구빈개편안에 따르면, 모든 구걸행위는 엄하게 금지됐고, 유랑자들은 다음 날 마을을 떠난다는 조건으로 구호를 받았다. 병자와 노인들은 별도 시설에서만 식량을 타야 했고, 장신구를 걸치거나 화려한 옷을 입은 사람, 교회에 출석하지 않은 사람 혹은 카드놀이를 하는 등 평판이 안 좋은 사람은 구호 받을 자격을 잃었다. 그의 전 구상의 토대는 근면 의무 그리고 근로 유인을 소홀히 하는 것의 위험성을 고취하는 것이었다. 그는 이렇게 썼다. "지금은 누구도 노동만으로는 자신을 부양할 수 없을 것이다. ……그러나 노동은 선하고 신성하다. ……그것은 신체를 튼튼하고 강하게 만들며 나태로 인한 질병을 치료해준다. ……현세적 상황에서는, 노동자가 신에 가장 가깝다."[61]

가난을 공격할 때 도덕적 동기와 경제적 동기는 구분되지 않았다. 걸인의 나태는 신을 거스르는 죄이면서 사회악이었고, 번성하는 상인의 모험심은 기독교적 덕목이면서 공동체의 유익이었다. 종교적 열정과 현실적 기민함의 이러한 결합은 도박, 욕설, 과도한 옷차림,

책, p.80 n에서 인용). 무차별한 자선행위에 대한 그의 비판에 대해선, 같은 책, p.79 n 참조.

59) *De non habendo Pauperum Delectu*(1523) 그리고 *De Erogatione Eleemosynarum* (1524). K.R. Hagenbach, *Johann Oekolampad und Oswald Myconius, die Reformatoren Basels*, 1859, p.46 참조.

60) Carl Pestallozzi, *Heinrich Bullinger, Leben und ausgewählte Schriften*, 1858, pp.50~51, pp.122~125, pp.340~342.

61) Wiskemann, 앞의 책, pp.70~74.

식탐과 과음을 공격하는 일도 마찬가지로 독려했다. 그 체제의 본질은 설교나 포교가 아니라—비록 이 둘 모두 번성했지만—교회와 국가 둘 다를 아우르는 현세적 사회의 일상적 삶에서 도덕적 이상을 구현하려는 시도에 있었다.

수도원주의가 거꾸러지자, 이제 그것의 목적은 세속적 세계를 거대한 수도원으로 변모시키는 것이었으며, 그 목적은 짧은 기간이나마 제네바에서 거의 성공을 거뒀다. 그 헌신적 도시에 대해 녹스는 이렇게 썼다. "나는 다른 곳에서도 그리스도가 진정으로 선포된다고 믿지만, 그리도 신실하게 개혁된 생활방식과 종교를 아직 어떤 다른 곳에서도 보지 못했다."[62]

예절과 도덕을 단속하는 이유는 인류의 적이 다름 아닌 세세한 행위를 통해서 영혼에 침투하기 때문이다. 가령 천국의 배반자들은 뾰족구두나 금 귀걸이로 자신을 노출할 수도 있거니와, 이는 마치 [프랑스혁명 직후인] 1793년에 또 다른 종류의 반애국적 죄를 범한 사람들이 잠방이[반바지]를 입음으로써 자신의 죄상을 드러낸 것과 같았다. 규제는 법률, 더 나아가서 처벌을 의미했다. 이 둘을 요약해주는 단어가 '규율'(Discipline)이었다.

칼뱅 자신은 규율을 종교의 신경망으로 묘사했는데,[63] 루터가 믿음에 부여했던 우선적 중요성을 칼뱅이 규율에 부여했다는 일반적 관찰은 정당하다. 칼뱅주의 교회들이 체계화한 규율은 일차로 성찬식을 보호하고[순결한 사람만이 성찬에 참여할 수 있었으므로] 도덕을 검열하기 위해 고안되었다. 따라서 민간단체의 규정이 국가의 법규와 다르듯이, 로마교회의 교회법과는 그 범위와 목적이 달랐다.

---

62) Preserved Smith, *The Age of the Reformation*, 1921, p.174에서 인용.
63) Calvin, *Inst.*, bk. iv, ch. xii, par. I.

그것이 제네바에서 16세기 후반의 모습대로 확정된 것은 시의회 그리고 목사와 평신도로 구성된 종교법정이 거의 20년에 걸쳐 벌인 싸움의 결과였다. 후자는 1555년에 와서야 마침내 파문의 권리를 확보할 수 있었고, 교회의 조직과 규율의 체계는 『기독교강요』(*Institutes*)[칼뱅, 초판 1536년] 1559년 판에 이르러서야 확립되었다.

그러나 규율을 집행하는 권위체를 어떻게 구성할 것인가 하는 문제에 대한 답은 정치상황, 따라서 상이한 장소와 시기에서 차이를 보였던 데 반해, 규율의 실천적 측면인 삶의 규준을 집행할 필요성은 처음부터 칼뱅주의의 변함없는 진수(眞髓)였다. 그것이 얼마나 중요한지는 칼뱅이 1548년 10월에 서머싯(Edward Somerset)에게 보낸 편지에서 특별히 강조되었는데, 때는 부처로 하여금 『그리스도의 통치에 관하여』(*De Regno Christi*)를 쓰게 만들었던 사회적 격변의 시점이었다. 칼뱅은 그 섭정(攝政)에게 영국의 불행은 설교의 부족 때문이 아니라 설교에 순종하도록 집행하는 데 실패한 것에서 비롯됐다는 점을 상기시킨다. 가령 폭력범은 처벌받지만, 방종죄는 처벌을 면한다. 그러나 방종한 자가 하나님의 왕국에 끼어들 여지는 없다. 그리하여 그는 "사람들은 선하고 정직한 규율 아래 두어야 한다"는 점을 분명히 하고 "복음의 가르침에 철저한 사람은 그 생활의 거룩함을 통해 스스로 기독교인임을 증명한다"는 점을 유의하라는 권고를 받는다.[64]

"삶의 거룩함으로 자신이 크리스천임을 증명하라." 이 말은 스위스 개혁가들의 모토로 간주될 수 있으며, 그들의 사회재건구상들은 '삶의 거룩함'의 의미를 해설한 것이라고 보아도 무방하다. 바로 이런 정신으로 츠빙글리는 취리히에서 성직자, 치안판사 그리고 장로

---

64) Paul Henry, *Das Leben Johann Calvins*, vol. ii, 1838, Appx., pp.26~41에 실림.

두 명으로 구성된 도덕규율위원회 출범에 앞장섰고 기독교윤리를 위배한 자들을 파문하는 일의 중요성을 강조했으며 파문의 처벌을 받을 죄상의 목록―여기에는 살인과 절도 외에도 부정(不貞), 위증 그리고 '특히 대부행위와 사기행위와 관련된' 탐욕이 포함되었다― 을 작성했다.[65]

칼뱅이 『기독교강요』를 저술하여 일종의 프로테스탄트 신학대전이며 도덕결의론 해설서―여기에선 지극히 사소한 행동도 보편적 규정의 엄정한 통제를 받는다―를 제시했던 것 또한 그런 정신에서였다. 그가 방대한 지방정부안의 주요 항목에 관한 밑그림을 그린 것도 바로 그런 정신에서였다. 거기에는 시장, 동업조합, 건물, 정기시 등에 적용될 각종 규제로부터 가격, 이자, 지대의 통제에 이르기까지 시민행정의 전 분야가 망라되었다.[66]

그런 정신을 좇아 그는 제네바를 유리도시로 만들어서 모든 가정을 영적 경찰의 감시하에 살게 했으며, 종교법정과 시의회는 한 세대 동안 보조를 같이하면서 전자는 주정뱅이, 춤꾼, 불경죄를 범한 자들을 파문했고, 후자는 난봉꾼들을 벌금이나 구금으로, 이단자는 사형으로 처벌했다. 제네바 교회가 자리를 잡았음을 보여주는 1576년 법령의 전문(前文)에는 이렇게 쓰여 있다.

"다른 모든 것에 앞서 찬양받을 일은 이와 같으니, 우리 주 예수 그리스도의 거룩한 복음의 원리가 순결하게 보존되고 기독교교회가 선한 정부와 정책으로 적절히 유지되며, 미래의 젊은이들을 훌륭한 신앙인으로 교육하고 병원을 잘 정비하여 빈자를 돕도록 만드는 것이다. 이런 것들은 삶의 특정한 규율과 질서를 확립하여 각자가 자기

---

65) R. Christoffel, *Zwingli, or the Rise of the Reformation in Switzerland*, John Cochran(옮김), 1858, pp.159~160.
66) Paul Henry, 앞의 책, vol. ii, Appx, pp.23~25에 실림.

위치에 합당한 의무들을 이해할 수 있어야만 가능한 일이다."[67]

그 모든 규정의 목적은 단순했다. "각자가 자기 위치에 합당한 의무들을 이해하는 것"이었다. 제네바에서든 어디에서든, 이보다 더 바람직한 일은 있을 수 없었다. 서글픈 일은 이처럼 고귀한 목적을 달성하는 과정에서 고문이 조직적으로 활용되었고, 부모를 때렸다는 이유로 한 어린이가 참수당했으며, 60년 동안 이단자 150명이 화형에 처해졌다는 것이다.[68] 이리도 많은 악이 종교의 이름으로 행해질 수 있는 것이다.

고문하고 화형에 처하는 일은 의에 대한 과도한 열정을 표방하지 않는 정부들도 다른 지역에서 행했다. 제네바는 '사도시대 이래 일찍이 없었던 가장 완벽한 그리스도의 학교'였다.[69] 그러나 무자비한 불관용이 그곳만의 독특한 특징은 아니었다. 아직 어느 누구도 관용이 가능하리라고 상상하지 않았기 때문이다.

제네바의 가장 독특한 특징은 하나님의 법을 금전적 손익의 문제—역사에 비춰볼 때, 인류는 이 문제를 고통이나 죽음보다 더 심각하게 취급하려는 경향을 보인다—에까지 널리 적용하려고 시도한 것이었다. 칼뱅은 『기독교강요』에서 이렇게 썼다. "[그리스도의 몸의] 어떤 지체도 자기 은사들을 자신에게 가두거나 사적인 목적으로 사용해서는 안 되며, 동료 구성원들과 공유해야 한다. 또한 하나

---

67) E. Choisy, *L'Etat Chrétien Calviniste à Genève au temps de Théodore de Bèze*, 1902, p.145. 나는 다음에 취급된 대부분의 문제에 대해 이 탁월한 저서에 빚진 바 크다.

68) Paul Henry, 앞의 책, pp.70~75. 또 다른 사례들은 Preserved Smith, 앞의 책, pp.170~174 그리고 F.W. Kampschulte, *Johann Calvin, seine Kirche und sein Staat in Genf*, 1869에 실려 있다. 칼뱅체제의 잔혹성에 대한 통계추정치는 일정하지 않다. Smith(p.171)는 거주민이 1만 6,000명이었던 도시 제네바에서 1542~46년 동안 58명이 처형됐고 76명이 추방됐다고 증언한다.

69) Knox, Preserved Smith, 앞의 책, p.174에서 인용됨.

의 전체로서 공동체의 공동이익에서 나오는 것을 제외하고는 이익을 취하려 해서도 안 된다. 그러므로 경건한 사람은 자신이 줄 수 있는 모든 것을 그의 형제에게 빚지고 있다."[70]

이처럼 종교를 위해 인간에게 이익이 되는 것 전부를 요구하는 냉혹한 시도가 경제적 욕구—이 앞에서 뒤 세대 교회들은 아예 무기를 내려놓게 될 것이다—마저도 주저 없이 품에 안으려 한 것은 당연했다. 만일 칼뱅주의가 이전에 없던 열정으로 기업의 세계를 품 안에 맞아들였다면, 아직 그것은 강력한 적과 타협하려는 탄원자 심정이 아니라 새로운 영토를 편입시키려는 점령자 정신으로 그렇게 한 것이다.

도덕체계와 법령은 구약에서 쉽게 발견된다. 사무엘과 아말렉 왕인 아각[사울 왕에 의해 목숨이 부지됐으나 뒤에 사무엘에게 죽임을 당함], 요나와 니네베, 아합과 나봇, 엘리야와 바알의 선지자들, 이믈라의 아들이며 주님의 유일하게 진실된 선지자 미가야와 느밧의 아들이며 이스라엘을 죄짓게 만들었던 여로보암 등의 관계는 모두 브루투스(Marcus Junius Brutus)와 카시우스(Caius Longinus Cassius)가 1793년의 사람들에게 그랬듯이, 칼뱅주의자의 긴장된 상상력을 자극했다.

그리스도의 왕국에 걸맞은 경제질서를 조직하기 위한 길고 긴 노력이 제네바 개혁교회의 첫 반세기 동안 있었다. 거기에서 목사들은 구약의 선지자들이 애굽의 안락한 노예생활에 대한 기억["그들에게 이르되 우리가 애굽 땅에서 고기 가마 곁에 앉았던 때와 떡을 배불리 먹던 때에 여호와의 손에 죽었더면 좋았을 것을 너희가 이 광야로 우리를 인도하여 내어 이 온 회중으로 주려 죽게 하는도다"(출애굽기 16:3).]을

---

70) Calvin, *Inst.*, bk. iii, ch. vii, par. 5.

완전히 떨치지 못한 이스라엘 민족에게 했던 것과 같은 역할을 했다.

이자를 조건부로 허용한 것을 제외하면, 칼뱅주의는 사회정책의 세부사항과 관련해서 이렇다 할 혁신을 이뤄내지 못했고, 프로그램의 내용은 철저하게 중세적이었다. 새로운 것은 그들이 그 적용을 위해 쏟았던 종교적 열정이었다. 위반자들을 심판했던 행정기구는 평신도와 목사들이 섞여 있는 종교법정이었다.

그것은 모진 채권자를 질책하고, 대부업자, 매점자, 독점자를 처벌하며, 고객을 사취하는 상인과 옷감 길이를 약간 짧게 하는 직물업자, 석탄의 양을 줄이는 판매자, 당국이 정한 가격 이상으로 고기를 파는 푸줏간 주인, 낯선 이에게 과도한 가격을 물리는 양복쟁이, 수술을 하고 지나친 비용을 요구하는 의사 등을 견책하거나 벌금을 부과한다.[71] 종교법정에서 목사들은 거침이 없었고, 법적용을 더욱 엄중하게 하기 위해 끊임없이 압박을 가했다.

베자(Theodore Beza)가 칼뱅의 후계자로 선출된 1564년부터 죽은 1605년까지, 목사들 편에서 새 법률에 대한 요구, 경제적 부당함에 대한 새로운 견책, 혹은 각종 해묵은 탐욕죄에 대한 새로운 항의가 없는 해는 거의 없었다. 그들의 분노는 한번은 채무자를 지나치게 관용한다는 이유로, 어떤 때는 프랑스에서 박해받은 곤궁한 형제들이 유입되면서 가격과 지대가 상승해서, 또 다른 때는 주막이 크게 늘고 주류판매자가 과도한 가격을 요구하기 때문에 촉발된다. 그 기간 내내 부당이자와 부당가격이라는 쌍둥이 악행에 대한 전쟁은 끊이지 않았다.

신용은 제네바에서 매우 중요했다. 그것은 16세기의 소규모 생산자에겐 어디서나 절박한 문제이기도 했지만, 특히 프랑스 종교전쟁

---

71) Choisy, 앞의 책, pp.442~443.

으로 리용이 폐허가 된 이후 금융 중심지로서 제네바의 중요성이 커졌기 때문이었다. 제네바는 언제라도 전쟁에 연루될 상황이었다. 그 도시는 필요한 자금을 확보하기 위해 바젤과 베른에서 막대한 액수를 빌렸다. 시의회는 그렇게 조성된 자본을 활용하여 외환과 대출업무를 했는데, 처음에 10퍼센트로 정했던 이자율이 나중에는 12퍼센트로 조정되었다.

은행설립과 관련해 상담을 했던 목사들은 거기에 동의를 표했지만, 개인에게 높은 이자로 대출하고 이익을 남기는 사업에 대해서는 이의를 제기했다. 대출받은 돈으로 스스로 파멸시키는 한량에게 돈을 빌려주는 경우에는 더욱 그러했다. 시의회가 10년 후인 1580년 몇몇 회사발기인이 그 도시에 제2 은행을 설립하는 일을 추진하려고 제출한 기획안을 승인했을 때, 목사들은 앞장서서 거기에 반대했다. 그들은 파리, 베니스, 리용 같은 금융도시들의 도덕적 타락이 보여준 탐욕의 위험을 문제 삼았고 결국 원래 제안서는 기각되고 말았다.

그러나 흔한 문제일수록 해결은 단순하기 마련이다. 투자와 이윤을 위해 돈을 빌린 자본가는 스스로 잘 관리를 할 터이기 때문에 목사들은 "상인이 물건을 살 수 있도록 이자를 받고 상인에게 대출하는" 사람들을 반대할 뜻이 없다고 설명했다. 정말 심각한 것은 "오직 궁핍한 사람들에게만" 돈을 빌려주고 그럼으로써 가난한 이웃들의 절박함을 이용해 이익을 취하는 대부업자의 문제였다.[72]

이런 유의 극악한 인간들에 대해 목사들의 분노는 사그라지지 않았다. 그들은 설교강단에서 신약성서를 거론하며, 그리고 구약성서로부터는 그 못지않게 강경한 구절들—도시 밖으로 끌고 가서 돌로 쳐서 죽여야 하는 '강도, 도둑, 늑대, 호랑이' 같은—에서 끌어온 언

---

72) 같은 책, pp.35~37.

어로 그들을 비난했다.

"가난한 자는 울부짖고 부자는 자기이익 챙기기에 바쁘구나. 그러나 부자들이 자신을 위해 쌓는 것에 하나님은 분노한다. ……장터에서는 '우리를 궁핍케 하는 자들에게 저주 있으라'는 소리가 메아리친다 …… 주님이 그 외침을 들으셨도다. ……그런데도 우리는 역병의 원인을 묻고 있구나! ……남의 것을 취하는 자는 벌을 받을 것이로되 주님은 그의 선지자 아모스를 통해 선포하신다. …… '기근이내가 택한 백성 이스라엘에게 닥치리라. 오, 가난한 이들을 삼켜버리는 백성이여.' 그가 외친 경고들이 그의 백성에게 임했구나."[73]

목사들은 대부업자가 재범을 하면 파문하거나, 이런 조치가 너무 가혹하다면, 적어도 교회에서 공개적으로 참회의 간증을 한 후 성찬식에 참여하도록 허용해야 한다고 촉구했다. 그들은 동료시민들에게 두로와 시돈(Tyre and Sidon)의 운명을 상기시키며["내가 너희에게 이르노니, 심판 날에 두로와 시돈이 너희보다 견디기 쉬우리라." 마태복음 11:22], 사채업자를 직접 통제하는 일을 곧 단념하고는, 희생자들이 생겨나게 된 원인을 제거함으로써 그의 손에서 그들을 원천적으로 건져낼 것을 제안했다.

'시냇물을 마르게 하려면 수원을 막아야 한다.' 사람이 돈을 빌리는 것은 '게으름, 어리석은 낭비, 어리석은 악행 그리고 송사(訟事)' 때문이다. 제네바에도, 로마공화국에서 했던 것처럼 감찰관을 두어빈자뿐 아니라 부자에 대해서도 어떻게 각 가정이 생계를 꾸려가는지를 조사하고, 10세에서 12세에 이르면 모든 어린이가 유용한 기술을 배우도록 조치하며, 주점과 송사를 금하고, "가난한 이웃의 궁핍을 이용해 부자가 되려는 파렴치한 인간들의 물릴 줄 모르는 탐욕에

---

73) 같은 책, p.189, pp.117~119.

재갈을 물리도록" 해야 한다.[74]

목사회[Venerable Company, 칼뱅의 교회규약을 실천하기 위해 설립된 제네바 목사들의 모임]도 자체 프로그램을 제안했지만, 그것이 실천되리라고 낙관하지는 않았다. 그들은 시의원들에게 "귀하들의 명예가 이런 악행들로 손상되지 않기를 바란다"는 다소 반어적이고 비현실적인 희망을 표하면서 그 프로그램을 마무리했다. 이런 우려는 일리가 있었다. 제네바 시의회는, 베자가 죽은 후 설교자들이 두 손을 들 때까지, 그들이 좌지우지하던 많은 것을 견뎌냈다.

그러나 인내에도 한계가 있었으니, 시의회의 인내는 기업윤리와 관련해서 가장 먼저 바닥을 드러냈다. 시의회는 상업과 금융문제들에 관한 목사들의 심리권을 대놓고 문제 삼지는 못했다. 목사들 자신이 언론이요 연단이었거니와, 그들 뒤에는 대중이 있었고, 자신들의 권력을 익히 알던 그들은 궁지에 몰리면 집단적 사임을 위협함으로써 자기들 주장을 관철했다.

시의회의 전략은, 겉으로는 말할 수 없이 공감을 표하면서도, 기독교 사회주의가 공식적 대응을 미루던 자신들의 항복을 받아내는 일에 탄환을 다 소진하도록 만드는 것이었는데, 흔히 그러다가 내놓은 반응이란 게 "조금만 생각해봅시다"였다. 목사들의 눈에는 이런 태만 자체가 시의회가 맘몬과 공모한다는 새 증거로 비쳤으며, 그들은 이에 대한 분노를 설교단에서 거침없이 쏟아냈다.

1574년 베자는 한 설교에서 시의원들이 밀을 매점하는 투기꾼들에게 정보를 제공했다고 비난했다. 1577년 내내 목사들은 시의회가 행정적으로 나태하다고 질책했고 마침내 그것이 빵과 포도주 가격 상승의 진정한 주범이라고 규탄했다. 1579년에는 도덕적 규율과 사회

---

74) 같은 책, p.35, pp.165~167.

개혁의 새로운 구상을 담은 제안서를 시의회 앞으로 보내기도 했다.

제네바를 지배했던 부유한 부르주아지는 화려한 옷차림을 나무라거나 대중에게 예배에 참석하고 자녀들을 교리문답에 보내라고 호소하는 일을 반대하지 않았다. 그러나 그들은 탐욕에 대한 질책에는 열의를 보이지 않았으며, 두 가지 문제에 대해서는 조금도 물러서려하지 않았다. 그들은 가격하락에 관심이 있던 목사들의 요구에도 밀을 수입하려면 어쩔 수 없다는 이유를 들어 포도주 수출을 제한하기를 거절했다. 또한 그들은 부유한 채권자조합이 늘 하던 대로, 평가절상된 화폐로 대출금을 갚아야 하기 때문에 '이중의 이자'에 시달린다는 채무자들의 불평을 인정하려 하지 않았다. 그들은 화폐가치란 오르기도 하고 내리기도 하는 것이며, 지금 비판받는 조례를 승인했던 고(故) 칼뱅 씨조차 결코 이런 문제에까지 양심의 거리낌을 느끼지는 않았다고 답변했다.

당연히 목사들은 이런 변명들에 분개했다. 그들은 투기꾼들이 곡물공급을 늦추는 데 막대한 자금을 쏟아붓고 있다고 시의회에 통보했으며, 주제와 관련된 적절한 사례들을 동원하여 탐욕을 경계하는 설교 캠페인에 착수했다. 역시 당연하게도, 시의회는 베자가 부자에 대한 계급혐오를 선동한다고 비난함으로써 되받아쳤다.[75]

상황은 사적인 추문으로 더욱 악화되었다. 베자의 언질을 개인적소견 정도로 치부했던 한 치안판사는 경솔하게도 시의회에 심의를 요청했다가 벌금을 내야 할 뿐 아니라 자신이 10퍼센트이자로 빌려주었던 50크라운을 몰수당하는 판결을 받았다. 문제가 이렇게까지진행되면, 아무리 덕망 있는 사람도 안전을 확신할 수 없음은 분명했다. 이미 시의회와 목사들은 각자 역할의 범위를 두고 말다툼을 벌인바 있었거니와, 한두 해 뒤에는 지역병원의 관리문제를 놓고 또 한차례 갈등을 빚었다. 이번 경우엔 시의회가 목사들이 치안판사의 직무에 관여한다고 불만을 토로하면서, 목사님들은 자신들의 일이나 신경 쓰는 것이 좋겠다고 넌지시 암시했다.

이런 도저히 말도 안 되는 제안은—마치 교회와 무관한 인간의 활동이 있다는 듯한!—목사들 편에서의 반대성명을 촉발했으니, 거기에는 지상의 예루살렘에 관한 상세한 교의가 위압적으로 제시되었다. 그들은 터무니없는 가격으로 곡물을 판 사람들을 종교법정에 고발한 일과 그들 중 한 사람에게 성찬을 거부한 것에 유감을 표하기를 거부했다. 솔로몬도 "곤궁한 때에 곡물을 쌓아놓는 사람에게 저주 있으라"[잠언 11 : 26]고 말하지 않았던가.

표현이 거칠었다는 비난에 대해서 목사 쇼베는 자신은 호세아가 보여준 선례를 따랐을 뿐이기 때문에 시의회는 [그런 비난을 하려면] 구약의 예언서들을 불태우고 시작하는 편이 낫다고 응수했다. 베자는 이렇게 말했다. "만일 우리가 침묵한다면, 사람들이 뭐라고 말할 것인가? 짖지 않는 개들이라고 말하리라. ……추문에 관해서라면, 지난 2년 동안 대부행위에 대해 말들이 끊이지 않았지만, 그 모든 말에도 대부업자 서너 명만이 처벌을 받았다. ……이 도시[제네바]가 대부업자들로 넘치고 통상 이자율이 10퍼센트 혹은 그 이상이라는 악평을 모르는 자는 없다."[76]

치안판사들은 항변을 바꿨다. 그들은 간음한 사람이 교수형 판결을 받는 것을 눈 하나 깜박이지 않고 보다가, 자비를 베풀어 형(刑)을 감해주면서 매질을 당하며 마을을 통과한 다음 족쇄를 차고 10년의 감옥생활에 처하게 해주었다.[77] 그러나 자본가들에게 아간[Achan, 하나님께 바친 물건을 취한 죄로 가족과 함께 돌에 맞아 죽음(여호수아 7

---

75) 같은 책, pp.119~121.

76) 같은 책, pp.189~194.

77) Paul Henry, 앞의 책, vol. ii, p.70 n.

장)]의 죽음을 맞게 하자는 성경적 제안 앞에서, 그들의 인도주의는 주춤했다. 게다가 그런 처벌은 잔혹할 뿐 아니라 위험했다.

제네바에서는 "대부분 사람들이 채무자다." 만약 그들이 피의 맛을 보도록 허용된다면, 그들의 분노가 어디까지 이를지 누가 말할 수 있을 것인가? 그러나 입으로 뱉은 말의 힘을 잘 알고 있던 치안판사들은 직설적인 부인은 감히 못하고 성경에는 성경으로 답했다. 그들은 목사들에게 자신들은 나단선지자[밧세바와 간음하고 그녀의 남편 우리아를 살해한 다윗을 꾸짖음(사무엘하 12:1~15)]의 책망을 듣고 잘못을 회개한 다윗의 선례를 따르려 한 것이라고 말했다. 목사들이 나단의 언어로 대답했는지에 관하여는 들은 바가 없다.

최근 정치이론에는 절대권력을 휘두르는 국가에 대한 비판이 넘친다. 제네바의 집산주의가 서 있던 원리 또한 전권을 휘두르는 교회의 원리라고 할 수 있을지 모르겠다.[78] 그 종교공동체는 촘촘하게 조직된 하나의 사회를 이루고 있었는데 그 사회는, 위임받은 권한을 집행하기 위해 경찰 같은 세속적 권위를 활용하면서도, 추구해야 할 정책을 세속적 권위에 지시했을 뿐 아니라, 그 자신이 일종의 국가로서 스스로 법을 만들어 구성원들이 준수해야 할 행동기준을 처방했고, 공공질서와 공중도덕의 위반자들을 처벌했으며, 젊은이 교육과 빈민구호를 위해 조치들을 취했다.

짧은 기간 제네바에서 이런 체제가 가능했던 것은 교회의 권위와 세속적 권위 간의 독특한 관계 때문이었다. 칼뱅주의가 한 도시의 신조가 아니라 그것과 사뭇 다른 원칙 위에서 조직된 국민국가 안에서 소수자가 지닌 신조였을 때 그 둘의 관계의 정도는 같을 수 없었다. 국가 자체가 포획되지 않는다면, 불가피하게 반란이나 내전이 일어

---

78) Calvin, *Inst.,* bk. iv, ch. i, par. 4에 실린 묘사를 볼 것.

나거나 아니면 교회는 사회를 통제하겠다는 허세를 포기해야 했다.

그러나 그렇게 포기하기까지는 오랜 시간이 걸렸다. 16세기에 정치상황과 무관하게 칼뱅주의 교회들은 도처에서 삶의 모든 다양한 관계에서 구성원들의 도덕적 행위에 집단적 책임을 질 것을 요구했다. 특히 각별히 교묘한 방식으로 부도덕으로 타락하기를 유혹하는 경제적 거래와 관련해서 그러했다.

칼뱅체제의 영향은 가장 먼저 프랑스 개혁교회들에 전해졌다. 1559년 파리에서 열린 프랑스 최초의 종교회의는 규율초안을 채택하고, 경제적 결의론의 몇몇 난점을 논의했다. 이런 문제들은 차후 반세기 동안 종교회의의 지속적인 관심을 받을 터인데, 결국에는 프랑스 칼뱅주의 사가의 말대로, "그들은 고삐를 늦추기 시작했고 시대의 사악함과 너무 많이 타협했다."[79] 교회의 구성원이 되려면 교회가 집행하는 경제윤리의 기준을 준수해야 한다는 점이 받아들여지자, 해석과 관련하여 수많은 문제가 생겨나고, 종교공동체는 그런 기준의 일반원칙들을 일련의 변화하는 상황들에 적용함으로써 일종의 판례법 체계를 발전시키는 일에 몰두한다.

그 체계의 구체화작업이 시작되었지만 16세기에는 한계가 있었다. 경제구조가 비교적 단순하기도 했지만, 종교회의들은 제네바를 제외하면 사회개혁보다는 그저 심각한 추문을 억제하는 일에 관심을 보였고, 교회가 구체적 지침을 요구하는 문제만을 취급했기 때문이다.

그러나 이런 상황에서도 해결해야 할 난제들이 적지 않았다. 부당하게 취득한 재산으로 부자가 된 사람들에 대해 교회는 어떤 태도를 취해야 하는가? 해적이나 부정직한 상인이 성찬에 참여해도 무방한

---

79) John Quick, *Synodicon in Gallia Reformata: Or the Acts, Decisions, Decrees and Canons of those famous National Councils of the Reformed Churches in France,* 1692, vol. i, p.99.

가? 신도들이 이런 사람들과 거래하는 것이 옳은가 아니면 그들의 물건을 구입하는 것은 그들 죄에 참여하는 것인가? 국가의 법은 적정이자를 허용하지만, 교회의 견해는 무엇인가? 수공업자들이 조잡한 물건으로 소비자를 속이고 상인들이 부당한 이윤을 취해 소비자를 갈취하는 것을 막으려면 무엇을 해야 하는가? 복권은 허용되어도 좋은가? 빈자를 위해 위탁된 기금을 이자를 받고 투자하는 것은 정당한가?

프랑스 종교회의가 이런 질문들에 했던 답변들을 보면, 사업상 거래는 교회 관할이라는 개념이 지나친 엄정함을 피하려는 자연스러운 욕구와 결합되어 얼마나 끈질기게 지속되었나를 알 수 있다. 타인으로부터 부당하게 부를 갈취한 모든 사람은 배상을 한 후에야 성찬식에 참여할 수 있었지만, 신도들은 매매가 공개적으로 이뤄지고 행정당국의 승인을 얻었다면, 그들로부터 물건을 구입할 수 있었다. 부정한 물건을 만든 사람은 견책을 받았고, 상인들은 '치우치지 않는 이익'(indifferent gain)을 추구해야 했다. 대부행위문제에 관해서는, 같은 시기에 영국과 네덜란드에서 있었던 의견대립이 프랑스 개혁교회에서도 드러났는데, 그 문제에 관해 칼뱅에게 조언을 요청하기도 했다. 좀더 엄격한 진영은 대부행위를 '과도하고 가증스러운' 갈취에 한정하려 하지 않았고, 자본에 이자를 부과하여 빈자를 위한 기금으로 삼는 일도 용납하려 하지 않았다.

그러나 여타 지역에서와 마찬가지로 프랑스에서도, 이런 영웅적 준엄함이 통하던 시대는 지나갔고 상식적 견해가 지배했다. 신도들은 오로지 법이 허용하는 범위 안에서, 자선의 정신을 위반하지 않는 정도만 요구해야 했다. 이러한 한계 안에서 이자는 묵인되었다.[80]

---

80) 같은 책, vol. i, p.9(해적과 부정한 상인), p.25, p.34, p.38, p.79, p.140,

영국의 청교도주의가 이런 유의 문제들을 어떻게 취급했는지는 다음 장에서 좀 언급할 것이다. 스코틀랜드에서 경제윤리에 관한 개혁가들의 견해는 종교개혁 이전 교회의 의견과 실질적인 차이가 없었다. '스코틀랜드 훈육집'(Scottish Book of Discipline)은 종교개혁이 무너뜨린 '저주받은 가톨릭교'가 그랬듯이 거세게 탐욕을 비난했다. 지주들은 그들이 받는 지대에 만족하라는 권고를 듣고, 교회는 빈자에게 구호식품을 제공할 의무가 있다. 또한 "빈자를 착취하여 억압하는 것과 물건을 사고 팔 때 잘못 계량해 그들을 속이는 일은 ······하나님의 교회의 관할하에 하나님 말씀이 명하는 것과 똑같이 처벌해야 한다."[81] 이러한 위반행위들이 어떻게 해석되었는지는 세인트 앤드루스 교회회의가 한 대부업자와 돈을 갚지 않은 한 채무자를 처벌한 데서 드러난다.[82]

스코틀랜드에서는 1579년에 빈자 구호를 교회당국의 법적 의무사항으로 만들었는데, 잉글랜드에서 그런 의무를 최종적으로 국가로 이전한 지 7년이 흐른 뒤였다. 이 조치에 따라 농촌지역에서는 1846년에 이르기까지 목사, 장로, 집사가 그런 의무를 떠안았다. 이는 스코틀랜드의 실질적 국가가 중앙의회나 시의회가 아닌 녹스의 교회에 의해 대표되었던 시절이 물려준 유산이었다.

영어권 공동체 가운데 칼뱅주의적 교회-국가의 사회적 규율이 가장 극단적으로 적용된 곳은 뉴잉글랜드의 청교도 신정정치였다. 그실제는 당대 영국 청교도주의가 보였던 개인주의적 경향보다 칼뱅

---

p.149(이자와 대부), p.70(모조품과 고의로 늘린 옷의 판매), p.99(합리적 이윤), p.162, p.204(빈민에 이익이 되는 돈의 투자), p.194, p.213(복권).

81) *The Buke of Discipline*, in *Works of John Knox*, ed., D. Laing, vol. ii, 1848, p.227.

82) Scottish History Soc., *St. Andrews Kirk Session Register*, ed., D.H. Fleming, 1889~90, vol. i, p.309; vol. ii, p.822.

의 제네바에서 실천됐던 철권통치와 더 유사했다. 주교가 없는 그 행복한 에덴동산에서, 사람들은 오직 '복음의 순수함에 따라' 하나님을 경배하고 '하나님의 말씀의 법칙에 따라 통치되기'를 원했다.[83] 진정한 신앙고백자들에게 '담배와 친박한 유행과 값비싼 의상' 그리고 '서로 술잔을 권하는 저 허식적인 관습'을 금했을 뿐 아니라, 건국의 아버지들은 "대부분 사람들이 모든 상거래에서 범하는바, 곧 가능한 한 싸게 사서 가능한 한 비싸게 파는 ……저 악명 높은 악행"에 대해, 좀더 사업적으로 정향된 그들의 후손들은 크게 달가워하지 않았을 태도를 취했다.[84]

매사추세츠 초기 역사에서 한 목사는 옛 아담이 다시 소생하는 것—'종교의 전파가 아니라 이윤이 최대 목적이 되는 상황'—에 대해 주의를 환기했고, 브래드퍼드 주지사는, 사람들이 '외적인 자산'을 어떻게 키워가는지를 근심스럽게 바라보면서, 물질적 번영의 증가는 '뉴잉글랜드, 적어도 그곳에 있는 하나님의 교회들을 파멸할 것'이라고 말했다.[85] 때때로 신의 섭리가 착취자를 벌하기도 했다. 최초의 '아메리칸 트러스트'를 조직했던 이민자는—그는 마을에서 유일하게 젖소를 소유했는데 쿼트당 2페니를 받고 우유를 팔았다— "착취를 비판하는 설교를 들은 후에 ……정신착란을 일으켰다."[86] 하늘의 심판을 면한 사람들은 시당국과 교회와 부딪쳐야 했는데, 식민지 초기 시절에 이 둘은 동일한 것이었다.

물론 당국은 가격을 규제했고, 금리를 제한했으며, 최고임금을 고

83) W.B. Weeden, *Economic and Social History of New England*, 1890, vol. i, p.II. 인용은 Bradford 주지사의 말.
84) *Winthrop's Journal "History of New England," 1630~49*, ed., J.K. Hosmer, 1908, vol. i, p.134, p.325; vol. ii, p.20.
85) Weeden, 앞의 책, vol. i, p.125, p.58.
86) Winthrop, 앞의 책, vol. ii, p.20.

시했고, 고질적으로 빈둥대는 사람들에게 체형을 가했지만, 이런 일들은 그들이 [자유를 찾아] 떠나온 '속박의 집'[영국]에서도 행해졌던 것들이다. 빛의 자녀들을 더 돋보이게 만들었던 것은 그들이 기업 이윤이라는 쉽사리 포착되지 않는 범주에 대해서도 마찬가지로 건전한 규율을 적용하려 했다는 점이다. 매사추세츠당국은 소의 가격은 구매자의 필요가 아니라 판매자에게 합리적인 보상을 초과해서 돌아갈 수 없도록 책정해야 한다고 공표했다.[87]

그보다 더 높은 가격을 부르는 사람들을 향한 당국의 분노는 산[시내산]을 내려온 모세가 선택받은 백성[이스라엘 민족]이 금송아지에게 절하는 모습을 발견하고 보였던 그것과 같았다. 그들은 종교적 특권에 대해 분노를 표출하고 남은 감정을 모두 긁어모아 경제적 방종을 향해 퍼부었다. 윌리엄스(Roser Williams) 목사가 관용을 호소한 감동적인 설교에서, 착취는 악행이지만 그 처분은 시당국의 재량에 맡겨야 한다고 주장했을 때, 사실상 같은 문제를 지적한 것이었다.[88]

키인(Robert Keane) 씨의 사례를 보자. 그가 흉악한 죄를 범했다는 데는 누구나 동의했다. 그는 보스턴에서 가게를 운영하고 있었는데, "어떤 물건은 ……실링당 6페니 이상, 어떤 물품은 8페니의 이익을 남기고, 그리고 일부 사소한 것들은 두 배 이상 가격을 받았다." 그 자신이 "오랜 신앙고백자이며, 매우 유능했고, 부자면서도 아이는 하나밖에 없고, 양심과 복음 전파를 위해 이 땅에 건너온 사람"이었음에도 그랬다.

그 추문은 충격적이었다. 폭리행위는 질타의 대상이었거니와—"착취에 대한 사람들의 원성은 자자했다"—엄숙한 장로들은 탐욕이

---

87) J.A. Doyle, *The English in America*, vol. ii, 1887, p.57; 소의 가격은 "절박한 필요가 아니라 합리적 이윤을 고려해서 정해져야 한다."

88) Roger Williams, *The Bloudy Tenent of Persecution*, 1644, chap.Iv.

라는 평판이 "세상의 모든 교회와 국가가 호기심어린 눈으로 쳐다보는" 막 시작된 공동체를 손상할 것이라고 걱정했다. 이 모든 것에도 치안판사들은 관용을 보이고자 했다. 이윤을 제한하는 실정법이 없었고, 어느 정도가 공정한 이윤인지 결정하기는 쉽지 않았다. 시장이 허용하는 가격을 부르는 죄악은 키인 씨에만 국한된 것이 아니었다. 어쨌든 구약의 율법도 그저 두 배 배상만 요구하지 않았던가. 그래서 그들은 키인 씨에게 자비를 베풀었고, 겨우 200파운드의 벌금을 물게 했다.

키인 씨가 현명했다면 이쯤에서 손을 뗐어야 옳았다. 그러나 그는 비슷한 처지에 있던 몇몇 사람이 그랬듯이, 변명으로 일관함으로써 돌이킬 수 없는 나락에 빠지고 말았다. 보스턴교회 앞으로 소환됐을 때 그는 처음에는 "눈물을 흘리며 자신의 욕심 많고 부패한 마음을 인정하고 비통해 했지만," 그다음엔 경솔하게도 해명을 하려 들었다. 상인도 살아야 하며, 만일 한 상품에서 본 손해를 다른 상품의 추가 이익으로 메우지 않는다면 어떻게 살아갈 수 있겠느냐고 하소연했다. 다음 글은 신앙심 깊은 목사라면 누구나 자세히 부연하고픈 내용을 담고 있다. 보스턴의 목사는 이 기회를 놓치지 않았으니, 그는 이를 "다음 설교 날의 공중예배에서 잘못된 원칙들의 오류를 드러내 보이고 그 사건에 관한 몇몇 지침을 제시하기 위해" 활용했다.

그가 말한 몇몇 잘못된 원칙이다.

1. 할 수 있는 대로 비싸게 팔고, 가능한 한 싸게 사들인다.
2. 만일 해상사고 등 뜻하지 않은 재난으로 상품 일부를 잃었다면, 남은 상품의 가격을 올려도 된다.
3. 너무 비싸게 샀더라도, 그리고 상품가격이 떨어졌더라도, 산 가

격에 팔 수 있다.

4. 자신의 기술과 능력을 이용하듯이, 타인의 무지와 절박함을 이용해도 좋다.

5. 외상으로 물건을 주었다면, 시간에 대해서도 다른 것과 마찬가지로 보상을 받아야 한다.

상거래 규정도 못지않게 명료했다.

1. 시가(current price) 이상으로 물건을 팔지 말아야 하는데, 이때 시가란 시공간적으로 통상적인 가격, 그리고 (그 물건의 가치를 아는) 사람이 그 물건을 사용할 기회를 얻게 되면 그것을 위해 지불할 용의가 있는 가격을 말한다. 이는 마치 모든 사람에게 통용되는 화폐를 통화(current money)라 하는 것과 같다.

2. 기술의 부족 등의 이유로 상품에서 손해를 본다면, 그것을 자신의 잘못 혹은 스스로 짊어져야 할 짐으로 간주해야 하며 다른 사람에게 덮어씌어서는 안 된다.

3. 해난 등 우연한 재난으로 손해를 입었다면, 그것은 신의 섭리로 초래된 손실이므로 타인에게 그것을 넘김으로써 자신의 짐을 덜려고 해서는 안 된다. 왜냐하면 앞날의 모든 일을 그런 식으로 대비한다면, 손해를 입는 일은[그것이 신의 섭리라 할지라도] 결코 발생하지 않을 것이기 때문이다. 그러나 상품이 부족하면 가격을 올릴 수도 있다. 왜냐하면 그때는 사람이 아닌 신의 손이 그 상품에 개입하고 있기 때문이다.

4. 에브론이 아브라함에게 그랬듯이, 판매가를 넘어서는 금액을 상품에 대해 요구해서는 안 된다[창세기에서 아브라함은 아내 사라의 주검을 묻기 위해 은 400세겔을 모두 치르고 헷 족속사람 에브론의 밭을

사들인다(창세기 23)]. 토지는 판 가격만큼 가치를 지닌다.

에브론의 예가, 인디언의 토지와 관계되는 거래에서 특히 적절해 보이는데도 기억되지 않는 것은 불행한 일이다[이런 엄격한 규율을 지녔던 초기 이주자들이 인디언 토지에 대해서는 약탈을 일삼았음을 빗댐]. 그러나 이 악마의 자식들과 협상하는 데 하나님의 성도들은 기브온을 상대로 한 이스라엘의 거래를 더 적절한 선례로 간주했다[기브온족 사람들은 이스라엘을 속이고 화친을 얻어냈는데(여호수아 9:3~15), 이는 이스라엘 편에서는 이방민족을 철저히 멸하라는 하나님의 명령을 배반한 것이다].

이 설교는 교회 안에서 열띤 논쟁을 불러왔다. 고린도전서 5장 2절["그리하고도 너희가 오히려 교만하여져서 어찌하여 통한히 여기지 아니하고 그 일 행한 자를 너희 중에서 물리치지 아니하였느냐"는 사도 바울의 책망]이 인용되는 가운데 키인 씨가 제명돼야 한다는 동의안이 제출되었다.

그가 이 성경 구절이 의미하는 바대로 탐욕스러운 사람이라면, 제명돼야 한다는 것은, 최근 그가 민망스러운 탐욕을 드러냈으므로 논란의 여지가 없었다. 단지 문제는 그가 무지나 부주의로 잘못을 저질렀느냐 아니면 '양심 혹은 직감이 지시하는 바를 거슬러서' 행동했느냐, 요컨대 그의 죄가 우연적이냐 아니면 상습적이냐는 것이었다. 결국 키인 씨는 벌금과 훈방만으로 이 상황을 모면했다.[89]

만일 신약성경과 종교개혁 시절 칼뱅주의 교회들의 기록이 유일하게 전해오는 기독교 문건이라면, 어법상의 유사성을 넘어서는 친

---

89) Winthrop, 앞의 책, vol. i, pp.315~318. 상거래에서 기독교인의 행동에 관한 유사한 규정들은 Bunyan의 *The Life and Death of Mr. Badman*, 1905 ed., pp.118~122에 나와 있다.

화성이 이 둘 사이에 있다고 암시하는 일은 분명 대담한 비약이리라 [어조의 유사성에도 불구하고 칼뱅주의교회는 신약성서의 정신에서 많이 벗어났다]. 칼뱅의 체제는 법리적이고 기계적이며 상상력과 연민이 배제된 천재적 법학자와 조직가의 작품으로서, 기독교적이라기보다는 로마적이며, 이 둘보다 훨씬 더 유대적이었다.

[프랑스혁명 당시의] 자코뱅 도당이 구체제보다 더 전제적이었듯이 칼뱅체제가 중세교회보다 훨씬 더 전제적으로 된 것은 불가피했다. 그 체계의 그물눈은 훨씬 촘촘했고, 열정과 효능은 더욱 강력했다. 그리고 행동이나 저술뿐 아니라 사상도 그것의 적수였다.

칼뱅체제의 옹호자들은 후대 사람들이 그것을 비난할 때 문제 삼았던 전제성을 오히려 찬사로 여겼을 것이다. 자유와 권위 사이의 갈등에서, 칼뱅주의는 주저하지 않고 열정적으로 자유를 희생시켰다. 왜냐하면 칼뱅주의 교회는 시내산의 최종 명령에 따라 재차 가나안으로 행군하는 군대였으며, 지도자들의 목적은 낙오자를 위로하거나 탈락자를 격려하는 것이 아니라 약속된 땅을 정복하는 것이었기 때문이다[즉, 구약성서적이었다].

전쟁의 고전적 방책은 독재다. 헌신적인 칼뱅주의자에게 목사의 독재는 1793년의 사람들에게 공안위원회가 그런 것처럼 그리고 열렬한 볼셰비키에게 프롤레타리아 독재가 그런 것처럼 불가피한 듯 보였다. 급기야는 뉴잉글랜드의 야만적 미신조차 놀라게 했던 코튼(John Cotton)이나 엔디콧(John Endicott) 같은 사람의 사탄숭배가 법석을 떠는 가운데 만일 칼뱅주의가 칼뱅의 문화와 그의 지적 광대함 없이 규율만 수용한 채 절정을 맞았다면, 그런 결과는 충분히 예기된 것이었다.

초기 칼뱅주의의 사회이론과 실천에 관해 할 수 있는 최선의 말은 그 둘이 일관됐다는 점이다. 대부분 전제정치는 빈자의 고통 위에 구축되었다. 칼뱅주의도 일절 가난을 동정하지 않았다. 그러나 그것은, 목표를 산만하게 하고 영혼의 직조(織造)를 이완하는 모든 영향을 불신했듯이 부(富)를 불신했으며, 초기의 금욕적 엄정함이 고조에 달했을 때에는 최선을 다해 부자의 삶을 고통스럽게 만들었다. 그것은 세속적 안락의 낙원 입구에 불타는 검(劍)을 매달아두고, 모세와 아론의 준엄한 혼령들이 그것을 휘두르도록 했다.[90]

---

90) 이 구절은 J.T. Adams의 탁월한 저술인 *The Founding of New England*에 빚진 것이다.

제3장 영국국교회

"만일 누구라도 사적인 일에 탐닉해서 공공의 일과 국가를 등한시 한다면, 그는 경건함의 의미를 잊게 되고 그가 바라는 평화와 행복 은 헛된 것이 된다. 왜냐하면 누구든지 국가공동체 안에서 그리고 교회조직 안에서 살아야 하기 때문이다." —로드, 『제임스 1세 앞 에서의 설교』(*Sermon before His Majesty*), 1621. 6. 19

16세기부터 내려온 종교적, 정치적 논쟁들 때문에 상대적으로 관 심을 덜 받던 쟁점들은 모두 망각되었다. 그러나 사회구조와 계급관 계의 변화가 촉발한 논란들은 치열했고 지속적이었으며, 그것들이 미래에 미친 영향 또한 적지 않았다. 대륙에서와 마찬가지로 영국에 서도 새로운 경제현실은 중세로부터 물려받은 사회이론과 날카롭게 대립했다.

　그 결과, 처음에 거의 비극적인 감정적 격렬함을 띠고 다시 등장했 던 전통적 교의들은 경제조직과 종교영역에서 새로운 개념들이 진 군하면서 점차 퇴각했고, 결국에는 전투적 신조이기를 포기하고 일 종의 경건한 복고취향으로 쇠락해갔다. 그것들은 시민혁명[영국 청 교도혁명]기에 이르기까지 성직자의 입술 위에서 해묵은 유령으로

서성댔다. 그러고는 폭풍이 몰아쳤고, 남은 불꽃마저 사라졌다.

중세의 영국은 경제문명의 외각에 놓인 채 대륙의 거대한 교역로들과 이탈리아와 독일의 북적대는 금융 중심지들에서 멀리 벗어나 있었다. 새 시대는 신대륙 발견에 뒤이은 상업혁명과 함께 찾아왔다. 최초에 일었던 호기심의 열풍이 지나자, 이렇다 할 부의 보상을 가져다주지 못한 탐험에 대한 관심도 사그라졌다. 그리고 반세기도 더 흘러 신세계의 은이 전 유럽을 흥분시키자, 영국인은 자신이 세비야가 아니라 런던탑에 갇혀 있었을지도 모른다고 생각했고, 영국도 아메리카와 동방에 진출해야 한다는 말들이 진지하게 오가기 시작했다.

그러나 그러는 사이에, 영국인의 경제적 삶의 모든 다른 측면은 급속한 변화를 겪고 있었다. 대외무역은 16세기 전반기에 크게 증가했고, 제조업이 발전하면서 직물이 양모를 대체하여 주된 수출품목이 되었다. 상업의 성장과 더불어 상업이 의존하던 금융조직이 발전했으며, 이탈리아 은행가의 독무대였던 런던 금융시장이 팽창하면서 영국의 자본이 그리로 대거 흘러들었다.

안으로는, 튜더조의 평화에 잇달아 국내교역이 활성화되자 투기할 기회들이 늘어났고, 그를 활용하려는 새로운 중간상계급이 부상했다. 산업과 관련해서는 상업자본가들의 이해관계가 커졌는데, 그들은 할 수 있는 한 최대로 규모를 늘리고 원하는 방식대로 생산할 수 있는 자유를 얻고자 했다.

그들은 조합 차원의 규율과 개인 기업을 제약하는 조직상의 무기력증 그리고 조야한 평등주의를 특징으로 하는 길드 같은 방어적 조직에 방해를 받자, 자치도시에서 탈퇴함으로써―길드가 행사하는 경제적 제약의 압박은 그 안에서만 효력이 있었다―길드의 규제에서 조용히 벗어나거나, 아니면 길드조직을 인정하되 그 지배권을 접수하여 그것을 통해 명목적으로는 여전히 장인인 수공업자를 사실상 고용주의 종으로 만드는 체제를 발전시켰다.

농업을 보면, 촌락의 전통적 조직은 아래에서 활력을 잃고 위의 압력에 무력화되었다. 왜냐하면, 프랑스와 독일에서 여전히 성행하던 부역을 금납으로 일찌감치 대체했던 부유한 농민들은 교환이나 협약을 통해 길고 좁은 토지를 재구획하였고, 이제 소(小)군주가 아닌 용의주도한 사업가로 변신한 영주들은 영지를 농업자본가에게 임대했는데, 후자는 양을 방목하여 수익을 취하는 일에 재빨리 나섰고, 양 사육의 확장을 저해하던 갖가지 집단적 장애물들을 제거하는 데 열심이었기 때문이다.

16세기 첫 30여 년 동안 서서히 진행되다가 그 이후에는 급물살을 탔던 가격혁명은 상업, 공업, 농업 모두에 당시까지 전혀 예측하지 못했던 막강한 효능의 병원체를 주입했거니와, 이는 기업활동에 활기를 불어넣은 자극제였을 뿐 아니라 모든 관습적 관계를 해체하는 용해제로 작용했다.

그것은 새로운 야망으로 요동하고 새로운 공포로 전율하던 격동의 사회였다. 거기에서는 성공도 실패도 과거와는 다른 의미를 지니고 있었다. 혼란스럽던 북부를 제외하면, 이제 대지주들의 목적은 가신들을 거느리며 마음대로 부리는 것이 아니라 토지를 신중한 투자를 위해 활용하는 데 있었다.

과거엔 동업조합이나 자치시에서 권위와 권력을 향유하며 만족했던 부유한 상인은 이제 길드나 도시의 인위적인 보호막에서 벗어나 홀로 출세의 길을 개척해나가는 일에 온몸을 던졌다. 상시적인 기근의 위협 아래서 무자비한 자연의 위세에 보잘것없는 힘으로 맞서왔던 농부와 수공업자는 자신들이 오랜 세월 친숙해왔던 빈곤에 더하여, 아직 규모는 작지만 점점 불어나던 프롤레타리아의 만성적 불안을 추가로 겪어야 했으니, 마침내 그들은 자신들이 속했던 마을과 자치시의 협소한 공간에서 떨어져나와, 자신들이 이해할 수도, 저지할 수도, 통제할 수도 없는 사회세력들의 제물이 된 것이다.

I. 토지문제

후대 사람들이 교회정부와 교의에 관한 격렬한 논쟁의 시발점으로 삼는 종교개혁 시대의 영국은, 당대인들에겐, 경제적 소요와 사회적 열정으로 들끓던 가마솥이었다. 그러나 혼란을 키운 재료는 거의 한 세기 동안 누적되어왔다. 인클로저와 목초지 경작, 대부업, 길드의 부당행위, 가격등귀, 상인의 수공업자 압제, 매점자의 착취 등 16세기 중엽에 터져나온 불만들은 통화가치의 하락을 예외로 한다면, 예외없이 모두 대중적 저항과 평론가들의 비난을 불러왔으며, 개혁의회가 소집되기 오래전부터 법률과 행정적 조치들로 귀결되었다. 종교혁명이 매섭고도 신선한 물줄기를 뿜어낼 무렵엔 이미 홍수 수위가 높아져 있었다.

종교혁명은 사회상황에 두 방향으로 영향을 미쳤다. 우선 그것은 부의 전면적인 재분배―이는 부도덕한 소수가 폭력과 협박과 사기를 동원하여 수행했고 그 주된 수혜자들을 위한 편파적이고도 질탕한 실정(失政)으로 이어졌다―를 가져옴으로써 모든 문제를 가중시켰고, 농민과 수공업자를 쥐어짜던 압박에 새로운 변화를 초래했다.

또한 그에 따른 종교문제뿐 아니라 사회조직의 문제를 다룬 저술들이 쏟아져나옴으로써 새로운 경제세력들에 대한 광범위한 공격이 이루어지고 사회적 의무에 대한 전통적 이론이 유장하게 다시 진술되는 가운데 지난 반세기의 변화들에 가해진 비판은 새로운 국면을 맞게 되었다. 이 둘의 중심에는 토지문제가 있었다. 왜냐하면 시대적 탐욕을 주로 선동했던 것이 토지 약탈이었고 사회불안의 주된 이유가 농민의 불만이었기 때문이다.

토지문제는 종교개혁 이전 한 세기의 대부분 동안 심각했다. 인클로저에 대한 최초의 자세한 설명은 1460년 직후 워릭셔의 한 목회자가 처음으로 기록했다.[1] 그러고는 1489·1515·1516년에 법이 제정됐고 1517년엔 울지(Thomas Wolsey)의 왕립위원회가 출범했으며 1534년에 또 한 차례 입법이 있었다.[2] 이 기간 내내 모어(More)와 스타키(Starkey) 그리고 이들보다는 덜 알려졌지만 사회적 무정부상태가 확산되는 데에 당혹해 하며 철학자들의 자문을 받은 군주라면 어떤 기적을 행할 수 있으리라고 낙관했던, 문예부흥기 사람들에게서 비판이 꾸준히 지속되었다.

그러나 만일 수도원 재산을 몰수하기 오래전부터 문제가 심각했다면, 헨리와 크롬웰[헨리 8세와 그의 수석장관이던 토머스 크롬웰]이 촉발한 [수도원에 대한] 맹렬한 약탈행위가 문제를 더 악화시켰다고 해서 특별히 놀랄 만한 일은 아닐 것이다. 분명 수도원주의가 저물던 시절을 장밋빛 안경을 쓰고 바라보는 것은 옳지 않다. 결국 수도승들도 사업가였고, 그들이 재산을 관리하기 위해 종종 고용했던 세속의 대리인들은 자연스럽게 [인클로저 같은] 당시 유행하던 농업적 관행을 따랐다. 독일에서는 반란이 교회지주들의 소유지에서 가장 빈번하고 극렬하게 일어났다.[3]

영국에서는 성실청(星室廳) 재판소[Court of Star Chamber, 영국 웨스트민스터 궁전의 '별의 방'(천장에 별 모양의 장식이 있었음)에서 열리

---

1) J. Rossus, *Historia Regum Angliæ*(ed., T. Hearne).
2) 4 Hen. VII, c. 19; 6 Hen. VIII, c. 5; 7 Hen. VIII, c. I; 25 Hen. VIII, c. 13. 1517년의 위원회에 관해서는 Leadam, *The Domesday of Enclosures* 참조.
3) 예컨대, J.S. Schapiro, *Social Reform and the Reformation*, pp.60~61, p.65, p.67, pp.70~71 참조.

던 형사재판소. 배심원 없이 전횡하기로 유명했지만 1641년 장기의회에서 폐지됨]와 소액채권 재판소[Court of Requests, 1846년에 지방법원(county court)으로 대체됨]의 소송기록들을 흘깃 보기만 해도 성직자들이 농노를 돌려달라고 요구하고, 등본소유자들을 제멋대로 소작인으로 만들고, 모어가 불만을 표했듯이, 경작지를 목초지로 전환했던 일들을 충분히 알 수 있다.[4]

실제로, 방대한 자산의 급속한 이전이 여하히 농촌의 곤궁을 증가시켰는지를 설명하기 위해 구태여 수도승들이 세상과는 다른 덕목을 지니고 새로운 재산소유자들이 보통 이상으로 가혹했다고 가정할 필요는 없다. 이렇게 급작스럽고 전면적으로 진행된 재분배의 최악의 측면은 개인이 사실상 시장의 통제하에 놓이면서 시장의 혹독한 요구를 수용하지 않을 수 없었다는 점이다. (오늘날의 화폐가치로 환산하면) 대략 1,500만 파운드에서 2,000만 파운드에 해당하는 자본이 소유주를 바꾸었다.[5]

1536년 이후 시장에 나온 수도원 토지에 이어 1547년에는 길드와

---

4) More, *Utopia*, p.32(Pitt Press ed., 1879): "귀족과 신사들, 일부 수도원장들, 그리고 물론 성직자들은 ……경작지를 남김없이 모두 목초지로 만든다." 농노를 돌려달라고 요구한 사례를 보려면, Selden Society, vol. xvi, 1903, *Select Cases in the Court of Star Chamber*, pp.cxxiii~cxxix, pp.118~129(Carte *v.* the Abbott of Malmesbury) 참조. 등본소유자를 멋대로 소작인으로 전환한 사례를 보려면, Selden Society, vol. xii, 1898, *Select Cases in the Court of Requests*, pp.lix~lxv, pp.64~101(Kent and other inhabitants of Abbot's Ripton *v.* St. John. 이러한 전환은 1471년에 이루어진 것으로 추정됨) 참조.

5) A. Savine, *English Monasteries on the Eve of the Dissolution*(*Oxford Studies in Social and Legal History*, ed., P.Vinogradoff, vol. i, 1909, p.100)에 따르면, 영국 수도원들이 1535년 세속에서 벌어들인 순소득은 10만 9,736파운드, 총순소득은 13만 6,361파운드에 달한 것으로 추정된다. 오늘날의 돈 가치로 환산하려면 이 수치의 최소한 12배가 되어야 한다. 그것의 자본가치는 대략적인 추정만 가능한데 (오늘날 액수로) 2,000만 파운드를 넘지는 않을 것이다.

개인예배당의 토지가 매물로 나왔다. 절박한 재정적 압박에 몰려 있던 군주는 토지를 보유하면서 지대를 취하는 일에 머물러 있을 수 없었으며, 혁명을 완수하기 위해 추진 세력이 필요했던 정부로서는, 어쨌든 그런 일은 사려 깊은 선택은 아니었을 것이다. 그러므로 정부가 착수한 일은 대부분 토지를 거의 즉각적으로 양도하고 그로부터 조성된 자본을 소득으로서 소비하는 것이었다. 10년 동안 땅 투기의 광풍이 일었다.

토지는 대부분 곤궁한 궁중신하들이 터무니없이 낮은 가격에 사들였고, 그 가운데 또 많은 부분은 런던금융권(the City)에서 경영방식을 습득한 약삭빠른 기업가들에게 넘어갔다. 단독으로 가장 많은 토지를 사들인 사람은 리처드 그레셤 경(Sir Richard Gresham)이었다. 중간상이 취한 것도 적지 않았는데, 그들은 곳곳에 산재한 토지를 사들여서 가격이 오를 때까지 기다리다가 괜찮은 구매자가 나타나면 조금씩 되팔았다.

런던에서는 일단의 상인들—직물공, 가죽상인, 양복점주인, 양조업자, 수지양초제조판매인—이 시장이 주는 이익을 취하기 위하여 연합체를 조직했다. 살인적인 지대, 퇴거, 경작지의 목초지 전환이 자연스럽게 뒤따랐으니, 감정인들은 소유권이 이전될 때마다 가치를 높게 책정했고, 마지막 구매자는 소작인을 쥐어짜야만 거래에서 수익을 낼 수 있었기 때문이다.[6]

결국, 지주가 왕보다 더 점잖아야 할 이유가 없었다. 사이언수도

---

[6] 양수인들의 지위와 그들이 지불한 액수를 위해서는, H.A.L. Fisher, *The Political History of England, 1485~1547*, Appx. ii에 실린 Savine의 수치를 볼 것. 귀족들이 지불한 낮은 가격은 특히 놀랄 만하다. 가장 뛰어난 연구는 S.B. Liljegren, *The Fall of the Monasteries and the Social Changes in England leading up to the Great Revolution*(1924)인데, 이 책에는(pp.118~125) 투기가들의 활동이 상세하게 기록되어 있다.

원의 서섹스 영지들 중 하나를 양도받은 사람은 자신들의 공유지가 몰수당한 것에 항의하는 몇몇 농부에게 이렇게 답변했다. "자네들은 왕의 은혜를 입어 수도승, 탁발승, 수녀의 모든 집이 폐쇄된 것을 알고 있는가? 따라서 이제는 우리 신사들이 자네 같은 가난한 천민들의 집을 없앨 차례일세."[7] 이러한 억지 주장들도 그 편리성으로 널리 통용됐다.

당대인들의 저항은 농민과 일부 새 지주들 사이에 있었던 격렬한 다툼에서 구체적으로 드러났다. 가령 허버트 가(家)는 워션―구전에 따르면 훗날 이곳에서 지체 있는 가문의 시드니(Sidney)가 『전원』(Arcadia)을 썼다―에 공원을 조성하기 위해 마을 전체에 울타리를 둘렀고, 애보트 리폰의 세인트 존 가문도 그런 지주들 중 하나였다. 위트비수도원 토지에 대한 세 번째로 큰 투기가인 존 요크 경의 소작인들은 지대가 연 29파운드에서 64파운드로 폭등하자 거의 20년 동안이나 그것을 시정하기 위한 탄원서 공세를 정부에 퍼부어 댔다.[8] 17세기 말에 이르러도 사라지지 않던 구전에 따르면, 수도원 토지를 수령한 가문들은 세 세대를 못 넘기고 소멸했는데, 이는 설사 사실이 아닐지라도 놀랄 일은 아니다. 간절히 원하면 사실로 믿게 되어 있다.

당시는 인클로저와 토지매점자에 대한 대중적 증오가 종교적 정서와 자연스럽게 결합되던 시절이었다. 그런 정서는 탐욕이 치명적 죄악이며 경제적 이기심에 호소하는 일은 처벌을 경감시키는 것이 아니라 오히려 더 가중시킨다고 가르쳤던 전통 속에서 배양되었다. 대륙에서처럼 영국에서도 교리적 급진주의는 사회적 보수주의[중세

7) *Star Chamber Proc.*, Hen. VIII, vol. vi, no. 181. Tawney and Power, *Tudor Economic Documents*, vol. i, pp.19~29에 수록.
8) Selden Society, *Select Cases in the Court of Requests*, pp.lviii~lxix, pp.198~200.

질서에 대한 동경을 그 내용으로 함]와 보조를 같이했다. 사회적 무질
서에 대한 가장 혹독한 공격은 옛 종교의 지지자들이 아니라 프로테
스탄트 진영의 좌파 신학자에게서 왔다.

　이들은 경제적 개인주의에서 종교의 순수성을 타락시킨 해이와
방종의 또 다른 표출을 보았고, 개혁은 초대교회의 지배체제와 교의
를 복귀시키는 것 못지않게 당시의 도덕적 엄정함도 회복시켜야 한
다고 이해했다. '은혜의 순례'[Pilgrimage of Grace, 1536년 잉글랜드 북
부에서 수도원 해산 등 헨리 8세의 종교개혁 조치들에 반대하여 구교도 3
만 명이 일으킨 무장반란으로 220명이 처형되고 실패로 끝남]의 지도자
[아스크(Robert Aske)]가 요크셔수도원의 해산이 가져온 사회적 효과
를 묘사했던 감동적인 표현들은 [신교주의자들인] 래티머, 크롤리, 레
버, 베컨 그리고 포넷이 10년 뒤 [사회혼란에 대해] 감행했던 일련의
맹렬한 규탄들에 비하면 온건한 것이었다.[9]

　그들의 열정은 이해할 만했다. 아스크['은혜의 순례' 지도자]가 초
록의 나무에서 보았던 것을 그들은 마른 가지에서 보았거니와, 사회
적 파륜으로 돌진해 들어가는 상황에 대한 그들의 공포는 좌절된 희
망에서 오는 통한으로 더욱 강렬해졌다. 모든 것이 완전히 다르게 전
개된 것이다. 종교개혁을 가져온 운동은 둘이 아닌 여러 개 얼굴을
지닌 야누스였는데, 그 가운데 하나가 종교적 갱생의 열매로서 정치
적, 사회적 재건을 동경했던 얼굴이었다.[10]

---

9) F.A. Gasquet, *Henry the English and the English Monasteries*, 1920,
　 pp.227~228.
10) 예컨대 *The Obedience of a Christian Man*(Tyndale, *Doctrinal Treatises*, Parker
　 Society, 1848에 수록), p.231. 여기에는 초대교회가 빈자를 어떻게 대했는지
　 가 사례로서 인용되어 있다. 그리고 *Policies to reduce this Realme of Englande
　 unto a Prosperus Wealthe and Estate, 1549*(Tawney and Power, *Tudor Economic
　 Documents*, vol. iii, pp.311~315에 수록). "우리 스스로가 하나님에 대한 진

독일과 스위스에서처럼 영국에서도 사람들은 교회뿐 아니라 국가와 사회도 개혁할 종교개혁을 꿈꿨다. 수많은 잠자는 재능들을 일깨워서 교리뿐 아니라 도덕을 정화하고, 학문을 장려하고, 교육을 확산하고 빈곤을 구제하는 일, 요컨대 복음에 대한 신앙을 회복함으로써 정신적, 사회적 부흥을 고취하는 일이야말로 여론의 활용에 민감한 정부의 적절한 지지가 곁들여지면서, 인도주의자와 이상주의자의 목전에 아른거렸던 비전이었다.

그런 비전은 갈등 없이 그냥 사라지지 않았다. 경제위기가 최고점에 달했을 때, 에드워드 6세[헨리 8세의 아들]의 개인교사이자 케임브리지 신학교수였던 부처는 그리스도의 왕국이 어떻게 크리스천 군주에 의해 확립될 수 있는지를 설명하기 위해 작성한 기독교정치교본에서 기독교부흥의 사회강령을 제시했다. 그 개요는 선명했고 세부사항들은 정교했으니, 칼뱅의 제자다운 가차 없는 엄밀함으로 다듬어진 결과였다.

고의로 태만한 자들은 교회에서 추방되고 국가에 의해 처벌되어야 한다. 정부는 경건한 중상주의자로서 모직산업을 부활하고, 아마포산업을 도입하며, 목초지를 경작지로 바꾸기 위해[즉 인클로저를 되돌리기 위해] 노력해야 한다. 상인계급에 대해서는 단호한 태도가 필요하다. 상행위 자체는 고귀하지만, 상인들이란 대체로 사기꾼이기 때문이다. 실제로 "엉터리 목사들을 제외하면, 어떤 계급의 사람들도 이들보다 더 공동체에 해악적인 사람들은 없다." 그들이 하는

정한 예배에 무지한만큼, 하나님께서는 그분대로, 우리가 목전에 보고 있는 바, 이 나라의 완전한 황폐화를 초래할 저 폐해들을 개혁할 올바른 지식을 우리로부터 숨기셨다. 그러나 이제는 하나님에 대한 진정한 예배가 ……지극히 순결하고도 진지하게 시작되고 있기 때문에 ……그에 따라 하나님께서 …… 왕들과 그 신하들을 사용하여 이 예견된 타락과 폐허의 원인과 경우들을 근본적으로 박멸하리라는 것을 믿어도 좋으리라."

일이란 대부업, 독점, 그리고 이 둘을 눈감아달라고 정부를 매수하는 일이다. 다행히도 치유책은 간단하다. 국가는 공정가격을 고시해야 하는데, 이는 "매우 필요하고도 쉬운 문제"이다. "자신의 이익보다 공동체에 더 헌신적인 경건한 사람들"만이 상업에 종사하도록 허용돼야 한다. 모든 촌락과 소도시에는 학교가 설립돼서 신앙심과 지혜가 뛰어난 교장의 관리를 받도록 해야 한다.

"크리스천 군주들은 무엇보다도 덕이 있는 사람들이 넘쳐나도록 혼신을 다하고 신의 영광을 위해 살아야 한다. ……그리스도의 교회도 기독교국가도 공공복리보다 사적 이익을 앞세우거나 이웃에 해를 끼치면서 이득을 추구하는 사람을 관용해서는 안 된다."[11]

크리스천 군주는 분투했지만, 가엾게도 처음부터 힘이 열세였다. 종교개혁의 정치적 성공을 위해 마땅히 힘써야 할 계급들은 사회적 재앙이 불가피하게 초래될 조건 위에서 지지를 보냈다. 미래의 신흥 귀족은 이미 시체에 이를 댔고, 피의 맛을 보았기 때문에 설교로는 꿈쩍도 하지 않았다. 역대 튜더정부들처럼, 에드워드 6세 정부도 공정가격을 정하려고 시도했다.

정부의 재정고문이었던 명민한 토머스 그레셤(Thomas Gresham)이 신앙심 깊은 사람들에게만 상업을 허락하는 문제를 어떻게 생각했는지에 관해선 단지 추측만 할 수 있다. 학교와 관련해서 정부가 무엇을 했는지는 리치 씨가 들려준 바 있거니와, 학교들을 대대적으로 폐쇄하고 기금을 궁정신하들에게 나눠주었다. 아마 [이런 일이 있기 직전인] 15세기 말경 인구 대비 학교의 수는 19세기 중엽보다 더 많았을 것이다. "국가는 기금들을 몰수했고 그 상당 부분은 당대 정치인들의 후손들의 사복을 지금도 채워주고 있다."[12] '에드워드 6세

---

11) Bucer, *De Regno Christi*.

의 인문학교들'이란 에드워드 6세가 없애지 않은 학교들이다.

환멸감이 모든 것을 짓눌렀다. 개혁가들이 신성한 개혁의 결과로 실현됐어야 할 사회정의의 경건한 구상들은 실종되고 말았다고 탄식해도 하등 놀랄 일이 아니었다. 교황제의 폐기, 교회특권의 삭감, 여섯 개 새 주교직, 교회법이라는 이단적 과목 대신 들어선 그리스어와 라틴어 강좌, 교리와 예배의식의 개혁 등 바람직한 변화가 있었지만, 이것들과 나란히 몇몇 상서롭지 못한 변화도 있었다. 도처에서 교육이 파탄 났고, 수많은 자선활동이 중단되었으며, 하원에서조차 반발을 불러왔던 조합자산에 대한 공격이 있었다.[13] 대규모 토지연합체를 상장시키는 데서 보듯이, 충분히 부유하거나 영향력이 있거나 혹은 인색한 사람들이 처음부터 유리한 고지를 점하도록 하는 사악한 협잡이 10년 동안이나 지속되었다.

종교개혁이 아직 그 귀추가 불확실할 때에 거기에 투자했던 사람들은 자연스럽게 안전을 보장받기 원했고, 모든 시대의 졸부들에게 두드러지게 나타나는 재산권에 대한 신비한 경외심을 품고는, 반란하는 농민들을 공산주의자로 매도했다.[14] 돈을 숭배하지 않았던 사람들은 팸플릿과 설교를 이용해 기업에 대한 그들의 생각을 피력했지만, 지체 높은 회중들을 분노로 식식거리게 만들 뿐이었다.

---

12) A.F. Leach, *The Schools of Mediæval England*, 1915, p.331. 그는 계속해서 이렇게 말한다. "5,625명의 인구당 한 개 인문학교와, 1864년의 '학교조사보고서'에 수록된바, 2만 3,750명당 한 개 인문학교를 대비해보면 …… 종교개혁 이전의 우리 선조들이 불리한 조건에 있었던 것은 아니다." 에드워드 시대의 약탈행위를 자세히 알려면, 같은 저자의 *English Schools at the Reformation, 1546~48*(1896) 참조.

13) *Acts of the Privy Council*, vol. ii, pp.193~195(1548) 참조. Lynn과 Coventry 의원들이 반발하자 이 두 도시의 길드 토지들이 그들에게 다시 반환되었다.

14) Crowley, *The Way to Wealth*, in *Select Works of Robert Crowley*, ed., J.M. Cowper(Early English Text Society, 1872, pp.129~150).

크롤리는 부동산임대업자와 대부업자를 호되게 비판했는데, 병자가 길에서 구걸하는 것은 부자가 병원의 기금을 착복했기 때문이라고 쓰기도 했고, 케트(Robert Ket) 휘하에서 봉기했던 농민들에 대한 연민을 감추지 않았다.[15] 베컨은 게을러빠진 수도승의 악덕을 장황하게 늘어놓는 토호들에게, 그들과 수도승의 유일한 차이는 그들이 수도승보다 더 탐욕스럽고 더 쓸모없으며, 소작인의 마지막 한 푼까지 짜낼 정도로 더 가혹하고 소득을 자신만을 위해 모두 사용할 정도로 더 이기적이며, 빈자들에겐 더욱 야박하다는 점이라고 말했다.[16]

레버는 세인트폴성당에서 이렇게 설교했다. "수도원, 수녀원, 대학, 개인이 세운 예배당을 금하는 데 돌아가신 전하[헨리 8세]의 의도는 매우 경건한 것이었는데, 이 문제라면 지금의 왕[에드워드 6세]도 마찬가지다. 다른 경탄할 만한 일들의 목적이나 명분도 매우 선하다. 허망한 예식의 겉치레를 위해 낭비되거나 빈둥대는 건달들을 위해 향락적으로 사용되던 풍부한 물자들이 공동의 부를 위해 왕의 직접적인 관할하에 놓이거나, 일부는 다른 이들의 관리에 맡겨져서 빈자를 더 잘 구호하고, 학문을 진작하며, 하나님의 말씀을 선포하는 일을 위해 쓰일 것이다. 그럼에도 사욕을 채우기에 급급한 관리들은 이런 기회를 제멋대로 활용하여, 빈자의 구호나 학문의 진작 그리고 공동체에서의 넉넉하고도 필요한 자선을 위해 쓰였던 이 물자들마저 이제는 세속적이고 사악하며 탐욕스러운 욕망을 충족하기 위해 돌리고 있다. ……이런 물자를 자신의 손에 움켜쥐고 악한 일에서 더

---

15) Crowley, 앞의 책 그리고 *Epigrams*(같은 책, pp.1~51).

16) Becon, *The Jewel of Joy*, 1553. "그들은 승려, 탁발승, 수사신부, 수녀 등 명칭을 혐오하면서도, 이들의 재산은 탐욕스럽게 움켜쥔다. 그러나 수도원들은 낯선 이를 환대하고, 농지를 싼값에 임대하며, 학문을 장려하고, 젊은이들에게 교양을 가르쳤지만, 그들은 이 가운데 하나도 하지 않는다."

악한 일을 하기 위해, 선한 일에 쓰이던 다른 물자들을 악한 일을 하기 위해 전용한 그대들이야말로, 스스로 신을 거스르고 왕을 속이며 부자를 갈취하고 빈자를 약탈하여 공동의 부를 공동의 곤궁으로 만든 당사자임을 확실히 기억해야 한다."17)

이는 정말 솔직한 설교였다. 래티머를 선지자로 헤일스를 행동가로 두었던, 그리고 사회재건을 주창한다는 이유로 상대편으로부터 '공화주의자들'로 불렸던 한 단체는 자연스럽게 계급혐오를 조장한다는 비난을 들었지만, 그런 비난은 그 단체의 대의를 중시하는 모든 사람에게 늘 있는 일이었다.

이들의 활약으로 경작지의 목초지 전환을 금하는 법들을 위반한 사례를 조사하기 위해 왕립위원회가 만들어졌고, 경작지정비와 농가개축을 위한 법이 도입되었으며, 법을 어기고 울타리를 헐어버린 [즉 인클로저에 저항하는] 사람들을 사면하는 포고령이 공포되었다. 신사계급은 분노했다.

이들이 신호만 보내면 공포정치를 할 만반의 준비가 돼 있던 추밀원 장관 파짓(William Paget)이 독일의 농민전쟁이 영국에서도 재현되리라는 음울한 예언을 하자, 대부분 수도원 땅을 가지고 있던 위원들은 표정이 굳었다. 당시 약탈적인 재산취득으로 명성을 떨치던 워릭(Warwick)은 헤일스가 인구감소대책위원회의 미드랜드지회 의장으로서 정부가 부과한 의무들을 [곧이곧대로] 실천에 옮겼다고 맹렬히 비난했다. 신사계급의 한 고소인이 세실(William Cecil Burghley)에게 편지를 썼다.

"각하, 하늘에 맹세컨대, 검소와 가난의 가식 아래 큰 불행이 숨어

---

17) Thomas Lever, *Sermons*, 1550(*English Reprints*, ed., E. Arber, 1895), p.32. 동일한 비난이 뒤이은 설교들에서도 반복된다.

있을 수도 있다는 점을 잊지 마시기 바랍니다. 공화주의자로 불리는 사람들과 그 추종자들에 대해 제가 우려하는 이유입니다. (지위고하를 막론한) 신사계급의 실상을 알려드리자면, 그들 모두가 지독한 의구심 속에 있기 때문에 감히 어떤 농부도 건드리지 못한다는 점을 분명히 말씀드립니다. 농부들이 무섭기 때문이 아니라 그들 중 몇몇은 법정에 세워져도 무죄로 방면되고, 또 다른 농부들은 래티머로 불리는 공화주의자를 통해 사면을 얻어내는 실정이기 때문입니다."[18]

'래티머로 불리는 공화주의자'는 위축되지 않았다. 억압을 향한 그의 분노는 주교들에게서는 찾기 힘든 해학과 독설의 재능이 결합되어 표출되었는데, 분노마저도 그가 죄인을 내세의 형벌 이전에 이 세상의 수모를 먼저 받도록 하기 위해 만든 사티로스[그리스 신화에 나오는 남자의 얼굴과 몸, 염소의 다리와 뿔을 지닌 숲의 신]의 괴물상에게 하듯, 요란한 웃음을 터뜨리며 악마에게 인사를 건네는 것을 막지 못했다.

그리하여 그는 자신의 도발로 청중 중 한 사람이 "마리아여, 이 선동가를 구하소서!"라고 탄식했을 때 오히려 흡족해 했으며, 다음 설교를 할 때 이 에피소드를 우스개로 꺼냈다가,[19] 돌연 다시 진지해져서 대리지주와 지대징수인들에 대한 비난에 박차를 가했다. 그리스도 자신이 탐욕스러운 자들을 먼저 정죄하지 않았던가?

너희 손이 흘린 이 모든 피에 대해

---

18) F.W. Russell, *Kett's Rebellion in Norfolk*, 1859, p.202. 서머싯의 정책과 그에 대한 젠트리의 반란에 대해서는, Tawney, *The Agrarian Problem in the Sixteenth Century*, pp.365~370 참조.

19) Latimer, *Seven Sermons before Edward VI*(*English Reprints*, ed., E. Arber, 1895), pp.84~86.

내가 그 대가를 요구하지 않으리라고 생각하는가.

하지만 분명히 기억하라. 영원히 꺼지지 않는 불이

지옥을 외치는 선동가를 위해 예비되어 있음을.

가난한 이웃들의

주거지와 경작지를 탈취한 자들이여

영원히 지옥에 거할지니라.[20]

튜더조의 토지문제에 관한 세세한 내용들은, 이런 격분을 쏟아냈던 당사자들도 객관적 근거에 입각해서 말한 것은 아니었다. 다행히 리담(Isaac Saunders Leadam) 씨와 게이 교수(Professor Gay) 덕택에 현대의 연구는 그들의 관점을 별 어려움 없이 수정할 수 있었다. 농업을 상업적으로 재조직하도록 촉진하는 거대한 비인격적 원인들에 관해선 관심도 지식도 없었던 상황에서, 그들은 당대의 물질적 곤궁에 의해서뿐 아니라 그 시대가, 그들이 보기에 그것만이 인간사회를 늑대의 무리와 구별하는 일련의 원칙들을 거부하는 것을 보면서 충격에 빠졌다.

그들의 적은 노섬벌랜드 가나 허버트 가뿐 아니라 하나의 사상이었다. 그들은 약탈이나 압제 자체보다는 이 둘 모두의 원천인 어떤 신조에 맞섰다. 그 신조에 따르면, 개인은 자기소유물의 절대적 주인이고, 실정법이 규정한 한계 안에서, 자신의 금전적 이득만을 위해 그것을 이용할 수 있으며, 이웃의 복리를 위해 자신의 이익을 유보하거나 상위의 권위에 대해 자신의 행동을 설명할 어떤 의무도 지지 않는다. 요컨대 그것은 훗날 모든 문명사회가 받아들이게 될 재산권이론이었다.

---

20) *Pleasure and Pain*, in *Select Works of Robert Crowley*, ed., J.M. Cowper, p.116.

적어도 그 이전의 몇 세기 동안, 지주와 농민 각각의 권리문제가 이처럼 격렬한 형태로 표출된 적은 없었는데, 통상적으로 소작인들은 영지재산의 일부였으므로 그들을 땅에 묶어두는 것이 영주에게 이익이 되었음이 분명했기 때문이다. 이제 적어도 남부와 중부 지방에서는, 양모산업의 팽창과 화폐가치의 하락으로 이 모든 것이 바뀌고 말았다.

인두세와 결혼승인료[봉건시대의 잉글랜드에서 차지인, 특히 농노가 딸의 결혼을 허가받기 위해 영주에게 지불한 금액]는 사라졌고, 강제노동은 이미 폐기되지 않았다면 급속히 소멸되고 있었다. 토지소유 심리도 혁명적으로 변화했는데, 지난 두 세대 동안 약삭빠른 지주는 농노거주지에서 도망친 농노를 벌금에 처하거나 체포하기 위해 영주권을 사용하는 대신에, 권리증서에서 흠결들을 찾아내고, 소유권 취득에 대한 부과금을 짜내며, 장원제 관습을 왜곡하고, 심지어는 토지소유권을 차지계약으로 전환하기도 했다.

그는 1489년에 시작돼서 거의 1640년까지 지속되게 될 정부의 공식적인 반인구감소 정책[즉 반인클로저정책]을 재산권에 대한 과도한 간섭이라며 격분했다. 농업혁명을 추진하던 이해세력들은, 아래로부터 촌락의 관습과 위로부터 왕이 부과하는 제약들을 공격하고, 인구감소를 금하는 법령들에 불법적으로 반발하며, 구질서를 회복하려는 울지와 서머싯의 시도에 격렬히 저항하면서, 시민혁명 이후 파죽지세로 그 기운을 떨치게 될 개인주의적 소유권개념의 씨앗을 키우고 있었다.

18세기 종교보다 덜 유연한 어떤 종교[18세기에 성행하던 이신론(deism) 등과는 달리 합리주의적 개인주의와 타협하지 않고 원래의 복음적 정신에 상대적으로 충실한 종교]도 도덕적 명분의 존재도 필요성도 부인했던 이런 신조와 공존하는 것이 쉽지 않았다. 일단 받아들여지자, 그것은 그에 대한 복종의 의무 외의 모든 사회적 의무에 대한 설교를 잠재워야 했다. 재산이 무조건적인 권리라면, 그에 따르는 책무들을 강조하는 일은 장식적이며 무해한 수사를 점잖게 나열하는 것에 지나지 않았다. 왜냐하면 그 책무들이 실천되든 무시되든, 그러한 권리는 어떤 도전도 받지 않은 채 견고하게 지속될 것이기 때문이다.

종교적 사회이론은 경제적 이기심의 무제한적 작동을 주창하는 모든 원리를 의혹의 눈으로 보기 마련이다. 후자에게 행위의 목적은 욕망들의 충족에 있는 반면, 전자에게 인간의 행복은 신이 부여한 책무들을 이행하는 데 있다. 그것은 사회질서를 신이 세운 계획의 불완전한 반영으로 보기 때문에, 인류를 위해 자연을 활용하게 만드는 기술들을 높게 평가한다.

그러나 그것은 수단보다는 목적을 더 중시하기 때문에 현세의 재화를 기껏 영적 목적을 위한 도구로 여기며, 그 기본 태도는 베이컨(Francis Bacon)이 지식의 진보란 '창조주의 영광과 인간조건의 개선'을 추구하는 것이라고 말했을 때의 그 관점이다. 이런 사상으로 양육받은 사람의 눈에 비친 새 농업체제[즉, 인클로저가 결과한 체제]는 사람들이 노동하고 기도하던 곳을 불모지로 만든 대토지소유자의 금전적 이해를 위해 촌락―상호부조의 우애와 봉사와 보호의 협동이 넘치는 '작은 공화국'―을 희생시켜 세운 것으로서, 인류뿐 아니라 신에 대한 도전과 다름없었다.

그 체제는 "신과 전혀 무관하게 살아가며, 모든 것을 자신의 손 안에 움켜쥐기를 원하고, 이웃과는 아무것도 나누려 하지 않으며, 지구상에 홀로 남기를 바라고, 결코 만족하지 못하는 사람들"의 작품이다.[21] 그 본질은 법적·준(準)법적 책무는 거부하되 법적 권리는 확

---

21) *The Way to Wealth*, 같은 책, p.132.

장하려는 시도였다. 종교개혁의 성직자들이 하늘로부터 불을 내려 달라고 외쳤던 것은, 아직 승리하지는 않았지만 점점 그 세력이 증대되던 신조인 무책임한 소유권에 대한 이 새로운 숭배를 향해서였다.

그들의 교의는 재산권 개념에서 끌어온 것이었다. 그 개념은 스콜라 철학자들이 가장 정교하게 구축했거니와, 그들은 재산권을 경험과 편의를 근거로 정당화하면서도 그 행사는 공동체의 권리와 자선의 책무로 언제나 제한된다고 주장했다. 그것의 실천적 적용은 이상적 형태의 봉건질서였는데, 그런 질서는 좀더 상업적이고 비인격적인 형태의 토지소유가 진전되면서 사라지고 있었고, 한때는 착취의 엔진이었지만, 이제는 경쟁이 주는 하향적 압박으로부터 약자를 보호하는 방벽으로 칭송받고 있었다.

사회는 권리와 의무들의 위계체계다. 법은 권리를 보호하는 것 못지않게 의무를 강제하기 위해 존재한다. 재산권은 경제적 특권들의 단순한 총합이 아니라 책임이 수반되는 직무이며, 그것의 존재이유는 소득뿐 아니라 봉사에 있다. 그것은 그 소유자에게, 땅을 일구든 정부에서 일하든, 그가 체제 안에서 점유한 특정의 지위에 따르는 책무들을 수행할 수 있게 할 정도의 수단만을 확보해주어야 한다. 그 이상을 추구하는 사람은 그의 상급자나 하급자 혹은 이 둘 모두의 것을 탈취하는 사람이다.

자신의 재산권을 오로지 경제적 가능성을 위해서만 행사하는 사람은 그것의 본질 자체를 왜곡하는 동시에 그 자신의 도덕적 명분을 스스로 소멸시킨다. 왜냐하면 그가 "모든 이의 생계를 움켜쥐고 있으면서도 어느 누구의 의무도 수행하지 않기" 때문이다.[22] 재산권 소유자는 수탁자다. 그의 권리들은 그가 수행하는 기능에서 나오며

---

22) Lever, 앞의 책, p.130.

그가 그 기능을 거부할 때 소멸된다. 그것들은 국가에 대한 그의 의무에 제한되며, 그 못지않게 그의 소작인이 그에 대해서 지니는 권리들에 의해서도 제약받는다.

농부가 농지를 개간할 때 자신에게 가장 이익이 되는 방식으로 하는 것이 아니라 마을에 필요한 작물을 재배하고 수확한 후에는 그의 땅을 이웃의 가축들을 위해 개방한다는 마을의 법칙을 준수해야 하듯이, 영주도 관습과 법규가 규정하는바, 그의 이웃에 해를 끼치고 국가를 취약하게 만드는 농업기법으로 얻어지는 반사회적 수익을 포기해야 한다.

그는 지대를 올리거나 증액된 벌과금을 요구해서는 안 되는데, 농부의 기능은 그가 수행하는 기능과 다르되, 그것 못지않게 중요하기 때문이다. 요컨대 그는 지대취득자(a rentier)가 아니라 청지기(an officer)이며, 개인적 이익을 위한 탐욕 때문에 그에게 맡겨진 의무를 희생시킬 때 교회는 그를 책망해야 한다.

"저희가 진실로 당신께 간구하는 것은 당신의 성령을 이 땅 위에서 토지와 목초지와 거주지를 소유한 사람들의 심령에 보내셔서, 그들 스스로가 당신의 소작인임을 기억하여 자신들의 집과 토지에 대한 지대를 착취하거나 남용하지 말고 탐욕스러운 세상 사람들의 방식을 좇아 불합리한 부담금이나 소득을 취하지 않게 하시고 ……오히려 주거지와 개간지와 목초지를 임대할 때에 스스로 삼감으로써 이 생이 끝난 후 영원한 처소에 들어갈 수 있게 하소서."[23]

그리하여 탐욕스러운 세속인들이 이 덧없는 삶의 재물을 자기 취향대로 써버리는 동안, 경건한 군주[에드워드 6세]는 1553년에 발간

---

23) *A Prayer for Landlords*, from *A Book of Private Prayer set forth by Order of King Edward VI*.

된 기도서(Book of Private Prayer)에서 그들의 영원한 복락을 구했다.

II. 종교이론과 사회정책

사회철학이 효과를 보려면, 그것이 제어하려는 세력들 못지않게 융통성이 있고 현실주의적이어야 한다. 밀려드는 경제적 이해관계들을 막연히 전통적 윤리에 호소하거나 과거를 이상화함으로써 대면하려는 태도의 취약점은 아주 명백했다.

영국국교회의 가장 대표적인 지성들이 여전히 고수하던 중세의 사회이론은, 심지어 굼뜬 농업의 세계에서 일어나는 변화들에도 충격과 혼란에 빠졌다. 그것은 용기 있게 소리를 질러댔지만, 무기력하게 자신을 방어하기에 급급하다가 16세기 중엽 이후에는, 구래의 모든 성취를 하나하나 침몰시키는 것처럼 보였던 상업문명의 급속한 부상으로 마침내 설 자리를 잃었다.

당대의 새로운 경제적 흐름과 성직자가 제창한 경제윤리의 설계도 간의 갈등을 가장 명확하게 촉발했고 가장 오랫동안 지속했던 쟁점은, 오늘날의 독자가 통상 기대하는 것과는 달리, 임금이 아니라 신용, 대부 그리고 가격문제였다. 핵심적인 논란거리—수많은 사소한 추문을 부정확할지 모르나 편리하게도, 그 안에 축약해놓았던 죄악의 신비—는 당대인들이 대부행위(usury)라는 단어로 묘사했던 바로 그 문제였다.

베이컨은 "재물이 위대함에 기여할 때가 있다. 그것은 신민의 부가 소수가 아니라 다수의 손에 있을 때다"라고 말함으로써 그 시대가 원하던 사회적 이상을 특징적으로 표현했다.[24] 튜더조의 영국은,

---

24) Bacon, *Of the True Greatness of the Kingdom of Britain*.

재산이 점점 더 집중되고 있었는데도 익숙한 현대적 표현을 빌리면 여전히 '분배적 국가'였다.

그것은 토지와 대부분의 산업에서 사용되는 소박한 도구들의 소유가 계급적 표징이 아니라 사회적 속성이었던, 그리고 소농, 소상인 혹은 소장인이 전형적인 노동자였던 공동체였다. 영국의 평론가들이 프랑스와 독일의 '집 있는 걸인들'과 대비하여 자립성과 번영을 자랑했던 이런 소규모 자산소유주들의 세계에서, 임노동자들은 촌락과 자치도시의 틈새에 산재한 소수자였으며, 대개 그들 자신이 농부의 후예로서, 자기 소유 경작지를 개간할 꿈을 품거나, 최악의 경우 미개지에 무단거주를 해야 할 상황에서는, 종종 고용주를 상대로 강경한 태도를 보이기도 했다.

한 시대의 고유한 경제적 병폐와 그 시대가 지닌 특별한 장점은 동전의 양면과 같다. 섬유산업의 일부 분야들을 제외하면, 사회적 불안에 기름을 붓고 사회개혁 프로그램들을 일깨우고 [정부의] 입법적, 행정적 조치들을 끌어냈던 불만은 임노동 프롤레타리아에 대한 고용주의 착취가 아니라 생산자가, [농부의 경우] 그가 얽혀 있는 지주, [수공업자의 경우] 그가 물건을 사고파는 중개인, [소상인이라면] 그가 돈을 빌린 지역자본가―종종 중개인으로 행세하는―등과 맺은 관계에서 발원했다.

농부는 작황이 좋지 않거나 그저 파종과 추수 사이의 기간을 살아가기 위해 [지주에게] 돈을 빌려야 한다. 수공업자는 외상으로 원료를 사야 하기 때문에 상품 판매 이전에 [중개인에게] 돈을 미리 찾아써야 한다. 젊은 소상인이 가게라도 하나 내려면 [지역자본가에게서] 소자본을 긁어모아야 한다.

시골장터에서 양곡을 구입하는 농장노동자도 판매상에게 '말미를 좀 달라고' 끊임없이 사정해야 한다. 그러므로 거의 모두가 이때 아니면 저때에 대부업자를 필요로 한다. 그리고 대부업자는 종종 독점자, 곧 '돈의 주인,' 기름장수 혹은 곡물상, '부자 목사' 등 농부와 수공업자들로 이루어진 공동체의 유일한 자본가다. 그가 그들의 주인이 되는 것은 당연하다.[25]

이 상황에서 착취에 대한 인민의 원성이 자자했다 해서 놀랄 수는 없다. 현실의 불만들에 고무된 그 원성은, 이가 다 빠지긴 했지만 강력한 호소력을 지닌 교회의 가르침에서 동맹세력을 찾아냈다. 중세의 교황들이 성문화했고 중세 스콜라 철학자들이 해석한 경제행위의 윤리에 관한 교의는, 과거의 지혜에 대해 정중한 신앙심이 표한 관례적 찬사로서뿐 아니라, 상업과 농업에서의 급속한 시대적 변화로 원래 그것이 의도했던 행위규범의 문제들이 완화되기보다는 오히려 더 두드러졌기 때문에, 16세기 영국의 성직자들에 의해 재차 불러내졌다.

설교자와 도덕주의자의 화살이 특정의 탐욕스러운 대금업자에게로만 향한 것은 아니었다. 경제윤리에 관한 중세적 기획의 본질은 거래에서의 공정성(equity)을 강조한 데 있었는데, 성 토마스[아퀴나스]의 말에 따르면, 쌍방이 동일하게 이익을 취할 때 계약은 공정하다. 대부업 금지는 그 교의의 핵심이었거니와, 그 이유는 대금업자의 수익이 착취의 유일한 형태가 아니라, 당시 경제환경에서는, 그것의 가장 두드러진 범주였기 때문이었다.

실제로는, 16세기와 중세시대 공히 대부업이라는 단어는 그것이 오늘날 전달하는 특정화된 의미를 지니지 않았다. 현대의 폭리취득자와 마찬가지로 당시에도 대부업자는 평판이 너무 안 좋았기 때문

---

25) 농부와 소수공업자와 관련된 신용문제를 논의하기 위해선, Wilson, *Discourse upon Usury*, 1925, pp.17~30에 실린 나의 서문 참조.

에 평판이 좋지 못한 많은 사람이 대부업자로 불릴 수 있었으며, 현실의 평균적인 사람은 자신이 억압적이라고 생각하는 거의 모든 형태의 거래를 대부업으로 분류했을 것이다.

기독교 대부이론을 주창했던 사람들도 그 단어를 탄력적으로 해석했던 것은 마찬가지였다. 대출금에 대해 이자를 취하는 것뿐 아니라, 독점자가 가격을 올리는 일, 집요한 홍정으로 값을 깎는 행위, 지주가 엄청나게 비싼 소작료를 물리는 것, 소작인이 자신이 지불한 지대보다 더 비싼 지대로 전대하는 행위, 임금을 깎거나 현금 아닌 물건으로 대신 지불하는 행위, 빚을 지체한 채무자에게 할인을 거부하는 일, 대출하면서 터무니없는 담보를 요구하는 것, 중개인이 과도한 이익을 취하는 일 등이 모두 13세기에 성 레이몬드가 쓴 매우 실제적인 교본에서 대부업으로 비난받았다.[26]

이 행위들은 '불법 거래,' '음험한 술책'의 항목 속에 포함되었는데, 3세기 후에 배심원단에 앉아 있거나 교구교회에서 설교를 듣는 보통 사람에게 대부업이란 바로 그런 것들을 의미했다. 만약 그에게 대부업이 왜 나쁜가라고 물었다면 그는 아마 성서의 구절을 인용하여 답했을 것이다. 그에게 대부업의 정의를 요구했다면, 그는 당혹스러워했을 것이고 한 의회의원이 1571년에 제안된 법안에 대해 말했던 바를 빌려, "대부업이 무엇인지 명확치 않다. 우리는 그에 대한 정확한 정의를 모른다"라고 대답했을 것이다.[27]

실제로, 한쪽이 자신의 권력을 최대한 동원해서 다른 쪽보다 명백하게 더 많은 이익을 취한 모든 거래가 대부업으로 간주되었다고 보는 것이 맞다. 인민의 정서와 교회의 가르침 모두를 가장 잘 요약한

---

26) 제1장의 각주 71을 볼 것.
27) D'Ewes, *Journals*, 1682, p.173.

표현은 1실링[영국에서 1971년까지 사용된 주화. 12펜스에 해당]당 1
페니를 받고 대출했던─이에 관해선 세상이 시작된 이래 가난한 이
들의 원성이 끊이지 않았다─평판 고약한 한 성직자에 대해 그의 교
구주민들이 작성했던 방대한 고발장에 담겨 있었는데, 베넷 박사의
'거대이익 취득자'란 표현이 바로 그것이다.[28]

16세기 성직자들이 물려받은 대부업에 관한 이론은 천재적 궤변
이 만들어낸 고립된 별종이 아니라 포괄적인 사회철학체계 내에 위
치한 하나의 하위요소였거니와, 이 점은 그것을 둘러싸고 벌어진 논
쟁에 격렬함을 더해주었다. 그것의 모호한 변증법이 촉발한 열정은
핵심쟁점이 단순히 법적 세칙을 따지는 데 있지 않다는 확신에 따라
더욱 거세졌다. 경제문제를 모든 이해와 활동을 아우르는 위계적 가
치체계─종교가 그 정점에 있는─의 일부로서 취급하려고 시도했
던 점이야말로 중세사상의 전 체계가 지닌 운명이었다.

만일 종교개혁이 하나의 혁명이었다면, 그것은 교회조직의 하부
영역과 사회사상의 전통적 체계는 거의 건드리지 않은 혁명이었다.
1530년에서 1560년 사이에 선술집이나 모리스춤[영국 전통 춤의 하
나] 혹은 카드놀이의 유혹을 뿌리치고 교구교회에 출석했던 마을 사
람이라면 교회건물의 외양과 예배형식에 나타난 일련의 변화를 보
고 당혹스러웠으리라.

그러나 그는 교회를 중심으로 한 사회체제 혹은 그 체제가 그에게
부과한 의무와 관련해서는 아무런 변화도 감지하지 못했을 것이다.
종교개혁 후에도, 그 이전과 다름없이 교구는 여전히 종교적 의무와
사회적 의무가 불가분하게 엮인 공동체였고, 마을 사람이 자기 몫의
공적 부담을 떠안고 그에게 운명적으로 지워진 공적 기능을 수행한

---

28) *Calandar S.P.D. Eliz.*, vol. cclxxxvi, nos. 19, 20.

것은 세속정부의 신민으로서가 아니라 교구주민의 자격으로서였다.

그가 일상생활의 틀 속에서 가장 많이 맞닥뜨린 관리는 교구위원이었고 대부분 공적업무가 처리되고 외부세계의 소식을 접했던 장소는 교구교회였다. 그에게 부과된 헌금은 교구 이름으로 징수되었다. 그의 자식 교육은 종종 부목사나 교구교사가 행했다. 그가 동료들과 어울려서 받은 훈련은 교구가 운영하는 공동사업체들이 담당했는데, 그것들은 재산을 소유했고, 유산을 상속받았으며, 양과 소를 대여했고, 돈을 융자해주었으며, 교회 축제에서 맥주를 팔아 큰 수익을 냈고, 때때로 장사를 하기도 했다.[29]

교회와 국가 구성원의 자격은 시공간적으로 겹쳤고 똑같이 강제적이었다. 정부는 교구의 교회조직을 생활이 종교적, 정치적, 경제적 측면들로 나뉘는 훗날에 오면 [교회와 구분되는] 세속에 속하는 것으로서 간주되게 될, 목적을 위해 활용했다. 설교연단은 공식적인 정보가 공중에게 전달되고 순종 의무가 주입되는 통로였다. 국가는 빈곤문제에 대처하기 위해 성직자와 교구조직에 의존했고, 1597년에 이르도록 빈민을 위한 모금원을 교구위원이 교구목사와 의논하여 선정했다.

사회윤리문제에 관한 한 그 시기의 종교사상은 교회조직 못지않게 보수적이었다. 종교가 삶의 모든 측면을 아우른다는 견해에서나 종교가 요구하는 특정의 사회적 책무에 관한 이론에서, 영국국교회의 대표적인 사상가들은 전통적인 교의와 단절할 의사가 전혀 없었다.

그들은 경제관계와 사회질서의 기준을 실용적 편의가 아니라 교회가 수호하고 주장하는 진리 가운데에서 찾아야 한다고 주장했고,

---

29) 예컨대, S.O. Addy, *Church and Manor*, 1913, chap.xv. 교구기업과 조직에 관한 최고의 해설은 S.L. Ware, *The Elizabethan Parish in its Ecclesiastical and Financial Aspects*, 1908에 실려 있다.

경제적 동기에 대한 뿌리 깊은 불신으로 경제적 기업의 정신이 새롭게 표출될 때마다 그것을 새로운 형태의 탐욕의 죄라며 질책했다. 엘리자베스 치하 종교인들의 발언은, 혁명의 개입에도 불구하고, 왕정복고 이후 유행하게 될 교의들보다 스콜라 철학자들의 교리에 훨씬 더 가까웠다.

거래의 무자비한 성사를 위해 자신의 경제권력을 행사했던 전횡적 지주의 압제는 시민혁명에 이르도록 끊임없이 비난의 대상이 되었다. 중간상인들―"구매자에게는 모든 것을 비싸게 팔면서, 정직하게 취득한 것을 값을 매기거나 팔아야 하는 많은 절박한 사람에게는 놀랄 정도로 형편없이 낮은 가격을 제시하는 ……해악적 상인들"―의 부당한 요구에 대해서는 레버가 공개적으로 강력히 비판한 바 있다.[30]

하나의 표준적 저술이 된 '부의 정당한 사용'에 관한 논문의 저자 헤밍(Nicholas Heming)은 공정가격의 원리를 주창하면서 계약의 자유를 외치며 탐욕을 정당화했던 주장을 단번에 잠재워버렸다. "그대가 죄를 어떤 명분으로 숨긴다 해도, 그대의 죄는 너무 크도다. …… 한 사람에게만 해를 끼쳐도 저주를 피할 수 없거니와, 한 집안 전체를 죽음으로 몰고 가거나, 적어도 그들의 극단적 곤궁의 도구가 된 그대는 어찌되겠느냐? 그대가 적당히 사람의 처벌은 면할지 모르나 하나님의 심판은 결단코 벗어나지 못하리라."[31]

샌디스(Sandys)와 주얼(Jewel) 같은 저명한 국교회 성직자들도 대부업문제에 관한 논쟁에 가담했다. 솔즈베리의 한 주교는 윌슨

---

30) Lever, 앞의 책, p.130. 그리고 Harrison, *The Description of Britaine*, 1587, ed., bk. ii, chap. xviii.

31) *A Godlie Treatise concerning the Lawful Use of Riches*(Nicholas Heming의 라틴어 원문을 Thos. Rogers가 옮김), 1578, p.8.

(Thomas Wilson)의 책[『대부업 강론』]에 축사를 보냈고, 어떤 캔터베리 대주교는 모스(Miles Mosse)의 신랄한 『규탄』(*Arraignment*)이 자신에게 헌정되도록 허용했으며, 목사이기도 했던 17세기의 한 저술가는 지난 100년 동안 갖가지 형태의 착취를 다양한 측면에서 기술한 6명과 신학자 10명—이름이 덜 알려진 수많은 성직자는 차치하고라도—의 목록을 만들어 세상에 내놓았다.[32]

그것은 여전히 교회설교자들에게 인기 있는 주제였다. 16세기 설교자는 관례에 구애받지 않고 시장의 문제들을 설파했는데, 아마 좀 더 까다로운 시대였다면 관례에 따라 그것들은 불경한 것으로 간주되어 설교에서 다룰 수 없었을 것이다. 헤밍은 이렇게 썼다.

"처벌이 치안판사의 일이듯이, 대부행위를 견책하는 것은 설교자들의 책무이다. ……우선 설교자들은 모든 불법적이고 사악한 계약들을 엄하게 질책해야 한다. ……명백하게 잘못된 거래상의 오류들을 교회의 규율에 따라 시정하게 하라. ……만일 거래에서 드러난 모든 악습을 개혁할 수 없다면, 교회에 과중한 부담을 주지 않도록 조심하여 그 문제를 하나님께 맡기라. ……마지막으로, 그들로 하여금 부지런히 부자들을 훈계해서 그들 자신이 부를 과시하는 일에 연루되지 않도록 하라."[33]

국교회 소속의 한 성직자는 대부행위에 대한 교회의 견책에 관해 이렇게 썼다. "이는 1,500년 이상, 그 점에 관해서는 이견 없이 견지되어온 교회의 통상적 주장이었다. 딱하고 어리석은 그리스도의 교

---

32) Sandys, 2nd, 10th, 11th, and 12th of *Sermons*(Parker Society, 1841); Jewel, *Works*, pt. iv, pp.1293~1298(Parker Society, 1850); Thos. Wilson, *A Discourse upon Usury*, 1572; Miles Mosse, *The Arraignment and Conviction of Usurie*, 1595; John Blaxton, *The English Usurer, or Usury Condemned by the Most Lerned and Famous Divines of the Church of England*, 1634.

33) Heming, 앞의 책, pp.16~17.

회는, 우리가 오늘날 살고 있는 황금기 이전에는, 적법한 대부행위란 결코 존재할 수 없다고 보았던 것이다."[34]

이런 일단의 가르침을 연구하는 현대의 학자들이 주목하게 되는 첫 번째 사실은 그것이 보이는 과거와의 연속성이다. 종교개혁 이후 종교적 견해는 매매, 임대차, 대부와 차용 등의 행위는 모두 교회가 수호하는 도덕법에 따라 통제되어야 한다고 주장했고, 이는 그 이전의 종교적 견해와 다르지 않았다.

개혁가들 자신은 중세암흑기―이는 18세기가 붙여준 이름이다―의 경제적 우매함에서 해방된다는 의미를 알지 못했고, 기독교 세계의 전통적 경제윤리―일부 학자들은 이를 로마에 대한 반발의 결과였다고 주장한다―를 거부한다는 의미도 깨닫지 못했다. 그들이 중세교회의 사회이론과 관련하여 어떤 처지에 있었는지는 그들이 어떤 권위에 호소했던가를 보면 드러난다.

형평법원 판사이고 잠시 국무대신도 지냈던 윌슨(Thomas Wilson) 박사의 말이다. "그러므로 나는 사람들을 모두 교회법의 적으로 만들고 그들이 거기에 기록된 모든 것을 부인하게 할 생각이 없다. 교회법을 만든 당사자가 교황이고 마치 교황은 어떤 선한 법도 만들 수 없다는 듯이 말이다. ……오히려 나는, 누가 무슨 말을 하든 교황이 만든 법 가운데는 신의 뜻에 합치하는 것도 있다는 점을 분명히 말하고자 한다."[35] [가톨릭과 결별했던] 튜더조 관리의 입에서 이 말이 나왔을 때, 아마 거기에는 어떤 신랄함이 담겨 있었을 것이다. 그러나 교회의 전통적 가르침을 환기시킨 윌슨의 말은 사회문제들에 관해 통상적인 논의가 여전히 어디에서 제기되는지, 그 출발점을

---

34) Roger Fenton, *A Treatise of Usurie*, 1612, p.59.
35) Wilson, 앞의 책, 1925 ed., p.281.

보여주었다.

성경뿐 아니라 교부들과 스콜라 철학자들, 교령집, 교회신도회, 교회법학자들 등 모두가 중세교회의 신학과 통치를 혐오했던 사람들에 의해 경제윤리에 관한 문제에서 확고한 권위를 지닌 것으로서 지속적으로 인용되었다. 윌슨이 이것들을 어떻게 활용했는지는 그의 책을 일별하기만 해도 쉽게 드러난다. 16세기 후반 윌슨에 뒤이어 대부업에 관해 가장 정교하게 논의했던 저술가는 저서의 모두에 종교 개혁 이전에 나왔던 전거들 목록을 여러 페이지에 걸쳐 실었다.[36]

대부업 관련 법률의 개정을 다룬 한 실용적 보고서―정책에 일정한 영향을 미친 것으로 보이는―의 저자는 금융업자의 속임수와 투기적 외환거래에 의한 파운드의 구매력 저하를 다룬 한 논문에 멜란히톤뿐 아니라 아퀴나스와 호스티엔시스도 끌어들였다.[37] 심지어 한 도덕주의자는 '교황의 칙령'이라면 전혀 그 덕목을 인정하지 않았는데, 그 이유가 "대부행위를 강력하게 금하는 최고종교회의의 규정들과 신성한 교부들의 잠언"이 몰인정한 거래를 금하고 있다는 점을 더욱 강하게 부각하기 위해서였다.[38]

객관적인 경제학은 농업, 무역 그리고 무엇보다도 통화와 외환을 연구하는 전문가들의 손에서 발전했다. 그러나 성직자들은, 설사 이런 저작들을 읽는 경우에도 그것들을 기독교윤리의 울타리 안으로 맘몬이 침투한 것이라며 배척했다. 이러한 완강한 몽매주의는 이들의 열정적인 외침을 케케묵은 미신으로 불신하게 될 지적 인과응보를 낳는 데 기여했을 뿐이다.

---

36) Miles Mosse, 앞의 책.
37) *S.P.D. Eliz.*, vol. lxxv, no. 54(Tawney and Power, *Tudor Economic Documents*, vol. iii, pp.359~370에 실림).
38) Heming, 앞의 책, p.11.

당면한 경제적 현실을 분석하는 사람이 한 명이라면, 경제적 결의론을 다룬 과거의 두툼한 저술들로부터 이미 여러 차례 인용된 구절들을 이리저리 짜깁기해서 내놓는 사람은 열 명에 달했다. 무수한 설교가 행해졌고 무수한 논문이 연이어 쓰였지만, 이 모두의 공통된 가정은 사회윤리에 관한 교회의 전통적 가르침은 종교개혁 이후에도 그 이전과 다름없이 사람들의 양심을 구속한다는 것이다.

팸플릿과 설교는 아무도 범하지 않은 죄나 누구나 범하는 죄는 취급하지 않으며, 문헌상의 증거를 그저 경건한 수사라며 내칠 수는 없다. 그러나 문헌상 증거만으로는 부족하다. 종교개혁이 교회의 정치적, 사회적 위상에 가져다준 엄청난 변화들에 대해서는 부연이 필요치 않다. 교회는 사실상 국가의 한 기관이 되었으며, 남용으로 오랫동안 불신받아온 파문이 아직 약간 공포를 유발한다면, 그마저도 급속히 사라지고 있었고, 막대한 교회재산이 이전된 결과 이제부터 그 4분의 3이 세속의 후원자들에 의해 추천받게 된 성직자가 과도하게 독자적인 힘을 과시할 개연성도 없었다.

그러나 교회법은 그 관할이 국가로 이전되었을지언정 폐지된 것은 아니었다. 16세기 내내 성직자들은 대부분 그것이 집행되리라고 가정했고, 교회법은 중세시대부터 전해 내려온 계약의 평등성에 관한 모든 법률을 그 안에 포괄하고 있었다. 물론, 교회법은 더 이상 로마의 대리인으로 행하는 성직자가 아니라 국왕의 권위를 위임받은 민간인이 집행하고 있었다.

교회법 연구를 금지시킨 이래—존경받는 레이턴(Layton) 박사가 옥스퍼드대학에서 "스콜라 철학자들을 감옥에 처넣으라"고 외친 이후에—그것이 대학들에서 쇠퇴한 것도 사실이었다. 1545년에서 1552년까지 7년 동안 그리고 1571년 이후에는 아예 항구적으로, 의회입법이 이자를 받고 대출하는 행위를, 그 이자가 법정 최고액을 초과하지만 않는다면, 공공연하게 허용했다는 것 또한 부인할 수 없다.

그러나 교회법의 원천[스콜라 철학]을 바꿔버린 이러한 소동도 이런 문제들에 관한 한, 그것이 미치는 영향의 범위를 변화시키지는 못했다. 교회법이 이제 교황이 아닌 국왕의 이름으로 집행되었다고 해서 그것의 정당성이 축소된 것은 아니었다.

메이틀랜드(Fredric Maitland)가 지적했듯이,[39] 16세기 중엽으로 오면서 민법이 관습법에 심한 압박을 가하던 때가 있었다. 스미스 경(Sir Thomas Smith)이 아직 인기가 없던 법정변호사에게 장담했던 것처럼, 민법은 교회법정에서 시행되고 있었기 때문에 전도유망한 앞날을 약속했다.[40] 그것 자체가 대부행위를 금한 것은 아니었지만, 대부와 관련해서 할 말이 많았으니, 대부에 관해 가장 정교한 학술논문을 쓴 사람도 엘리자베스 시절의 한 민법학자였다.[41]

속세와 교회의 의견이 나뉘는 현대의 논쟁 덕에 친숙해진 한 주장에 따르면, 국가가 느슨한 태도를 취했다고 해서 국가의 신민이면서 또 교회의 신민이기도 한 사람들의 양심에 면죄부를 주는 것은 아니었다. 즉, "국가가 허용했다고 교회당국이 방면한 것은 아니다. 대부행위가 부도덕하다고 전제하면서도 ……민법은 그것을 용인하고 교회는 금한다. 이 경우에는 교회법이 우선돼야 한다. ……법은 누구도 대부업자가 되라고 강요하지 않는다. 그러므로 우리는 우리 영혼의 행위에서 민법의 상위에 있는 교회법에, 다른 상황이라면 마땅히 귀속돼야 할 존경과 순종의 염(念)을 표해야 하는 것이다."[42]

이 이론은 16세기에 경제이론을 다룬 거의 모든 교회저술가가 지

---

39) Maitland, *English Law and the Renaissance*, 1901.

40) Maitland, 앞의 책, pp.49~50에서 인용.

41) Wilson, 앞의 책.

42) Jeremy Taylor, *Ductor Dubitantium*, 1660, bk. iii, ch. iii, par. 30.

지했다. 그들의 견해는 한 팸플릿 저자의 말에 따르면, "영국국교회의 법은 ……대부행위를 명백히 또 일반적으로 금한다"는 것이다.[43] 1554년에 국교회성직자회의는 주교들에게 자신들의 특권을 회복해 달라고 청원하면서, 무엇보다 "대부업자들을 이전처럼 교회법으로 처벌할 수 있게 해달라"고 촉구했다.[44]

크랜머(Cranmer)와 존 폭스(John Foxe)가 작성한 교회사법권개혁안―결국 무산되었지만―은 대부업을 교회법정이 다뤄야 하는 범죄목록에 포함시켰는데, 판사들에게 종종 꽤 복잡한 사건들에 대한 지침을 주기 위해, 자연스럽게 이익을 창출하는 대상물로부터 얻은 수익은 제외된다는 간단한 설명문을 추가했다.[45]

그린들(Edmund Grindal) 대주교가 1571년 요크 관구의 평신도들에게 보낸 훈령에는, 거래가 어떤 방식으로 위장되었든지 간에, 대출에 대해 원금 이상을 요구하는 사람들을 교구장에게 신고해야 할 의무를 명확히 했다.[46] 시민혁명기까지 전해내려온 주교의 시찰규정(articles of visitation)은 몰인정한 사람과 대부업자를 주정뱅이, 신성모독자, 욕설한 자, 주술사와 마찬가지로 고발해야 한다고 규정했다.[47]

---

43) Mosse, 앞의 책, Dedication, p.6.
44) E. Cardwell, *Synodalia*, 1842, p.436.
45) Cardwell, *The Reformation of the Ecclesiastical Laws*, 1850, p.206, p.323.
46) *The Remains of Archbishop Grindal*, ed., Wm. Nicholson(Parker Soc., 1843), p.143.
47) 예컨대, W.P.M. Kennedy, *Elizabethan Episcopal Administration*, 1924, vol.iii, p.180(Archdeacon Mullins' Articles for the Archdeaconry of London(1585): "대부업자로 악명이 높거나 합리적인 이유 혹은 일반적인 평판에 따라 그렇다고 의심할 만하거나 혹은 어떤 구실을 대거나 수단을 동원하여 직간접적으로 같은 죄를 범하는 사람(들)을 알고 있는지 여부"), 그리고 p.184, p.233; Wilkins, *Concilia*, vol.iv, p.319, p.337, p.416.

1585년에 공포된 불(不)회개자의 파문에 관한 종규(宗規)와 1604 년과 1634년에 각각 공포된 캔터베리 관구의 교회법과 아일랜드교 회의 교회법은 모두 대부업자는 교회의 치리를 받아야 한다는 조항 을 그 안에 담고 있다.[48]

교회법정의 활동도 종교개혁과 더불어 마감되지 않았다. 그것은 16세기 후반기 내내 지방행정조직에서 인기는 점차 잃어갔지만 계 속해서 중요한 역할을 수행했다. 그것은 '구빈함에 자선하기'를 거 부하거나 '몰인정하거나 빈민과 병자와 나누지 않는다는 것이 발각 된' 사람을 처벌함으로써 기본적인 사회적 자선의무를 이행했고,[49] 거기에 더하여 적어도 이론상으로는 부당취득행위를 함으로써 기독 교윤리를 범한 사람들을 징치했다.

이런 문제들에 관한 교회의 관할권은 입법을 통해 확실하게 보장 받았는데, 교회법률가들은 관습법정이 잠식해 들어오는 것을 통탄 해하면서도, 특정의 경제적 비행들에 대한 관할권을 지속적으로 주 장했다. 주교의 시찰규정이, 반대가 점차 거세지고 있음에도 이런 유 의 문제들을 주목한 것이 범상한 일만은 아님은, 성직자가 기업문제 에 개입하는 데 대한 항의들과 교회법정에 상업적 거래를 제소하는 일이 끊이지 않았음을 알려주는 간헐적 사례들이 보여준다.

실제로 전형적인 대부업자는 사회적 교류에 필요한 모든 품위를 다 손상시켰다. 윌콕스란 사람에 대한 동료시민들의 불만을 보자. "윌콕스는 교회에서 제명당하자 예배시간에 온 교구를 불안하게 만 든다. 그는 1실링[12펜스]당 매주 1페니, 때로는 2페니를 취하는 가

---

48) Cardwell, *Synodalia*, vol. i, p.144, p.308; Wilkins, *Concilia*, vol. iv, p.509.

49) Ware, 앞의 책(위의 각주 29를 볼 것)에 몇몇 사례가 인용됨. 또한 *Archæologia Cantiana*, vol. xxv, 1902, p.27, p.48(Visitations of the Archdeacon of Canterbury) 참조.

증스러운 대부업자다. 그 자신의 아버지, 어머니도 저주를 퍼부을 정도였다. 그는 성찬에 참여하지 못한 2년 동안 주일마다 목사가 성찬식을 거행하려 할 무렵이면, 교회에서 나와 한 주분의 이자를 받으러 다녔는데, 그가 예배가 끝날 때까지 교회 안에 남아 있던 것은 1년에 세 차례도 안 된다."[50]

부주교가 교회가 치리해야 할 명백한 추문을 시정했는지 우리는 모른다. 그러나 1578년에는 성직자가 이자를 취한 사건이 에섹스의 부주교 법정에서 다루어진 바 있다.[51] 22년 후에는 몇몇 요크셔 교구의 시찰에 즈음하여 한 대부업자가 다른 범법자들과 함께 고발되었다.[52] 심지어 1619년에도 대부업자가 런던주교의 주교대리 법정에 소환된 일이 두 차례 있었는데, "과도한 이익을 취한 담보대출이라는, 자주 보고되었고 또 원성도 자자했던" 죄목이었다. 한 사람은 파문을 당했다가 나중에 사면되었고, 둘 모두 잘못을 바로잡으라는 권고를 받았다.[53]

---

50) *Hist. MSS. Com.*, *13th Report*, 1892, Appx., pt. iv, pp.333~334(*MSS. of the Borough of Hereford*).

51) W.H. Hale, *A Series of Precedents and Proceedings in Criminal Causes*, 1847, p.166.

52) *Yorkshire Arch. Journal*, vol. xviii, 1895, p.331.

53) *Commissary of London Correction Books, 1618~1625*(H. 184, p.164, p.192). 나는 (이 문건들이 소장되어 있는) Somerset House의 핀참 씨가 친절하게도 이 사례들의 중요성을 일깨워준 데 대해 고마움을 표한다. 둘 가운데 짧은 것(p.192)은 이렇다. "올더스게이트 문 밖 성 보돌피교구에 사는 일각수 가게주인 토머스 위담. 대부행위로 적발됨. 연간 100파운드에 대해서는 10파운드 이상을, 1파운드에 대해서는 2실링 이상을 취함. 기간이 짧아지면 이자가 늘어났음. 이 소문에 따라 기록함. 같은 날 소환 등. 1620년 5월 9일 주교대리 각하의 면전과 법정에 당해 위담이 출두하여 상기사항에 이의를 제기하며 자신은 좀처럼 집에 있는 일이 드물고, 가게 일은 아랫사람에게 맡기므로 과실이 있으면 그것은 자신이 아니라 그의 책임이라고 진술함. 앞으로는 이런 식으로 착취하거나 범법을 하지 않도록 주의를 주고 조심할 것이라며,

그러나 이런 사례들이 일반적이었다고 추측할 필요는 없다. 갈수록 불신을 받던 교회재판소의 간헐적 활동들을 들여다봄으로써 당대 사회윤리사상들의 현실적 적용의 실상을 조명하려는 것도 아니다. 교회의 규율이란 종교적 견해가 미친 영향을 파악하는 데는 언제나 믿지 못할 단서였거니와, 특설고등법원[Court of High Commission, 엘리자베스 치세 때 수장령에 입각하여 시작된 종교재판소로 점차 청교도 탄압기관으로 활용되다가 1641년 장기의회에 의해 폐지되었고, 권리장전(1689)에 따라 이와 같은 재판소의 설치 자체가 위법으로 됨] 외에는 교회재판의 전 체계가 쇠락하던 시절의 관행에 관해, 빈약한 기독교법정회의록들이 알려줄 수 있는 것은 거의 없었다.

성직자들이 주창한 교의들이 평신도의 상식에 따라 수용되거나 배척된 정도를 판단하기 위해서는, 기업윤리라는 문제가 개인, 지방정부 그리고 중앙정부에 의해서 어떻게 다루어졌는지를 보여주는 기록들에 의존할 수밖에 없다.

16세기에는 경제행위의 문제들에 관한 보통 사람의 태도는 통상적인 경우보다 훨씬 더 혼란스러웠다. 한 세기 전만 해도 부당이득을 취하는 것은 신법에 반하기 때문에 옳지 않다는 말을 들었다. 한 세기가 지나자 그런 행위는 자연법에 합당한 것이므로 정당하다는 말을 들었다. 이 문제에서, 더 중요한 다른 문제들에서와 마찬가지로 종교개혁 이후 이어진 두 세대는 이런 확실한 언질의 축복을 누리지 못했다. 그들은 신학자들의 번쩍이는 투구가 그늘과 다름없이, 조그맣고 침침한 빛줄기만을 비추는 회색지대를 걸어갔다. 실제로는 새로운 계급이해와 새 사상들이 부상했으되 아직은 그것들에 앞서 있

판사에게 자비를 베풀어 석방해줄 것을 간청함. 이에 판사는 차후로 그 자신이든지 그의 하인이든지 같은 죄를 범하지 말며, 일체의 그런 착취를 하지 말 것을 경고하고, 이런 경고와 함께 그를 석방함.”

었던 것들을 완전히 압도하지는 못했기 때문에, 실링당 1페니 이자를 취했던 교구목사와 함께 도매금으로 비난받는 것에 분노하며 저항했던 신앙심 깊은 시민으로부터 기업활동을 도덕과 혼동하는 것을 천박한 착각으로 보았던 국제금융가의 관용적 태도에 이르기까지, 엘리자베스 여왕 시절 영국의 경제윤리에는 온갖 색깔의 견해가 뒤섞여 있었다.

소자산가에 관한 한, 평신도들의 전반적인 정서는 성직자들이 주창한 교의와 큰 차이를 보이지 않았으며, 기업세계의 지도자들 사이에서 크게 퍼지기 시작한 개인주의와는 사뭇 다른 것이었다. 당대에 부상하던 금융이권의 반대편에는 농부 그리고 더 신분이 낮은 부르주아지의 견고한 보수주의가 진을 치고 있었다.

이들의 사회적 편의 개념은 혁신에 맞서 전통적 관계들을 옹호했으며, 그들은 이 새로운 권력이 커가는 모습을, 농경지를 목초지로 전환하는 지주들의 경제적 급진주의에 반대할 때의 그 질투어린 적의를 지니고 바라보았다. 그것은 근본적으로는 자기방어를 위한 본능적인 움직임이었다. 자본가의 자유로운 운신은 나라의 땅을 경작하고 직물을 짰던 소생산자의 독립을 위협하는 것처럼 보였다. 금융가가 먹이[즉 고객]를 유인하는 길목 초입에는 장미가 흩뿌려져 있는 듯이 보이지만, 그 끝에는 상상도 못했던 악몽, 곧 보편적 자본주의 체제가 펼쳐질 터인데, 그 안에서 농부와 소장인은 무산 프롤레타리아와 합쳐질 것이고, "그 무렵에 이르면, 런던 시, 실제로는 나라 전체의 부(富)는 무자비한 심성을 지닌 소수 사람들의 손아귀에 들어가 있게 될 것이다."[54]

공유지에 울타리를 두르고 경작지를 목초지로 전환한 후 소작인

---

54) *S.P.D. Eliz.*, vol. lxxv, no. 54.

에게서 터무니없는 소작료를 갈취한 지주들을 향한 지역민의 분노는, 중앙정부의 동조가 없었다면 무력했을 것이다. 중앙정부는 독점자에 대해 최고가격과 시장규제라는 전통적 수단을 동원했고, 대부업자를 다룰 때에도, 사계(四季)법원[Quarter Sessions, 계절별로 연 4회 열려 가벼운 사건들을 다루던 법정]에 세우거나, 지방정부의 재정을 미리 당겨서 피해자구제를 돕거나, 심지어는 극악한 '대부업자와 갈취자'로부터 주민을 보호하기 위해 때에 따라 공공전당포를 설립하는 등 정부로서 할 수 있는 최선을 다했다.

당시에 가장 널리 행해지던 자선방식, 곧 기금을 설립하여 소상인에게 무이자 대출을 주선하는 일 또한 유사한 동기에서 영감을 얻은 것이었다. 그 목적은, 대금업자가 가장 선호하는 고객인 젊은 수공업자 혹은 소매점 주인으로 하여금 장사를 시작하는 데 없어서는 안 될 '자본금'을 마련해주는 데 있었다.[55]

물론 중앙정부가 당면한 문제들은 더 복잡했고 중앙정부의 태도는 더 모호했다. 부와 영향력을 키워가던 상업이익의 압력, 중앙정부 자체의 절박한 금융적 필요성, 순전한 경제발전의 논리 등으로 성직자들이 원하는 엄격한 경제적 규제를 시도하는 일은 정부의 의사와는 무관하게 처음부터 불가능했다.

전통, 본래적인 보수주의, 인클로저 혹은 산업종사자들의 고충이 야기한 공공적 혼란에 대한 불안, 상거래에서 '선한 질서'의 수호자로서 맡겨진 사명에 대한 믿음 등이 경제문제에 대한 규제가 적절한 금융적 수익을 가져다줄 수도 있다는 희망과 합쳐지면서, 정부의 정책은 경제적 삶의 모든 가닥을 온정주의적인 군주의 손안으로 끌어

---

55) 이런 편법들을 설명하기 위해선 Wilson, *Discourse upon Usury*, 1925, pp.123~128에 실린 나의 서문 참조.

들이는 쪽으로 자연스럽게 기울었다.

엘리자베스 치하의 체제에서는, 국가의 주관심인 공공정책적 고려사항들은 교회가 중시하는 사회윤리적 고려사항들과 거의 구별되지 않았다. 종교개혁의 결과로 과거에 교회와 국가 사이에 존재하던 관계는 완전히 역전되었다. 중세시대에, 전자는 적어도 이론적으로 공적·사적 도덕문제에 대한 궁극적 권위를 행사했고, 후자는 교회의 포고를 집행하는 경찰관리였다.

16세기에 들어서자 교회는 국가의 종교부서로 되었고 종교는 세속적 사회정책에 도덕적 추인을 해주는 데 활용되었다. 그러나 종교혁명이 교회와 국가를 상이한 두 요소로 하는 하나의 통합된 사회라는 개념을 파괴한 것은 아니었거니와, 교회법이 '왕이 다스리는 영국의 종교법'으로 되자 불가피하게 양자의 관할권은 점차 합쳐졌다. 교회의 권위를 손안에 넣은 왕은 세실이 '복음의 자유가 키운 방종'이라 불렀던 것에 대한 해결책으로서, 사회적 행위의 전통적 기준을 유지하려고 애쓰는 일[이는 지금까지 교회의 관할이었다]은 정치적으로도 유용하다고 생각했다.

성직자들 편에서는, 그들 스스로가 관리로서 — 엘리자베스 치하에서 주교는 통상 치안판사였다 — 국교를 준봉하고 기독교윤리를 준수케 하기 위해 세속의 기구들에 의존했는데, 이는 양자가 모두 세속적 이해와 영적 이해가 아직 완전히 분리되지 않았던 사회를 구성하던 요소였기 때문이다. 후커(Richard Hooker)는 이렇게 썼다. "국가란 진정한 종교의 문제만을 제외하고, 그에 속한 모든 공공의 문제와 관련을 갖는 사회를 의미하며, 교회란 일체의 여타 문제를 제외하고, 진정한 종교문제와만 관련을 갖는 동일한 사회다."[56]

---

56) Richard Hooker, *The Laws of Ecclesiastical Policy*, bk. viii, chap.i, par. 5.

교회문제에서처럼 경제사회적 문제에서도 막 개막된 엘리자베스 시대는 보수적 재건의 시기였다. 토지에 전적으로 의존하는 국민의 심리는 상업사회의 심리와 극명하게 대립한다. 후자에서는 모든 것이 순조롭다면, 지속적인 팽창을 삶의 당연한 규칙으로 받아들이며, 새로운 지평선이 끊임없이 열리고, 정치는 입만 열면 기업활동을 독려한다. 전자에서는 후속 세대들이 끼어들 만한 틈새가 별로 없어서, 한 사람이 올라서면 다른 사람은 밀려나야 하기 때문에 변화란 [새로운 것의 창출이 아닌 기존 것들의] 분배를 의미하며, 그때 정치인은 개인적 창의성을 독려하기보다 사회적 혼란을 방지하는 일에 주안점을 둔다.

튜더조의 추밀원들[Privy Councils, 국왕을 위한 정치문제 자문단]이 사회정책과 산업조직의 문제를 대했던 것은 바로 이런 분위기에서였다. 금융적 이익에 한눈을 팔거나 경제발전을 촉진하기 위한 기획—야심차지만 통상 실패로 귀결되는—에 끌려들어가는 경우를 제외한다면, 그들의 이상은 진보가 아닌 안정이었다. 그들의 적은 무질서와 계급에 대한 계급의 침해를 가져옴으로써 무질서를 조장하는 것으로 간주되었던 조급한 욕망이었다.

그들은 성직자들이 종교의 이름으로 불신했던 경제적 개인주의를, 그들 못지않게 열렬히 국가의 이름으로 불신했다. 그들의 목적은 기존 질서를 위협하는 모든 동향을 감지하고 그것들을 진압할 만반의 태세가 돼 있는 온정주의적 정부—구속하기도 하고 보호하기도 하는—의 통제하에서 기존의 계급관계를 공고히 하는 것이었다.

음계를 없애고 악기의 현을 흐트러뜨려 보십시오.
그러면 들릴 것입니다, 불협화음이 어떤 것인지! ⋯⋯
힘이 곧 정의, 아니 오히려 옳음과 그름

(이들의 끊임없는 충돌 사이에 정의가 자리합니다.)
이들이 명분을 잃을 때 정의 또한 명분을 잃고
그때 모든 것은 권력 안으로 스며들고
권력은 의지 속으로, 의지는 욕망 속으로,
그리고 욕망, 그 우주적 허기는
그렇게 권력과 의지가 이중으로 떠받치면,
마침내 스스로를 삼켜버리지요.
[셰익스피어의 『트로일루스와 크레시다』 1막 3장에서 율리시스가 아가멤논에게 하는 말]

16세기 후반의 급속한 상업적 팽창에도 율리시스[그리스 신화에 나오는 영웅 오디세우스의 라틴어 이름]의 말은 오래도록 공식적 견해로 남아 있었다.

이런 개념들을 현실에 적용한 것이 바로 오늘날의 언어로 비유하면, '통제들'로 불릴 만한 것들의 정교한 체제였다. 임금, 노동이동, 사업등록, 곡물과 모직의 거래, 경작방법, 제조방식, 외환업무, 이자율 등 모든 것이, 일부는 법령으로 그러나 대체로는 추밀원의 행정조치에 따라 통제된다.

이론적으로는 어떤 것도, 그것이 아무리 작거나 아무리 크다 할지라도 도처에 편재한 국가의 눈을 피할 수 없다. 지주가 농부의 무지와 법의 모호성을 이용하여 공유지에 울타리를 치고 등본보유농을 축출하는가? 추밀원은 그 지주가 관습법상 권리를 주장하는 것을 방해할 생각이 없다고 항변하면서도 그것의 터무니없는 남용에 제동을 걸고, 빈자가 법적 협잡과 협박의 희생자가 되는 것을 방지하며, 분쟁을 상식과 도덕적 압력을 통해 해결하고, "지주는 소작인에게서 최대한의 이익을 뽑아내기보다는 ……국가의 관행에 어긋나지 않고

공공복리를 위해 합당한 것을 고려해야 할 것임"을 상기시키기 위해 개입할 것이다.[57]

흉작으로 가격이 올랐는가? 추밀원은 "자연인보다 늑대나 가마우지에 더 어울리는 상황에서,"[58] 물자부족을 이용하여 공공의 필수품들을 강탈하는 투기꾼들의 탐욕을 규탄하는 엄중한 경고문을 공표하고, 곡물과 식품감독관들에게 수출을 중단하라고 지시하며, 곡식창고를 조사하고, 배급제를 실시하며, 농부들에게 재고를 정해진 가격에 팔도록 강제하는 명령을 내릴 것이다.

대륙시장이 붕괴해서 섬유산업 지역이 불황을 맞을 위기에 처했는가? 추밀원은 의류업자에게 압박을 가해서 직공을 위한 일을 마련하도록 할 터인데, "호황기에 이익을 본 사람은 누구나 ……무역의 침체기에 ……공적 손실의 일부를 떠안아서 공공의 복리와 일반무역의 증진에 최대한 기여해야 한다는 것, 그것이 목양업자, 의류업자, 상인이 따라야 하는 규칙이기 때문이다."[59]

파운드 가치가 앤트워프 외환시장에서 떨어졌는가? 추밀원은 환율을 고정할 수도 있고, 나아가 사적 외환거래를 아예 금함으로써 외환업무 자체를 국유화할 수도 있다.[60] 지방정부들이 구빈법 시행을 소홀히 했는가? 추밀원은 부랑자 처벌과 노동 능력이 없는 자의 구호 그리고 노동 가능한 자들을 고용하기 위한 원료를 제공하는 데 취해진 조치 등에 관해 정기적인 보고서 제출을 강조하던 터에, 그들의 방식을 시정하라는 권고와 더불어 만일 어기면 심각한 조치들이 뒤

---

57) *Acts of the Privy Council*, vol. xxvii, 1597, p.129.
58) *The Stiffkey Papers*(ed., H.W. Saunders, Royal Historical Society, Camden Third Series, vol. xxvi, 1915), p.140.
59) E.M. Leonard, *The Early History of English Poor Relief*, 1900, p.148에서 인용.
60) 엘리자베스 시절의 외환거래를 보기 위해서는, Wilson, 앞의 책, 서문, pp.146~154 참조.

따르리라는 협박을 하면서 지방정부를 닦달할 것이다.

소상인들이 곤란을 겪고 있는가? 채무자의 어려움이 위기로 이어지지 않도록 기업 상황을 늘 주시하는 추밀원은 악랄한 착취의 죄를 범한 자를 본보기로 처벌하거나 양 당사자의 타협을 유도함으로써, 그 문제에 조정자의 영향력을 행사하고자 할 것이다. '가혹하고 기독교정신에 어긋나는 거래'의 혐의가 있는 저당권자는 그가 담보물로 잡은 토지를 돌려주거나 아니면 추밀원에 출두하라는 명령을 받는다. 유사하게 '가혹하고 비양심적인' 채권자는 교도소에 수감되었다.

노픽의 치안판사에겐 '대부를 해서 매우 부당하고 터무니없는 이득'을 취한 대금업자에게 압력을 가하라는 지시가 내려졌다. 엑서터의 주교에게는 대부업자를 그의 관구로 불러내어 '그의 이웃에게 좀더 기독교적이고 자비로운 배려'를 보이도록 하라고 촉구했다. 한 귀족이 "하나님과 국가의 법에 반하여 이자를 취했다"는 이유로 요크관구의 고등판무관이 투옥한 범법자 두 명을 풀어주자, 추밀원은 그들을 즉각 재수감하라고 명령했다.

어떤 정부도 존경받는 수많은 상인이 파산으로 내몰리는 상황을 그냥 앉아서 바라볼 수는 없을 것이다. 이례적인 불황 시에 추밀원은 채권자가 자기이익만 악착같이 챙기려 하는 것을 막으려고 하도 빈번히 개입했기 때문에 마치 비공식적 모라토리엄[채무자를 위한 지불유예]을 선언한다는 인상을 줄 정도였다.[61]

---

61) 관련기록들을 위해서는, 같은 책, pp.164~165; *Les Reportes del Cases in Camera Stellata, 1593~1609*, ed., W.P. Baildon, 1894, pp.235~237 참조. 뒤의 책에는 곡물매점문제(p.71, pp.76~77, pp.78~79, p.91)와 인클로저와 인구감소문제(pp.49~52, pp.164~165, pp.192~193, p.247, pp.346~347)에서 성실재판소가 관여했던 여러 사례가 실려 있다.

튜더조의 정부들, 그리고 그 이상으로 스튜어트왕가의 처음 두 정부는 위압적인 원칙들의 화려한 외양 아래 통상적이고 때로는 부도덕한 동기들을 숨기는 기술에서 장인들이었다. 공공복리를 치우침 없이 배려한다는 고상한 선언들에도 불구하고 왕의 사회정책은 분파적 이해관계자들이 가하는 사악한 압력에 의해서 그리고 고갈된 국고로 인한 절박한 필요성 때문에 그 구상이 엄정할수록 집행에서는 엉성하기 짝이 없었을 뿐 아니라, 그것이 공공연히 내건 목적에 오히려 해악적인 조치들로 자주 변질되었다.

그러나 그것의 근본사상―절박한 당면과제들을 넘어서 체제의 총체적인 의미를 고려한다는 사상가와 소수 정치가의 철학―은 종교인들이 호감을 보이는 교리들과 자연스럽게 유사성을 보였다. 그것은 위계적 신분사회라는 개념이었거니와, 거기에서 각 계급은 자기에게 할당된 기능을 수행하며 자기 지위에 합당한, 그리고 결코 그것을 넘어서지 않는 수준의 생계수단이 주어진다.

개인적으론 엄중한 위난에 처했으면서도 오히려 동료의 복리를 위해 온 힘을 쏟았던 어떤 사람은 "신과 왕이 빈자들을 우리에게 보낸 것은 곳곳에 퍼져 있는 우리 이웃들을 위해 봉사하는 삶을 살도록 하기 위함이다"라고 썼다.[62] 폭리를 취하는 중간상인과 탐욕스러운 대금업자 혹은 포악한 지주의 무자비한 탐욕에 호통을 퍼부었던 성직자들은 개인들의 끝없는 욕망 혹은 계급 간의 대립을 진정시키기 위해 정부가 취했던 조치들이야말로 사회적 결속을 위해 정말 필요한 접착제라고 간주했으니, 그들은 신이 혐오하는 경제적 방종에 대해 그 처벌을 두 배로 강화할 것을 왕에게 호소했다.

---

62) *A Discourse of the Common Weal of this Realm of England*, ed., E. Lamond, 1893, p.14.

혼란 방지에 관심이 있던 정치인들은 질서를 위한 방부제, 질서를 위협하는 탐욕과 욕망에 대한 해독제를 종교에서 발견했으며, 현세적 형벌을 위협하는 데서 더 나아가 목사가 외쳤을 법한 주장들을 내놓았다. 이 둘 모두에게 종교는 개인의 구원 이상의 무엇이다. 그것은 사회적 의무의 승인이고, 복잡하지만 통합된 사회의 단체적 삶에 대한 영적 현시다. 양자에게 국가는 물질적 필요나 정치적 편의가 만든 제도 이상의 무엇이다. 그것은 영적 책무의 현세적 표출이고 개인의 영혼과 모든 기독인이 그 구성원이 되는 초자연적 사회 사이의 연결고리다. 국가는 현실적인 편의뿐 아니라 신의 의지 위에 터 잡고 있는 것이다.

그 철학의 고전적 표출을 가장 보편적이고, 가장 이성적이며, 가장 장엄하게 보여준 것이 후커의 저술이다. 그것이 협소한 틀에서 주조되었으며, 현학적이고, 성마르며, 편협하지만, 거친 고귀함—아무리 어리석을지라도 개인적 안락보다는 사상을 더 사랑하는 모든 이에게 엿보이는—의 편린이 아주 없지는 않은 사람에게 무엇을 의미했던지는 로드의 설교와 활동에서 드러난다. 로드의 지적 한계와 그가 현실에서 범한 실책들에 대해선 새삼 거론할 필요가 없겠다.

그의 악덕이 당대 유력자들의 인내를 시험했다면, 그가 지닌 덕목은 다음 세대 권력자들의 심기를 불편하게 만들었다. 그에게 역사는 정적들 못지않게 잔인했던 것이다. 그러나 거대한 공동체 안의 모든 다양한 요소의 근본적 일체성에 대한 강력한 확신, 공적 의무의 위중함에 대한 숭고한 인식, 개인적 탐욕과 분파적 이익의 자기중심적 편협함에 대한 격렬한 증오 등과 같은 자질이 보통 사람들에게는 본성상 가장 경계해야 할 약점이 될 수는 없겠지만, 로드는 그것들을 충분한 정도를 넘어 과도하게 지니고 있었다.

단합에 대한 그의 숭앙은 맹목적이었고, 분파에 대한 그의 증오는 무분별했다. 교회와 국가는 하나의 예루살렘이었으니, "국가와 교회 각각은 하나로 뭉친 많은 것의 집단체이며, 너무 근접한 동맹세력이어서 후자인 교회는 전자인 국가 안이 아니면 결코 존속할 수 없다. 아니, 이 둘은 너무 가깝기 때문에 현세에서 국가를 구성하는 바로 그 사람들이 영적 세계에서 교회를 구성한다."[63] 사적 이해와 공적 이해는 불가분리로 얽혀 있다.

통합의 승인은 종교이고, 통합의 기초는 정의다. "만약 왕과 치안판사가 정의를 집행하지 않는다면, 그리고 과부와 고아가 '정의의 옥좌'를 향해 울부짖을 이유가 있다면, 신은 국가를 축복하지 않을 것이다."[64]

사회는 다양한 부분으로 이루어진 유기체이며 정부의 위대한 목표는 그것들의 협조를 담보해내는 것이라는 관념에 깊이 침윤된 사람에게, 집단과 집단 혹은 개인과 개인을 적대시키는 모든 사회운동이나 개인적 동기는 주체할 수 없는 삶의 활력이 아니라 카오스의 중얼대는 소음으로 비칠 것이다. 가장 먼저 추방해야 할 악마는 정당이다. 정부는 "사적인 일을 향유해서는 안 되지만 ……정당은 언제나 사적 목적을 추구하기" 때문이다.[65]

두 번째 악마는 개인들로 하여금 부와 출세를 위해 다투도록 만드는 사익이다. "사사로운 목적이란 없지만, 이러저러한 문제에서 그것은 공적 목표를 거스르도록 이끌려지며, 만일 이익이 개입되면, 비록 그것이 '다이애나[로마신화에서 수렵, 달, 출산의 여신]를 위한 신전들을 만드는' 것과 관련된 일일지라도, 에베소[다이애나 신전이 있는 소아시아 서부의 옛 도시]가 그로써 시끌벅적해지는 것은 신전과는 아

---

63) *The Works of William Laud, D. D.*, ed., Wm. Scott, vol. i, 1847, p.6.
64) 같은 책, p.64.
65) 같은 책, p.89, p.138.

무런 관계가 없다"[66] [즉 신전의 본래적인 공적 의의는 사라진다].

로드에게 정치적 덕목들—그에게 이는 복종, 순종, 공동체의 복리를 위해 개인적 이익을 희생할 의지를 의미한다—은 개인적 삶의 의무이자 기독교의 일부다. 그리고 사회통합을 고대하는 오늘날의 일부 사람들과 달리, 그는 미천한 자에게 그런 이상을 설교할 뿐 아니라 그것을 좌절시키는 부자와 권력자를 질타할 만반의 태세가 돼 있었다. 경건을 말하면서 불의를 행하는 것은 명백한 위선이다. 인간은 사회의 구성원으로 태어나고, 종교에 의해 그의 이웃들을 위한 [봉사의] 제단에 바쳐졌다. 이런 책무를 거부하는 것은 일종의 정치적 무신론의 죄를 범하는 일이다.

"누구라도 사적인 것에 탐닉해서 공공의 문제를 소홀히 한다면 그는 경건의 자각을 잃어버리며, 평화와 행복을 바라지만 그것들은 오지 않는다. 그가 누구이든지 그는 국가라는 몸, 교회라는 몸 안에서 살아야 하기 때문이다."[67] 이런 신조를 지닌 사람에게 경제적 개인주의는 비국교도 신앙을 지닌 사람 못지않게 혐오스러웠고, 경제적 개인주의를 제어하는 일은 후자를 억압하는 것 못지않게 명백한 의무였다. 왜냐하면 이 양자[경제적 개인주의와 비국교도 신앙]는 국가와 교회를 하나 되게 만드는 사회의 안정과 양립하기 어려워 보였기 때문이다.

당연하게도 로드가 사회정책과 관련해서 했던 말과 행동은 권위주의적 국가에 의한 경제관계의 통제를 강하게 옹호했을 터인바, 그가 정부를 사유화했던 11년은 그런 통제가 절정에 달했던 기간이었다. 그 시기는 부분적으로는 농민을 보호하고 곡물의 공급을 유지하

---

66) 같은 책, p.167.
67) 같은 책, pp.28~29.

는 전통적 정책을 지속하며, 부분적으로는 그보다 평판이 덜 호의적이었던 재정문제 때문에, 정부가 주민을 몰아내던 지주를 어느 시기보다도 적극적으로 닦달하던 때였다.

추밀원은 보호나 시정을 간청하는 농민들의 탄원에 동조적이었는데, 1630년에는 잉글랜드 중부에 있는 5개 군 치안판사들에게 지난 5년 동안 진행된 모든 인클로저를 인구가 줄어들었고 기근의 시절엔 특히 더 해악적이라는 이유를 들어 원상으로 돌리라는 지침을 내려보냈다.

1632년, 1635년 그리고 1636년에는 3개 위원회가 출범했고, 인클로저를 막으라는 특별훈령이 순회재판관들에게 전달되었다. 어쨌든 농촌의 여기저기에서 목초지로 활용됐던 토지가 정부의 명령으로 개간되었다. 1635년에서 1638년까지 4년 동안 대략 600명의 위반자 목록이 추밀원에 보고되었고, 약 5만 파운드의 벌금이 부과되었다.[68] 로드는 이런 정책을 전폭적으로 지지했다.

인클로저에 대한 증오심을 드러냈던 그의 한 사신에는 그의 성미 때문에 캔터베리 대주교[로드]가 '다소 지나치게 의욕적으로 인구감소대책위원회를 편들려' 함으로써 스스로 부정적인 평판을 얻고 있다는 점잖은 핀잔을 클라렌던(Earl of Clarendon)으로부터 들었다고 적혀 있다.[69] 로드는 위원으로서 위원회에 적극 참여했으며, 관습법

---

68) Gonner, *Common Land and Enclosure*, 1912, pp.166~167. 1629년에서 1640년까지 정부활동을 보려면, Tawney, *The Agrarian Problem in the Sixteenth Century*, p.376, p.391 그리고 E.M. Leonard, *The Inclosure of Common Fields in the Seventeenth Century*, in *Trans. Royal Hist. Soc.*, N. S., vol. xix, p.101이하 참조.

69) 옥스퍼드 올 솔스 학장인 길버트 셸던 박사에게 보낸 편지(Laud, *Works*, vol. vi, pt. ii, p.520에 실림)에는 이렇게 쓰여 있다. "한 가지 더 덧붙일 것은, 나는 당신이 돌아올 때까지 심리를 중지하는 호의를 베풀었지만, 이 일 자체에 관해서는 아무것도 보여줄 게 없습니다. 그 이유 중 하나가 내가 일체의 인

에 기댄 대지주계급의 호소를 경멸적으로 지레 묵살했다. 그가 몰락하던 날, 그의 적들은 그가 울타리를 치는 지주에게 벌금을 부과하면서 불필요하게 내뱉었던 모진 말들을 그에게 상기시켰다.[70]

인클로저와 인구감소를 저지하는 일은 좀더 포괄적인 정책의 한 부분에 불과했다. 그 정책은 자비로운 정부가, 로드가 '저놈의 소음'이라고 불렀던 의회토론의 구애를 받지 않고, 크고 작은 사회적 책무를 이행하고 공공의 이익을 사적 이익을 위한 부당한 욕구에 희생시키는 것을 막기 위해 공명정대한 압력을 행사한다는 취지에서 비롯되었다.

적절한 식량공급과 합리적 가격을 확보하는 문제, 구빈, 그리고 그 정도는 좀 덜하지만, 임금문제에 관한 추밀원의 집착에 관해서는 레너드 양이, 그리고 수공업자를 상인의 착취로부터 보호하려는 추밀원의 시도들에 관해서는 언윈(George Unwin) 교수가 기술한 바 있다.[71] 1630~31년에 추밀원은 엘리자베스 규정집의 수정판을 발간하여 치안판사에게 시장이 제대로 기능하고 가격이 통제되도록 단

구감소를 이 나라의 최대 해악 가운데 하나로서 몹시 싫어하며, 대학이나 대학소작인이 보이는 아주 고약한 사례를 매우 탐탁지 않게 생각하기 때문입니다." 그리고 Clarendon, *History of the Rebellion*, bk. i, par. 204.

70) *S.P.D. Chas. I*, vol. ccccxcix, no. 10(Tawney, *The Agrarian Problem in the Sixteenth Century*, pp.420~421에 실림). 그리고 *Lords' Journals*, vol. vi, p.468b(March 13, 1643~44), Articles against Laud. "그리고 선서를 한 탤보트 씨는 대주교가 인클로저와 인구감소문제에서 어떻게 법을 거슬렀는지, 토지권을 변론하기 위한 법이 필요할 때, 그가 어떻게 '하급법원에서 변론하라. 대주교 앞에서는 진술할 수 없다'고 명령했는지, 그리고 주교가 그가 자신의 자유보유토지를 사용했다고 그 일에 200파운드의 벌금을 부과하면서 법에 의거한 변론권은 허용하려 하지 않았다는 것을 증언했다."

71) Leonard, *The Early History of English Poor Relief*, pp.150~164; Unwin, *Industrial Organization in the Sixteenth and Seventeenth Centuries*, 1904, pp.142~147.

속하라고 지시했고, 추밀원 산하에 특별위원회―훗날 독립되게 될―를 만들어 '빈민위원회'를 구성했으며, 구빈법 행정을 개선하기 위한 규정집도 내놓았다.

1629년, 1631년 그리고 다시 1637년에 이스트 앵글리아 지역 직물공들의 임금을 올리기 위한 일련의 조치를 취했고, 임금을 현물로 지불하는 것으로 악명이 높은 한 고용주를 감옥형에 처했다. 북부지역 위원회 의장이던 웬트워스(Wentworth)는 하트필드 체이스에 배수시설이 만들어지면서 기득권이 위협받았던 서민들을 보호했고, 모직산업을 규제하는 법규가 좀더 엄정히 집행되어야 한다고 역설했다.[72]

당시에 이미 너무 많은 적을 가지고 있던 정부로서는 대중의 불만을 선제할 필요를 명백히 느꼈으며, 정부의 이런 행동은 그런 이유로 촉발되었다. 그러나 그것은 부유한 계급의 견해에 대해 로드가 보인 냉담함과 순종하는 백성에게 '공공의 이익을 위해 사익을 내려놓을 것'을 가르치라는 다윗의 집[즉 교회]에 내린 하나님의 사명에 대한 그의 신념을 공유하는 사람들을 향한 일종의 호소였다.

그러므로 로드가, 성실청이 곡물매점자에게 벌금을 부과한 것을 기화로 피고는 "선지자 이사야가 더할 수 없이 강경한 어조로 비난했던 가장 추악한 범죄, 즉 '가난한 자의 얼굴에 맷돌질을 하는'[이사야 3:15] 범죄를 저질렀으며," 기근은 신이 아니라 '잔혹한 인간들'이 만들었다고 질타한 것이나,[73] 추밀원이 이스트 앵글리아 의류상들로 하여금 방적공과 방직공의 임금을 올리도록 강제하라며 치안

---

72) R.R. Reid, *The King's Council in the North*, 1921, p.412, p.413 n.

73) Camden Soc., N.S., vol. xxxix, 1886, *Cases in the Courts of Star Chamber and High Commission*, ed., S.R. Gardiner, p.46. 곡물매점에 관한 또 다른 사례를 위해선, 같은 책, pp.82~89 참조.

판사들을 압박하던—분명 성과가 없진 않았던—때에 추밀원을 변론하는 일에 참여한 일, 혹은 1631년 1월 구성된 구빈위원회 링컨셔 소위에서 활동한 일 등은 하등 놀라운 일이 아니다.[74]

로드는 세이 앤 셀 경(Lord Saye and Sele)의 공격에 답하면서, "주교는 책임이 여기저기에 분산된 대부분 설교자보다 더 공개적이고 더욱 크게 덕성을 계발하도록 주요 인사들이 모여 쟁론을 펼치는 법정이나 추밀원회의에서 설교해도 좋다"고 말한 바 있다.[75] 사회를 통제한다는 자만을 진즉 떨쳐버린 교회는 자신의 교리가 국가가 적용하는 원칙들을 각인하는 데 전혀 영향을 못 미치는 것은 아니라는 관찰로부터 얼마간 위로를 받았다.

경제문제에서 개인적 자유가 부상하는 역사—이 자체가 많은 논란을 불러일으키지만—는 좀더 중요한 영역인 종교에서 그것이 성장하는 경로를 웬만큼 답습하고 있으며 또한 양자는 피차 무관하지 않다. 종교를 사적이고 개인적으로 파악하는 관점은, 종교적 자유가 개인이 자기가 원하는 대로 신을 숭배할 자유가 아니라 국가가 종교를 규정할 자유를 통상적으로 의미하던 한 세기 동안의 기간이 흐른 뒤에야 출현했다.

자연권으로서 경제적 자유도, 종교적 어법이 존속되고 사회제도에 대한 종교적 해석이 왕왕 진지하게 취급되면서도 초자연적 승인이 국가이성과 공적 편의 위에 터 잡은 교의들 속으로 점차 융합되던 시기의 막바지에 이르러서야 주창되었다. "예루살렘은 ……런던 시

<hr />

74) Tawney, *The Assessment of Wages in England by the Justices of the Peace*, in *Vierteljahrschrift für Sozial-und Wirthschaftsgeschichte*, Bd. xi, 1913, pp.551~554; Leonard, 앞의 책, p.157.

75) *The Works of William Laud*, ed., Wm. Scott, vol. vi, 1857, pt. i, p.191(Answers to Lord Saye and Sele's speech upon the Bill about Bishops' Powers in Civil Affairs and Courts of Judicature).

와 국가만을 의미하거나 ……신전과 교회만을 의미하는 것이 아니라, 이 둘 모두를 함께 상징한다."[76]

교회는 공공윤리의 유지를 무능한 정부의 단속적인 활동과 동일시함으로써, 자신의 집을 모래 위에 세우고 말았다. 런던 시의 몰락에 뒤이어 신전이 붕괴되리라는 것을 예측하는 데 예언자적 감수성이 요구되는 것은 아니었다.

III. 개인주의의 성장

전통적인 경제윤리는 일군의 신학자들이 장기의회[찰스 1세가 1640년 소집해 1660년까지 계속된 청교도혁명기의 의회]가 모일 때까지 계속해서 주창했지만, 그것은 점차 낯선 세대를 향해 호소하는 과거의 목소리가 되었다. 그것은 종교를 모든 세속적 문제보다 우위에 올려놓았던 사회이론이 표출된 것이었다. 그것은 자신이 한 요소를 이뤘던 종합보다 생명력이 길었고, 낡은 파편이 되어 마치 그것의 종교가 주교와 부주교가 주도하는 교회규율이란 개념을 혐오하듯이, 집단윤리라는 개념을 못마땅해 하던 점증하는 개인주의의 시대에까지 살아남았다.

지배적인 관행과 여전히 교회가 가르치고자 하는 것 사이의 충돌은 1550년에서 1640년까지의 경제문헌에서 거의 가장 일반적인 주제였고, 실제로 그것들 대부분이 쓰이게 된 이유였다. 교회가 무슨 말을 하든, '신앙의 시대'가 정점에 달했던 바로 그때에도 사람들은 대출에 이자를 요구했고 시장이 허용하는 최대 가격을 부과했다.

그러나 거대 상업중심지와 교황청이나 세속정부들의 대형 금융거

---

76) 같은 책, vol. i, pp.5~6.

래를 제외하면, 그 당시 거래는 사소했고 개인적이었으며, 긴급 상황에 대처하거나 기회를 포착하기 위한 임시방편이었다. 16세기 영국에 나타난 새로운 현상이라면, 이전에는 이따금 활용됐던 수단들이 이제는, 엘리자베스 말기에 흥기해서 이후 지속적으로 급속히 팽창하면서 영국사회에 독특한 성격과 색조를 불어넣을, 산업·상업 문명의 구조 자체에 아예 각인되었다는 것이다.

그로부터 50년 뒤 해링턴(James Herrington)은, 그의 저술의 자주 인용되는 한 대목에서, 튜더 왕들이 토지소유를 민주화함으로써 봉건귀족을 파멸시킨 일이 어떻게 부르주아 공화국으로 가는 길을 열어주게 되었나를 서술한 바 있다.[77] 시민혁명에 앞서 있었던 경제적 변화에 대해 그가 시사해준 것들은 좀 더 폭넓게 적용될 수 있다.

엘리자베스 시대에는 섬유산업과 광산업에서 자본주의가 착실히 성장했다. 외국무역이 크게 증대됨에 따라 주식회사가 분출했으며, 예금은행 같은 것들을 금융업자들이 곳곳에 세웠다. 런던에는 앤트워프의 쇠락과 정부 자체의 재정적 필요에 힘입어, 거의 근대적 기법―투기, 선물거래, 재정거래―을 갖춘 금융시장이 발달했다. 미래는 16세기 말의 상업팽창과 함께 일약 부와 영향력을 거머쥐고, 2세대 후에는 자신의 종교적, 정치적 야망을 좇아 군주제를 거꾸러뜨릴 계급에게 있었다.

조직화된 금융시장은 많은 이점을 지녔다. 그러나 그것은 사회윤리 혹은 정치적 책임을 배우는 학교가 아니었다. 그것은 본질적으로 비인격적이며, 기회와 안전과 리스크를 내용으로 하기 때문에, 교회의 가르침과 이웃들 간 사회적 교유의 예절―빈틈없는 거래를 '교활한 행

---

77) Harrington, *Works*, 1700 ed., p.69(*Oceana*) and pp.388~389(*The Art of Law-giving*).

위'로 간주하는—에 의해 육성된 정서를 약화시키는 역할을 했다.

종교개혁에 뒤이은 반세기 동안, 평가절하된 통화, 전쟁 그리고 파멸적인 조건으로 체결된 외채협약 등이 결과한 국제시장에서의 파운드 폭락 덕택에 외환 상황은 학자와 정치가들의 초미의 관심사가 되었다. 통화와 신용문제는 대부분의 여타 경제문제들보다 더 쉽사리 기계적 인과관계에 따라 논의된다. 훗날 경제학자들이 자명하고 또 보편타당한 것으로 취급하게 될 심리적 가정들은 가격등귀와 환율상황이 촉발한 긴 논쟁 속에서 처음 안출되었다.

말린스(Gerard de Malynes)는 "우리는 어떻게 하나가 다른 하나를 추동하는지를 안다. 그 내부에 톱니바퀴 여러 개가 있는 시계처럼, 첫 번째 바퀴가 돌아가면 두 번째 바퀴 그리고 그다음 바퀴, 이렇게 계속 맞물려 돌아가다가 마지막 톱니바퀴가 움직이는 장치가 시계를 친다. 혹은 좁은 통로를 지나는 인파처럼, 제일 앞선 사람은 바로 뒤의 사람이, 후자는 다시 바로 뒤에서 따라오는 사람이 몰아간다"고 기록한 바 있다.[78]

현대기업의 정신을 이보다 더 적절히 비유하기도 어렵다. 보수적 저술가들은 그것이 영혼 없는 개인주의를 조장한다고 비난했지만, 이런 비난이 정당한 만큼이나 속절없다는 것은 두말할 나위 없었다. "전능하신 하나님은 인간의 계략을 낱낱이 알고 계신다"는 경고를 통해, 싸게 사서 비싸게 파는 촌락의 가게주인이나 90쿼터의 밀을 빌려주면서 100쿼터를 취하는 전당포주인의 마음에 공포심을 심어줄 수는 있을지 모른다.

그러나 대직물상이 보기에, 혹은 팔라비치노, 스피놀라, 아니면 앤

---

78) G. Malynes, *Lex Mercatoria*, 1622. 같은 비유가 훨씬 전에 *A Discourse of the Common Weal of this Realm of England*, ed., E. Lamond, p.98에 사용되었다.

트워프에서 정부업무를 총괄했던 토머스 그레셤 같은 자본가들의 눈에, 이런[공포심 같은] 감정은 어리석었고 이자를 취하는 일은 도덕의 문제가 아니라 경영의 문제로 비쳤다. 그들은 대부행위가 재난을 당한 이웃의 일시적 어려움을 덜어주는 것이 아니라, 기업인들—다른 사람들도 자신처럼 스스로 먼저 돌볼 것으로 기대하며, 지나치게 양심적이지는 않은—의 이윤을 남기는 투자로서 행해지는 세계에서 살고 있었기 때문에, 평범한 촌락이나 자치도시같이 이웃사촌들로 이루어진 작은 세계에나 있을 법한 상부상조의 정신을 반영한 교리들에 대해서는 별로 호의적이지 않았다.

그들이 전통적 규제에 반발하고, 대규모 거래가 이뤄지는 비인격적 메커니즘에 자선과 '선한 양심'의 교의를 적용하려는 설교자들과 민중운동의 시도에 분노하며 공공정책을 경제적 관행에 더욱 일치시키려고 노력한 일은 모두 이런 경험에서 자연스럽게 결과한 것들이었다.

반인구감소 법령들에 대한 저항—신사계급의 이해관계에서 비롯된—은 엘리자베스 말년의 하원에서 개진된 자유무역 논거들에 의해 지지되었고, 1597년에 통과된 마지막 법률은 토지를 쉽게 한다는 명목으로 농지의 목초지 전환[인클로저]을 노골적으로 용인했다.[79]

어쨌든 16세기 중엽부터 좀더 급진적인 경제이론가들은 지방정부와 중앙정부가 가격을 공시하는 것을 회의적으로 바라보았으며, 16세기 말로 갈수록 오히려 그것이 곡물 경작에 대한 농민의 의욕을 약화시켜 의도했던 것과는 정반대 결과를 낳게 되리라는 불평이 늘어갔다.[80] 시장이 확대될수록, 양모와 곡물을 취급하는 중개상들에 대

---

79) D'Ewes, *Journals*, p.674; 그리고 39 Eliz., c. 2.
80) 가격통제에 대한 비판들을 보기 위해서는, Tawney and Power, *Tudor Economic Documents*, vol. iii, pp.339~341, vol. ii, p.188, 그리고 *Stiffkey*

한 통제는 이론적으로는 엄정하게 집행되었지만, 현실에서는 확실하게 와해 조짐을 보였다. 그레섬은 대부업 금지를 비판하면서, 자신의 권고에 따라 공적 대부를 신청한 금융업자들은 법적 소송에 대해 배상을 받아야 한다는 점을 명백히 했다.[81] 그의 이런 태도는 당연한 것이었다고 볼 수 있거니와, 당시 금융계 정서는 바로 윌슨의 『대부업 강론』에 나오는 상인의 그것과 같았기 때문이다. 거기에서 그 상인은 "도대체 어떤 미친놈이 자기 호주머니에서 나온 돈을 공짜로 빌려주는가? 누구라도 자기가 가진 것을 활용해서 최대한 뽑아내려 하지 않겠는가?"라고 물었다.[82] 이런 교의의 바람을 돛에 잔뜩 싣고 항해하는 사람들에게 계약의 완전한 자유가 실현될 날들은 그리 멀리 있지 않았다.

무엇보다 중요한 것은 이미 경제적 이해들이 로크가 최종적으로 체계화한 정치이론에 기대어 자신의 주장을 정당화하고 있었다는 점이다. 그 이론은 재산권과 기업활동에 간섭하는 국가는 스스로 존재이유를 부정한다는 것을 증명하고자 한 것이다. 1604년에 하원의 한 위원회는 이렇게 선언했다.

"모든 자유로운 신민은 태어날 때부터 토지뿐 아니라 자신이 종사하고 생계를 기대는 직업에서 자유롭게 노동할 권리를 상속받을 권리가 있다. 상품은 가장 중요하고 귀중하며, 그 범위가 가장 넓기 때문에, 그것을 소수가 좌지우지하도록 제약하는 것은 영국신민의 자연권과 본래적 자유에 역행하는 일이다."[83]

Papers(위의 각주 58 참조), pp.130~140.
81) H. Ellis, *Original Letters*, 2nd series, vol. ii, 1827, letter clxxxii, 그리고 J.W. Burgon, *The Life and Times of Sir Thomas Gresham*, 1839, vol. ii, p.343.
82) Wilson, 앞의 책(위의 각주 55 참조), p.249.
83) *Commons' Journals*, May 21, 1604, vol. i, p.218.

실정법은 자연적 정의를 불완전하게 구현하며, 그것을 대변할 수도, 그렇지 않을 수도 있다. 그런 실정법이, 권위의 원천으로서 자연적 정의를 대체하는 과정은, 사회이론이 경제적 형평의 객관적 기준이라는 개념을 통째로 배척한 것과 유사했다. 중세의 저술가들은 자연법을 경제적 이기심을 도덕적으로 억제하기 위해 불러냈었다.

그러나 17세기에 이르면, 중대한 혁명은 이미 일어난 뒤였다. '자연'은 신의 포고가 아니라 인간의 욕망을 함축했으며, 자연권은 그 시대의 개인주의에 의해, 왜 이기심이 자유롭게 작동되도록 놔두어야 하는지에 대한 이유로 호출되었다.

이러한 실천적 필요성과 지적 변화의 효과는 국가편에서 정책을 역전시킨 데서 나타났다. 1571년에 의회는, 그 20년 전에 승리를 구가했던 이론가들에 대한 보통 사람의 반란을 드러내고 법은 비현실적인 도덕률을 기업에 강제해서는 안 된다는 결의에 찬 의지를 보여준 토론을 거친 후에, 모든 이자를 "성서가 여러 다양한 계기에서 보여주는바, 가장 추악하고 혐오스러운 악덕"으로 금했던 1552년의 법을 폐지했다.[84]

여전히 채무자가 원금을 초과하여 지불된 금액을 돌려달라고 민사소송을 제기할 수는 있지만—미래의 차입 가능성을 위험에 빠뜨리면서까지 그리할 개연성은 별로 없을지라도—이자율이 10퍼센트를 넘지 않는다면, 이자를 취하는 것은 더 이상 범죄가 아니었다. 국가가 이처럼 조건부로 대부를 용인한 것은 당연히 종교적 견해에 영향을 미쳤다.

왕은 그리스도 교회의 수장이었고 충성스러운 교회가 수장보다 더 까다롭기란 쉬운 일이 아니었다. 적절한 이자는 법적 보호가 없

---

84) 13 Eliz., c. 8, repealing 5 and 6 Ed., VI, c. 20; D'Ewes, *Journals*, pp.171~174.

더라도 어쨌든 불법이 아니었으므로 의회입법이 차등적으로 그 단계를 조정했던 악덕들을 확신을 가지고 비난하기는 어렵다. 객관적인 경제과학은 가격등귀, 금융시장의 메커니즘 그리고 무역수지 등에 관한 관련 저술가들의 토론을 통해 미몽을 깨우는 일에 나섰거니와, 초점은 도덕이 아니라 참여자들에게 이윤을 가져다주는 힘들을 분석하는 데 두어졌다. 칼뱅이 이자취득에 대해 관용을 보인 이후에, 전통적 교의의 비판자들은 종교 자체가 통일된 목소리를 내지 않는다고 주장할 수 있게 되었다.

이러한 상황전개는 경제윤리를 논의하는 신학자들의 논조에 불가피하게 영향을 미쳤는데, 16세기가 끝나기 전에도 비록 비양심적인 거래에 대한 규탄을 포기한다는 상상은 하지 않았지만, 그들은 거기에 여러 단서를 덧붙였다. 불링거의 『수십 년』―저자가 죽고 10년 안에 영어번역본이 세 권 나왔고 1586년의 대주교구(大主敎區) 회의가 모든 하위 성직자로 하여금 반드시 구입해서 공부할 것을 명했던―은 중도(via media)를 제시했다.

중세의 모든 저술가처럼 그도 탐욕의 죄를 혐오하는 데는 타협할 줄 몰랐고, 빈자를 괴롭히는 가혹한 계약들을 변함없는 열정으로 비난했다. 그러나 그는 대부분 선임자들에 비해 경제적 동기에 대해 덜 편협한 태도를 취했으며, 칼뱅이 그랬던 것처럼 이자를 대부행위로 비난하기 전에, 대부 조건 그리고 채무자와 채권자 모두의 형편을 고려해야 한다는 점을 받아들였다.

좀더 엄격한 종교적 태도를 취한 유파는 시민혁명에 이르기까지 전통적 이론을 고수했다. 보수적 신학자들은 "하나님의 법이 금하는 모든 대부행위는 가증스러운 죄악"이라고 선언한 1571년 법조항을 들이대며, 그 법이 실제로는 아무런 변화도 가져오지 못했고, 국가가 현실적 편의를 핑계로 금하지도 장려하지도 않았고 집행도 거부했던 계약들의 성사를 막는 일을 교회에 맡겨야 한다고 주장했다.

한 양심적인 교구목사가 자신에게 지불되는 치료비가 자본의 이자가 아니라 토지의 지대에서 온다는 것을 확신할 때까지 병의 치료를 거부한 것은 바로 이런 교의에 순종했기 때문이다.[85] 그러나 그럼에도 난점들은 남아 있다. 킹햄의 교구목사는 버포드의 빈자들에게 암소 한 마리를 유산으로 남기면서, "연간 4실링을 받고 1년 혹은 2년 동안 빌려줄 수 있도록" 했다.

그러나 이런 조치에는 난처한 점들이 따랐다. 암소란 언제고 죽기 마련이고, 이 공동의 암소는 "재해나 관리 소홀로 죽었을 가능성이 아주 크다."[86] 차라리 그 소를 현금을 받고 처분하는 것이 가난한 이들에겐 더 확실히 돈을 벌 수 있는 길이 아닐까? 그래서 그 암소는 이전에 그것을 빌렸던 사람에게 팔리고, 그 대신 이자는 가난한 이들을 위해 쓰인다. 이것은 대부행위인가? 과부와 고아처럼 스스로 거래를 할 수 없는 사람들에게 소득을 마련해주기 위해 기업에 투자하는 것은 대부행위인가? 지대청구권을 사들이거나 거래이익을 나눠 갖는 것이 합법이라면, 대출금에 가격을 매기는 것이 왜 범죄행위인가? 왜 가난할지도 모르는 채권자는 무상으로 대출을 해주고, 부유한 자본가는 그 돈으로 양모수확을 매점하거나 외환에 투기하여 자신의 호주머니를 채워도 좋은 것인가?

이런 질문들에 대해 자유주의적 신학자들은 핵심은 애초에 불가능한 것을 금하는 법조문이 아니라, 여느 거래들처럼 경제적 거래에서도, 기독교적 사랑의 원리를 준수하는 것이라고 답했다. 그들의 반대자들은 성경본문과 교회법에 호소했는데, 그들은 이자는 지대나

---

85) Owen and Blakeway, *History of Shrewsbury*, 1825, vol. ii, p.364 n., p.412.

86) Hist. MSS. Com., *Report on MSS. in various Collections*, vol. i, 1901, p.46(*MSS. of Corporation of Burford*).

이윤같이 액수가 터무니없지만 않다면 도덕적으로 용인될 수 있는 지불형태와는 정도에서뿐 아니라 범주에서도 다르며, "대출금에 대해 원금을 상회하여 취하는 모든 것"으로 해석돼야 한다고 주장했다. 이 주제를 다룬 문헌은 방대했다.

그러나 문헌들은 거의 세상에 나오기도 전에 무용지물이 되었다. 왜냐하면, 신학자나 도덕주의자들이 모든 이자를 기독교윤리에 반하는 것으로 비난했든 아니면 특정의 이자에 대해서만 그리했든 상관없이, 그들의 의견차이 자체가 함축하고 있는 가정은 경제관계란 최종적으로는 교회의 주권적 영역에 속한다는 것이었기 때문이다.

경제적 거래는 윤리적 행위의 한 분야이고 따라서 여타 분야처럼 영적 기준에 따라 판단돼야 한다는 것, 국가가 인간의 연약함을 고려하여 어떤 양보를 하든 간에 기독교교회의 구성원이 되려면 경제윤리의 일정한 기준을 충족시켜야 한다는 것, 그들이 누구이든지 교회 당국자들의 역할은 인간으로 하여금 사회적 책무를 자각시키는 데 필요한 행동을 취하는 것—이런 교의들이야말로 여전히 종교사상의 모든 부문에 공통되는 토대였다.

불신받고 있던 것은 종교에 궁극적인 토대를 둔 사회이론의 이러한 개념 전반, 정확히 그것이었다. 두 주장이 서로 대립하며 경제윤리에 대한 올바른 해석을 놓고 다투는 사이에, 경제와 윤리는 별개라고 주장하는 강력한 일군의 세속적 주장이 그 둘을 우회하며 세력을 키우고 있었다.

모든 종류의 착취를 총칭하는 이름인 대부행위는 거래에서의 '선한 양심'에 관한 논쟁 전반을 아우르며 본격화된 쟁점이었다. 그런데 이런 문제들은 여전히 성경과 교부들 그리고 중세신학자들의 사회윤리를 자신의 것으로 고백하는 교회가 상업문명이 부상하면서 직면했던 수많은 문제 가운데 단지 하나의 사례에 불과했다.

성서와 교회법학자들의 인용문들로 화려하게 장식된 많은 책이 그런 문제들에 답하기 위해 세상에 나왔다. 대부분은 심오한 학술서이고, 일부는 대체로 읽을 만했지만, 당대에서조차 그 책들이 저자들 외에 과연 몇 사람이나 만족시켰는지 매우 의심스러웠다. 사실을 말하자면, 사업적 거래들은 도덕법에 어긋나지 말아야 한다고 진지하게 주장했음에도, 그런 주장을 담은 실천윤리의 규범은 17세기 상업적 영국과는 매우 다른 환경적 조건들에 대처하기 위해 주조된 것이었다.

모든 정치적 질문 가운데 가장 중요하고도 가장 어려운 것은 공적 윤리와 사적 윤리의 차이를 둘러싼 질문이다. 국제관계에서 그런 질문이 야기하는 문제는 익히 알려져 있다. 그러나 문제의 본질은 개인들이 연루된 결정들에 적용하는 도덕적 기준을 다수 대중에게 영향을 미치는 결정들에도 동일하게 적용하는 일의 어려움에 있기 때문에, 그 문제는 경제적 삶의 영역 — 관계들이 광범위하게 가지를 치고, 그 단위가 더 이상 한 사람의 생산자가 아니라 집단이 되는—에서도 국제관계에 못지않게 첨예한 형태로 나타난다.

마키아벨리의 방식을 따라 기업을 위한 규칙과 사적인 삶을 위한 규칙이 별개라고 주장하는 것은 [기업의 행태는 부도덕해도 된다고 용인하는 것과 같으므로] 이성을 패주시키는 부도덕의 향연으로 통하는 문을 열어젖히는 것과 같다. 그렇다고 그 둘 사이에 차이가 없다고 주장한다면, 그것은 현실에서[즉, 개인의 도덕률을 그대로 경제문제에 적용하는 일에서] 어려움에 직면한 사람이라면 누구도 찬동할 준비가 돼 있지 않은 원칙[개인적 도덕률이 기업활동에도 동일하게 적용될 수 있다는 원칙]을 고집하는 것과 같으며, 도덕에 과도한 부담을 지움으로써 도덕개념 자체를 불신받도록 하는 것과 다름없는 일이다.

너무 감상적이 되면[즉, 기업활동에도 개인의 도덕률을 적용해야 한다는 주장을 고수하면], 실제로는 [기업활동을 개인의 도덕률에서 해방시킨] 천박한 유형의 현실정치(*Realpolitik*)로 향한 격렬한 반감만을 빈번히 불러들인다.

16세기에 금융과 국제무역이 팽창하면서 교회가 부딪쳤던 것이 바로 이 문제였다. 내 이웃을 내 몸과 같이 사랑해야 할지라도, 대규모 조직이라는 현대적 조건에서, 답변을 기다리는 질문들은 여전히 남아 있다. 내 이웃은 정확히 '누구'를 말하는가? 그리고 '어떻게' 내 이웃에 대한 나의 사랑을 현실에서 효과적으로 만들 수 있는가? 이런 질문들에 대해 종교의 전통적 가르침은 아무런 답변도 내놓지 않는데, 그것들이 제기될 수 있다는 사실조차 깨닫지 못했기 때문이다.

그 가르침은 모든 거래를 개인적 책임을 동반한 개인적 행위의 사례로 취급함으로써 경제관계들을 도덕화하려고 시도했다. 비인격적 금융, 세계시장 그리고 자본주의적 산업조직의 시대에, 그 가르침에 따른 전통적인 사회적 교의들은 구체적인 어떤 것도 변변히 내놓을 수 없었으니, 그것들을 처음부터 다시 성찰해서 새롭고도 살아 있는 언어들로 재정립함으로써 효율적으로 만들어야 할 때에, 그저 되풀이하는 데 머물렀던 것이다.

교회는 농민과 수공업자들을 대부업자와 독점자들의 탈취로부터 보호하려고 무진 애를 썼지만, 임노동 프롤레타리아의 문제들에 직면했을 때, 주인의 종에 대한 그리고 종의 주인에 대한 의무와 관련된 관습적인 지침을 무의미하게 반복하는 것 외에 아무것도 할 수 없었다. 교회는 모든 사람이 형제라고 주장했지만, 17세기에 발전하기 시작한 새로운 경제적 제국주의가 결과한바, 영국 상인의 형제가 그가 미국에 노예로 납치해간 아프리카인이라거나 그가 땅을 탈취한 아메리카 인디언이라거나 혹은 그가 터무니없이 낮은 가격에 모슬린과 비단을 사들였던 인도의 수공업자라는 점을 지적할 생각이 전혀 없었다.

종교는, 경제생활의 거래들을 위한 어떤 도덕적 원칙도 존재하지 않는다는 안이한 도식을 붙들고 놓지 않음으로써, 자신의 도덕적 원칙들을 적용하는 일의 실천적 어려움에서 벗어나는 방법을 아직 배우지 못했던 것이다. 당연하게도, 설교단에서 전통적 방식으로 선포되는 사회적 교의들은 경제적 목적을 위한 사람들의 대규모 연합체—미래에 점차 지배적인 모습이 되어갈—가 수반하는 문제들에 대해 아무런 지침도 줄 수 없었다. 그런 교의들의 실천적 무능은 그것들의 이론적 포기로 가는 길을 예비해주었다.

전통적인 사회적 교의들이 포기된 것은 대체로, 그럴 만했기 때문이었다. 교회의 사회적 가르침이 중요하지 않게 된 것은 교회 자체가 생각하기를 멈췄기 때문이다. 경제활동에서의 활력, 경제사상에서의 현실주의적 지성, 이런 특징들이야말로 시민혁명의 혼란이 걷힌 후, 17세기의 기조가 될 터였다. 활기찬 활동들과 생기 잃은 도식들의 무덤에 갇힌 경건함 사이에서 선택해야 한다면, 인류는 비록 그 활력은 거칠고 지성은 편협할지라도 전자를 택할 것이다.

무엇보다도, 경제적 투기가 정치산술이라는 새로운 학문을 배양하며 움트고, 그 와중에 아우성치는 이해관계들과 패기 넘치는 사상들이 봇물을 이루며 분출하던 베이컨과 데카르트의 시대에, 영국국교회의 사회이론은 현실세계로부터 눈을 돌리고, 만일 최초 창시자들도 후대 주창자들처럼 현실에 무감각했다면 결코 정립될 수 없었을 교의들에 얼굴을 파묻고 있었다. 그러니 자연히 그것은 주변으로 밀려났다. 그것은 무시당할 만했기 때문에 무시되었다.

결함은 근본적인 데 있었다. 영국국교회의 사회이론은 종교개혁도, 청교도운동도 없고, 그것이 누리던 권리를 시기하며 열심히 교회의 가식들을 쳐내던 관습법도 없는 나라들에서 영향력을 행사했다.

그러나 영국에는 이 세 가지가 모두 있었고, 16세기의 마지막 사반세기가 시작되면서부터는 전통적 도덕을 강행하려던 교회기관들은 그들의 모든 사법권, 특히 경제문제에 관한 관할권을 일절 인정하지 않으려는 흐름에 촉각을 세우지 않을 수 없었다.

교구목사들이 기업에 관해서 아무것도 모른다는 보통 사람의 통상적 반발—"특정계약의 합법성 여부를 가리는 일은 고지식한 목사들의 소관이 아니다"[87]—만이 문제가 아니었다. 더 중요한 것은, 교회규율의 집행기관들 일부를 관습법 판사들이 반대했다는 것이었다. 1605년에 밴크로프트(Richard Bancroft)는 재판관들이 교회법정의 관할을 유언과 혼인문제로 한정하려 한다며 추밀원에 고발했고, 엘리자베스 여왕이 취임한 이후에 아치법원[Court of Arches, 캔터베리 대주교 관할의 항소법원]에서의 소송절차를 중단시키기 위해 포고된 500건이 넘는 금지명령 가운데 인정할 만한 것은 20개 중 겨우 하나 정도라고 주장했다.[88]

2년 뒤에 민법과 교회법을 다룬 한 논문의 저자는 "현 상태로는, 어느 쪽도 자기 관할권의 경계를 알지 못하지만, 두 왕국 사이에 놓여 있는 분쟁지역에서 그리하듯이 서로 더 많은 땅을 잡아채려 하고 있다"고 기록했다.[89] 특설고등법원[영국의 최고교회법정]의 관할권도 같은 문제로 골머리를 앓았다.

최종적으로 교회법정의 상소는 특설고등법원으로 가든가 아니면 국왕대리법정으로 갔다. 16세기 후반부터 쿡(Edward Coke)이 판사

---

87) Wilson, 앞의 책(위의 각주 55 참조), p.233.

88) Coke, *Institutes*, pt. ii, 1797, p.601 이하.

89) Thomas Ridley, *A View of the Civile and Ecclesiastical Law, and wherein the Practice of them is streitened and may be relieved within this Land*, 1607, Dedication, p.3.

직에서 추방된 1616년까지, 재판관들은 때때로 금령을 내림으로써 특설고등법원에 올라온 소송절차를 유예하든가 혹은 특설고등법원이 감금한 위반자들을 방면했다. 예컨대 1577년에 그들은 인신보호영장을 발부하여 특설고등법원이 대부행위의 죄목으로 투옥했던 죄수를 석방했다.[90]

가장 중요한 것은 주교와 부주교들이 행사하던 규율의 원칙 자체를 부인하는 교회이론이 발전했다는 점이다. 평신도가 도덕문제에 관한 성직자의 관할권을 묵인하는 일은 이미 종교개혁이 일어나기 2세기 전부터 점차 드문 일이 돼가고 있었다. 엘리자베스 치하에서 상인계급들 사이에 주로 터 잡았던 열성적인 청교도운동이 신장되면서는 인구 대다수에게 그런 관할권은 거의 혐오스러운 것으로 되었다.

물론 그들의 혐오는 교회법정이 기업문제에 이따금 관여하는 문제를 넘어선 좀더 근본적인 이유 때문이었다. 그러나 그들의 태도가 불가피하게 결과한 것은, 전통적 교회규율의 원리가 통째로 폄하되면서, 그런 원리를 개별적으로 적용하는 일 또한 불신받게 되었다는 점이었다. 청교도주의에 사회적 관계들에서의 도덕적 이완이 함축되어 있다는 의미가 아니었다.

오히려 발전의 초기 단계에서 청교도주의는, 적어도 이론적으로는, 개인의 삶을 기업활동과 쾌락의 문제 모두에서, 같이 좀더 엄정히 규율할 것을 요구했다. 그러나 그것은 이러한 규율을 실제로 집행

---

90) W. Huntley, *A Breviate of the Prelates' intolerable Usurpation*, 1637, pp.183~184. 언급된 사례는 하인드의 그것인데, 엘리자베스 치세 18년과 19년의 마카엘 제일에 심리되었다고 전해진다. 금지령을 둘러싼 논란에 관해서는 R.G. Usher, *The Rise and fall of the High Commission*, 1913, p.180 이하.

하는 기관들을 반기독교적이라고 배척했다. 하원이 1571년의 '대부행위법안'을 토론할 때, 교회법을 준거로 들먹이는 사람은 그 문제에 관한 교회법의 규정들은 폐기됐으며 "그런 규정들을 준수하지 말아야 할 뿐 아니라 기억해서도 안 된다"는 항변에 부딪혔다.[91]

다음에 오는 두 세대 동안 교회법체제에 대한 반감은 서서히 증대되었고, 교회법정이 감히 파문에 호소하려 할 때는 그조차도 거리낌 없이 무시되었다.[92] 1630년대에 이르면, 로드 '체제'의 영향하에서 웅성거림은 태풍으로 발전할 조짐을 보였다. 그리고 '장기의회'가 소집되었고, 양원에서는 성직자의 민사사건 개입에 대해 격렬한 비난이 쏟아져나왔으며, 특설고등법원의 폐지와 통상적인 교회법정들로부터 형사재판권 박탈, 그리고 최종적으로는 주교감독제 폐지와 함께 교회법정 자체를 일소하는 법이 제정되었다.

펜(William Penn)은 "목사들이 세속인들의 일에 그리도 많이 간섭한 이래 좋았던 적이 별로 없었다"고 썼다.[93] 이런 정서는 왕정복고 이후 왕당파와 의회파 모두가 동의했던 하나의 도그마였다. 불가피하게 그것은 어쨌든 이미 오랫동안 약화되어온 성직자의 현실적 권력뿐 아니라, 종교를 경제적 이기심에 대한 통제—로드가 '교회의 몸'이라고 불렀던 것에 의한—를 동반하는 것으로 파악한 종교개념 전반에 반응한 것이었다.

샌더슨(Robert Sanderson)과 테일러(Jeremy Taylor)의 저작들은, 앞선 전통을 이어받아서 기독교인은 거래에서의 공정성과 이웃에

---

91) D'Ewes, *Journals*, p.171, p.173.
92) 가령, Surtees Society, vol. xxxiv, 1858, *The Acts of the High Commission Court within the Diocese of Durham*, 서문 참조. 여기에는 1626년과 1639년 사이에 통상적 교회관할권에 대한 모독 사례가 수백 개에 이른다고 쓰여 있다.
93) Penn, *No Cross, No Crown*, pt. i, ch. xii, par. 8.

대한 자비로 드러나는 삶의 규칙에 신앙적으로 구속된다는 견해를 힘차고도 감동적으로 재천명했다.[94] 그러나 교회가 스스로의 권위에 따라 사회적 여러 가치에 대한 독자적인 기준을 지니고 그것을 경제세계의 실제적 문제들에 적용하는 표준으로 삼을 수 있다는 개념은 점차 힘을 잃었다.

그 결과는 즉각적이지도 의도된 것도 아닌, 단지 불가피했던 바 기업의 거래와 조직사회의 관계들에서 영적 중요성이 조용히 거부되었던 것이다. 종교가 자신만의 사회이론—그것이 무엇이든—을 개진할 권리를 지닌다는 개념이 부인되자, 이제는 그런 태도 자체가 가장 전제적이고 폭력적인 이론이 되었다. 그것은 무관심주의(Indifferentism)라고 불릴 만한 것이다.

변화는 시민혁명 이전에 이미 시작되었고, 왕정복고, 더 확실히는 명예혁명[1688~89]과 더불어 완성되었다. 18세기에 이르면 사회윤리에 관한 영국국교회의 가르침을 들여다보는 일은 거의 쓸모없는 일이 되고 만다. 왜냐하면 국교회는 그에 관해 아무런 독자적 기여도 하지 못하고, 소수의 괴짜들은 고수했지만, 교회가 사회적 관습과 날카롭게 대립하는 기준을 지닌 별도의 도덕적 권위체라는 개념 자체가 포기되어왔기 때문이다.

자신만의 고유한 철학을 지니지 못한 제도는 우연한 유행을 쫓아가기 마련이다. 18세기 사회사상의 기조를 형성한 것은, 부분적으로는 새로운 정치산술이었다. 그것은 왕정복고 시에 무르익었고, 영국 자연과학의 최초의 위대한 시대—뉴턴(Isaac Newton), 핼리(Edmon Halley) 그리고 영국학술원으로 대표되는—가 예감케 해주듯이, 그

---

94) Sanderson, *De Obligatione Conscientiæ*, 1666; Taylor, *The Rule and Exercises of Holy Living*, 1650, chap.iii, sect. iii(*Of Negotiation or Civil Contracts, Rules and Measures of Justice in Bargaining*).

영감을 종교나 윤리가 아닌 수학과 물리학에서 끌어왔다.

　그러면서도 그것은 로크라는 이름과 결합되었지만 수많은 그의 모방자들이 전파하고 대중화시킨 정치이론이었다. 사회는 기능이 다양한 계급이 상호적 책무들―공동의 목적에 대한 각자의 관계에서 비롯된―로 엮인 공동체가 아니었다. 그것은 유기체라기보다는 주식회사로서, 거기에서 주주들의 책임은 엄격하게 제한된다. 그들은 불변의 자연법이 이미 그들에게 부여한 권리들을 보장받기 위해 그 구성원이 된다. 국가는 초자연적 구속력을 지닌 주체가 아닌 편의적 실체로서, 그 권리들을 보호하기 위해 존재하며, 계약의 자유를 유지함으로써 그것들이 자유롭게 행사될 수 있는 최대한의 기회를 확보해주는 한 자신의 목적을 완수한다.

　이런 권리들 가운데 가장 중요한 것이 재산권이다. 재산권은 대개는 사회의 유형적, 물적 '스톡'을 보유한 상위의 사람들에게―물론 배타적이진 않을지라도―귀속된다. 이런 무리에 속하지 못한 사람들은, 상급자의 자선에 대한 도덕적 요구는 할 수 있을지언정 이윤에 참여할 법적 권리는 지니지 못한다. 그리하여 귀족, 젠트리, 자유토지보유농 아래의 거의 모든 이를 '빈자'(the poor)로 취급하는 기이한 어법이 생긴다.

　익히 알려진 대로, 빈자에는 두 종류가 있다. 상급자를 위해 일하는 '근면한 빈자'와 자신들을 위해 일하는 '게으른 빈자'가 그들이다. 그리하여 '노동하는 빈자'를 '생산적' 계급에 포함시킬 것인가 아니면 '비생산적' 계급으로 분류할 것인가, 즉 그들이 자신의 몫을 받을 만한 합당한 자격이 있느냐 없느냐에 관해 논란이 그치지 않는다. 그들의 운명이 공공정책을 통해 실질적으로 개선될 수 있다는 의견에 대한 분노에 찬 거부가 여기에서 비롯된다.

　"재산권만 확실히 확보된다면, 빈자는 돈보다 훨씬 유용하다.

……빈자는 굶주리도록 방치돼서도 안 되지만, 또한 저축 여력이 있을 만큼[즉 최소한의 생계비 수준 이상으로] 가져가서도 안 되기 때문이다." 빈자가 "자신을 쓸모 있게 만드는 것은 오로지 결핍 때문이므로 결핍을 덜어주는 일은 사려 깊은 일이나 그것을 완전히 제거하는 것은 어리석은 짓이다." "사회가 행복하려면 다수는 가난할 뿐 아니라 비참하게 되어야 한다."[95)]

1714년에 인쇄된 저작에서 발췌한 이런 문장들을 전형적이라고 말할 수는 없다. 그러나 그것들은 바람이 어디로 불고 있는지를 보여주는 지푸라기 같다. 이런 분위기에서, 자연스럽게 열기는 가라앉았고 차분했으며, 열정은 도덕적 타락이 아니라면 지적인 무례였고 취향의 오류였다. 종교사상도 이런 영향에서 벗어날 수 없었다.

문제는 국가와 마찬가지로 역시 명예혁명의 계승자인 교회가, 자신의 계급조직과 경제적 불평등을 재생산했듯이 귀족사회의 기질을 재생산하고, 부와 사회적 지위에 대한 천박한 굴종의 습관—정치적 민주주의를 실험한 지 반세기가 넘은 오늘날에도 여전히 영국인 특유의 혐오스러운 악덕으로 남아 있는—을 하나의 덕목으로 빈번히 이상화하려 했다는 것만이 아니다.

이것 못지않게 중요한 것은 교회가, 특정 집단과 특정 문제들을 제외한다면, 널리 유포된 사회철학을 받아들였고 또 자신의 가르침을

---

95) Mandeville, *The Fable of the Bees*, ed., F.B. Kaye, 1924, pp.193~194. 빈곤의 필요성에 관한 유사한 의견이 Rev. J. Townsend, *Dissertation on the Poor Laws*(1785) 그리고 Patrick Colquhoun, *Treatise on the Wealth and Resources of the British Empire*(1814)에서 표출되었다. 이 두 저자도 맨더빌처럼 빈곤은 번영, 아니 실제로는 문명의 존립 자체를 위해 필수적이라고 주장한다. E.S. Furniss, *The Position of the Laborer in a System of Nationalism*, 1920, chaps. iv~vi에는 같은 취지의 인용문들이 18세기 저자들에게서 최대한 수록되어 있다.

거기에 순응시켰다는 사실이다. 정치이론이 종교의 틀 안에서 주조되던 시대는 저물고, 종교사상이 더 이상 위엄 있는 교사가 아니라 고분고분한 학생인 시대가 도래했다.

기독교는 독특한 삶의 방식이라는 사상을 유례없이 강한 어조로 재천명했던 로(William Law) 같은 두드러진 예외나 『돈의 사용』(*The Use of Money*)에 관한 웨슬리(John Wesley)의 설교 같은 항변들은 일반인들이 인습적 윤리를 승인하고 있다는 인상을 부각할 뿐이다. 당시에 만연하던 종교사상을 세심하게 타협되고 때때로 하급자에 대한 다소 감상적인 연민에 의해 순화된 도덕으로 묘사한다 해도 그리 부당하다고는 볼 수 없을 것이다.

그것은 목적론을 배격하고 또 사회를 유기체―영적 목적에 대해 함께 순종함으로써 결속한 상이한 계급들로 구성되는―로 간주하는 이론의 자리에 자기규제적 메커니즘―경제적 동기라는 추와 도르래로 움직이는―의 비유를 들여놓은 사회이론과 자연스럽게 쌍(雙)을 이루었다.

이런 태도는 명백히 상충하는 이해들의 경제적 조화를 강조하면서, 도덕적 추론이 끼어들 여지를 축소시켰다. 실제로 개혁가들이 활용할 자료들은 넘쳤다. 초기적 상업자본주의 현상―1720년에 절정에 달했던 금융적 부도덕의 북새통[남해포말사건(South Sea Bubble). 1711년 영국에서 창립된 South Sea Company가 주가 하락으로 1720년 파산하여 많은 도산자를 낸 사건]만 한번 떠올려보라―은 18세기의 결코 지나치게 민감하다고 볼 수 없는 양심조차 충격에 빠뜨렸을 만한 것이었다. 두 세기 전에 목사와 신학자들이 질책했던 푸거 가도 남해포말사건의 주모자들에 비하면 순진했다. 교회의 태도는 이런 놀랄 만한 상황 앞에서도 꿈쩍하지 않았다. 전통적 사회윤리체계는 훨씬 단순하던 시절에 고안된 것이었다. 은행업, 해상운송, 주식회사가 번성하던 상업적 영국에서, 그것은 중세적 미신(Gothic superstition)으로 보였고 또 그렇게 불렸다. 그 체계는 왕정복고시대를 거치면서 조용히 소멸되었다.

감독교회[영국성공회]는 더 이상 대부업자와 독점자의 죄를 묻지 않았다. 1658년에 처음 출판되었고 다음 세기에 널리 읽혔던 『인간의 온전한 의무』(*The Whole Duty of Man*)라는 대중적 지침서에서는 폭리와 압제를 여전히 죄로 분류했지만,[96] 그 구체적 내용을 밝히려는 시도는, 정직히 말하면, 포기되었다.

아직까진 설교자들이 공공연하게 자연인의 관점 — '상행위와 종교는 별개'라는 18세기 저술가의 말에서 표현된 관점 — 을 취한 것은 아닐지 모르나, 그들은 이 둘 사이의 충돌 가능성에 대해 침묵함으로써 자신들의 결론이 그런 관점과 크게 다르지 않다는 것을 보여주었다.

실제로, 그 교리의 특성상 경제윤리에 종교적 가르침이 침투할 여지는 거의 사라졌는데, 그것은 훗날 애덤 스미스 — 경제적 이기심에서 신의 섭리가 운행되는 것을 보았던 — 가 보이지 않는 손에 대한 그의 유명한 언급에서 요약했던 이론[이신론(理神論, deism)]을 예기하고 있었다. 워버튼(Willam Warburton) 주교가 종교는 그의 생업이고 생업이 그의 종교라고 비꼬았던 주임사제 터커(Josiah Tucker)는 "국가의 상업, 선한 도덕 그리고 선한 정부는 신의 섭리 속에서 구상된 보편적 설계의 부분에 불과하다"고 썼다.

이러한 견해에 따르면, 교회가 상업윤리를 주장하는 것은 당연히 불필요했는데, 건전한 도덕이란 상업적 지혜와 일치했기 때문이다.

---

96) *The Whole Duty of Man, laid down in a plain and familiar Way for the Use of All*, 1658.

기존질서는 정부의 근시안적인 법률이 거기에 참견하는 경우를 제외하면 자연의 질서였고, 자연이 만든 질서는 신이 만든 질서였다. 18세기 중엽의 교육받은 사람들은 대부분 포프(Alexander Pope)의 시구에서 자신들의 철학을 확인했다.

> 그리하여 신과 자연은 보편적 틀을 주조했고
> 자기애와 사회적인 것이 동일한 것이 되라고 명했다.
> ─ 포프, 『인간론』, 서한 Ⅲ (*The Essay on Man*, Epistle Ⅲ)

다시 한 번 당연하게도, 이러한 태도는 제도에 대한 비판적 검토를 애초에 불가능하게 만들었으며, 박애를 위해 유보된 삶의 부분들만 기독교 자선의 영역으로 남겨두었다. 그것들이 통상적 인간관계의 저 방대한 영역─여기에서 자기이해가 추동하는 것들은 행위의 충분한 동기와 규칙을 제공한다─외부에 속한다는 바로 그 이유 때문이었다.

그러므로 교회의 사회적 활동이 마땅히 관심을 가져야 할 영역은 주력부대를 독려하는 것이 아니라 비전투원과 부상자들을 위한 구조대를 파견하는 일이었다. 18세기에 그것은 다른 무엇보다도 가난을 구제하고, 병자를 돌보며, 학교를 설립하는 데 있었다. 복음주의적 부흥을 불러일으켰던 빈곤계급의 영적 안녕을 위한, 다소 포장됐지만 진심어린 배려에도 불구하고, 종교는 비판과 건설을 위해 필수적인 두뇌활동을 합리주의자와 인도주의자들에게 넘겨주고 말았다.

교회가 관습적으로 '산업혁명'이라는 그리 적절하다고 볼 수 없는 이름으로 불리는 방대한 경제적 재편 기간에, 영감을 불어넣고 지도력을 발휘하는 문제에서 이렇다 할 효율성을 보이지 못했다는 데 대해 사람들은 이따금 놀라움을 표하곤 했다. 교회가 줄 수 없었던 이유는 먼저 가지지 못했기 때문이다. 물론, 교회가 침묵할 수밖에 없었던 이유를 설명하는 특정의 조건들―가령 단순한 무지와 비효율, 이른바 정치경제학의 교의들, 그리고 1790년 이후 프랑스가 고취했던 모든 인도주의적 운동이 준 공포 등―이 있을 수 있다.

그러나 교회의 태도에 대한 제대로 된 설명은, 그 시기의 특정적 환경보다는 계급관계의 기존 질서를 어떤 상위의 법정 앞에서 구태여 정당화할 필요가 없는 것으로 수용했던, 그리고 종교를 그런 질서의 비판자나 고발자가 아니라 위로자와 변론자, 그것을 위해 허드렛일을 하는 종으로 만들었던 풍조가 만연된 데서 찾아야 한다.

교회가 비정상적인 잔인함으로 퇴보했다는 것이 아니다. 교회가 사회제도들을 순응시키는 독자적 가치기준을 지닌다는 개념 자체가 포기되었다는 것이다. 투항은 전투가 시작되기 오래전에 있었다. 초기 공장제도의 참상을 너나없이 묵인하게 만들었던 영적 무지는 새로운 것이 아니라 한 세기에 걸쳐 형성된 습관이었다.

제4장 청교도운동

"여호와께서 요셉과 함께 하심으로 그가 형통한 자가 되어……."
  - 창세기 39:2

  16세기 말에 이르면, 종교이론과 경제현실이 오래전에 단절되었다는 것이 분명해졌다. 그러나 그동안에 종교이론 자체의 품 안에서 새로운 사상체계가 무르익고 있었는데, 그것은 모든 전통적 가치에 혁명적 변화를 일으키고 사회적 책무들의 전 영역에 신선하고도 날카로운 빛을 비춰줄 것이었다. 징후들로 들썩이던 두 세대가 지나자, 뻗어나가는 에너지로 충만한 세상과 갈 길을 몰라 우왕좌왕하던 교회 위로, 청교도운동의 엄청난 폭풍이 몰아쳤다.
  숲이 쏠리고, 참나무들이 쓰러졌으며, 마른 잎들이 돌풍에 쓸려갔다. 거기엔 겨울과 봄의 기운이 뒤섞여 있었으니, 격렬하면서 생기에 넘쳤고, 잔인하면서 섬세했으며, '(생명)연장'을 뜻하는 메섹과 암흑을 상징하는 게달에 거하는 사람들이 울부짖듯[메섹과 게달 모두 이스라엘을 에워싼 호전적이고 포악한 사람들의 거주지를 지칭. 시편 120:5], 열망과 참회의 기이한 음조들이 울려퍼졌다. 나팔소리가 울리고 칼과 창이 부딪치며 신을 우러르고 인간을 굽어보는 사원의 조각상들이 무너져 내리는 동안, 신의 전사들은 전장과 교수대를 휩쓸며 자신들의 옷을 피로 물들였다.

거인들이 다 흙으로 돌아간 후 엄습한 거대한 침묵 속에서, 18세기 신고전주의의 고요 속에서, '그저 상업적 관점에서만' 주목받았던 종교적 자유가 실은 엄청난 유익을 준다는 점을 주목하라는 목소리가 들려왔다.[1] 하나의 신세계가 도래했음이 분명했다.

현세의 욕망과 진부한 탐욕뿐 아니라 신비주의자의 비전과 선지자의 열정, 유명, 무명의 온갖 영웅의 땀과 고뇌로부터 나왔던 그 새로운 세계는, [찰스 1세로 상징되는] 절대왕정은 끝나고, 재산은 안전하고, 계약은 신성하며, 정부는 길들여졌기 때문에, 기업가의 신중한 투자는 이윤을 보상으로 낳으리라고 기대되는 세계였다. 이제 묘비명에는 성공으로 불리는 인생을 치하하고, 성공이 아니라 순교자나 성인의 영광스러운 실패를 갈망하는 젊은이의 꿈을 조롱하는 글귀가 새겨질 터였다.

I. 청교도주의와 사회

영국에서 칼뱅의 가르침에서 흘러나온 주된 물줄기는 세 가지였다. 장로제도, 회중교회주의[Congregationalism, 개별교회가 회중 중심으로 독립적으로 운영되는 제도] 그리고 신과 인간의 본성에 관한 교의가 그것들이다. 마지막 것은, 앞의 둘에도 해당하긴 하지만 그것들

---

1) Tucker, *A Brief Essay on the Advantages and Disadvantages which respectively attend France and Great Britain with regard to Trade*, 1750, p.33. 터커의 저술은 대부분 희귀서이지만, 터커에 대한 가장 뛰어난 안내서는, W.E. Clark, *Josiah Tucke, Economist*(Studies in History, Economics and Public Law, Columbia University, vol. xix, 1903~1905)이다.

보다 더 넓게 확산되었고 더 설득력이 있으며 더욱 영향력이 있었다.

본줄기에서 뻗어나온 이 세 개의 가지 가운데 가장 오래된 첫 번째는, 엘리자베스 치하에서 운신을 시작했고 스코틀랜드로부터 적절한 관개(灌漑)만 이뤄진다면 국가교회로 자랄 것이라고 기대됐던 것으로, 부동의 신앙고백 위에 서게 될 터이지만, 적어도 그 원래 형태를 싹틔웠던 뿌리는 강건한 것이 못 되었다. 개별교회의 자체 조직권과 모든 교회의 국가간섭으로부터의 자유를 고집한 두 번째는, 구세계와 신세계 모두에 시민적, 종교적 자유의 항구적 유산을 남기게 될 것이었다.

세 번째가 청교도주의였다. 그것은 어떤 단일종파에도 매이지 않으며, 영국국교회에서는 거의 대표되지 않거나, 그렇지 않더라도, 불완전하게―후에 그것에서 떨어져나온 분파들에 비해―대표되었기 때문에, 신학과 교회정부에 관한 개념들뿐 아니라 정치적 목표, 기업과의 관계, 가정생활 그리고 개인행동의 세부사항들까지도 스스로 결정해나갔다.

청교도정신의 성장, 승리, 변모는 17세기의 가장 중요한 흐름이었다. 청교도주의야말로―튜더왕조의 로마로부터의 단절이 아니라―진정한 영국의 종교개혁이었고, 명백히 근대적인 영국의 출현도 구질서에 대한 그것의 투쟁에서 비롯된 것이다. 그러나 그것이 드러난 공적 영역에서 아무리 대단한 성취를 이뤘다 할지라도, 내적 세계―여기에서 정치는 얼마나 누추한 골조에 불과한가!―에서 이룩한 업적은 훨씬 강력했다. 빙산은 대부분 몸체가 보이지 않은 채 떠 있다는 바로 그 이유 때문에 우뚝한 위엄으로 여행자를 위축시킨다.

청교도주의가 교회와 국가에 불러일으킨 혁명은 인간의 영혼에 몰고 온 것에 비하면 미미했다. 의회의 소동과 전장의 포효 한가운데에서 그것이 우레처럼 선포했던 구호들은 야곱이 축복을 얻기 위해 주님의 천사가 떠나기 전에 씨름했던[창세기 32장] 외로운 밤[夜]들을 보내며 배운 것들이었다.

> 우리가 어리석었네, 저처럼 위풍당당한 이에게
> 폭력을 행사하려 하다니.
> [『햄릿』 1막 1장에서 사라진 선왕의 혼령을 두고 마셀러스가 호레이쇼에게 한 말]

버니언과 조지 폭스(George Fox)의 신비주의, 올리버 크롬웰의 음울한 비애와 빛나는 활력, 그리고 이기주의자와 배교자들의 세계에서 밀턴(John Milton)이 당당히 보여주었던 '동요하지 않고, 유혹받지 않으며, 두려워하지 않는' 평정(平靜), 이 모두에는 후대가 경외로 혹은 공포로 마주하게 되나 그 보잘것없는 측량선으로는 감히 깊이를 가늠할 수 없을, 빛과 어둠의 심연들이 담겨 있다.

프리즘과 같은 유형의 인물들이 있다. 그것의 다양하고 현란한 색채는 실은 한 줄기 집광(集光)의 조각난 반영들에 불과하다. 청교도주의의 내적이고 영적인 은혜가 역사가의 눈을 피해간다 해도, 그것의 외적이고 가시적인 신호들은 도처에서 그와 부딪치는데, 무엇보다 연구실과 선택받은 자들의 기도모임 못지않게 장터, 회계사무소, 야영지에서 그를 만난다.

성찬예식을 중시하는 자들의 헛된 외식을 책망하던 청교도에게 일상의 수고 자체가 일종의 성찬식이다. 쉽 없이 움직임으로써 지겹게 달라붙는 악마를 떨쳐내려는 사람처럼, 청교도는 자신의 영혼을 구제하기 위해 위의 천국 혹은 아래의 지상에 있는 모든 힘을[즉 성령의 도움과 자신의 노력을] 가동한다. 그는 영혼의 팽창하는 에너지 하나만 가지고도, 자기 자신의 성품과 습관 그리고 생활방식뿐 아니라 가족과 교회, 산업과 도시, 정치제도와 사회질서를 바꿔나간다.

자신이 이 덧없는 삶에서 다가올 세상으로 서둘러 가는 이방인이요 순례자임을 잘 알고 있는 그는, 영원의 경계에 거하는 영혼들을 가공할 무관심 속으로 유혹하는 저 허망한 것들로부터, 거의 물리적인 공포를 느끼며 고개를 돌리고, 영혼의 고뇌를 통해 신, 영혼, 구원, 저주 같은 거대한 주제들을 탐구한다.

한 청교도는 자신의 회심에 대해 이렇게 말했다. "회심 후에 세상은 생명도 매력도 없는 시체처럼 내게 비쳤다. 그리고 그것은 내 어린 시절의 죄, 곧 학문적 명성을 추구했던 야망을 파괴해버렸다. ……그 이후로 줄곧 나는 새 연구방법을 따랐다. ……그것은 내가 가장 먼저 '하나님의 나라'와 '그의 의'를 구하고, 꼭 필요한 '한 가지'를 최대한 유념하며, 나의 '궁극적 목적'을 우선적으로 정하도록 만들었다."[2]

청교도는 '궁극적 목적'이란 의식에 압도되면서도, 그것의 성찰에만 안주할 수 없다. 가장 위대한 스콜라 철학자[아퀴나스]가 최상의 축복으로 묘사했던 신을 명상하는 일은 죄인들에게는 너무도 엄청난 축복이기 때문에, 죄인들은 신을 명상할 뿐 아니라 어둠의 권세에 넘어간 세상에서 자기 소명을 다함으로써 신을 영화롭게 해야 한다.

"천상의 도시로 이르는 길은 음란한 장터가 펼쳐진 이 도시를 곧장 관통하는데, 그 도시에 가려 하지만 아직 이 도시를 통과하지 못한 사람은 반드시 이 세상 밖으로 나가야 한다."[3] 벼랑으로 둘러싸이고 악령이 들끓는 이 끔찍한 여정을 위해서, 그는 모든 방해물을 떨쳐내고 온갖 무기로 무장한다.

---

2) *Reliquiæ Baxterianæ: or Mr. Richard Baxter's Narrative of the most memorable Passages of his Life and Times*, 1696, p.5.

3) Bunyan, *The Pilgrim's Progress*.

오락과 책 심지어는 친구와의 교제도, 필요하다면 버려야 하거니와, 두 눈을 지닌 채 영원한 불 속으로 던져지느니, 절름발이나 불구가 되어 영원한 생명으로 들어가는 것이 낫기 때문이다. 그는 백스터와 조지 폭스처럼 자신의 영혼에 생명의 말을 들려줄 사람을 찾아 전국을 샅샅이 누빈다. 그가 목사들에게 구하는 것은 면죄가 아니라 교훈과 훈계와 경고다.

초기 청교도주의의 가장 계시적인 장면인 예언은 계몽과 교육과 지적인 종교를 구하는 갈급한 세대의 외침이었고, 이 세상의 권세들이 청교도의 연단에서 몰아치는 돌풍을 양피지 두루마리로 막으려 했던 것은 많은 "설교는 분쟁을 낳지만 많은 기도는 헌신을 가져온다"고 봤기 때문이다.[4] 청교도는 자신의 삶을 규율하고 합리화하고 체계화한다. '체계'(method)는 감리교도(Methodists)가 알려지기 한 세기 전에 청교도의 구호였다. 그에게는 생업 자체가 영혼의 노역인데, 그곳 역시 주님의 포도밭이며 그는 그곳에서 수고하도록 부르심을 받았다.

"모든 세상보다 하나님을 거스르는 것을 더 두려워하는" 마음을 품은 그에게 지상에서 주인으로 섬길 대상은 없었다.[5] 따라서 청교도는 자연스러운 공화주의자였다. 세상의 권세들이 듣고 순종한다면 좋은 일이다. 만일 그렇지 않다면 그들은 박멸될 것이고 선택받은 자들은 그 폐허 위에 그리스도의 왕국을 건설할 것이다. 그리고 결국에는 이 모든 것—기도, 수고, 규율, 자신과 타인의 극복, 고행, 죽음—도 한 영혼을 구하기에 너무 보잘것없으리라.

"그때 나는 '파멸의 도시'뿐 아니라 '천국의 입구'로부터도 지옥

---

4) *The Life of the Duke of Newcastle*, by Margaret, Duchess of Newcastle(Everyman ed., 1915, p.153).

5) Baxter, 앞의 책, p.31.

으로 가는 길이 있음을 보았다."[6] 청교도가 죽음에 임박할수록 이러한 끔찍한 말들이 그를 따라다닌다. 때때로 그 말들은 그의 마음을 무너뜨린다. 그러나 더욱 종종 그것들은 그의 의지에 용기를 불어넣는데, 죄인들의 괴수에게도 은혜는 넘치기 때문이다.

왜냐하면 의지(will)―체계화되고 규율되고 고무된 의지, 황홀한 흠모 가운데 고요한, 혹은 격렬한 활력으로 분투하는 의지. 그러나 어쨌든 의지―야말로 청교도주의의 정수이고, 의지를 강화하고 조직하기 위하여 종교적 열정의 거대한 병기고 안에 있는 모든 무기가 동원된다. 청교도는 내적인 힘에 눌려 있는 용수철과 같아서 그것이 되튀면 모든 장애물이 산산이 부서진다. 때때로 그 압력이 너무 커지고, 갇혀 있던 에너지가 한꺼번에 방출되면, 스스로를 산산조각낸다.

영혼의 바람은 부는 방향을 알 수 없다. 귀족과 시골신사에서부터 '직물을 짜며 책을 읽거나 서로를 교화하는' 방직공에 이르기까지, 온갖 사회계층의 사람들이 그 영혼의 숨결로 마음이 고무되는 것을 느낀다.[7] 그러나 종교적 열정과 도덕적 감흥이 계급과 소득 같은 통속적 범주들에 방해받지 않는다 할지라도, 우리는 그것들이 특정의 환경 속에서 다른 환경에서보다 더 용감하게 타오르고, 인간은 영이면서 육체를 지녔기 때문에, 여러 유형의 종교적 체험이 다양한 사회경제적 환경의 서로 다른 필요에 조응한다는 것을 경험으로 안다.

당대인들에게 청교도정신은 경제적 자립, 교육, 자신의 신분에 대한 적절한 긍지가 결합돼 있는 사회 안의 계급들을 택해 자리를 잡은 것처럼 보였거니와, 이런 특성은 지상의 상위자에게 굴종하지 않고

---

6) Bunyan, *Pilgrim's Progress*.
7) Baxter, 앞의 책, p.89.

자기 자신의 삶을 살려는 결의와 자신보다 의지도 약하고 활력도 없으며 재주도 모자라는—성품의 유약함 때문이든 경제적 무력감 때문이든—사람들에게 그들이 보인 다소 오만한 우월감을 통해 드러났다.

그런 계급들에는 도시생활과 새로운 지적 조류를 접하면서 봉건정신의 쇠락을 경험했던 일부 신사층(gentry)이 속했다. 특히 자유보유지가 많았던 동부의 주들에서 '누구의 노예도 아니기 때문에 기상이 높았던' 자작농(yeomen)이 두드러졌으며,[8] 무엇보다 도시의 상인계급과 직물업과 철강업이 분산되면서 부분적으로 산업화되었던 농촌지역들의 상인계급이 들어 있었다.

어떤 이는 1645년에 브리스톨의 상황을 묘사하면서, "왕이 내건 대의와 왕당파는 그 도시의 두 극단진영, 즉 부유하고 힘 있는 사람들과 가장 미천하고 낮은 자들의 지지를 받았지만, 진정한 최상의 시민인 중간계층에게는 혐오스러웠다."[9] 어디에서든 청교도주의의 깃발을 들었던 사람들이 바로 이런 계급이었다는 점은 17세기 첫 10년 동안 청교도 성직자들의 분포를 통계적으로 추정했던 어셔 교수에 의해 드러났다.

그에 따르면, 이름이 알려진 목사 281명 가운데 35명은 런던과 미들섹스에, 96명은 노포크, 서포크, 에식스의 세 공업주에, 29명은 노샘프턴셔에, 17명은 랭커셔에 속했고, 104명만이 영국의 나머지 전 지역에 분포했다.[10] 이 현상은 너무 의외여서 사회학적 일반화보다 훨씬 심원한 정신적 의의를 지닌 문제들에 몰두해 있던 당대인들의

---

8) Thomas Fuller, *The Holy and Profane States*, 1884 ed., p.122.
9) S. Seyer, *Memoirs of Bristol*, vol. ii, 1823, p.314.
10) R.G. Usher, *The Reconstruction of the English Church*, vol. i, 1910, pp.249~250.

관심을 불러일으켰다.

백스터에 따르면, "이런 신사계급에 딸린 소작인들 대부분 그리고 사람들에게 폭도라고 불렸던 거개의 가장 빈한한 사람들 역시 상류층을 옹호했고 왕의 입장을 지지했다. 의회 편에는 (의원들 외에도) 대부분 주에 있던 (일부의 견해에 따르면) 소수의 젠트리, 자유보유농, 특히 직물과 직물제조업에 의존하던 자치도시와 주에 있던 중간계층 사람들이 있었다."

그는 이런 사실을 거대 상업중심지들과의 끊임없는 교류가 가져다준 자유화 효과로 설명하면서, '신교도들이 바로 상인과 중간계층 사람들이었던' 프랑스의 예를 인용했다.[11]

물론 가장 두드러진 사례는 런던이었다. 런던은 의회세력에 자금을 댔고 명예혁명에 이르기까지 줄곧 유별난 '저항도시'였거니와, 1661년의 왕당파 의회에 비국교도를 네 명 선출해 보냈을 뿐 아니라, 시장과 시의원들로 하여금 러셀(Willam Lord Russell) 경이 왕위배제법안[Exclusion Bill, 1679년에 새롭게 소집된 의회가 제출한 법안으로 가톨릭교도는 왕위계승권을 지니지 못한다는 내용을 담고 있다. 의회는 요크공 제임스의 왕위계승을 지지하는 토리파와 이에 반대하는 휘그파로 갈려 격렬히 대립했지만, 결국 하원은 이듬해 왕위배제법안을 가결시켰다. 그러나 찰스 2세는 의회를 해산하여 이 법안을 무력화했고, 3년마다 의회를 소집해야 한다는 '3년 회기법'도 무시하고 의회도 소집하지 않았다]을 하원에서 상원으로 가져갈 때 수행하도록 했으며, 장로교가 금지되고 오랜 시간이 흐른 뒤에도 장로교목사들을 지원했다. 종교적 관용을 지지했던 휘그당에 호의를 베풀었으며, [왕위배제법안으로 불거진] 1681년의 격랑으로부터 휘그 지도자들을 보호했다. 그러

---

11) Baxter, 앞의 책, p.30.

나 이와 같은 현상은 거의 모든 곳에서 관찰되었다.

청교도주의에 적대적이었던 한 평자는 청교도주의의 성장을 "(선동적 파벌의 소굴이요 온상인) 런던 시가 주도했으며, 영국 전역에 널리 퍼진 런던의 상거래망에 힘입어 상품들이 거래되면서, 이 시민적 전염병[청교도주의]은 우리의 모든 도시와 자치도시들로 옮겨다녔고 결국에는 모든 주를 오염시켰다"고 기록했다.[12)]

랭커셔에서는 '랭커셔의 제네바'로 불리던 의류도시들이, 로마 가톨릭주의의 바다 위에 청교도 섬들이 솟아오르듯 생겨났다. 요크셔에서는 브래드퍼드, 리즈 그리고 핼리팩스, 중부지역에서는 버밍햄과 레스터, 서부에서는 글로스터, 톤턴 그리고 잉글랜드 서부의 섬유산업 수도인 엑서터가 모두 청교도주의의 요람이었다.

국교회주의자들과 왕당파인사들은 제조업과 상업계급을 종교적 급진주의와 습관적으로 연결하곤 했는데, 그 각각에 담긴 악덕들 때문에 그것들 모두를 더욱 불신했다. 클라렌던은 '대부분 조합이 사로잡힌 당파기질과 부에 대한 그들의 자부심'을 혹독하게 비판했다.[13)] 시민혁명 이후 자치시의 정치와 종교는 모두 한 세기 동안 의심의 눈총을 받았다.

옥스퍼드 주교는 "상인연합체들 ……다수가 파벌과 선동의 소굴"이고 "최근에 유행하는 한심한 오락들이 ……주로 장사꾼들의 가게에서 생겨났다"는 이유를 대며 찰스 2세 정부에 그들을 호의적으로 대하지 말라고 경고했다.[14)] 페프스(Samuel Pepys)는 성공회 목사

---

12) *An orderly and plaine Narration of the Beginnings and Causes of this Warre*, 1644, p.4(Brit. Mus., Thomason Tracts, E. 54[3]). Paschal Larkin 신부의 호의로 이 자료의 참조가 가능했다.

13) Clarendon, *History of the Rebellion*, bk. vi, par. 271.

14) Parker, *Discourse of Ecclesiastical Politie*, 1670, Preface, p.xxxix.

들이 시무하던 런던의 교회로 돌아올 때마다 마주쳤던 험악한 얼굴들에 대해 적나라하게 언급했다. 심지어 왕의 신하들은 런던대화재[1666]를 불평불만의 요새를 소탕하려는 신의 도구라며 환호했다는 주장도 있다.[15)

1660년 이후 정치산술이 유행했을 때, 그 종사자들은 지난 반세기의 경험과 17세기 유럽의 경제교사였던 네덜란드의 경험에 감동하여, 경제적 진보와 여타 국가적 특성들의 관계를 근대사회학자의 눈으로 탐구했다. 그들은 침착하고 냉정했으며 교회가 울려대던 단조로운 소리에 지쳐 있었거니와, 악의 없는 아이러니와 함께, 주교와 장로교파 사람들이 내린 진단에 동의하면서도, 그로부터 상이한 결론을 추론해냈다.

그들 분석의 주제 하나는 종교적 관용이라는 새롭게 부각되던 문제였다. 종교적 관용의 영적 측면에는 도무지 무관심했던 그들이 그것을 환영할 만한 실제적인 이유를 찾아낸 것은, 청교도운동의 선봉에 섰으며 클라렌던 법전[Clarendon Code, 왕정복고 직후 영국국교회의 우월성을 확립하기 위해 의회가 통과시켰던 일련의 법들]으로 가장 많은 타격을 입은 이들이 동시에 상업과 제조업을 이끌었던 사람들이라는 사실에서였다.

그들이 보기엔 복잡한 설명이 필요 없었다. 농촌사회는 경제구조의 소박한 동일성을 공유했듯이 종교도 동질적일 수 있었다. 그러나 다면적인 기업공동체는, 여러 다양한 원천으로부터 모여든 구성원들을 자유롭게 흡수하고 구성원 각각이 자신의 생활방식을 자유롭게 추구할 때에만―그 시대에 이는 같은 것이었다―끊임없는 마찰

---

15) *The Life of Edward, Earl of Clarendon, written by himself*, 1827 ed., vol. iii, p.101.

과 장애를 피할 수 있었다.

디포가 말한 대로, 영국인은 모든 것을 개량했지만 발명한 것은 아무것도 없었는데, 영국의 경제조직 또한 충분히 탄력적이어서 알바(Fernando Alvarez de Toledo)에게서 도망쳐온 플랑드르 직조공들과 프랑스에서 쫓겨난 위그노교도들을 거뜬히 소화해냈다. 그러나 전통적인 교회체제는 그와 달리 융통성을 보이지 못했다. 그것은 외국의 난민들뿐 아니라 국내의 비국교도들도 받아들이지 못했다.

로드는 종교의 일체성보다 직업의 다양성을 더 중시했던 엘리자베스 시대의 독특한 추밀원 정책을 역전시켜서, 메이드스톤, 샌드위치, 캔터베리에 있는 외국인 기능공들의 정착지를 끊임없이 괴롭혔다.[16] 이런 일은 1689년에 이르도록 [경제적 유익과 역행하여 추진된] 국교회에 대한 순응을 강요하려는 시도가 있을 때마다 거기에 맞춰 반복되었다.

"감옥은 가장 성공한 상인과 거주자들로 붐볐고 직물업자들이 강

---

16) D.C.A. Agnew, *Protestant Exiles from France*, 1886, vol. i, pp.20~21. 1640년의 Root and Branch Petition(근절청원)에는 주교들로 인해 발생한 폐해들에 대해 이렇게 기록되었다. "모든 선한 신민을 낙담시키고 파멸시킨다. 그중 다수는 직물업자와 상인들인데, 이들을 담당할 목회자들은 허용되지 않았고, 그들은 그런 압박들로 너무 과중한 부담을 짊어져야 했기 때문에 이 나라를 떠나 네덜란드와 여타 지역으로 가버렸다. 그들은 대규모 직물업과 상업을 그들의 거주지로 옮겨갔거니와, 이로써 이 나라의 대표적 주산물인 양모는 가격이 떨어지고, 팔리지도 않으며, 교역은 쇠퇴하고, 많은 빈민이 일자리를 찾으며, 선원은 해고돼서 나라 전체가 크게 궁핍해지고 있다"(S.R. Gardiner, *Constitutional Documents of the Puritan Revolution, 1628~60*[1889], p.73). 엘리자베스 여왕 시절에 외국인 이주자들에 대해 상대적으로 관용적 태도를 보였던 사례들을 위해서는, Tawney and Power, *Tudor Economic Documents*, vol. i, section vi, nos. 3, 4, 11 (2), 15와 Cunningham, *Growth of English Industry and Commerce*, *Modern Times*, 1921, pt. i, pp.79~84 참조.

제로 거주지에서 쫓겨나면서 그들이 고용했던 남녀 노동자 수천 명이 기아에 직면했다."[17] 토리정책[국모순응정책]이 가져온 참상에 대한 휘그의 고발은 낭트칙령이 폐기되면서 뒤따랐던 광범위한 재난[신교도에 관용을 베풀었던 1598년의 낭트칙령을 루이 14세가 폐지하자 위그노들을 향해 행해졌던 대대적인 박해와 추방을 지칭]에 대해 프랑스 지방장관들이 묘사했던 것을 떠올리게 만든다.[18]

경제적 이해와 강제적 국교순응정책의 충돌은 너무도 극심했고, 박해의 주된 희생자들이 경제적 진보의 선구자들이었기 때문에, 당대 경제학자들이 박해는 번영과 양립할 수 없다는 치유책을 선언하기에 이르렀던 것은 당연했다. 그 주제를 다룬 팸플릿의 저자는 이렇게 썼다.

"이러한 성격의 모든 법률은 ……그리스도 복음의 원칙과 가르침 자체를 정면에서 거스를 뿐 아니라 ……가장 근면한 노동자를 억압하고 쫓아내고 인구를 감소시킴으로써 교역과 복지를 파멸하고 지금보다 열 배나 더 많은 사람을 고용할 수 있는 나라를 빈곤에 처하게 만든다."[19]

템플은 네덜란드연방[1588년 스페인으로부터 독립을 선언한 '네덜란드 7개 주공화국(The Republic of the Seven United Netherlands)']에 대한 차분하고도 명료한 연구에서, 네덜란드의 성공을 로마가톨릭만 아니라면 누구나 자신이 원하는 종교행위를 할 수 있다는 사실에

---

17) *Toryism and Trade can never agree*, 1713, p.12. H. Levy, *Economic Liberalism*, 1913, p.12에는 이 논문이 Davenant가 쓴 것으로 잘못 기록되었다.

18) 가령, G. Martin, *La Grande Industrie sous le règne de Louis XIV*, 1899, chap, xvii. 참조. 여기에는 여러 감독관의 보고서가 인용되어 있다. 또한 Levasseur, *Histoire du commerce de la France*, 1911, vol. i, p.421을 볼 것.

19) *A Letter from a Gentleman in the City to a Gentleman in the Country about the Odiousness of Persecution*, 1677, p.29.

서 찾았다.[20] 드 라 쿠르(Pieter De la Court)가 존 드 위트(John de Witt)라는 필명으로 출간한 역저도 같은 점을 지적했다.[21] 페티 경(Sir William petty)은 영국에서 매우 번성하는 도시들에선 비국교도 신앙이 우세하다는 점을 지적한 후 유럽뿐 아니라 인도와 오토만제국의 예를 들면서, 경제발전은 모든 종교와 양립할 수 있지만 그것을 매개했던 계급은 언제나 "공적으로 선포된 종교적 입장과는 다른 견해를 고백하는" 비정통적 소수라는 것을 증명해 보이고자 했다.[22] 한 팸플릿 저자는 1671년에 이렇게 썼다.

"가톨릭교는 본래적으로 기업활동과 어울리지 않지만, 반면에 개혁신앙을 가진 사람들은 게으름을 부도덕으로 간주하기 때문에, 종교적 열정이 강할수록 상업과 산업을 호의적으로 바라보는 성향이 더욱 강하다. ……영국의 국내적 이익은 교역의 증진에 있거니와, 이는 도시와 지방에서 모든 장애를 제거하고, 특히 모든 프로테스탄트 비국교도에게 양심의 자유를 허용하되 가톨릭신자들에게는 그것을 거부함으로써 교역이 촉진되도록 법을 제정하는 데 있다."[23]

---

20) Sir Wm. Temple, *Observations upon the United Provinces of the Netherlands*, chap.v, vi.

21) *The True Interest and Political Maxims of the Republick of Holland and West-Friesland*, 1702, pt. i, chap.xiv.

22) Petty, *Political Arithmetic*, 1690, pp.25~26.

23) *The Present Interest of England stated, by a Lover of his King and Country*, 1671. 내가 본문에서 인용된 구절에 주목하게 된 것은 와즈워스 씨 덕분이다. 똑같은 점이 로렌스 브래든에 의해 좀더 구체적으로 지적되었다. "그들의 종교적 미신 탓에 프랑스는 지금 우리보다 (적어도) 50개나 더 많은 성일을 기념해야 한다. 이 미혹에 빠진 국민은 아무런 일을 하지 않는 이런 성일 하루당 12만 파운드의 손실을 입는다"(*Abstract of the Draft of a Bill for relieving, reforming and employing the Poor*, 1717). 또한 Defoe, *Enquiry into Occasional Conformity*, 1702, pp.18~19에는 이렇게 기록되어 있다. "신사 여러분, 우리는 당신들이 우리의 돈으로 부족한 자금을 메우고, 우리의 자금

경제학자들이 교역에 유익하다는 이유로 관용을 환영했다면, 토리는 관용을 가장 소리 높여 요구한 이들이 바로 상인계급들이었다는 사실 때문에 그들을 더욱 불신했다. [토리였던] 스위프트(Jonathan Swift)는 "종교는 신교도들[즉 국교도와 비국교도들] 간에 차별을 두어서는 안 된다"는 금언을 마찬가지의 가증스러운 신조라며 비난했고, "모든 경우에서 화폐계급의 이익을 토지계급의 그것보다 앞세우는" 정책을 질타했다.[24]

18세기 후반에 이르러서도 '장로교도, 은행 그리고 여타 조합'을 조롱하는 진부한 표현들이 몰리 경(Lord John Morley)이 정치협잡꾼의 우두머리로 묘사했던 볼링브룩(Henry Bolingbroke) 같은 정치인의 팸플릿들에서 여전히 눈에 띄었다.[25]

물론 '중간신분,' '중간계급,' '중간부류' 등으로 지칭되는 사회계층에 속한 사람들은 경제적 이해와 개인적 지위에서 다양성의 폭이 가장 넓었다. 오늘날엔 진부해진 이런 표현들도 시민혁명 이전의 청교도주의 형성기에는 각별한 의미를 지녔는데, 여기에는 두 가지 요

으로 전쟁수행에 도움을 받고, 당신의 식량청과 해군청에 우리의 대출과 신용을 제공하는 것을 허용할 수 있을지 궁금합니다. 당신들이 우리를 계속 차별할 것이면, 우리가 자유보유농이 되지 못하도록 땅을 사들일 수 없게 법을 만드십시오. 그리고 우리 것들을 다 사들일 수 있을 만한 돈을 구할 수 있을지 알아보십시오. 우리를 소도시와 집단들로 옮겨가게 해서 우리끼리 교역하게 만들고, 우리끼리 양모를 빗질하고 방적과 직조를 하며 우리 안에서 서로를 위해서만 일하게 하십시오. 그리고 당신들이 당신들 자신의 빈민을 우리 없이 어떻게 부양하게 될지 보십시오. 우리로 하여금 우리의 선단(船團)을 해산하고, 당신들의 은행에서 돈을 다 빼가고, 우리 어음을 일절 받아들이지 않고, 종교문제에서처럼 민사와 관련해서도 우리가 당신들에게서 완전히 단절하도록 만드십시오. 그리고 우리 없이 당신들이 일을 지속할 수 있을지 보십시오."

24) Swift, *Examiner*.
25) Bolingbroke, *Letter to Sir Wm. Windham*, 1753, p.21.

인이 작용했다. 우선, 몇몇 예외적인 산업과 지역을 제외하면, 대규모 생산이 없었고 대규모 무산 임노동자 계급도 형성되지 않았다. 그 결과, 전형적인 노동자는 직기나 풀무를 사용하여 직접 작업을 하던 소(小)장인이었다.

그의 지위는 백스터가 키더민스터[Kidderminster, 잉글랜드 우스터셔의 도시로 융단 산지]에 대해 묘사했던 바로 그것이었던바, 키더민스터에는 "아주 부자인 상인은 아예 없었으며 ……도시 치안판사들도 극히 소수만이 연소득이 40파운드에 달했고, 대부분은 그 절반도 벌어들이지 못했다. 3, 4명의 번창하는 장인도 20년 동안 손에 벌어들이는 액수가 500~600파운드 정도에 불과했는데, 그중 100파운드는 악질 채권자가 곧장 채갈 수도 있었다."[26]

이런 사람들은 부유한 상인이나 직물업자와는 재산상 차이가 있었지만 경제적, 사회적 관행에서는 구별이 없었으니, 그 차이는 질적인 것이 아니라 정도 문제였다. 아직까지 산업의 세계에서는 지역과 지역 간의 수직적 구분이 계급과 계급 간의 수평적 균열보다 더 심했다. 자신의 도구를 소유하고 스스로 업무를 통제했던, 따라서 그럭저럭 독립적이라고 부를 만한 사람들의 비율은 자본주의 사회에서보다 훨씬 더 높았다.

두 번째 사실은 더욱 결정적이었다. 국가의 한 권력으로서 상인계급들은 아직 왕성한 청년기에 있었기 때문에 스스로 독립된 신분으로 인식했다. 그들은 종교와 정치에 관한 자기만의 독특한 관점을 지녔으며, 출생과 양육뿐 아니라 사회적 습관, 기업윤리, 도덕적 삶에서의 전반적인 개방성 등에서, 그들이 불경하다고 보았던 궁정이나

---

26) Reliquiæ Baxterianae(앞의 각주 2 참조), p.94. 그는 이렇게 계속한다. "장인 노동자들(즉, 고용주들) 대부분은 직인들과 크게 다를 바 없이 (근근이) 살았으며, 단지 그들만큼 고되게 일하지 않았을 뿐이다."

돈을 물 쓰듯 한 것으로 알려진 귀족들과 크게 달랐다. 지금은 사라진 이러한 거리감은 스위스나 네덜란드를 제외하면 유럽의 여타 국가에서보다 영국에서 지속기간이 더 짧았다.

17세기 후반에 오면, 부분적으로는 명예혁명을 성사시켰던 공동투쟁의 결과로, 그러나 상업과 금융이 가능하게 했던 부의 재분배가 더욱더 많은 영향을 미쳐서, 과거의 경쟁자들[귀족과 상인계급]은 그 둘을 모두 품에 안은 금권주의의 황금빛 점토 속으로 점차 섞여들어 갔다. 점점 더 많은 지주 젠트리가 자식을 기업 쪽으로 진출시켰는데, '유약하고 거짓말하기 좋아하는 상인들'은 파산한 귀족의 토지를 사들이기를 의당 기대했다.

볼테르나 몽테스키외 같은 외국의 관찰자들은 조지왕조 시절의 영국에서 부유한 상인들이 재산을 탕진하고 귀족의 이름만 힘겹게 이어가는 사람들을 쉽사리 밀쳐내는 것을 보고 영국을 부르주아지의 낙원이라고 생각할 것이었다.[27]

이런 일의 절정은 시민혁명의 대분열에 뒤이어, 특히 명예혁명의 명예가 빛이 바래가면서 나타났다. 청교도주의가 태동하던 시절 상인계급들은 강력하긴 했지만 그들이 한 세기가 지난 후에야 도달할 지배적 세력은 아직 아니었다. 그들의 뇌리에는 짧은 기간에 이룩한 자신들의 성공이 반사회적 목적을 위해 부도덕한 수단을 동원한 낯선이해—질서가 잘 잡힌 사회라면 결코 용납될 수 없는, 그리고 그에 관해서는 이미 보수적 정치인들이 호되게 질책한 바 있는—의 출현이라며 의심의 눈총을 받았던, 그리 멀지 않은 과거가 남아 있었다.

그들이 살던 현재에서는, 간섭을 좋아하고 비효율적인데다 낭비적

---

27) Voltaire, *Lettres Philosophiques*, no. x 그리고 Montesquieu, *Esprit des Lois*, xix, 27, xx, 22. 또한 D'Argenson, *Considérations sur le Gouvernement de la France*, 1765에 실린 같은 취지의 언급을 볼 것.

이기도 한 정부가 거창한 원칙을 지겹게 반복하면서 정직한 상인들의 냉철한 분별력에는 너무나 역겨운 온갖 술책과 계략들을 짜내기에 바빴다. 그보다 평판이 더 안 좋은 조신(朝臣)들과 더 멍청한 지방의 신사계급은, 대출을 더 받거나 갱신하기 위해 상인들에게 갖은 아양을 떨면서도, 뒤에서는 졸부, 대부업자, 흡혈귀라며 악담을 늘어놓았다.

심지어 17세기 후반에 와서도, 불로소득자와 금융가의 영향력은 정치적, 경제적 이유로 여전히 우려와 질시를 불러일으켰다. 한 격분한 팸플릿 저자는 대금업을 전문으로 하는 청교도 자본가들에 대해 이렇게 썼다.

"이런 단 하나의 책략을 통해서 그들은 왕, 교회, (온유한 양심을 기뻐하는 주인인) 빈자에게 돌아갈 십일조와 세금 등 모든 분담금을 피해가고, 유형의 재산에 따르는 모든 소임과 직무를 거부하며, 공적 충성이나 사적 신의를 위한 일체의 서약과 유대를 회피한다. ……그들이 신중한 처신에 대한 세상의 칭찬과 평화롭고 경건한 삶을 살면서 번창한다는 영적인 위로를 누리는 동안 ……그들의 상대자들은 쇠락의 참상을 겪으며 무분별한 삶을 산다는 비난에 내버려진다. 그들은 많은 귀족과 젠트리를 (그들의 가련한 등본보유농처럼) 완벽한 가신으로 거느리는데, 이들은 영예를 실추시키고 정의를 무력하게 만들며 종종 가장 뻔뻔스러운 책략을 꾸미면서까지 주인을 보호한다. 현금과 신용을 홀로 움켜진 채 사실상 그들은 토지에 가격을 정하고 시장에 법을 부여한다. 그들은 현찰을 흔들면서 마찬가지로 자신의 영향이 두루 미치는 관직들을 마음대로 부린다. ……그들은 자신의 둥지, 곧 조합들을 보호하고 확장해나간다."[28]

이런 탄식들, 말 탄 벼락부자들에 대한 전통적 권위의 항거 혹은

---

28) *Brief Survey of the Growth of Usury in England*, 1673.

평민에 대한 귀족의 불만은 보수적인 귀족들에게는 자연스러웠다. 그들은 한 세기 동안 권위와 신망이 자신들의 손아귀를 빠져나간다고 느꼈고 그것들을 유지하는 길은, 실제로 결국 그리했듯이 경쟁자와 그것들을 공유하는 것뿐이라고 스스로를 달랬다.

반면에, 자체의 종교와 정치이데올로기를 지녔던 기업계는 권력의 실체들을 서서히 장악해갔다. 그들은 "귀족이 낭비하지 않는다면 어떻게 상인이 번성할 수 있겠는가"라고 비아냥댔다.[29] 금융권의 새로운 지식에 둔감하고 기업경영문제에서는 거의 부도덕에 가까운 무능을 보인 유한계급(a class of *fainéants*)을 향해서는, 열정적이고 번창하는 세대 그리고 자신들의 신념에 비추어 그리 비양심적이라고도 볼 수 없는 세대가 느꼈던, 분노에 찬 경멸을 쏟아냈다.

과거 그들이 이룩한 승리, 현재 그들이 누리는 힘, 미래에 대한 그들의 확신, 스스로에 대한 그들의 신념, 그리고 진흙덩이에 박혀 있는 강철쐐기처럼, 취약한 주변과 비교해서 그들이 지닌 차별성은 현대의 표현을 빌리면, 그들을 계급의식적으로 만들었다. 개인적 곤궁과 현재의 좌절이 무엇이든, 불가피한 진보의 불가항력적 힘에 끌려 자신의 '대의'가 승리를 향해 굴러가고 있다고 느끼는 현대의 프롤레타리아처럼, 청교도 부르주아지는 지옥의 문이 선택된 백성을 이겨내지 못하리라는 것을 알았다. 주님이 그들이 하는 일들을 번성케 한 것이다.

사회가 자신의 성격과 운명을 점차 자각하면서, 그 안의 모든 계층과 기관이, 갈등의 흙먼지나 성공의 광휘가 그 시야를 흐리기 전에, 잠시나마 들여다보는 마술의 거울이 있다. 그 마력의 유리 속에서 그 사회는 황홀한 매혹으로 빛나는 자신의 모습을 본다. 왜냐하면 그것

---

29) Marston, *Eastward Ho!*, act I, sc. i.

이 보는 것은 자신의 실체가 아니라 인류와 그 자신의 마음의 눈에 비친 것이기 때문이다. 봉건귀족도 거울을 들여다본다. 그들이 흘깃 일별한 것은 충성서약과 기사도와 영예의 세계였다.

군주제도 그것을 보았고, 로드와 스트래퍼드(Thomas Wentworth Strafford) 백작도 그것을 찾았다. 그들은 국가가 현명하고 자애로운 왕정의 풍요로부터 물적 번영과 영적 교화의 축복을 마시는 것을 보았다. 그 국가는 "견고했고 화려했으며 ⋯⋯나라는 부유했고 ⋯⋯교회는 번창했으며 ⋯⋯교역은 우리가 기독교세계의 거래소가 될 정도로 팽창했고 ⋯⋯외국의 모든 상인은 그들이 이 왕국의 창고에 쌓아둔 것 외에 아무것도 자기 것으로 여기지 않았다."[30]

한참 시간이 흐른 후에, 수공업자와 노동자들은 일군의 동료들을 보게 될 것인데, 그들에게 동료애는 생명과 같고 그것의 부재는 죽음일 터였다. 17세기 초의 중간계급들—새롭게 부상하고 있었지만 아직 승리하지는 못한—에게 그 마법의 거울은 청교도주의였다. 그것이 보여준 것은 준엄할 정도의 엄숙한 그림, 그러나 이미 절제된 희열의 기미가 가미된 그림이었다.

그것은 진지하고 열성적이며 경건한 세대, 쾌락을 경멸하고 노동에 엄중하며 기도에 열심이고 검약하며 번성하는, 자신과 자신의 소명에 대한 고결한 긍지에 넘치고, 근면한 노동이 천국과 합치한다고 확신하는 사람들, 강인한 프로테스탄티즘 못지않게 경제적 성취로도 유명한 네덜란드의 칼뱅주의자 같은 국민, 곧 "성찰하고, 깨어 있으며, 인내하는 사람들, 그리고 노동과 근면이 신으로 향한 자신들의 의무라고 믿었던 사람들"이었다.[31] 그러고는 바람이 일었고 거울이

---

30) Clarendon, *History of the Rebellion*, bk. i, par. 163.

31) Petty, *Political Arithmetic*, 1690, p.23.

흐릿해졌다. 이제 오랜 시간이 흘러야 누군가 그것에 또 의문을 제기할 것이었다.

II. 신의 규율인가, 상인의 종교인가

청교도주의는 영국 중간계급의 교사였다. 그것은 그들의 덕성을 고양했고, 그들에게 익숙한 악덕을, 박멸은 아닐지라도 통회하게 했으며, 모든 덕성과 악덕의 배후에는 공히, 그 허락 없이는 망치 하나도 풀무를 내려칠 수 없고 숫자 하나 장부에 더해질 수 없는, 전능한 섭리의 장엄하고도 냉혹한 법칙들이 있다는 부동의 확신을 심어주었다.

그러나 그것은 오직 한 가지 교훈만을 가르치는 특이한 학교여서[즉, 많은 것에 대해 세세하게 지침을 주지 않기 때문에], 청교도주의에 대한 사회적 반응들―신랄하고 영속적이며 심원한―을 그것이 개인주의를 조장했다는 단순한 공식 하나만으로 요약해낼 수는 없다. 베버는 그의 유명한 에세이에서 영국식 칼뱅주의가 자본주의의 모태였다는 논지를 상세히 펼쳤거니와, 트뢸치, 슐츠-게버니츠(Gerhart von Schulze-Gävernitz), 커닝햄(William Cunningham)도 자신들의 막대한 학문적 권위를 그런 해석에 힘을 싣는 데 보탰다.[32]

---

32) Max Weber, *Die protestantische Ethik und der Geist des Kapitalismus*(이 글은 *Archiv für Sozialwissenschaft und Sozialpolitik Statistik*, vols. xx, xxi에서 처음 선보였고, 그 이후에 Weber, *Gesammelte Aufsätze zur Religionssoziologie*, 1920, vol. i에 재록됨); Troeltsch, *Die Soziallehren der Christlichen Kirchen*과 *Protestantism and Progress*, 1912; Schulze-Gaevernitz, *Britischer Imperialismus und Englischer Frehandel*, 1906; Cunningham, *Christianity and Economic Science*, 1914, chap.v. 베버의 에세이는 독일에서 많은 논란을 불러일으켰다. 그 주된 논지는, 칼뱅주의, 특히 저자가 거의 모든 사례를 끌어온 영국 청교도주의가 자본주의 기업의 성장에 호의적인 도덕적, 정치적 조건들을 창출

하는 데 압도적으로 중요한 역할을 했다는 것이다. 트뢸치(*Die Soziallehren der Christlichen Kirchen*, p.704 이하)는 이를 수용한 듯하지만, 베버가 내린 많은 결론들에 의견을 달리하는 브렌타노(*Die Anfänge des modernen Kapitalismus*, 1916, pp.117~157)는 그 논지를 비판적으로 분석했다. 분명 베버의 에세이는 종교와 사회이론의 관계에 관해 지금까지 출판된 가장 생산적인 연구들 중 하나다. 나는, 특히 몇몇 청교도 저술가가 '소명'이라는 단어에 담긴 사상의 경제적 적용을 논의한 것과 관련하여, 그 에세이에 많은 빚을 졌다는 점을 밝히고자 한다. 동시에 몇 가지 점에서 베버의 주장은 일방적이고 무리한 듯하며, 내게는 그에 대한 브렌타노의 비판이 정당해 보인다. 그리하여 (i) 경제조직이나 사회조직이 아닌 경제문제와 사회사상을 다루는 에세이에선 아마 불가피할 터이지만, 베버는 전혀 다른 방향에서 설명해야 할 발전들을 도덕적이고 지적인 영향들에 비추어 설명하려 한 듯하다. 15세기의 베네치아와 피렌체, 남부독일과 플랑드르에도 '자본주의 정신'이 충만했는데, 이는 이 지역들이, 적어도 명목적으로는 모두 가톨릭이었지만, 당대 상업과 금융의 최대 중심지였다는 단순한 이유 때문이었다. 16세기와 17세기에 네덜란드와 영국에서 자본주의가 발달한 것은 이들이 프로테스탄트 국가들이었다는 사실이 아니라 대규모 경제적 흐름들, 특히 지리상의 발견들과 그것들로부터 나온 결과들에서 기인한 것이었다. 물론 물질적 변화와 심리적 변화는 함께 진행되며, 후자가 전자에 영향을 미치는 것 또한 당연했다. 그러나 마치 자본주의 기업이 종교적 변화가 자본주의 정신을 만들어야만 비로소 나타날 수 있는 것처럼 말하는 것은 다소 자의적인 듯하다. 종교적 변화가 순전히 경제흐름의 결과라고 말한다면, 이 또한 마찬가지로 진실이면서 또한 일방적이리라. (ii) 베버는 기업의 발달 그리고 경제관계에 대한 개인주의적 태도에 호의적이나 종교와는 별 관련이 없는 지적 흐름들을 무시하거나 아니면 너무 가볍게 취급하고 있다. 르네상스의 정치사상이 그 하나이거니와, 브렌타노가 지적하듯이, 마키아벨리는 전통적인 윤리적 제약들에 대해 칼뱅 못지않게 강력한 완화제 역할을 했다. 그 둘은 화폐, 가격, 외환에 대한 기업가와 경제학자들의 생각이었다. 양자는 모두 베버가 자본주의 정신이라고 이해한바, 곧 금전적 이익에 외골수로 전념하는 기질에 기여했다. (iii) 베버는 칼뱅주의 자체를 지나치게 단순화하는 듯이 보인다. 첫째, 그가 17세기 영국청교도들이 칼뱅과 그의 직계 추종자들이 품었던 사회윤리개념을 지녔다고 보는 것은 분명하다. 둘째, 그는 17세기의 모든 영국청교도가 사회적 의무와 편의에 관해 동일한 견해를 가졌던 것처럼 말한다. 이 두 암시는 모두 잘못되었다. 우선 (영국청교도들을 포함하여) 16세기 칼뱅주의자들은 엄격한 규율의 신봉자들이었거니와, 그들은 사람들이 후기 청교도운동에 귀속시키는—이를 부당하다고 볼 수는 없다—개인

그러나 인간의 마음은 격렬한 갈등 속에 공존하는 모순된 신비들을 그 안에 담고 있다. 시든 육신의 조직들은 다 파악이 돼도, 정신의 연결고리는 여전히 찾아지지 않는다.

모든 인간의 영혼에는, 가톨릭과 신교도의 양면이 있는 것처럼, 사회주의자와 개인주의자, 권위주의자와 열광적인 자유주의자가 혼재한다. 사람들이 공동의 행동을 위해 연대하는 대중운동의 경우도 다를 바 없다. 청교도주의 안에도 보수주의적이고 전통적인 요소와 혁명적인 요소가 있고, 엄한 규율을 중시하는 집단주의와 인간이 만든 잡다하고 단조로운 법령들을 경멸하는 개인주의가 있으며, 세상의 과실들을 하나하나 수확하려는 차분한 신중함과 모든 것을 단번에 혁신하려는 종교적 무모함이 있다.

이것들은 오랫동안 함께 자랐고 불화는 은폐되어 있었지만, 시민혁명의 용광로 속에서 분해되었다. 장로파와 독립교회파, 귀족과 수평주의자[Levellers, 영국 시민혁명기에 인민주권, 법 앞의 평등, 종교적 관용 등 평등주의적 가치를 주창했던 정치운동. 혁명 이후에 급속히 소

주의에 몸서리를 쳤을 것이다. 정말 중요한 문제는 전자의 관점에서 후자의 관점으로의 변화를 가져온 원인을 묻는 일일 텐데, 베버는 이 점을 무시하는 듯하다. 다른 한편으로, 17세기 청교도주의 안에는 다양한 요소가 있었는데, 이들은 사회정책에 관해 매우 상이한 견해들을 지니고 있었다. 올리버 크롬웰이 발견해냈듯이, 청교도귀족과 수평주의자, 지주와 디거스, 상인과 장인, 병사와 장군을 하나의 단일한 사회이론의 틀 안으로 묶어낼 포뮬러는 없었다. 상이한 교의들 간의 쟁론이 청교도운동 자체의 내부에서 치열하게 벌어졌으니, 어떤 것들은 승리했고, 다른 것들은 실패했다. 따라서 '자본주의 정신'과 '프로테스탄트 윤리'는 모두 베버가 시사하는 것보다 훨씬 더 복잡했다. 그의 에세이에서 신뢰할 만하고 가치 있는 것은, 17세기 영국의 상인계급들이 특정의 사회적 편의 개념—농부, 수공업자 그리고 많은 토지소유 젠트리 등 사회의 좀더 보수적인 구성원들의 그것과는 현저히 다른—의 기수들이었으며, 그 개념은 종교, 정치, 그리고 무엇보다 사회경제적 행위와 정책에서 표출되었다는 그의 주장이다.

멸], 그리고 정치인과 상인과 몽상가들은 자신들이 친구로 오인하며 함께 걸었던 기이한 괴물들을 당혹스러운 눈으로 응시했다.

그러고는 광채와 환상들이 사라졌고, 공유된 것들의 힘이 우세해졌으며, 금속은 거푸집 속에서 식어갔고, 광채와 환상을 잃어버린 청교도정신은 마침내 차분하고 품위 있는 침상에서 안식을 취할 수 있었다. 그러나 청교도주의 사회철학에 담긴 각 요소들은 한때 어느 것이 더 낫다고 할 것 없이 모두 긴요했으니, 격전은 한 가지 주장을 고집하는 청교도주의와 다른 주장을 지지하는 국가가 아니라 청교도정신 자체에 깃든 대립하는 경향들 사이에서 치러졌다. 문제는 그 경향들의 연계성을 파악하는 것, 그리고 한쪽을 흥하게 하고 다른 쪽을 쇠하게 만든 원인들을 탐구하는 것이다.

사람들은 "청교도주의의 승리는 돈과 관련된 어떤 제약이나 지침도 쓸어버렸다"고 말하곤 한다.[33] 진정 그것은 기존 제도들이 부과한 제약들을 일소했거니와, 교회법정도 특설고등법원도 성실재판소도 모두 1640년 이후로는 기능을 멈췄다. 그러나 만일 청교도주의가 로드의 교회와 스트래퍼드의 국가가 가하는 규율을 파기했다면, 이는 그 자체의 좀더 엄정한 규율을 세우기 위한 전향적 조치일 뿐이었다.

그것을 분노하게 만든 것은 종교적 관용 못지않게 경제적 개인주의였을 터인데, 조직에 대한 그것의 대체적인 구상은 영적 문제에서처럼 기업과 관련된 문제에서도 가능하면 무제한의 자유를 허용치 않으려 했다. 엘리자베스 즉위와 시민혁명 간의 한 세기 동안, 어떤 청교도도 자신이 경제적, 사회적 방종을 부추겼다는 말을 들었다면

---

33) Cunningham, *The Moral Witness of the Church on the Investment of Money and the Use of Wealth*, 1909, p.25.

이를 터무니없이 부적절하다고 생각했을 것이다. 이 점에서는 대부 행위라는 단 하나의 문제를 제외하곤, 지나치게 꼬치꼬치 따지며 그를 괴롭혔던 대부분 비판자들과 다름없었다.

실제로 신적 규율은 청교도에게는 언약궤[구약 출애굽기에 기록된 모세의 십계명 석판이 들어 있는 성궤] 자체였다. 제네바의 모세[즉 칼뱅]에게 우레와 더불어 전달됐던 그 규율의 절대적 필요성에 대해서는[모세가 십계명을 받을 때 사람들은 우레를 만났다. 출애굽기 20:18] 스코틀랜드, 잉글랜드, 프랑스의 여호수아[모세를 계승하여 가나안을 정복한 이스라엘의 장수]들이 지속해서 강조한 바 있다.

가령 녹스는 그것의 스코틀랜드 판(版)을 만들었으며, 카트라이트 (Thomas Cartwright), 트래버스, 우달(John Udall)은 그에 대한 해설집을 썼다. 밴크로프트는 기성교회의 체제와 관련해 그것이 지닌 위험성을 폭로했다.[34] '규율'이란 말은 기본적으로 "악인을 죄질에 따라, 교회의 견책으로 교화하기" 위해 확립된 "교회정부의 훈령"이란 의미를 담고 있었다.[35] 16세기 청교도 장로회의 회의록은 보편적 양심의 압력과 최종적으로는 영적 처벌을 통해 집행되는 생활규범이란 개념이 그들 체제의 핵심 요소임을 보여준다.

---

34) Knox, *The Buke of Discipline*, in *Works*, ed., D. Laing, vol. ii, 1848, p.183 이하; Thos. Cartwright, *A Directory of Church Government*(D. Neal, *History of the Puritans*, 1822, vol. v, Appx. iv에 수록); W. Travers, *A Full and Plain Declaration of Ecclesiastical Discipline*, 1574; J. Udall, *A Demonstration of the Trueth of that Discipline which Christe hath prescribed in his Worde for the Government of his Church*, 1589; Bancroft, *Dangerous Positions and Proceedings published and practised within this Iland of Brytaine under Pretence of Reformation and for the Presbyteriall Discipline*, 1593(R.G. Usher, *The Presbyterian Movement in the Reign of Queen Elizabeth*, *as illustrated by the Minute Book of the Dedham Classis*, 1905에 일부 수록).

35) Cartwright, 앞의 책.

엘리자베스 통치 초기에 런던의 비국교도들이 자신의 목표를 "자유롭고 순수한" 복음의 선포나 성만찬의 순결한 집행뿐 아니라 "타락한 교회법이 아닌 선한 주님인 예수그리스도의 거룩하고 전능한 말씀에만 전적으로 합치되는 규율을 갖는 것"이라고 묘사했을 때,[36] 거기에 담긴 대조적 글귀들은 그것이 선언적 지침 이상의 무엇을 암시한다는 것을 말해주고 있다.

밴크로프트는 신도 중 한 사람이 죄를 범하면 장로들은 처음엔 훈계하고 다음엔 제명하는 것이 관행이었다고 언급한 바 있다. 지금까지 남아 있는 몇 안 되는 장로회 기록들 가운데 하나는 그가 말한 것이 사실임을 확인해준다.[37]

이 모든 초기 운동은 16세기가 끝나기 전에 거의 자취를 감췄다. 그러나 그 개념은 장로교주의의 근저에 놓여 있다가, 교회정부체제 — 웨스트민스터회의[1643~49년에 걸쳐 런던 웨스트민스터에서 개최된 주교 관구회의. 오늘날에도 대다수 장로파교회에서 권위 있는 것으로 인정하는 '웨스트민스터신앙고백'을 제정]에서 오만한 스코틀랜드 대표단이 영향력을 발휘하여 우측의 [종교가 국가의 권위에 복종해야 한다는] 에라스투스 신봉자들과 좌측의 독립교회파 사이에서 어정쩡한 승리를 거둔 — 에서 다시 부상했다.

특설고등법원과 모든 성직자에 대한 세속재판정 그리고 마지막으로, 감독제도와 함께 교회법정 자체가 소멸하면서 공백이 만들어졌다. 이 상황을 두고 볼 수 없었던 베일리(Robert Baillie)는 "헨더슨(Alexander Henderson) 씨는 이 시대가 요구하는 우리 교회규율에 관한 소논문을 막 준비했다"고 썼다.[38] 1646년 6월 미온적이던 영국

---

36) Usher, 앞의 책, p.I.
37) 그 절차에 관한 Bancroft의 설명을 위해서는, 같은 책, pp.14~15 참조.
38) W.A. Shaw, *A History of the English Church during the Civil Wars and under*

의회는 3년간의 말할 수 없이 지루한 논의를 거친 후에 웨스트민스터회의의 '교회규율과 교회정부위원회'에서 작성한 법령을 수용했는데, 그것은 교회장로가 불명예스러운 범법자에 대해 성직정지를 명할 수 있다는 내용을 담고 있었다.

그러나 독립교회파가 몹시 반발하고 장로들의 신적 권리를 인정할 의사가 없던 의회가 냉정한 태도를 보이면서 그 체제는 뿌리를 내리지 못했고, 적어도 런던에서는 장로나 장로회가 재판권을 행사했다는 어떤 증거도 찾을 수 없다. 반면에 랭커셔 일부 지역에서는, 어쨌든 [시민혁명의 마지막 해인] 1649년까지는 그 법령이 활발하게 적용된 듯하다. 쇼(William Arthur Shaw)가 보기에 정치상황의 변화, 특히 [올리버 크롬웰의] 군대의 승리와 더불어 그것은 더 이상 기능할 수 없었다.[39)]

'규율'은 도덕적 행위와 관련된 모든 문제를 포괄했다. 거기에는 당연히 경제행위도 포함되었는데, 때는 수많은 경제관계가 비인격적 메커니즘의 거의 자동적인 반응이 아니라 촌락이나 자치구 안에서 이웃들 간의 인간적 온정이나 매정함의 문제이던 시절이었다.

칼뱅과 베자는, 교회문명이라는 중세적 개념을 새로운 열정으로 영속화하면서, 제네바를 교리적 순수함뿐 아니라 사회적 정의와 상업적 도덕성의 한 전범으로 만들려고 노력했다. 그들의 샘에서 물을 마셨던 사람들은 전망이 훨씬 여의치 않은 상황에서도 똑같은 전통을 이어나갔다. 제네바를 주목하던 열성주의자들이 정치인의 회심보다 더 근본적인 개혁도 가능하다고 보던 시절에 글을 썼던 부처는

the Commonwealth, 1900, vol. i, p.128에 수록된 베일리 편지에서 인용.

39) Shaw, 앞의 책, vol. ii, chap. iii(*The Presbyterian System*, 1646~60). 장로파 규율의 실제적 운용을 보려면, Chetham Society, vols. xx, xxii, xxiv, *Minutes o the Manchester Classis* 그리고 vols. xxxvi, xli, *Minutes of the Bury Classis* 참조.

사회의 경제적 삶의 모든 측면을 재건하여 교회와 국가가 하나가 되게 하라고 촉구했다.[40)]

영국 청교도주의는 과도하지 않은 이자를 여러 단서를 달아 묶인 한 칼뱅의 의견을 얼마간 주저한 끝에 수용했으면서도, 다른 점들에서는 속물들이나 환영했을 도덕적 느슨함을 전혀 용납하려 하지 않았다. 뉴스텁(John Knewstub)은 '저 소중한 신의 도구, 칼뱅 씨'의 가르침에 호소하여 상습적인 대부행위자는 '인간사회에서 추방돼야' 한다는 것을 증명하고자 했다.

스미스(Henry Smith)도 같은 주제를 과장해서 취급했다. 청교도주의자로서 교수직을 박탈당했던 바로(Peter Baro)는 '대부 혹은 이자를 받고 돈을 빌려줌으로써 빈한하고 절박한 사람들을 억압하는 부자와 일부 고관들 사이에서 유행하는 관행'을 비난했다. 엘리자베스 청교도주의의 가장 저명한 지도자인 카트라이트는 대부행위를 '하나님과 교회에 대한 가장 가증스러운 범죄'로 규정했으며 위반자는 자신의 참회를 회중이 받아들일 때까지 성찬식에서 배제해야 한다고 주장했다.[41)]

---

40) 이 책의 제3장 참조.

41) *Puritan Manifestoes*, p.120. H.G. Wood, *The Influence of the Reformation on Ideas concerning Wealth and Property*, in *Property, its Rights and Duties*, 1913, p.142에서 인용. 우드 씨의 에세이는 전체 주체를 탁월하게 논하고 있다. 내가 그의 논의에 많이 의존했음을 밝힌다. 뉴스텁, 스미스, 바로의 견해를 위해선, Haweis *Sketches of the Reformation*, 1844, pp.237~240, pp.243~246에 실린 그들로부터의 인용문들을 볼 것. 주목할 만한 것은, 바로가 "집에서 무위도식하며, 그저 돈을 상품으로 삼아 곤궁한 사람들에게 이런 식으로 빌려주며, ……돈을 빌린 사람의 형편은 아랑곳하지 않고 오로지 자신의 이득만을 생각하는" 사람들을 질책한 것은 사실이나, 그가 이자가 언제나 비난받을 만한 것은 아니라는 점을 인정했다는 점이다. 또한 Thos. Fuller, *History of the University of Cambridge*, ed., M. Prickett and T. Wright, 1840, pp.275~276, pp.288~289 그리고 Cunningham, *Growth of English Industry*

이 모두의 이상은 적정한 재산에 만족하고 부의 유혹을 뿌리치라는 사도시대의 경고가 말하고 있는 바였다. 스텁스(Philip Stubbes)는 이렇게 썼다. "모든 크리스천은 하나님 앞의 양심에 비추어 자신의 가정과 가족을 부양할 의무가 있지만, 과도한 배려로 진정한 경건함의 책임을 벗어나거나 그 한계를 넘어서는 안 된다. ……주님은 우리가 탐욕이나 과도한 배려에서 될수록 멀리 떨어져 있기를 원하기 때문에 오늘의 우리는 내일을 위해 걱정해서는 안 된다. (그가 말씀하시길) 한 날의 수고는 그날에 족하기 때문이다[마태복음 6:34]."[42]

17세기 전반기에 청교도의 관점에서 쓰인 사회윤리에 관한 가장 영향력 있는 저서는 에임스(William Ames)의 『양심에 관하여』(*De Conscientia*)였다. 이 책은 중세시대 『부자와 빈자』(*Dives et Pauper*) [중세 탁발승인 판더(Homer Garrison Pfander)의 책] 유의 기독교윤리 실천교범으로서, 차후의 저술가들이 반복해서 인용하게 될 하나의 전범이었다.

런던주교에 의해 설교권을 박탈당한 에임스는 네덜란드로 건너가 20년 이상 살면서 프라네케르대학의 신학부 교수를 지냈는데, 당대 유럽의 상업중심지였던 나라에서 그가 겪은 사회생활의 경험은 혹독할 정도로 엄격했던 그의 사회적 교의를 더욱 주목받게 만들었다.

그는 기업에 투자된 자본에 대한 이자와 토지에 투자된 자본에 대한 이자를 구분하는 일이 불가능하다는 점을 당대 사람들이 그랬듯 어쩔 수 없이 받아들이고, 칼뱅과 마찬가지로 성서 혹은 자연이성이 원칙적으로 이자를 금한다고 보지는 않는다. 그러나 역시 칼뱅처럼, 자신의 이런 관용에 몇 가지 단서를 덧붙이는데, 곤궁한 자에게 대출할 때는

---

and Commerce, Modern Times, 1921, ed., pt. i, pp.157~158 참조.
42) New Shakespeare Society, Series vi, no. 6, pp.1877~79, Phillip Stubbes's *Anatomy of the Abuses in England*, ed., F J. Furnivall, pp.115~116.

이자를 받지 말라고 요구하고, 크리스천의 이상적인 투자는 대부자가 차입자와 위험부담을 공유하며 "하나님이 돈을 활용한 사람을 축복한 정도에 따른 공정한 몫의 이윤"만을 가져가는 투자라고 말한다.

가격에 대한 그의 가르침도 이 못지않게 보수적이다. "(아우구스티누스도 말하듯이) 싸게 사서 비싸게 팔고 싶은 마음은 통상적이다. 그러나 그것은 통상적인 악덕이다." 사람들은 정부가 공시한 최고가 아래로는 팔 수 있지만 그것을 초과한 가격에 팔아서는 안 되는데, 최고가는 구매자를 보호하기 위해 정해진 것이기 때문이다.

법적 최고가가 정해지지 않은 경우에는 시장가격과 '사려 깊고 선한 사람들의 판단'을 따라야 한다. 사람들은 개별 구입자의 절박한 사정을 이용하거나, 자기 상품을 과대평가하거나, 해당 상품을 손에 넣는 데 많은 비용이 들었다고 해서 비싸게 팔아서는 안 된다.[43] 인클로저에 대한 청교도들의 발언들도 마찬가지로 신랄했다.[44]

이런 가르침을 설교단에서 외치는 경건한 현학 정도로 치부할 수는 없었다. 그것은 통회하는 영혼에게 울림을 주었고 회중의 행동에도 일정한 영향을 미쳤다. 듀스(Sir Simonds d'Ewes)는 과도하게 의욕적인 양심에 따라 행동했던 온순한 희생자였을지 모르나, 그는 또한 공적인 일에서도 결코 사소하다 할 수 없는 역할을 수행했던 속인이기도 했다.

---

43) W. Ames, *De Conscientia et eius iure vel casibus libri quinque* bk. v, chaps. xliii, xliv. Ames(1576~1633)는 케임브리지 크라이스트대학에서 수학했고 콜체스터에 정착하고자 했으나 런던주교에 의해 설교를 금지당하자 1610년경 네덜란드의 라이덴으로 건너갔다. 1622년 프라네케르대학의 신학부교수로 임명되었고, 거기에서 10년 동안 머물다가 로테르담에서 사망했다.

44) 예컨대, Stubbes, 앞의 책; Richard Capel, *Temptations, their Nature, Danger, Cure*, 1633; John Moore, *The Crying Sin of England of not caring for the Poor; wherein Inclosure, viz. such as doth unpeople Townes, and uncorn Fields, is arraigned, convicted and condemned*, 1653.

그는 자기 아버지의 집을 날려버린 화재를 부당한 이득을 취한 데 대한 하늘의 심판으로 여겼을 뿐 아니라, 유언장에서 자기 재산이 저주받은 것이라는 오점을 피하기 위해, 딸들을 위해서는 자본을 고정된―따라서 고리의―이자로 투자하지 말고 토지나 연금수령권을 구입하는 데 사용하라고 확실하게 못 박았다.[45)]

1580년대 데덤에서 소집된 장로회는 일부 안건으로 예배의식, 교회정부, 주일성수에 관한 문제들뿐 아니라 16세 소년들이 교회에서 모자를 써도 좋은지, 어떻게 마녀를 구별하여 색출할 수 있는지와 같은 무거운 주제를 다뤘다.

그러나 그것은 또한 부랑행위를 막기 위해 무슨 규정을 만들지 논의했으며, 신도들에게 (직물업 관련) '직종에서 가장 신앙심이 돈독한 상인들'과만 거래할 것을 조언했고, 너무 가난해서 학비를 감당할 수 없는 부모를 둔 어린이들을 위해 교회 헌금으로 비용을 대는 보편교육제도를 교구에 도입하라고 권고했으며, 생활이 넉넉한 가정은 '경건하고 정직하게 천직에 임하는' 빈한한 이웃들 중 둘(혹은 형편이 여의치 않으면 하나)을 택해 집에서 부양토록 하라고 촉구했다.[46)]

웨스트민스터회의는 성찬식 배제라는 처벌에 합당한 가증스럽고 악랄한 죄들의 목록―날로 길어지는―을 작성했는데, 거기에는 주정꾼, 욕쟁이, 신성모독자, 우상숭배자와 제조자, 결투신청자와 신청서전달자, 주일에 춤을 추거나 도박을 하거나 연극을 구경하는 사람들, 혹은 마녀, 마법사, 점쟁이를 찾아가는 자들은 물론 착취와 뇌물수수 같은 좀더 세속적인 악덕들이 나열되었다.[47)] 랭커셔의 베리장

45) J.O. Halliwell, *The Autobiography and Correspondence of Sir Simonds D'Ewes*, 1845, vol. i, pp.206~210, p.322, p.354; vol. ii, p.96, pp.153~154.
46) Usher, 앞의 책(위의 각주 34 참조), p.32, p.53, p.70, pp.99~100.
47) 1645년 9월 26일에 "공직매매, 문서위조, 착취, 위증 혹은 뇌물수수로 인

로회는 경제적 탈선을 심각하게 받아들였다. 1647년에 그 장로회는, 많은 논의를 거친 후에 "대부행위는 가증스러운 죄이며, 반복되면 성직정지에 처해야 한다"고 결의했다.[48]

당시는 선한 이들이 성전에서 환전상을 몰아내고 '주의 길을 예비하기 위해' 열심히 노력하던 때였다. "하나님이 그대들을 영예롭게 하사 그대들을 힘 있고 신뢰할 만한 자리로 불렀으니 마땅히 그의 신뢰를 저버려서는 안 될 것이오. 그대들은 매일 죽음을 향해 가고 있고 영원의 경계선에서 머물러 있으며 숨결이 아직 그대들 콧속에 있으니, 선한 일에 열의를 다하기 위해 두 배, 세 배로 결의를 다지시오. ……태만한 치안판사가 맞는 임종의 침상은 얼마나 끔찍하리오! 게으른 종이 받을 보상은 무엇이오? 하나님의 임재로부터의 영원한 추방이란 형벌이 아니겠소?"[49] 저 비범한 시대에, 바로 이것이 솔즈베리의 시장이 윌트셔의 판사들에게 술집 네 곳을 폐쇄하도록 요청했던 언어였다. 그들은 그 술집들을 모두 폐쇄했다고 전해진다.

사회도덕을 객관적 규율로 구체화하려는 시도는 오로지 신정정치에서만 가능했다. 그러나 신정정치는, 여전히 말로는 번성했지만, 악마의 자식들이 그 숲들을 파헤치고 성소를 황폐케 하기 위해 돌아오

해 법적으로 사권을 박탈당한 모든 사람을 주님의 성만찬 의식에서 배제하는 것은 장로의 권한에 속한다"고 결의되었다(*Commons' Journals*, vol. iv, p.290).

48) Chetham Society, *Minutes of the Bury Presbyterian Classis*, 1647~57, pt. i, pp.32~33. 케임브리지 장로회(같은 책, pt. ii, pp.196~197)는 1657년에 1648년 8월 29일자 의회의 법령은 부당행위문제와 관련하여 장로회의 규정으로 받아들여져야 한다고 결정했다. 또한 장로회는 "전술한 부당행위들의 어느 하나에서라도 법적으로 유죄판결을 받은 사람은 누구나 진정한 참회의 증거가 없이는 주의 만찬에 참여할 수 없다"고 결의하였다. 그러나 장로회의 주된 관심은 마녀, 마법사, 점쟁이에 있었던 것처럼 보인다(p.198).

49) *Hist. MSS. Comm.*, *Report on MSS. in various Collections*, vol. i, 1901, p.132.

기도 전에[즉 프랑스로 달아났던 찰스 2세 등 가톨릭주의자들이 왕정을 복고하기 전에] 이미 사실상 힘이 다했다. 국교회를 반대할 권리가 아직 완전히 확립되지 않았던 시대에, 그것이 패주(敗走)한 것은 다행이었다. 이는 관용의 승리였기 때문이다.

그러나 그것은 교회의 규율 대신 국가행위를 통해 개혁을 추진한다는 것을 의미했거니와, 그런 시도는 베어보운스 의회[Barebones Parliament, 올리버 크롬웰이 호국경이 되기 전에 안정된 정치형태를 찾으려는 영국공화국의 마지막 시도로서 1653년 7월 4일에서 12월 12일까지 지속된 의회]에서 최고조에 달했다. 법제개혁, 혼인개혁, 재정개혁, 감옥개혁과 채무자구제를 위한 기획안들이 의회 위원회들에서 경합을 벌였고, 의회 밖에서는 사회경제적 특권에 대한 불만의 소리들이 급진주의자들 사이에서 터져나왔다.

그런 불평은 차티스트의 시대[차티스트 운동, 1830년대 후반부터 1850년대 전반기에 걸쳐 영국에서 이루어진 정치개혁운동. 보통선거를 비롯한 6개 항목의 요구로 이루어진 인민헌장(Charters)을 내건 데서 이름이 붙여짐]가 도래하기 전까지 더 이상 들려오지 않을 터인데, 보수적 기질인 올리버 크롬웰에겐 그저 무정부주의의 징후로 비칠 뿐이었다.

사실, 초기 칼뱅주의의 특징이던 교회 주도의 도덕률 개념에서 후기 청교도운동의 경제적 개인주의로 이행한 것은 독립교회파의 민주적 소요에 힘입은 것이었다. 교회의 규율과 강제적 국교 순응의 전 체계를 혐오했던 그들은 동일한 사회적, 윤리적 목표를 정치행동으로 달성하려고 노력했다.

그런 변화는 사소한 것이 아니었다. 만일 영국의 사회민주운동이 하나의 기원을 지닌다면, 그것은 '신형군'[New Model Army, 1645년 영국의 시민혁명 때 올리버 크롬웰이 조직한 국민군. 1660년 왕정복고 후

해산]에서 찾아야 한다. 그러나 경제윤리의 구상을 정립하려는 시도에 함축된 개념—하나의 포괄적인 종교적 구조물이 삶의 모든 영역을 아우른다는 이론—은 그 뿌리가 너무 깊어서 단순히 정치적 변화들, 혹은 심지어는 훨씬 파괴력이 강한 경제발전의 진전으로도 몰아낼 수 없었다.

그 개념은 자신이 늘 이방인이요 순례자로 살았던 현실세계로부터는 추방됐지만 사상의 세계에서는 살아남았다. 그리하여 17세기 후반에 활동했던 그 옹호자들은 그것을 더욱 공들여 다듬었거니와, 무엇보다 그들은 그것이 교육과 설교로 청중에게 전달되지 않으면 아예 살아남을 길이 없다는 것을 알았던 것이다. 그 옹호자들 가운데 가장 박식하고, 가장 실천적이며, 가장 설득력 있었던 사람이 백스터였다.

백스터가 키더민스터의 교인들에게 실제적인 가르침을 주려고 얼마나 노력했는지, 그 스스로 이렇게 말한 바 있다. "목요일 저녁마다 가장 열성적이고 또 기회가 닿는 이웃들이 내 집에 모였다. 그들 중 한 명이 설교를 되풀이하면, 다음에는 설교나 다른 양심의 문제에서 의문이 있는 사람은 누구라도 그것을 사람들 앞에 내놓았다. 그러면 내가 그들의 의문을 해소해주었다."[50]

그가 쓴 『크리스천 훈령집 혹은 실천신학과 양심사례 요강』(*Christian Directory, or a Summ of Practical Theologie and Cases of Concience*)은 형식과 내용이 모두 뛰어난 저술이다.[51] 그것은 기본적으로 청교도를 위한 『신학대전』이요 『도덕대전』이다. 서술방식은

---

50) F.J. Powicke, *A Life of the Reverend Richard Baxter*, 1924, p.92에 인용.

51) 『크리스천 훈령집』에서 사회윤리에 관한 부분들은 Jeannette Tawney, *Chapters from Richard Baxter's Christian directory*, 1925에 발췌, 수록되었다. 위의 인용문 대부분이 여기에 실려 있다.

중세 [아퀴나스의] 『신학대전』에서 직접 유래했는데, 그 책은 그 부류의 유명한 저술들 중 영국인이 쓴 마지막 작품일 것이다.

백스터가 서론에서 밝힌 바에 따르면, 그 책의 목적은 "양심과 관련된 실제 사례들을 분석하고 이론적 지식이 크리스천의 진지한 실천으로 귀결되게 하는 데" 있다. 구체적으로 그것은 윤리학, 경제학, 교회학, 정치학의 네 영역에서 기독교 결의론의 규칙들을 제시하는데, 그런 규칙들은 충분히 상세하고 꼼꼼하게 기술돼 있어서 인생의 다양한 관계 속에서 사람들이―변호사, 의사, 교사, 군인, 주인과 종, 구매자와 판매자, 지주와 소작인, 채권자와 채무자, 통치자와 신민으로서―올바른 행위를 하는 데 실천적 지침이 되도록 했다.

자료의 일부는 종교개혁 전후에 유사한 문제를 다뤘던 과거의 저술가에게서 취했으며, 백스터도 자신이 위대한 전통을 계승하고 있다는 점을 잘 알고 있었다. 그러나 무엇보다 그 책은 실천을 위한 것이고, 그 방식은 그것이 신도들이 제기한 현실적 문제들에 대한 그의 답변에서 비롯됐다고 추측하게 만든다. 그것은 권위로 압도하기보다는 크리스천 독자의 계몽된 상식에 호소하여 설득하고자 한다.

그러므로 그 책은 당대의 실제 사실들을 간과하지 않는다. 때는 동인도회사가 원격시장에서 상행위를 하고, 무역에선 신용거래가 보편화되며, 제철은 풍부한 자본공급을 요하면서 신중한 투자자에겐 이윤 기회를 제공하는 대규모 산업의 형태를 띠고, 지주와 소작인의 관계는 런던대화재로 혼돈 속에 빠져들던 시절이었다.

도덕적 품성―기업세계에서 연마할 기회를 갖는―또한 소홀히 취급되지 않았다. 그 책은 왕정복고 시의 상업적 환경을 출발점으로 삼고 있으며, 그 가르침은 '[허구인] '바보들의 낙원'이 아니라 [현실에 존재하는] 로마 혹은 런던'을 대상으로 한 것이다.

백스터가 당대의 시대적 현실을 받아들였다는 점은 그의 가르침에 설득력을 더해주었다. 경제적 행위의 옳고 그름을 규명하려는 시도는 경제관계도 인간행동의 한 부문일 뿐이라는 점을 명백히 암시해주고 있다. 거기에서 각자는 윤리적 판단과 무관한 비인격적 메커니즘의 결과가 아니라, 도덕적으로 자기행위에 책임을 진다. 그리하여 백스터는 개인의 행위를 통제 불가능한 힘들의 결과물로 파악함으로써 개인[의 책임]을 방면해주는 편리한 이원론을 수긍하지 않는다.

그의 주장에 따르면, 크리스천은 신앙에 의거해서 특정의 윤리기준들을 받아들일 것을 서약해야 하며, 그런 기준들은 인간 활동의 다른 모든 영역에서와 마찬가지로, 경제적 거래의 영역에서도 의무적으로 준수돼야 한다. 그는 종교와 기업활동은 별개라는 통상적인 반대—"누구나 가질 수 있는 만큼 얻게 될 것이며 '매수자위험부담원칙'[구매물품의 하자 유무에 대해서는 매수자가 확인할 책임이 있다는 원칙]만으로도 충분한 안전장치가 된다"—에 대해서는 크리스천들에겐 이런 태도가 통하지 않는다며 직설적으로 답한다.

법이 아무리 느슨할지라도, 크리스천은 마땅히 황금률["네 이웃을 네 몸과 같이 사랑하라"]과 공공선을 우선 고려해야 한다. 당연히 크리스천은 타인을 희생시켜 재물을 취득해서는 안 되며, 이익을 가져다주는 특정의 상행위들은 아예 처음부터 배제된다. "국가 혹은 다수에 손실을 끼치면서 부를 만드는 억압적인 독점 혹은 직업을 택하거나 지속해나가는 일은 용납될 수 없다."

그러나 크리스천은 독점자, 매점자, 사재기나 담합을 꾀하는 자들이 관행적으로 행하는, 누가 보아도 명백한 착취를 하지 않았다고 만족해서는 안 된다. 그는 자기사업을 공적 업무에 임하는 사람의 정신으로 수행해야 하며, 자신의 이익만큼 이웃의 이익을 위해, 그리고 이웃이 궁핍할 때에는 자신보다 이웃의 이익을 더 앞세워, 일의 우선순위를 정해야 한다.

크리스천은 '다른 사람의 재화나 노동을 적정가격 이하로' 취하거나, '타인의 무지, 실수, 절박함을 이용하여 편취함으로써' 물건을 비싸게 팔아서는 안 된다. 가격이 법률로 정해지면, 법정 최고가격을 엄격히 준수해야 하고, 그런 고시가 없다면 통상적 추산에 따른 가격을 지켜야 한다.

구매자가 기꺼이 더 지불하고자 해도, "자신의 편이와 욕구를 지나치게 좇기보다는 상대를 동등하고 공정하며 정직한 조건으로 만족시킨다는 데서 즐거움을 찾아야 하는데," 왜냐하면 "자기상품이 구매자가 어떤 가격을 제시하든 거기에 합당한 가치를 지닌다고 생각하는 것은 잘못 형성된 습관이기" 때문이다. 만일 판매자가 머지않아 가격이 떨어지리라 예상한다면, 그는 이웃의 무지로부터 이익을 취하기보다 그런 사정을 그에게 말해줘야 한다. 만일 가격이 오를 것으로 전망한다면, 상품을 퇴장시킬 수 있지만 이는—다소 당혹스러운 예외이긴 하지만—"가령 상품을 물자부족에 대비하여 쌓아두다가 ……훗날 내놓음으로써 품귀현상을 방지할 수 있을 때처럼 ……공동체에 피해를 주지 않는 경우"에 한해야 한다.

그가 빈자에게서 물건을 살 때는 '정의 못지않게 사랑을 발휘하여,' 그 물건이 구매자인 자신에게 소용이 되는 정도에 따라 충분한 가격을 지불해야 하며, 가격이 판매자의 기대에 미치지 못해서 그가 어려움을 겪는다면 구매자가 직접 돈을 빌려주거나 다른 사람을 설득해서 그리하도록 조치를 취해야 한다.

어떤 경우에도 판매자는 상품을 변조해서 실제 가치보다 높은 가격을 받거나, 자기 상품의 질적 결함을 숨기려 해서는 안 된다. 만일 운이 나빠서 질이 안 좋은 물건을 사들였다 해도, "자신이 당한 것과 꼭 같이 함으로써 손실을 복구하려 해서는 안 되는데 ……이는 마치 자기 돈을 소매치기당했다고 타인의 돈을 훔쳐서는 안 되는 것과 같다."

백스터는 상행위에서의 경쟁은 불가피하다고 생각한다. 그러나 크리스천은 유리한 흥정을 낚아채기 위해 "게걸스러운 탐욕에 붙들리거나, 가난한 사람에게 해를 끼치거나 ……혹은 건전한 사람들의 상거래에서 형성돼야 할 온당한 시민적 질서를 훼손해서는 안 된다." 오히려 만일 '탐욕스러운 압제자'가 빈자의 물건에 적정가격 이하를 제시한다면, "그 빈자에게 그 상품의 가치에 상응하는 가격을 지불하고 그 억압자에게서 그를 구해내는 것이 우리의 의무가 돼야 한다."

구매자와 판매자 간의 거래를 결정하는 원칙들은 모든 다른 경제관계에도 똑같이 적용된다. 대부행위는, 빌려준 돈에 대한 대가라는 의미에서 그 자체가 크리스천들에게 불법은 아니다. 그러나 대부자가 '노동, 위험부담 혹은 빈한함에 합당한 수익 일부'를 채무자에게 허용하지 않고, 오히려 '그의 노동에 의지해서 손쉽게 살아가려 할' 때, 혹은 채무자의 곤궁에도 불구하고 인정사정없이 혹독한 이자를 물릴 때, 혹은 사랑하는 마음이 있다면 도저히 이자를 받을 수 없는 대부금에 대해 이자를 요구할 때, 대부행위는 불법이 된다.

주인은 자신의 유익을 위해 하인을 규율하지만, "하인이나 노동자의 임금을 사취하는 것은 물론, 그가 마땅히 받아야 할 임금 이하로 주는 것은 가증한 착취요 불의"다. 백스터는 스스로 말하듯이, '가난과 재물의 유혹에서 자유로운' 소지주 가문의 자손으로서,[52] 토지소유의 윤리에 관해 자연스럽게 단호한 태도를 취했다. 의미심장하게도 그는 그런 태도를 "압제의 사례들, 소작인의 경우를 중심으로"라는 개략적인 소제목으로 취급했는데, 거기에서 압제는 '저항하거나 자신을 변

---

52) *Reliquiae Baxterianæ*(앞의 각주 2 참조), p.1.

호할 능력이 없는 하급자에게 피해를 주는 것'으로 정의되었다.

"어디에서나 부자가 빈자에게 멸시하듯 위세를 부리고 옳건 그르건 자신의 뜻을 따르고 자기 이익을 위해 봉사하라고 강요하는 일은 가장 일반적인 압제이다. ……특히 몰인정한 지주는 농민들에겐 흔하고 지독한 압제자다. 만일 소수의 사람이 특정지역의 토지 전부를 사들이기에 충분한 돈만 손에 넣을 수 있다면, 그들은 자기 소유는 제멋대로 처분해도 좋다고 생각해서, 소작인들에게 혹독한 계약을 맺도록 하고 그들을 하인 다루듯 취급한다. ……압제자는 적그리스도이며 신의 대적자이고 ……악마의 하수인일 뿐 아니라 그 화신이다."

가격에 관한 그의 논의가 보여주듯이, 지주와 소작인 관계에서 발생하는 양심사례들에 관한 백스터 분석의 요체는 어느 누구도 이웃에 피해를 주면서 금전적 이득을 취해서는 안 된다는 것이다. 특별한 상황이 아니라면, 지주는 토지를 임대하되 시장이 허용하는 최대의 경쟁적 지대를 취해서는 안 된다.

"일반적으로 영국에서 보통의 소작인들은 최고액에서 충분히 감해진 지대를 지불함으로써 편안한 삶이 방해받지 말아야 하며, 유쾌한 정신과 자유를 누리며 노동에 종사할 수 있어야 한다. 그리하여 가족과 더불어 하나님을 섬기며, 구원문제에 마음을 쓰되, 그들을 자유민보다 노예에 더 가깝게 만들 정도의 수고와 근심과 혹독한 결핍에 시달리지 말아야 한다."

지주는 소작인에게 미칠 영향을 고려하지 않고 자기 토지를 개선하거나(즉, 울타리를 두르거나), 보상 없이 소작인들을 내쫓아서 인구감소를 초래해서는 안 되며, 신참소작인은 "자신의 능력 이상의 혹은 지주가 정당하게 요구하는 수준보다 높은 지대"를 제시함으로써 기존 소작인을 궁지에 몰아넣어서는 안 된다.

요컨대 크리스천은 "의무이행에 걸림돌이 될, 명분 없고 당혹스러우며 양심의 가책을 느낄 만한 일들"을 삼가면서도, "손실을 피하기보다는 죄를 피하도록" 자신의 일을 경영하고, 양심의 평안이 유지되도록 먼저 애써야 한다.

이 모든 백스터의 가르침에서 현대의 독자에게 가장 돋보이는 것은 그 보수성이다. 지난 두 세기의 경제적, 정치적 혁명들에도 불구하고, 기독교사회윤리의 해석에서 일어난 변화는 얼마나 보잘것없었던가!『크리스천 훈령집』출간 후 몇 달이 지나자, 지불정지명령[Stop of the Exchequer, 1672년 네덜란드와 전쟁이 일어나자 전비조달에 쫓긴 찰스 2세 정부가 기존의 국가부채에 대해 지불정지명령을 내린 것]으로 그렇지 않아도 복잡하게 얽힌 런던금융계는 혼란에 빠졌고 유럽 전역의 금융시장이 요동했다.

그러나 백스터는 단순한 복고주의자는 결코 아니었지만, 차입거래, 공정가격, 합리적 지대, 대부행위의 죄악성 등에 관해 결론은 다를지언정, 중세 스콜라 철학자와 똑같은 어조로 담론을 펼쳤다. 그가 성 안토니노 같은 중세 후기의 학자들과 달랐던 것이 사실이지만, 그 차이는 성 안토니노 자신이 성 아퀴나스와 달랐던 정도에 비해 더 크다고 할 수 없다.

7년 후, 버니언의『악인의 삶과 죽음』(*The Life and Death of Mr. Badman*)[죄와 속죄에 대해 두 인물이 나눈 하루 동안의 대화를 기록한 책으로써『천로역정』의 자매편]이 출간되었다. 이 책이 조롱거리로 삼은 악행들의 목록에는, "자신에게 이익이 될 때는 서슴없이 이웃을 먹이로 삼는 상인들이 가장 흔하게 범하는 죄"인 착취의 죄, "빈자의 양식을 도매금으로 몽땅 사들여서 부당한 이익을 붙여 그에게 되파는 행상인들"의 욕심, "빈자가 자기 입속으로 굴러떨어질 때까지" 지켜보는 대부업자들과 "절박한 필요에 몰린 빈자들에게 돈과 물건을 빌려주고 이러저러한 사술로 이자를 연간 30, 40파운드 아니 때로는 50파운드나 챙기는, 전당업자로 불리는 저 사악한 철면피들"의 탐욕이 들어 있었다.

[책의 두 주인공인] 크리스천과 크리스티아나는 지팡이와 보따리를 챙겨 더 먼 '도시'로 떠나기 전에, '악인'(Mr. Badman)이 베드포드에 있는 자기 가게에서 그렇게 빈자를 물고 뜯는 것을 보면서, 주님 자신이 억압자들에 맞서 고통받는 자들의 처지를 변론하시리라는 것을 기억해내고는, 소할의 아들 에브론의 거래[아브라함이 에브론에게 합당한 가격을 다 지불하고 사라의 매장지를 사들임. 창세기 23장] 그리고 다윗과 여부스인 아라우나의 거래[여부스 사람 아라우나가 타작마당을 바치려 하자 다윗이 제값을 다 지불함. 사무엘하 24장]에서 배웠던바 "너무 비싸게 파는 것이 그런 것처럼 너무 싸게 사들이는 것도 악덕"이라는 점을 묵상했다.[53]

레겐스부르크의 수도사 베르톨트(Bertold of Regensburg)는 4세기 전에 독일에서 행한 격정적인 설교들에서 유사한 내용을 설파했다. '사업은 사업일 뿐'이며, 상거래의 세계는 자체의 법칙을 지닌 닫힌 공간이라는 개념이 출현한 것은 종종 상상하는 것보다 더 오래전의 일일지는 모르나, 그것이 승리하기까지의 도정은 이따금 말해지듯이 그리 수월한 것이 결코 아니었다. 가톨릭신도뿐 아니라 청교도도 인간의 모든 이해와 활동을 종교의 반경 안에 위치시키는 관점을 이의 없이 수용했다. 가톨릭신도뿐 아니라 청교도들도 경제행위에 관한 기독교결의론을 정립한다는 엄청난 과제를 위해 부단히 노력했다.

청교도들의 그러한 노력에도 불구하고 그들은 교황과 신학자들만

---

53) *Life and Death of Mr. Badman*(Cambridge English Classics, 1905), pp.116~125. 여기에서 버니언은 가격의 윤리에 관해 길게 논하고 있다.

큼도 성취하지 못했거니와, 이들의 가르침을 때로는 의식적으로 되풀이했다. 그리고 그들의 실패는 시간이 흐를수록 더 완강히 적대적으로 되어갔던 상업적 환경이 만든 장애물들뿐 아니라, 모든 의미 있는 실패가 그렇듯이 청교도주의의 정신 자체에 뿌리를 두고 있었다.

덕성은 종종 악에 정복당하지만, 덕성을 패주시키는 일은 그보다 더 전투적이고, 더 효율적이고 혹은 더 우호적인 다른 덕성들에 의해 가장 확실히 완성된다. 좋은 종자가 뿌려진 땅을 질식시키는 것은 잡초만이 아니다. 결국 더 근본적인 문제는 신앙이 어떤 종류의 규칙을 명하느냐가 아니라, 어떤 유형의 성품을 존중하고 배양하느냐.

기독교윤리체계는 사고파는 행위에 단단히 들러붙은 죄의 수많은 위장된 형태를 향해 훈계를 쏟아냈지만, 청교도적 성품은 그 체계를 직접적으로 적대하지는 않았더라도 그런 영적 훈계들에 지속적인 발판이 될 수 없는 세련된 외양만을 제시했다. 백스터가 상술한 기독교 윤리의 규범들은 섬세하고 진지한 것들이었다. 그러나 그것들은 새들이 멀리 비옥한 평원에서 물어와 빙하지대에 떨어뜨린 씨앗과 같았으니, 그 씨앗들은 빙하의 강물 속에서 썩지 않은 채 메말라갔다.

'자본주의 정신'은 역사만큼이나 오래됐고, 때때로 말해지는 것과 달리 청교도주의의 산물이 아니다. 그러나 그것이 후기 청교도주의의 몇몇 측면에서 강장제를 발견해냈을 때, 그 역동성은 보강되었고 진즉에도 활력 넘치던 그 기질은 더욱 견고해졌다. 언뜻 보면 칼뱅의 제네바에서 실천되었고 그 외의 지역에서 좀더 온건한 형태로 그의 제자들이 설파했던 완강한 집단주의, 사실상의 군사적인 규율, 무자비하고 극단적인 내핍생활 그리고 시민혁명 이후의 영국 기업계가 보였던 기질, 곧 경제활동에 대한 거의 모든 전통적 제약에 대한 조급한 거부보다 더 극명한 대비는 없어 보였다.

그러나 실제로는 이 요소들은 내내 함께했는데, 그것들은 단지 그

비율이 변화했을 뿐 섞여 있었고, 서로 다른 시기에 상이한 온도에 노출되었다. 마치 억눌려 있던 개인성격의 특성들이 성숙기가 다가오면서 발현되듯이, 청교도주의 내부의 경향들―훗날, 사회윤리 혹은 공공이익의 이름으로, 청교도주의를 경제관계들에 대한 통제에 맞설 운동의 유력한 동맹세력으로 만들게 될―이 자신을 드러내 보인 것은 정치적, 경제적 변화가 그것들의 성장에 우호적인 환경을 마련해준 이후였다.

일단 그런 조건들이 조성되자, 그러한 변모를 목도한 것은 영국만이 아니었다. 네덜란드, 아메리카, 스코틀랜드, 제네바 자체 등 모든 나라에서 공히 칼뱅주의의 사회이론은 동일한 발전과정을 거쳐갔다. 그것은 권위주의적 통제의 정수 그 자체로서 시작했지만, 마지막에는 사실상 공리주의적 개인주의의 도구가 되어 있었다.

16세기 사회개혁가들은 칼뱅이 보였던 경제적 엄정함으로 그를 추앙했지만, 왕정복고 시의 영국에서 그의 계승자들 일부는 경제적 방종의 아버지라며 그를 비난했고, 또 다른 일부는 상업적 기업과 경제윤리에 관한 낡은 편견으로부터 자유를 추구했다며 칼뱅주의 공동체를 칭송했다. 영적 화살을 쏘는 사람들은 그것이 어디에 떨어질지는 거의 알지 못한다.

III. 경제적 덕목의 승리

"어두운 곳에 한 줄기 빛만 비춰도 그곳 전체가 생기로 넘친다. 온통 흑암으로 뒤덮인 내 마음에도 빛을 비추시니 주님의 이름이여, 복될지어다."[54] 정신의 고통을 잘 알았던 어떤 이의 말이다. 개인의 영

---

54) Carlyle, *Cromwell's Letters and Speeches*, Letter ii.

혼을 향한 신의 계시가 모든 종교의 중심인 것은 맞지만, 청교도신학의 본질은 그것을 중심은 물론이고 나아가 둘레요 실체로 만듦으로써 이런 내밀하고 단독적인 교감 이외의 모든 것은 다 찌꺼기요 허망한 것으로 내쳤다는 데 있다.

은혜만이 구원할 수 있거니와, 그런 은혜는 어떤 세속적 제도로도 매개되지 않은 신의 직접적인 선물이다. 선택된 자들은 어떤 행위로도 그것을 불러올 수 없지만, 그것을 받기 위해 마음을 예비하고, 받았을 때 감사하며 소중히 간직할 수는 있다. 그들은 최상의 준비를 위해 자신들의 고독하고도 간절한 간구를 방해하는 모든 것을 비워내야 하리라.

밀려오는 조수의 세찬 흐름을 운하로 모으기 위해 단 하나의 수로만 남기고 나머지를 둑으로 막아야 하는 기술자처럼, 빛을 드러내기 위해 빛나지 않는 모든 것을 어둠 속에 몰아넣는 화가처럼, 청교도는 고도의 집중과 극기를 발휘하여 자신의 마음을 천상에서 오는 소리에 정향시킨다. 그는 모든 것을 얻기 위해 모든 것을 포기하는 자다. 그리하여 지상의 버팀목들이 다 무너져내리면, 영혼은 신의 임재 가운데 홀로 기립한다. 끝없이 덜어냄으로써 무한을 성취하는 것이다.

그렇게 단일의 강렬한 체험 안으로 흡수된 시야에, 종교제도와 교회제도뿐 아니라 인간관계의 전 영역, 곧 이상주의와 탐욕의 범람 속에서도 인간의 무한한 창조성을 증언하는 사회제도의 전 피륙이 새롭고도 차가운 불빛 속에 자신을 드러낸다. 정신의 불길은 화로에서 밝게 타오르는데, 시인도 성인도 아닌 청교도가 영혼의 창을 통해 바라보는 것은 봄의 숨결이 닿지 않은 풍경이다.

그의 안전에는 눈 덮인 대지가 무덤 쪽으로 뻗어 있는 으스스한 동토의 광야, 고독한 별들 아래서 아픈 사지를 끌고 기어이 가야 하는 황무지가 펼쳐져 있다. 그곳을 통과하기 위해 그는 홀로 길을 나서야 한다. 그는 어떤 도움도 받을 수 없다. 설교자도 없다. 선택받은 자만이 영으로 신의 소리를 이해할 수 있기 때문이다. 교회도 없다. 제도교회에는 신으로부터 버림받은 자들도 속해 있기 때문이다. 성찬식도 없다. 인간의 영적 양육이 아니라 신의 영광을 위해 제정되었기 때문이다. 실은 신 자신도 없으니 그리스도가 선택된 자들을 위해 이미 죽었기 때문이다. 창조주의 위대함은 남은 소수를 제외한 모든 피조물이 맛보는 영원한 형벌로 드러난다.[55]

청교도가 사는 삶은 적지에 있는 군인의 삶과 같다. 그는 아메리카의 첫 번째 거주자들이 몸으로 견뎠던 위험들—뒤의 바다, 앞의 거친 광야, 양쪽으로 포진한 잔혹한 적의 무리—을 정신으로 헤쳐나간다. 가톨릭과 영국국교회가 보이지 않는 존재—감각의 거친 세상 위를 축성하듯 서성이며, 세속의 더러운 의상을 신성하고도 친숙한 아름다움의 신비한 광채로 터치하는—를 흘깃 보기만 했던 곳에서, 청교도는 잃어버린 낙원과 죄에 빠진 피조세계 때문에 애통해했다.

전자가 사회를 신비한 유기체—계층과 신분에서 차이가 있지만 기독교왕국의 공동체적 삶에 참여함으로써 존엄해진 구성원들로 가득 찬—로 보았다면, 후자는 거기에서 약동하는 영혼과 낯설고 무관심하거나 호전적인 세계 간의 절망적인 대립을 보았다. 전자가 자선, 축제와 금식, 기도와 교회의식에서의 교제를 통해 과거를 현재에, 인간을 인간에 그리고 인간을 신에 긴밀하게 엮어주는 고결한 질서를 존중했다면, 후자는 인간의 의라는 불결한 누더기로부터 몸서리치며 고개를 돌렸다.

요컨대 전자가 성례에서 위로를 찾았다면, 후자는 자신의 영혼을

---

55) 이 점들에 관해서는, Weber, 앞의 책(앞의 각주 32 참조), p.94를 볼 것. 내가 한 일은 베버의 주요 결론들을 부연한 것이다.

옭아매기 위해 설치된 덫으로부터 놀라며 물러섰다.

　　우리는 우리가 주는 것만 받고,
　　자연은 우리의 삶 속에서만 거주한다.

　　청교도는 외적 질서를 속되다고 비난하지만, 너무 종종 그런 비난으로 인해 그 질서가, 그리고 궁극적으로는 그 자신마저 영성을 잃게 만들었다.

　　동료로부터 고립되어 신을 추구하는 사람들은, 그로 인한 위험들에 대비해서 세 겹으로 무장하지 않는다면, 신이 아니라 당혹스러울 정도로 자기 용모를 닮은 악마를 만나기 십상이다. 청교도의 도덕적 자부심은 그의 의지에 용기를 불어넣었지만 그로써 그의 사회적 연대의식은 훼손됐다. 만약 개인의 운명이 자신과 창조주 간의 사적 거래에 달려 있다면, 인간이 개입할 여지는 어디에 있는가?

　　청교도는―그리스도보다는 여호와의 종으로서―신을 아버지로 사랑하기보다 심판자로 우러러보았는데, 연약한 형제에 대해 연민을 보이기보다는 '받은 복을 감사하지 않는' 진노의 그릇들[하나님의 진노를 산 사람. 로마서 9:22]의 무분별함에 대해 분노하며 못 견뎌했다. 그는―자유의 제단에 형제애를 바쳤던 영적 귀족으로서―개인적 책임을 이상화함으로써 개인적 권리들에 관한 이론을 도출해냈거니와, 그 이론이 세속화되고 일반화되었을 때, 그것은 세상이 알아왔던 어떤 것보다도 강력한 폭발력을 지니게 될 것이었다. 청교도는 또한 그것으로부터 윤리적 가치의 척도를 끌어왔는데, 거기에서 기독교 덕목들의 전통적 체계는 거의 정확히 순서가 뒤바뀌었고, 그는 무엇보다도 실용적이었기 때문에 그렇게 역전된 체계를 하나의 동력으로서 사업과 정치적 삶의 일상 속으로 끌어들였다.

왜냐하면, 행동이나 행실은 비록 값없이 주어지는 구원을 얻는 데 아무런 역할을 못한다 할지라도, 그런 은혜를 받았다는 증거이므로 수단으로는 거부된 것이 결과로서 들어앉은 것이고, 청교도는ㅡ모든 의심이 진정되면서 자신이 봉인되고 선택된 용기(容器)임을 알게 된 사람으로서ㅡ혼신을 다해 실용적 일들에 전력투구하기 때문이다. 그는 일단 일을 시작하면, 그 일을 위해 자신의 신조가 요구하는 품성과 제약을 가차없는 논리로 적용한다.

신의 포도원에서 일하도록 신의 부르심을 받은 그는 열정과 질서의 원리를 자기 내부에 단단히 여민 채 전쟁이건 상행위의 싸움이건 자신을 무적의 경쟁자로 만든다. 그는, 문제는 오직 성품이며 환경은 아무것도 아니라고 확신한다. 따라서 그는 길가에 내팽개쳐진 사람들의 곤궁에서 동정하고 구제해야 할 불운이 아니라 정죄돼야 할 도덕적 결함을 보며, 부(富)에서는ㅡ비록 부도 여타 은사들처럼 남용될 수 있지만ㅡ의혹의 대상이 아니라 열정과 의지의 승리를 보상하는 축복을 본다. 그는 자기성찰, 자기규율, 자기절제로 단련된 세속의 수도승이다. 그리고 그의 승리는 수도원이 아니라 전장과 회계사무실과 시장에서 획득된다.

당연히 특성과 강조점에서 무한한 다양성을 지닌 이런 기질은 청교도정신의 요새인 중간의 상업계급을 자신의 사회적 매체로 택했는데, 이들이야말로 밀턴이 진보와 계몽의 기수로서 묘사했던 '근면과 덕성을 갖춘 기품 있는' 계급이었다.[56] 우리는 영국을 경제적 진보의 독보적인 개척자로 간주하는 데 너무 익숙했기 때문에 그런 역할이 실은 지극히 최근에야 주어졌다는 사실을 쉽사리 간과한다. 그 역할은 중세시대에는 이탈리아에, 16세기에는 스페인제국의 네덜란

---

56) Milton, *A Defence of the People of England*(1692 ed.), p.xvii.

드 자치령에, 17세기에는 네덜란드연방, 특히 홀랜드에 주어졌다.

셰익스피어와 베이컨의 영국은 아직 경제조직과 사회적 관점에서 대체로 중세적이어서, 미래의 생산을 위해 자본을 축적하기보다는 관습적인 소비수준을 유지하는 일이 더 중요했다. 귀족은 경제적 덕목들을 경멸했고, 농민은 촌락의 공동경작이 [인클로저 운동으로] 조직적인 혼란을 겪는 와중에 생계를 위해 밭을 갈았으며, 점차 커가고는 있었지만 여전히 소규모인 수공업자는 철두철미하게 보수적이었다.

이런 사회에서 청교도주의는 전 대중을 들끓게 만드는 효소 역할을 했다. 그것은 마치 올리버 크롬웰의 철기병이 [왕의 군대를 이끌었던] 루퍼트(Rupert)의 무질서한 기병대에게 그랬듯, 태만하고 느슨하게 직조된 사회의 피륙을 헤집었다. 아일랜드에서처럼 청교도원리가 아주 낯설어서 동화가 전혀 불가능했던 곳에서는, 그로 인한 상처가 3세기 동안이나 곪은 상태로 있었다. 영국에서 그 영향은 병과 약을 동시에 가져다주었다. 청교도주의는 자체의 사회행위준칙들을 지녔는데, 그것들은 부분적으론 상인계급의 확고한 이해관계로부터 왔고 부분적으론 신의 속성과 인간의 운명에 관한 그것의 태도에서 비롯됐다.

그런 준칙들은 영국사회에 끈질기게 살아 있던 봉건주의적 요소들과 권위주의국가의 정책 모두와 극명하게 대립했다. 위계질서가 잡힌 사회를 이상으로 삼는 후자에서 상이한 구성원들은 가부장적 군주의 압력과 보호에 의해 자신의 전통적 신분을 유지한다고 가정되었다. 청교도주의는 그 영향력으로 전자를 탈진시키고 직접 공격해 후자를 전복해가면서, 명예혁명에서 최종적으로 승리를 거둔 상업문명을 위해 길을 예비하는 막강한 세력이 되었다.

종교적 급진주의—교회정치의 전복을 목표로 했던—가 경제적 급진주의—종교 혹은 사회정책의 이름으로 개인의 이익추구가 제약당한 데 대해 분노했던—와 손을 맞잡았다는 불만을 엘리자베스 치세 아주 초기에 좀더 엄격한 종교적 분파가 제기하고 있었다.[57] 17세기의 저술가들은 청교도적 양심이 상행위문제에서는 신중함을 잃고 말았다고 반복해서 비난했으며, 그들 중 일부는 그런 현상에 놀란 나머지 그것을 역사적으로 규명해보고자 했다.

그들이 주로 주목했던 사례—이른바 해이(解弛)로 향한 일반적 성향을 보여주는 징표—는 적정이자라는 특정의 문제에서 청교도 목회자들이 취했던 관용이었다. 그들의 생생한 전언에 따르면, 그것은 '메리의 박해'[Marian Persecutions, 헨리 8세의 첫 부인 캐서린의 딸이자 영국 최초의 여왕인 메리 1세(1516~58)가 1555~57년 기간 프로테스탄트 300~400명을 처형한 사건]가 가져온 효과였다.[58]

대륙으로 달아난 피난민들은 이국땅에서 자기사업을 시작할 수 없었다. 그들이 절박한 생존을 위해 자본을 투자하고 그 수익으로 삶을 영위했다면, 아무도 그런 정당한 명분으로[즉 절박한 생존에 쫓겨서] 행해진 사소한 일탈을 트집잡을 수 없을 것이다. 잇단 저술가들은 이 점을 더욱 부각시켰다. 그들 중 한 사람은 [헨리 8세에 의한] 수도원 해산 당시에 재산이 재분배되고 그 세기[16세기] 중엽에 무역이 팽창하면서 신용거래의 규모가 크게 증가했다고 주장했다. 가톨릭교도와 영국국교도뿐 아니라 정직한 청교도들 사이에서도 행해지

---

57) 가령 Thos. Wilson, *A Discourse upon Usury*, Preface, 1925 ed., p.178 참조. "언제나 주의 깊게 지켜봐야 할 두 부류 인간이 있다. 하나는 가식적인 복음전도자이고, 다른 하나는 괴팍하고 고집 센 교황추종자다. 전자는 종교의 미명하에 모든 종교를 전복하고, 선한 이들을 억압하면서 자신은 오락을 즐기고, 온갖 기만책을 은밀히 획책하며, 사익을 위해 공공복리를 파괴한다. 대부행위의 죄에 이르면, 이 순결한 종교의 거짓 신앙고백자들보다 더 노골적으로 그것을 범하는 이는 없다."

58) Fenton, *A Treatise of Usurie*, 1612, pp.60~61.

던 이자를 받는 대부행위에 붙여진 오명 — '음흉한 금단의 관행' — 은 '그 도당'의 덜 양심적인 구성원들의 입맛에 맞게 활용되었다.

정치에 실망한 그들은 대금업으로 눈을 돌렸고, 이론적으로는 감히 대부행위를 정당화하려 들지 않았지만, 현실에서는 그것을 옹호했다. "그들은 신앙을 버렸다는 불명예를 피하기 위해 하나의 편법을 고안해냈거니와, 비록 대부행위 자체는 엄연한 악행이지만, 과부, 고아 그리고 (박해받는 성도들이 다수인) 여타 약자에게 그것은 이익이 되며 어떤 점에서는 필요하기 때문에 탓할 일만은 아니라고 주장했다." 당연하게도, 이런 위선자들은 적정이자의 정당성에 대한 칼뱅의 교리를 쌍수를 들어 환영했다. "그것은 터키인들에게 일부다처제가 그렇듯이 신도들에게 환영을 받았으며 자신들을 일급 고아로 간주하고 싶어하는 온갖 열성파 목사들의 예를 따라 권장되었다."[59]

청교도주의가 마각을 드러냈다는 혐의를 받는 이유가 적정이자를 옹호했기 때문만은 아니었다. 청교도 스스로도 매정하게 흥정을 밀어붙이는 잔혹함과 빈자들을 가혹하게 대하는 데 대해 불만을 토로했는데, 그들은 이를 개혁되지 않은 종교추종자[구교도]들의 관행과 부정적으로 대비했다. 1653년에 한 청교도는 이렇게 썼다. "교황추종자들이 이 세대의 많은 사람에게 항의하여 들고일어날지도 모른다. 악한 원칙을 따르는 그들이 선한 원칙의 크리스천[신교도]보다 더 앞서간다는 것은 슬픈 일이다."[60]

---

59) *Brief Survey of the Growth of Usury in England*, 1673.

60) S. Richardson, *The Cause of the Poor Pleaded*, 1653, Thomason Tracts, E. 703 (9), p.14. 다른 인용문들을 위해선, 아래의 각주 72를 볼 것. 부당가격에 관해서는, Thomason Tracts, E. 399 (6), *The Worth of a Penny, or a Caution to keep Money*, 1647 참조. 이 부분과 이어지는 Thomason Tracts 참조문들에 대해 P. James 양에게 고마움을 표한다.

이것이 모든 시대에서 정치평론가들이 본 역사다. 실제 이야기에는 극적인 요소는 덜 했으되 의미는 더 깊었다. 시작부터 칼뱅주의에는 두 요소가 있었다. 칼뱅 자신은 그 둘을 섞어놓았지만 그것들에는 미래에 나타날 불화의 씨가 담겨 있었다. 칼뱅주의는 대부분 초기 도덕주의자들이 의심의 눈초리로 바라보았던 상업기업을 전폭적으로 지지하였고 동시에 그것을 엄격한 종교적 규율로 제어하고자 했다.

칼뱅주의가 작고 동질적인 도시의 신조였던 제네바에서는 두 번째 측면이 지배적이었지만, 칼뱅주의를 상쇄하려는 다수의 이해가 충돌하고 칼뱅주의가 오랫동안 정치적으로 취약했던 영국의 다채로운 삶 속에서는 첫 번째 측면이 우세했다. 그러고는 16세기 말과 17세기 초에 상업적, 금융적 팽창―기업들과 식민지들, 섬유자본주의, 광산자본주의, 금융자본주의―의 파도가 밀려왔으니, 그 물마루를 타고 영국 상인계급―칼뱅 시대에도 여전히 보수정치인들의 손아귀에 있던―은 관직과 부를 거머쥐었다.

청교도운동이 자리를 잡으면서, 자연스럽게 이 두 요소는 나뉘었다. 우선 영국에서 한 번도 뿌리를 내린 적이 없던 집단주의적, 반(半)공산주의적 측면은 조용히 시야에서 사라졌거니와, 공화정 시절의 대중소요와 더불어, 상인과 지주의 반감과 공포 속에서, 또 한 차례 고개를 들었던 것이 마지막이었다.

반면에 기업세계와 친화적인 개인주의는 이미 도래해 있던 그리고 정치세력화되면서 세속화와 타협의 길을 걸었던 청교도주의의 두드러진 특징이 되었다. 그것의 주된 관심은 지상에서 '그리스도의 왕국'을 건설하려고 애쓰는 것이 아니라 공적, 사적 의무를 모두 빈틈없이 수행함으로써 개인의 성품과 행위의 이상을 구현하는 데 있었다. 그것의 이론은 규율이었으나 실제로 결과된 것은 자유였다.

영국의 사회정치적 상황에 비춰볼 때 변화는 불가피했다. 장로교주의와 영국사회의 계층구조가 양립할 수 없다는 점은 일찍이 후커 (Hooker)도 주목한 바 있다.[61] 17세기 초에 이르면 제네바의 시 장로들마저 칼뱅체제의 종교적 집단주의를 모두 떨쳐버린 마당에, 배타적인 데다 점차 상업적으로 되어가던 국가의 지주와 부르주아지가―칼뱅주의 신학이 아무리 매력적이었다 할지라도―칼뱅주의 규율에 암시된 사회교리들을 호의적으로 보리라고 기대할 수는 없는 일이었다.

스튜어트왕조의 첫 두 왕[제임스 1세와 찰스 1세] 재임 시 경제이해와 정치이론은 오히려 그와 정반대였다. 윌슨의 『대부업강론』 (*Discourse upon Usury*)에 등장하는 사업가의 관찰에 따르면, "그러므로 상인들이 하는 일을 그들의 사업을 이해 못하는 설교자 등이 방해해서는 안 된다."[62] 튜더왕조의 정교한 국가통제―역사가들의 관심을 끌어온―이면에서 개인주의운동이 착실히 발전해오고 있었는데, 그것은 전통적 정책―인클로저를 방해하고 식량공급과 가격을 통제하며 화폐시장에 개입하고 임금계약과 도제제도를 규제함으로써 경제관계들을 정형화하던―에 저항하는 가운데 자신을 드러냈다.

17세기의 처음 40년 동안, 효율과 원칙을 앞세웠던 상업계급과 자산계급은 비능률적인 경제적 온정주의의 방대한 체제를 향해 점차 반항적으로 되어갔다. 공동체에서 종교적 불만과 경제적 불만 모두를 가장 첨예하게 드러냈던 세력이 또한 그들이었다. 영적 에너지가 기업과 산업활동에서 표출돼야 한다고 보았던 청교도주의는 흩어져 있던 이런 불만세력들을 규합해서 종교·사회철학의 권위와 추진력

---

61) Hooker, Preface to *The Laws of Ecclesiastical Polity*, Everyman ed., 1907, vol. i, p.128.
62) Wilson, 앞의 책, p.250.

으로 전면적인 공세를 취했다.

청교도운동은 신학과 교회정부에 관한 특정 교의의 주창자뿐 아니라 사회적 삶의 모든 측면을 아우르는 이해관계와 주장들의 옹호자로서 왕권과 충돌했다. 대부분 거대 이데올로기들이 그렇듯이, 현실에선 청교도주의의 사회적, 종교적 측면은 분리되지 않은 채로 있었고, 지지자들과 반대자들 모두에게 단일한 체계의 여러 측면으로서 제시되었다.

"궁핍한 조신들, 오만하게 남의 영역을 침범하는 성직자들, 도둑심보의 유령회사 설립자들, 음행을 일삼는 귀족과 신사계급 등과 견해를 달리하는 모든 이들 ……설교나 품위 있는 관습이나 대화 혹은 선한 것은 무엇이든 참아낼 수 있는 사람은 누구나 모두 청교도였다."[63] 충돌은 이론의 문제가 아니라—체계적인 이론적 개인주의는 왕정복고 이전에는 발달하지 않았다—상충하는 경제적 이해 그리고 사회적 편의에 관한 양립할 수 없는 개념들로 인해 발생했다.

찰스 1세 정부가 머뭇대며 추구했던 경제정책은 1661년과 1685년 사이에 프랑스의 콜베르가 발전시켰던 좀더 단호한 유형의 체제[중상주의체제]와 일정한 유사성을 지녔다. 그것은 인위적이고 국가주도적 자본주의를 선호했던 체제였는데, 그러한 자본주의는 대가를 지불할 태세가 돼 있는 회사발기인들에게 특권과 독점권을 부여함으로써 성립된 것으로, 부분적으론 공공이익을 위한 순수한 열정에 고무되기도 했지만, 대체로는 지저분한 금융적 관행으로 얼룩진 정교한 국가통제체제를 동반한 것이었다.

그것은 전매권의 하사, 외환업무에 대한 왕실독점—엘리자베스

---

63) *Memoirs of the Life of Colonel Hutchinson, written by his Widow Lucy*, Everyman ed., 1908, pp.64~65.

치하에서 런던 시는 여기에 맞서 싸웠다—의 부활, 섬유무역을 통제하기 위한 정밀하고도 비현실적인 법규를 행정력을 동원하여 강제하고 식품에 대한 투기를 잠재우려는 시도, 경작지에 울타리를 두르는 지주와 물건으로 임금을 대신하거나 할당된 임금을 회피하는 고용주 그리고 구빈법의 집행에 태만한 치안판사에 대한 일제단속 등에서 특징적으로 나타났다. 이런 조치들과 함께, 주단위의 곡물저장소 설립, 특정산업의 왕실 인수, 심지어는 의류제조업의 사실상 국유화 등을 위한 훨씬 더 방대한 책략이 수시로 도모되었다.[64]

스트래퍼드가 청교도에 관해 로드에게 보낸 편지에는 "이런 비범한 인간들은 국민들로 하여금 교회문제뿐 아니라 세속의 일들과 관련해서도, 일찍이 정부가 그들에게 명한 모든 것에 대해 늘 반기를 들도록 인도한답니다"라고 적혀 있었다.[65] 경제활동을 정부와 그 기식자들의 이윤을 위한 도구로 전환하려는 이러한 전면적 시도에 맞서서—이에 못지않게 지주로부터 농민을, 상인으로부터 수공업자를, 중개상으로부터 소비자를 보호하려는 국가의 산발적인 시도에 맞서서—국가가 좌절시키고 억압했던 이해관계들은 갈수록 더 완강하게 반발했다.

조세문제는 통상적으로 가장 많은 관심을 받았지만, 실제로는 양립이 불가능한 사회철학들 간의 충돌에서 기인한 좀더 심오한 갈등의 한 요소에 불과했다. 청교도 상인들은 궁핍한 조신에게 부여된 독점권에 자신의 비누사업이 몰락하는 것을 보면서, 로드와 그의 가톨릭 비누를 향해 저주를 퍼부었다.

청교도 금세공인과 금융업자는 왕립환전청이란 옛 관직이 다시

---

64) 각주 66의 참고문헌들을 볼 것.
65) *The Earl of Strafforde's Letters and Despatches*, by William Knowler, D.D., 1739, vol. ii, p.138.

설치되면서 금괴 중개인으로서 자신의 직종이 타격받게 된 것을 알게 되자 하원으로부터 한 결의안을 얻어냈다. 그 결의안은 홀란드(Henry Rich, 1st Earl of Holland) 경에게 그 업무를 귀속시키는 특허장과 인가받지 않은 사람들의 금은 거래를 금하는 포고가 불만의 원인임을 선언하고 있었다.

청교도 대부업자는 특설고등법원[청교도 탄압에 주로 활용된 종교재판소]에서 처벌받은 후 세속적인 문제에 주교가 개입하는 데 대해 울분을 토했다. 청교도 의류업자는 중앙정부가 사업을 지도한다며 파견한 간섭꾼들 때문에 많은 고통을 겪었는데, 윌트셔의 직공들이 특별히 못마땅했던 왕립위원회 위원을 에이번 강에 던져버렸을 때 대수롭지 않게 여겼으며, 시민혁명이 일어나자 일제히 의회 편을 들었다. 청교도 시골신사들은 인구감소대책위원회로부터 시달림을 당하자 장기의회[찰스 1세가 1640년 소집해 1660년까지 계속된 청교도혁명 때 의회]의 개회와 더불어 한풀이를 했다.

청교도 상인은 왕이 자신의 회사 돈을 짜내고 왕실의 무면허 상인들을 부추겨 특허권을 침해해서 독점적 지위를 위협하는 것을 보았다. 청교도 의원은 식민지기업에 투자했는데, 상업정책에 대한 생각이 정부와 달랐다. 상인계급은 넘치는 힘과 수완으로 자신감에 차 있었고, 자신의 성공에 긍지를 느꼈으며, 사업과 재산권에 관련한 교회와 국가의 간섭을 극심한 의구심으로 바라보았는데, 자신들은 무역문제에서 공격적인 중상주의에 깊이 연루되었음에도, 심지어는 시민혁명이 일어나기 전에 이미 그 반 이상이 다음 세기에 사회정책의 규범으로 자리 잡게 될 행정적 불간섭주의로 전향했다.

이들의 요구는 이런 환경에서 유별난 것이 아니었으니, 예외적이 아니었다. 기업문제는 기업인들의 손에 맡겨야 하며 낡은 윤리의식이 개입하거나 공공정책에 관한 오도된 논의들에 방해받으면 안 된

다는 것이 그 내용이었다.[66]

경제적 이해와 윤리적 이해의 분리—이는 이 모든 흐름의 기조였다—는 종교적 전통과 날카롭게 대립했거니와, 그것은 갈등 없이 정착된 것이 아니었다. 심지어는 유럽의 상업과 금융 중심지에서도 대

---

66) 여기서는 상업계급과 자산계급의 이해와 관점이 그들로 하여금 왕과 충돌하게 했던 문제들을 그저 언급하는 수준에서 그쳤고, 아래에는 정보의 가장 두드러진 출전들만을 나열했다. 증오의 대상이 되었던 비누독점을 포함한 특허와 독점에 관해선, G. Unwin, *The Gilds and Companies of London*, 1908, chap.xvii 그리고 W. Hyde Price, *The English Patents of Monopoly*, 1906, chap. xi and *passim*; 외환업의 통제에 관해선, *Cambium Regis, or the Office of his Majesties Exchange Royall, declaring and justifying his Majesties Right and the Convenience thereof*, 1628 그리고 Ruding, *Annals of the Coinage*, 1819, vol. iv, pp.201~210; 투기에 대한 성실재판소의 처벌과 공공곡물창고 프로젝트에 대해선, Camden Society, N.S., vol. xxxix, 1886, *Reports of Cases in the Courts of Star Chamber and High Commission*, ed., S.R. Gardiner, p.43 이하, p.82 이하, 그리고 N.S.B. Gras, *The Evolution of the English Corn Market*, 1915, pp.246~250. 섬유산업의 통제와 그에 대한 반발에 대해선, H. Heaton, *The Yorkshire Woollen and Worsted Industries*, 1920, chaps. iv, vii; Kate E. Barford, *The West of England Cloth Industry: A seventeenth-century Experiment in State Control*, in the *Wiltshire Archæological and Natural History Magazine*, Dec., 1924, pp.531~542; R.R. Reid, *The King's Council in the North*, 1921, pt. iv, chap.ii; *Victoria County History, Suffolk*, vol. ii, pp.263~268. 섬유노동자들의 임금을 올리고 수공업자를 보호하기 위한 추밀원의 개입에 관해선, Tawney, *The Assessment of Wages in England by the Justices of the Peace*, in the *Vierteljahrschrift für Sozial- und Wirthschaftsgeschichte*, Bd. xi, 1913, pp.307~337, pp.533~564; Leonard, *The Early History of English Poor Relief*, pp.160~163; *Victoria County History, Suffolk*, vol. ii, pp.268~269; Unwin, *Industrial Organization in the Sixteenth and Seventeenth Centuries*, 1904, pp.142~147. 인구감소대책위원회에 관해선, Tawney, *The Agrarian Problem in the Sixteenth Century*, p.376, p.391. 동인도회사로부터 돈을 짜내고 그 특허권을 침해한 데 대해서는, Shafa'at Ahmad Khan, *The East India Trade in the XVIIth Century*, 1923, pp.69~73. 청교도들의 식민지 이해관계에 관해선, A.P. Newton, *The Colonising Activities of the English Puritans*, 1914 그리고 C.E. Wade, *John Pym*, 1912를 각각 참고할 것.

부업자에게 성찬식이나 학위수여를 거부한 일로 격렬한 논란이 야기되었다. 홀랜드의 여러 주와 서프리슬란트가 교회는 금융업문제에는 관심이 없다고 선언함으로써 분란을 종식했던 것도, 위트레흐트대학의 신학교수들이 열정과 기지의 비범함을 발휘하여 팸플릿들을 쏟아낸 후에야 가능했다.[67]

프랑스의 칼뱅주의교회들에서는 규율의 쇠락을 통탄하는 일이 그보다 한 세대 앞서서 일어났다.[68] 아메리카에서는, 종교적 자유와 경제적 방종에 공히 무자비했던 매사추세츠의 신정정치가 로드아일랜드와 펜실베이니아 같은 새로운 주들이 부상함으로써 위기에 봉착하게 되었다. 이 주들이 보였던 관용적이고 개인주의적이며 공리주의적인 성향은 프랭클린(Benjamin Franklin)의 황금 상식률에서 가장 위대한 대변자를 보게 될 것이었다.[69] 1709년 글래스고에 상업적 기업들이 대대적으로 들어서기 직전에 스코틀랜드의 한 목사는 이렇게 썼다.

"우리가 더 소중한 관심사들을 뒤로한 채 상업에 과도하게 탐닉하는 죄는, 내 감히 말하건대, 결코 심판을 피해가지 못할 것이다. ……나는 주님이 우리의 상행위를 매우 통탄해 하시리라고 확신한다. ……그것은 종교의 영역에 속한 일이기 때문이다."[70]

---

67) E. Laspeyres, *Geschichte der Volkswirthschaftlichen Anschauungen der Niederländer und ihrer Litteratur zur Zeit der Republik*, 1863, pp.256~270. 쟁점들에 관한 대략적 윤곽을 얻으려면 철저하고도 (읽기 어려운) Salmasius, *De Modo Usurarum*, 1639를 볼 것.

68) John Quick, *Synodicon in Gallia Reformata*, 1692, vol. i, p.99.

69) 미국에서의 정서변화에 관해선, Troeltsch, *Protestantism and Progress*, pp.117~127; 프랭클린에 관해선, *Memoirs of the Life and Writings of Benjamin Franklin* 그리고 Sombart, *The Quintessence of Capitalism*, 1915, pp.116~121 참조.

70) Rev. Robert Woodrow(Sombart, 앞의 책, p.149에서 인용).

영국에서 사회적 관계들에 대해 오로지 경제적 기준만을 적용하려는 경향이 커지자, 청교도 저술가들과 목사들은 고금리와 부당가격 그리고 지주의 소작인 억압에 격렬하게 항의했다. 이들은 신앙인들이 죄인은 행위가 아니라 믿음으로 구원받는다는 교의를 지극히 문자적으로 해석했다고 [그리하여 악행들을 구원과는 무관한 것으로 용인했다고] 몰아댔다.

'가톨릭의 시대엔 혐오스러운 일이던' 대부행위가 그저 불명예스러운 일로 되었다.[71] 신앙고백자들[신교도들]은 탐욕의 죄를 범함으로써 개신교의 적들로 하여금 불경죄를 범하게[즉, 개신교를 욕하게] 만들었다.[72] 매점자와 중간상인들의 가혹한 징수가 이처럼 극악하면서도 동시에 간섭에서 자유로웠던 적은 없었다. 부자의 마음이 이처럼 냉랭했던 때도, 빈자의 궁핍이 이처럼 방치됐던 때도 없었다. "일할 수 있는 빈자도 구걸해야 하고, 무능력자, 노인, 병자는 만성적

---

71) John Cooke, *Unum Necessarium or the Poore Man's Case*(1648). 여기에는 가격규제와 공공전당포 설립에 관한 탄원이 실려 있다.

72) 탐욕을 묵인했다는 주장 때문에 신교가 입은 불명예에 관해선, T. Watson, *A Plea for Alms*, 1658(Thomason Tracts, E. 2125), p.21, pp.33~34 참조. "로마의 교회는 우리가 선행을 반대한다고 우리를 비난한다. ……정직하다고 알려진 사람 누구나 이런 비난을 받아야 한다는 것은 유감이 아닐 수 없다. 내 말은 신앙고백자(신교도) 모두가 탐욕과 잔혹함의 죄를 범했으므로 비난받아 마땅하다는 것이다. ……단언컨대, 이러한 독실한 수전노들은 기독교의 수치다. ……가난한 성직자들에 관해서라면, 그들은 하늘까지 날아오를 듯한 신앙고백의 날개를 지녔지만, 땅 위를 걸으면 심지어 먼지를 핥기도 하는 짐승의 발 역시 가지고 있다. 아, 조심할지니, 그대의 종교가 그대의 탐욕을 몰아내지 못한다면, 종국에는 그대의 탐욕이 그대의 종교를 파멸시키리라." 또한, Sir Balthazar Gerbier, *A New Year's Result in favour of the Poore*, 1651(Thomason Tracts, E. 651[14]), p.4 참조. "가톨릭교도들이 (우리 영국인의 신조에 따른) 오늘날의 개혁적 복음고백자들 못지않게 믿음에 의존했다면, 혹은 개혁신앙 고백자들이 오늘의 가톨릭교도들 못지않게 자선을 실천했다면 얼마나 좋았을까?"

식량부족으로 일인당 한 주에 3페니, 4페니의 수당을 받으며 거의 아사지경에 처했다. ……이들은 정말 극한의 상태에 있지만, 어디에도 도움의 손길은 없다. 그리고 몇몇은 다시 일어서려 하지만, 종교는 형식에 불과해서 그것으로부터 아무런 능력도 얻지 못한다."[73]

그러나 이런 진술들은 과거로 눈을 돌렸던 청교도정신에서 왔다. 앞을 내다보는 청교도정신은 급속히 커가는 기업가정신에서 자신의 기질에 우호적인 무언가를 찾아냈고 그것을 자기편에서 먼저 동맹세력으로 받아들였다. 칼뱅이 실천적 필요에 따라 조건부로 허용한 것이 후대 그의 추종자 일각에겐 상인의 삶을 솔직하게 이상화한 것으로서, 신에 대한 봉사요 영혼의 훈련장으로서 비쳤다. 후기 청교도주의는 경제적 동기에 대한 의구심―중세 신학자들 못지않게 개혁가들에게도 특징적으로 나타났던―을 떨쳐내고는 경제적 편의라는 마력에 윤리적 재가라는 후광을 덧씌워주었고, 마침내 종교적 의무와 기업의 요구가 오랜 반목을 끝내고 뜻밖의 화해를 일궈냈다는 도덕적 신조를 제시했다.

그 주창자들이 경제적 이익에만 전념하면 영혼이 위태로워진다고 지적했던 것은 사실이다. 그러나 이때 적(敵)은 부가 아니라 이따금 부가 수반하는 폐습이었고, 이익추구에 과도하게 몰입하는 데 대한 경고들도, 핵심적 경향이나 강조점을 가르치고 난 뒤에 그것들과 관계없이 추가된 부수적 생각이란 인상을 점점 더 많이 주었다. 요컨대 후기 청교도주의는 축재가 영적 위험에서 전적으로 자유롭지는 않지만, 위험한 것으로만 볼 수는 없으며 하나님의 좀더 큰 영광을 위해 행해질 수 있고 또 행해져야 한다고 주장했다.

그것이 그 간극을 메우기 위해 의존했던 개념은 청교도신학의 핵

---

73) S. Richardson, 앞의 책(위의 각주 60을 볼 것), pp.7~8, p.10.

심 자체에서 나왔다. 그것은 독특하고도 널리 사용되는 '소명'이란 말에 함축된 개념이었다.[74] 우주의 합리적 질서는 하나님의 작품이고 그 안에서 개인은 하나님의 영광을 위해 힘써 일해야 한다. 영적 소명과 세속적 소명이 있다. 크리스천의 첫 번째 의무는 하나님을 알고 믿는 것이며 그가 구원을 받는 것은 믿음이 있기 때문이다.

그러나 믿음은 "'재잘재잘' 거리의 '수다장이'"[버니언의 『천로역정』에 등장하는 '달변'의 아들로 '재잘재잘' 거리에 산다]가 하듯―그의 종교는 '소음을 만드는 것'이다―그저 고백하는 데 있지 않았다. 진정한 믿음은 반드시 행위를 낳거니와, 마지막 날에 사람들은 자신들이 맺은 열매에 의해 심판을 받을 터인데, 그때의 질문은 "너는 믿었느냐?"가 아니라 "너는 행동을 했느냐 아니면 말만 했느냐?"일 것이다.[75] 크리스천의 두 번째 의무는 실제적 삶의 일터에서 수고를 하는 것이다. 이 의무는 첫 번째 의무에서 자연스럽게 따라나온다.

한 청교도 설교자는 이렇게 썼다. "하나님께서 모든 남녀를 부르신 것은 ……그들 자신과 공공선을 위하여 이 세상의 특정한 직업을 통해 하나님을 섬기도록 하시기 위함이다. ……세계의 이 '위대한 통치자'는 모든 사람 각각에게 고유의 지위와 직분을 지정하셨고 누구라도 자신의 영역에서 벗어나 분주한 삶을 사는 것을 결코 용납지 않으셨다. 만일 그가 자신에게 맡겨진 포도원을 지키지 않고 한눈을 판다면, 그는 커다란 해를 입을 것이다."[76]

신의 의지가 부과한 세속적 책임을 이처럼 지속적으로 강조하다

---

74) '소명' 개념이 경제적 덕목을 옹호하는 주장으로서 채용될 수 있음을 최초로 강조한 사람이 베버인데(위의 각주 32), 다음에 이어지는 내용은 그의 결론에 많이 빚진 것이다.

75) Bunyan, *The Pilgrim's Progress*.

76) Richard Steele, *The Tradesman's Calling, being a Discourse concerning the Nature, Necessity, Choice, etc., of a Calling in general*, 1684, p.1, p.4.

보면, 세상으로부터 철수하는 것이 아니라 사업적 의무들을 양심적으로 수행하는 것이야말로 가장 숭고한 종교적, 도덕적 덕목이 된다. "구걸하는 탁발승과 오직 자신과 형식적인 구도를 위해서만 사는 승려들은 실은 자신의 존재나 인류의 복리를 증진하는 데는 아무런 기여도 하지 않으며 ……오히려 그런 삶이 완전한 상태로의 자신들의 길이라고 확신에 차서 떠벌린다. 그러나 진정으로 그 가치는 가장 빈한한 구두수선공의 그것에도 못 미치는 것이려니와, 그의 일은 하나님의 소명이지만 그들의 일은 아무것도 아니기 때문이다."[77] 이런 사상은 새로운 것이 아니었다. 루터는 그것을 수도원주의에 대한 무기로서 주창했다. 그러나 경제문제에 대해 가부장적 태도를 취했던 루터에게 일반적으로 소명은 하늘이 개인에게 지정해준 신분을 의미하고, 거기에 반항하는 것은 불경이다.

이에 반해, 청교도 설교자들이 말하는 소명은 [신분에 따른] 체념으로서의 초청장이 아니라 죽음에 이르러서야 끝날 긴 전투로 선택받은 자들을 호출하는 소집나팔이었다. "세상은 온전히 그들 앞에 놓여 있다." 그들은 [소극적으로] '직업 안에' 안주하는 것이 아니라 [적극적으로] '직업을 통해서' 구원을 이루어나가야 한다. 소명은 개인이 태어나면서 속하게 되는 조건이 아니라, 실제론, 신의 섭리의 인도에 따라 수행되지만, 깊고 엄숙한 책임의식과 더불어 각 사람이 스스로 선택하는 격렬하고도 고된 기획이다.

"하나님은 이를 위해 인간에게 이성을 주셨는데, 이는 그로 하여금 심사숙고한 이후 선택하고 실행에 옮기도록 하기 위함이다. 직업이나 삶의 조건과 같은 중대한 문제를 균형 잡힌 건전한 이성 안에서 신중하게 고려하지 않고 결정하거나 해결하려는 것은 터무니없고도

---

77) 같은 책, pp.21~22.

야만적인 일이다."[78]

'노동은 기도다'(*Laborare est orare*). 청교도 도덕주의자에 의해 이 구래의 격언은 새롭고도 더욱 강렬해진 의미를 띠고 반복되었다. 그가 이상화한 노동은 그저 자연이 부과하는 요구라거나 아담의 죄에 대한 처벌이 아니다. 그것은 그 자체가 일종의 금욕적 규율인바, 여느 탁발수도회가 요구하는 것보다 더 엄격한 규율로서 하나님의 뜻에 따라 부과되었고, 고립적으로 행해지는 것이 아니라 세속적 의무들을 세밀하게 이행하는 가운데 수행되어야 한다.

노동은 단순히 물질적 필요가 충족되면 그만둘 경제적 수단이 아니다. 그것은 영적 목표로서 영혼은 오직 그 안에서만 건강해질 수 있거니와, 그것의 물리적 필요성이 끝나고 오랜 시간이 지나서도 윤리적 의무로서 지속되어야 한다. 이렇게 인식된 노동은 신교도들이 이해 혹은 오해하는 '선행'과는 전혀 다르다. 선행은 개별적으로 범한 죄들에 대한 보상으로서 수행된 혹은 상을 받으려는 초조함에서 행해진 일련의 특정한 거래라고 간주된다.

청교도에게 요구되는 것은 개별적인 갸륵한 행위들이 아니라 거룩한 삶이다. 이는 하나의 체계로서, 그것의 모든 구성요소는 하나님을 섬긴다는 핵심개념을 중심으로 엮여 있으며, 그것을 교란하는 모든 부적절한 것은 제거되고, 모든 부차적 이해는 그것에 종속된다.

이런 삶에 대한 청교도의 생각은 "당신이 하나님을 좀더 직접적으로 섬기는 일에 종사하지 않는다면, 당신의 정당한 소명을 부지런히 수행하는 일에 전적으로 헌신하라"는 말 가운데 표현되었다.[79] 크리스천은 자신의 영적 삶을 심화하기 위해 그것을 간소화할 준비가 돼

---

78) 같은 책, p.35.
79) Baxter, *Christian Directory*, 1678 ed., vol. i, p.336b.

있어야 한다. 그는 "다른 사람의 일을 모르지는 않지만 자기 자신의 일을 가장 잘 안다. 그는 자신을 자기 일들의 범위에 한정하고, 불필요한 불길 속에 자신의 손가락을 밀어넣지 않는다. ……그는 그것— 세상—의 허위를 보면서 자신을 신뢰하는 것을 배우되, 타인들에 대해서는 그들에 실망함으로써 해를 입지 않는 한에서만 그들을 신뢰한다."[80] 한가하게 여가를 즐기려 해서는 안 되거니와, "시간을 낭비하는 사람은 자신의 영혼을 멸시하는 것이다."[81] 종교는 관조가 아닌 행동이다. 관조는 실제로는 일종의 방종이다.

"이것—즉 육체적 사역과 정신적 노동—을 소홀히 하면서 '나는 기도하고 명상한다'고 말한다면 이는 마치 당신의 종이 당신이 맡긴 큰일을 거절하고 사소하고 손쉬운 일에 몰두하는 것과 같다. ……하나님은 당신이 자신의 일용할 양식을 위해 어떤 식으로든 일하라고 명령하셨다."[82] 부자는 자신들의 부를 옳게 사용하여 특별히 타인에게 유익이 되는 직업을 택해야 하지만, 그들도 빈자와 마찬가지로 노동의 의무에서 방면되지 않는다. 탐욕은 영혼을 해치지만, 게으름만큼 심각하게 위험한 것은 아니다.

"고인 물은 썩기 마련이다.

사치로 낙오자가 되느니 부지런히 소명을 감당하는 가운데 육체를 단련하고 복종시키는 편이 더 낫다."[83] 가난은 결코 덕스러운 것이 아닌바, 좀더 벌이가 좋은 직업을 택하는 것은 의무다. "만일 하나님께서 (당신의 영혼이나 어떤 다른 이의 영혼에 해를 끼치지 않고) 합법적으로 더 많이 벌 수 있는 방법을 보여주시는데 당신이 이를 거

---

80) Thomas Adams(베버, 앞의 책, p.96 각주).
81) Matthew Henry, *The Worth of the Soul*(같은 책, p.168 각주에서 인용).
82) Baxter, 앞의 책, vol. i, p.111a.
83) Steele, 앞의 책, p.20.

부하고 더 적게 버는 방식을 택한다면, 당신은 당신 소명의 목적 하나를 거스르는 것이며 하나님의 청지기가 되기를 거절하는 것이다."

사치, 무절제한 쾌락, 개인적 낭비는 크리스천의 품행에는 들어설 곳이 없거니와, "돈은 아무리 사소한 액수라 할지라도 하나님이 사용하시듯 쓰여야 하기 때문이다." 친구와 친척들에 대한 과도한 애착도 피해야 한다. "이성이 허용하는 한도를 넘어서 누구를 사랑하는 것은 불합리한 행위이고 따라서 이성적 피조물에겐 적합하지 않다. ……그런 일은 너무 종종 사람의 마음을 사로잡아서 그의 하나님에 대한 사랑을 방해한다."[84]

요컨대 크리스천의 삶은 체계적이고 조직적이어야 하며, 강인한 의지와 냉정한 지성의 산물이어야 한다. 존 스튜어트 밀(John Stuart Mill)이 그의 아버지[제임스 밀]에 대해 들려준 얘기를 읽은 사람들은 공리주의가 단순한 정치이론이 아니라 상당한 정도로 도덕적 태도임을 알고는 놀랐을 것이다. 공리주의적 쇠사슬 갑옷[coat of mail, 금속 고리를 엮은 중세의 기다란 호신용 코트]의 연결고리 몇 개는 17세기 청교도 설교자들이 벼린 것일지도 모른다는 말이다.

이런 일반론들을 상행위에 실제로 적용하는 문제는 삶의 다양한 관계에 나타난 크리스천의 행위준칙들을 상술한 수많은 저작에서 취급됐다. 책 제목들─『영적 항해』, 『영적 농업』, 『독실한 방직공』─로만 미루어본다면, 직업적 교화를 위한 책들의 수요가 상당했음이 틀림없다.[85] 가장 주목할 만한 예는 스틸(Richard Steele)이

84) Baxter, 앞의 책, vol. i, p.378b, p.108b; vol, iv, p.253a.
85) 『영적 항해, 또는 선원을 위한 새로운 나침반은 '유쾌한 관찰,' '유익한 적용,' 그리고 '진지한 성찰'을 취급한 32개 항목으로 구성. 이들은 모두 그 숫자만큼의 영적 시들로 결론을 맺음. 이제 여기에 두 가지, 곧 1) 술 취함의 죄에 관한 건전한 대화, 2) 성서에 비춘 창녀의 얼굴 등이 추가되어, 술 취함, 욕설, 불결, 자비의 망각, 약속위반, 죽음에 대한 무신론적 경멸과 같은 끔찍

쓴 『소상인의 소명』(*The Tradesman's Calling*)이다.[86] 교식통일령[Act of Uniformity, 영국국교회에 속한 전교회가 통일적으로 기도서를 사용하도록 정한 법령. 1549년(에드워드 6세), 1559년(엘리자베스), 1662년(찰스 2세)에 제정된 세 종류 기도서 중에서, 특히 1662년 기도서(the Book of Common Prayer)를 사용하도록 명령한 법령을 가리킴]을 위반하여 시골생활을 청산해야 했던 작가는 말년을 런던 아머러 홀(Armourer's Hall)에서 예배를 드리는 신도들의 목사로 보냈는데, 청교도주의의 전성기가 거의 끝나고 종교적 열정이 더 이상 덕목으로 간주되지 않던 당대에 런던에 영적으로 필요한 것이 무엇인지를 잘 알고 있었던 듯하다.

오늘날 경제윤리에 관한 글을 쓰는 사람은 아무도 독립자영업자를 실업계의 가장 대표적 인물로 간주하여 그를 자기 글의 주된 주제로 삼으려 하지 않을 터이므로, 경제적 중심축이 부유한 상인에서 수출상인, 산업자본가 그리고 금융가로 이전되기 전이던 시절에, 스틸의 책은 부르주아지의 문제와 시각에 관해 많은 것을 밝혀주고 있다.

백스터처럼 그도 거래의 공정성에 관한 초기 저술가들의 가르침을 잘 알고 있었지만, 그것의 실천적 유용성은 확신하지 못했다. 상품의 질, 무게와 관련된 명백한 사기행위는 금지돼야 하고, 정직한 상인이라면 매점행위를 하거나, '단지 자신의 부를 증식하기 위해

하고 혐오스러운 죄악들의 교정을 향한 강렬한 욕구에 관한 에세이가 됨』, 1682. 이 유쾌한 저술의 저자는 데번셔의 목사인 플라벨(John Flavell)인데 그는 또한 『영적 농업, 혹은 지상의 것들에 대한 신성한 사용』, 1669의 저자이기도 하다. 스틸처럼 플라벨에게도 채드밴드[Chadband. 디킨스의 『블릭 하우스』(Bleak House)에 나오는 말과 행실이 다른 목사. 구변 좋은 위선자의 의미로 쓰임]의 흔적이 명백히 엿보인다. 포셋(Fawcett)이라는 사람이 썼음이 분명해 보이는 『독실한 방직공』은 추적해낼 수 없었다.

86) Steele, 앞의 책(위의 각주 76).

2~3개 직업을 동시에 갖거나,' 가난한 자를 억압해서는 안 되며, '적정이윤 이상'을 탐하거나 '타인의 곤궁을 이용해 시장지분을 넓히려고 술책을 부려서도' 안 된다.

그러나 스틸은 이전 시대에 제안되었던 적정이윤에 관한 다양한 객관적 기준—생산비용, 생활수준, 관습적 가격—이 실제로는 아무 쓸모가 없으며 개인이 스스로 재판관이 돼야 한다고 결론지었다. "다른 많은 경우에서처럼, 이 문제에서도 곧은 양심이야말로 시장의 판매원이 돼야 한다." 그러나 실제로 『소상인의 소명』의 특징은 그것이 출간된 시대가 그랬던 것처럼, 그 정직하게 기술된 책 곳곳에 살아 있는 중세적 교의의 유물이 아니라 건전한 상식이다. 저자는 이를 통해 전통적으로 꺼려오던 것을 가볍게 뛰어넘어, 속물적일지는 몰라도 유쾌한 낙관론의 조류에 올라탄다. 왜냐하면 그의 주된 논지는 편안한 것이어서, 거기에서 종교와 상행위 간에는 어떤 불가피한 갈등도 없기 때문이다. "이해타산과 경건함은 언제나 아주 좋은 친구였다. ……서로의 영역을 잘 지키기만 한다면, 양쪽 세계 모두 충분히 누릴 수 있다."

그의 목적은 이런 유쾌한 결과가 상행위를—적절한 유보와 함께—신에게 봉사하는 데 바침으로써 가능하다는 점을 보이는 것이다. 따라서 그는 경제행위에 관한 도덕적 왈가왈부에 관해서는 별로 할 말이 없었다. 그에겐 상행위 자체가 일종의 종교였다. 상인의 첫 번째 의무는 자신의 소명을 충분히 파악하고 두뇌를 사용하여 실적을 올리는 것이다.

"네게 달란트를 맡기신 분이 또한 말씀하시기를 '내가 돌아오기까지 장사하라!'[누가복음 19:13. 한 귀인이 종들에게 돈을 맡기며 한 말. 예수의 비유]고 하셨다. 네 강점은 달란트이고 너의 지체들도 각각이 달란트이며, 네 시간 또한 그렇다. 그런데 어찌하여 하루 종일

빈둥대는가? ……너의 상행위는 너의 마땅한 영역이다. ……너 자신의 포도원을 돌보라. ……너의 상상력, 통찰력, 기억들. ……모두가 그를 위해 활용되어야 한다." 상행위와 종교의 요구조건들 간에는 불가피한 충돌은커녕 우정이 넘친다. 상서로운 신의 섭리 덕분에, 크리스천들에게 명해진 덕목들—근면, 절제, 각성, 검약—은 동시에 상업적 성공에 가장 많이 기여하는 품성이다. 이것들의 공통된 기반은 분별력이다.

분별력이란 "상인의 씀씀이에 적절한 한계를 부여하며, 그의 소득에 오히려 못 미치는 삶을 살도록 가르치는 신적 지혜"의 다른 이름일 뿐이다. 근면이 그다음인데, 근면은 유익하면서도 갸륵한 성품이다. 그것은 상인의 '빈번하고 불필요한 주막 출입'을 막아주며, '그가 신의 임재와 축복을 가장 확실히 기대할 수 있는' 일터에 그를 묶어 둘 것이다.

덕이 유익하다면 악은 파멸을 부른다. 나쁜 친구들, 투기, 도박, 정치 그리고 종교에 대한 '터무니없는 열정'이야말로 상인을 파멸시킨다. 종교를 소홀히 취급하라는 것이 아니다. 그 반대로 종교는 "절규하듯 자주 거룩한 기도를 드리는 가운데 행해지는 것"이다. 타기되어야 할 것은 "종교적 예배를 핑계 삼아 마땅히 수행해야 할 일들을 경홀히 하는" 비사업적 태도일 뿐이다.

앞의 허물들은 통상적이건 그렇지 않건, 신실한 크리스천이라면 반드시 피해야 할 것들이다. 이웃을 속이거나 억압하지 않는 것은 당연하지만, 또 다른 극단으로 치달아 과잉된 정의감을 드러내거나 "신의 섭리가 그에게 맡긴 이익을 취하는 것"을 거절할 필요는 없다. 훗날 [가령 애덤 스미스 등에 의해] 사회의 필요와 개인의 이익 간에 발견된 것과 같은 일종의 행복한 예정조화에 따라 기업활동에서의 성공은 그 자체가 거의 영적 은혜의 징표다.

왜냐하면 그것은 인간이 그의 소명에 따라 충실하게 노동을 했고 "하나님이 그의 직업을 축복했다"는 증거이기 때문이다. "소명을 거슬러 행해진 것이 아니라면, 아무것도 책임질 일이 없다. ……영혼을 구하는 것 다음으로 상인이 관심을 기울이며 해야 하는 일은 소명 가운데 하나님을 섬기는 것이며 될 수 있는 대로 최대한 그것을 추구하는 것이다."

의무가 그렇게 이익이 된다면, 이윤추구는 의무가 아니겠는가? [버니언의 『천로역정』에 나오는] 북부의 코베팅[Coveting, 탐욕스럽다는 뜻] 군에 있는 시장도시 러브게인[Love-gain, 탐욕가]의 교사인 그라이프만[Gripeman, 불평가] 씨의 정직한 학생들은 그렇게 주장했다.[87) 비논리적이지만 얼마나 매력적인 추론인가! 존스(David Jones) 목사가 "바리새인들은 탐욕스러운 자라. 이 모든 것을 듣고 예수를 비웃었다"[누가복음 16:14]며 롬바르드 가[런던의 금융가]의 세인트 메리 울노스에서 눈치도 없이 이 본문을 들어 대부업을 비난하는 설교를 했을 때, 그는 런던에서의 목회를 서둘러 접어야 했다.[88)

경제행위의 연원은 도덕주의자들이 좀처럼 침투할 수 없는 영역이다. 따라서 이론[후자]이 실천[전자]에 직접적인 지침을 준다고 말하는 것은 모순이다. 그러나 만일 특정한 종류의 행위들이 이익이 되도록 만드는 상황이 경제적으로 옳다면, 그것들이 보편적으로 수용되게 만드는 상황은 대체로 도덕적이고 지적이다. 관행들이 그저 묵인되는 것이 아니라 전폭적인 성원을 받아 채택돼서 국민의 습관이 되고 철학자들이 숭앙하는 바가 되려면, 첫 번째 조건뿐 아니라 두 번째 조건도 충족되어야 한다.

---

87) Bunyan, 『천로역정』.
88) David Jones, *A Farewell Sermon at St. Mary Woonoth's*, 1692.

금전적 동기에 대한 집착, 경제적 이기주의의 강력함, 이익에 대한 욕구 등은 모든 시대에 흔한 것들로서 새삼 강조할 필요가 없다. 중요한 것은 본래적 연약함을 온전한 덕목으로 전환했던 기준들의 변화다. 결국 사람은 두 주인을 섬길 수 있는 듯이 보이는데, 왜냐하면—세상 사람들이 기꺼이 그리하려 하듯이—한 주인을 섬기는 데 다른 주인도 보상해주기 때문이다. 몰인정한 탐욕에 대한 구식의 비난과 경제적 기업활동에 대한 신식의 칭송 사이에, 기업행위 자체가 하나님이 부과한 의무의 이행임을 역설하는 주장이 다리를 놓은 것이다.

1690년에 'N.B., M.D.의 『교역론』'이란 팸플릿이 출간되었다.[89] 전통적 무역수지론들에 대한 계몽적 논의들로 유명한 그 소책자는 특정 견해를 지지하지 않는 전형적인 본보기다. 그러나 더 관심을 끄는 것은 거기에 담긴 주장이 아니라 저자였다. N.B., M.D.는 의학박사 바본(Nicholas Barbon)을 지칭했는데, 통화전문가요 보험의 개척자이며 부동산은행의 열렬한 주창자인 바본 박사는 유명한 '주 찬양 배어본스[barebones, 말라깽이]'의 아들이었다[아들의 이름에 관해서는 책 뒤의 '인명사전' 참조]. 그 책은 한 냉소적인 후손이 기이한 선대의 성(姓)[즉 말라깽이]을 풍자하여 '라오디케아 영국인에 대한 성인들의 통치'[통상도시 라오디케아를 신앙이 투철한 바본 가(家)가 다스린다는 내용으로 영국의 당대 상황을 풍자함]라는 짤막한 희극에 대해 평결을 내린 것이다[상업적으로 번성하는 영국을 성인이 다스리면 말라깽이처럼 빈한해진다고 빗댐].

왕정복고시대의 [조신들의] 방종에 대해 청교도주의가 보였던 엄

---

89) Nicholas Barbon, *A Discourse of Trade*, 1690, ed., by Professor John H. Hollander(*A Reprint of Economic Tracts*, Series ii, no. I).

정함은 친숙하다 못해 진부하다. 이에 비하면 속세의 물질주의에 대한 그것의 반응은 서서히 더 보편적으로 나타났고 궁극적으로는 더욱 중요했다. 조신들의 방탕에 비한다면 무역상과 상인들의 경제적 흥청거림은 점잖은 편이었다. 그들은 주신 바커스가 아니라 그보다 더 엄하고도 유익이 되는 신[물질주의]을 숭배했거니와, 손익을 따지는 기분 좋게 달뜬 기운 속으로 배전의 열정을 쏟아부음으로써 지나치게 버거운 이상주의를 불신하는 데서 오는 안도감을 만끽했다.

재세례파[유아세례 불인정, 엄정한 정교분리, 평화주의, 철저한 성서주의에 입각한 신앙의 순수성 등을 강조한 신교의 분파]에서 회사발기인으로 [즉 바본의 아버지로부터 아들로] 이행하는 것은 생각보다 급작스럽지 않았다. 그 변모는 결코 의도된 것은 아닐지라도, 청교도 도덕주의자들이 오랜 기간 준비한 것이었다. 그들은 쉼 없는 활동에 대한 도덕적 의무, 그 자체가 목적인 노동, 사치와 화려함의 사악함, 신중함과 검약, 절제, 자기규율 그리고 합리적 계산을 강조했다. 그들이 만든 크리스천의 이런 행위준칙에 따라 경제이론가들이 사회적 혼란에 대한 처방으로 설파했던 효율성은 하나의 윤리적 원리로서 교회법에 편입되었다.

그것은 신선하면서도 매혹적이었다. 후대의 수많은 종교사상가에게 기독교 사회윤리의 근본원리는 사도 바울이 디모데에게 보낸 편지에서 이미 제시된 것처럼 보였다. "우리가 먹을 것과 입을 것이 있은즉 족한 줄로 알 것이니라. ……돈을 사랑함이 일만 악의 뿌리가 되나니"[디모데전서 6:8, 10]. 이제, 늘 그랬듯 세상이 성문을 요란하게 두드리는 동안, 요새 안에서는 방어자들 스스로가 새로운 깃발을 들어올렸다. 수비대는 경제적 욕구라는 침략군이 적이 아니라 동맹군임을 알아차렸던 것이다. 일용할 양식에 족하는 것이 아니라 끝없이 축적하는 것이 크리스천이 일하는 목표가 되었다. 이런 주장의 핵심으로 초기 성자들이 주목했던 소비 대신에 생산이 들어섰다. 느긋하고 관대한 자선 대신 체계적이고 꼼꼼한 축적이 찬사를 받았으며, 그런 찬사는 선하고 충성된 종이 마땅히 누려야 할 몫이었다.

모든 인간관계를 금전적 기준과 취득 성향(acquisitiveness) — 이는 정복해야 할 경쟁자가 있고 취해야 할 이윤이 있는 한 안식하는 법이 없다 — 으로 재단하는 명민하고도 계산적인 상업주의, 사회적 권력에 대한 집착, 경제적 이익에 대한 갈망 등 억제될 수 없는 욕망은 태고부터 성자와 현인들의 경고와 비난을 불러왔다. '덜 계몽된' 시대에 사회적 악덕으로 지탄받던 이런 품성들이, 후기 청교도주의라는 정화수의 세례를 받으면서 경제적 덕목으로 되살아났다.

이제 그것들은 또한 윤리적 덕목이기도 했다. 왜냐하면 세상은 향유가 아닌 정복의 대상이기 때문이다. 세상을 정복하는 자만이 크리스천으로 불릴 자격을 얻는다. 철학이 이럴진대, "그것이 내게 무슨 이익이 되나?"라는 질문은 자연스럽다. 세상을 얻으면서 그는 또한 자신의 영혼을 구원하는 것이다.

경제적 진보가 의식적으로 추구해야 할 목적이라는 개념은, 시간과 더불어 그 정도가 덜해지긴 했지만, 앞선 세대의 영국인들에게는 낯선 것이었다. 당시 도덕가들의 주된 관심은 억제되지 않은 탐욕이 초래할 위험이었고 공공정책의 주된 목표는 전통적 관계들의 안정이었다. 그 개념이 새로운 정당성을 얻은 것은 노동과 기업정신이 신에 대한 봉사와 동일시되면서였다. 한 세기만에 물질문명의 얼굴을 바꿔놓은 거대한 에너지는 그런 추세에서 자양을 취할 것이다. 생산 그리고 더 큰 생산에 대한 숭배 — 백만장자와 그의 불행한 종들이 노예처럼 매달리는 고역 — 는 바로 그 강렬한 교의에 담긴 지침들로 신성시될 터였다.

사회발전이 진행될 때 그 논리가 함축하는 바들은 매우 더디게 나타나는데, 이보다 더 뒤에 올 그것들이 적용될 시점은 아직 도래할 기미도 보이지 않고 있었다. 후기 단계의 청교도주의가 주창했던 유의 기독교윤리는 아직은 기껏 혈기 넘치는 청년기에 있었다. 그러나 그것은 대세를 타고 순항했다. 그것은 상업적 '힘의 정치'로 향한 기업가 정치인들의 열정에서 드러난 경제적 이익에 대한 집착에서 뜻하지 않은 동맹군을 만났다.

'세상에서 가장 요염한 정부(情婦)인 무역'을 두고 네덜란드와 경쟁하던 신생공화국[1649~60 기간의 영국]이 독자적인 경제제국주의를 시도했던 때는 두 살도 채 되지 않아서였다.[90] 1665~67년의 영국-네덜란드 전쟁에 대한 클라렌던의 평가는 '왕립아프리카상사'[스튜어트왕가와 런던 상인들이 아프리카 서안의 무역을 위해 설립한 중상주의 회사]가 도발한 '후안무치한 [상업]전쟁'이었다.[91] 5년 뒤에는 섀프츠베리(Anthony Ashley Cooper)가 "카르타고는 멸망되어야 한다"[대(大)카토(Cato)의 말. 그는 카르타고가 로마에 위협적이었던 시대에 원로원에서의 모든 연설을 이 말로 매듭지었다]는 말로 런던이 네덜란드와 맞서도록 부추겼다. 올리버 크롬웰은 호민관 시절(1653~59) 내내 전쟁재정을 위해 내국인뿐 아니라 네덜란드인과 유대인 자본가들의 환심을 사려고 애썼고, 왕정복고시대의 궁핍했던

---

90) 장기의회의 한 의원이 한 말. C.H. Firth, *Oliver Cromwell*, 1902, p.313에 인용.

91) *The Life of Edward, Earl of Clarendon*, 1827 ed., vol. ii, p.235. "상인들은 이 주장[즉, 전쟁의 이익들]에 대해 장황히 떠벌리는 것을, 그리고 얼마 안 있어서는, '네덜란드와의 후안무치한 전쟁이 가져다줄 엄청난 이익에 관해,' 어떻게 그 나라가 쉽사리 정복되고 영국이 교역을 주도할 것인지에 관해 말하기를 매우 즐겼다." 상인을 경멸하고 이런 일들을 증오했던 클라렌던에 따르면, 그 전쟁은 상업전쟁의 거의 고전적 사례였다. 왕립아프리카상사가 요크공작에게 부여했던 이사직에서부터 교전의 빌미가 된 불가피한 '사건'에 이르기까지, 모든 세부사항이 치밀하게 연출되었다는 것이다.

정부는 금세공인 연합체—귀족이 아직 졸부들을 경멸했던 시민혁명 이전 시절의 잔존자였던 대법관[클라렌던]은 이들의 탐욕을 몹시도 혐오했다—의 수중에 놓여 있었다.[92]

당대 경제사상의 발전은 그 못지않게 경제적 미덕을 찬양하는 분위기를 더욱 부추겼다. 영국에서의 경제학은 그것이 공공행정의 시녀로서 발전했던 독일이나, 철학자나 문필가들의 사색을 통해 발전했던 프랑스와 달리, 런던 시의 실질적 이익을 논하는 가운데 발전했다. 페티와 로크를 제외하면, 경제학의 가장 뛰어난 종사자들은 기업인들이었거니와, 그들을 흥분시켰던 문제는 생산이나 사회조직이 아니라 상업과 금융, 곧 무역수지, 관세, 이자, 통화, 신용 같은 것들이었다. 왕정복고 이후에 각광을 받았던 정치산술은 사실상 데카르트 철학과 자연과학의 진전에 심대한 영향을 받은 것으로서, 그런 기업인들의 즉흥적이며 무원칙적이던 개인주의에 이론적 정통이라는 봉인을 새겨주었다. 그 새로운 학문의 저명한 주창자들 중 한 사람의 저술에 서문을 썼던 이에 따르면, "지식은 상당 정도로 기계적인 것이 되었다."[93]

자연조건들에 대한 엄밀한 분석, 힘과 압력의 계산, 복합체를 단순하고 일정하며 계산 가능한 힘들의 작용으로 환원하는 일 등은 수학과 물리학에 주로 관심이 있던 시대의 자연스러운 성향이었다. 그것의 목적은, "숫자, 무게 혹은 크기로 자신을 표현하고, 지각할 수 있는 주장만을 펼치며, 자연에 가시적인 근거를 둔 원인들을 탐구하되, 특정인의 변덕스러운 정신, 의견, 욕구, 감정에 따라 달라지는 원인들은 탐구대상에서 배제하는 것"이었다.[94]

---

92) 같은 책, vol. iii, pp.7~9.

93) Sir Dudley North, *Discourses upon Trade*, 1691, Preface.

94) Petty, *Political Arithmetic*, Preface.

이런 분위기에서, 앞선 시대에서 사회경제적 주제를 다룰 때 그리도 중요했던 도덕적 결의론은 낡은 미신의 소리처럼 들렸다. 더욱이 중상주의의 핵심적 경제도그마는 청교도의 주된 윤리적 도그마와 친화성을 지녔으니, 이런 일치가 더 놀라웠던 것은 그것이 의도된 것이 아니었기 때문이다. 전자에게는 소비 아닌 생산이 경제체제의 중추였으며, 현대의 독자들에게 기이하게 보이겠지만 소비는 그것이 생산적 에너지를 위한 새로운 시장을 약속할 때에만 칭송되었다. 후자에게 중심적인 덕목은 산업과 상업의 고된 노역에서 가장 자연스럽게 드러나는 덕성과 정확히 일치했다. 주식회사가 부상하기 이전 시대에 성공적인 기업가에게 엿보이던 전형적인 품성은 노동의 격렬함과 진지함, 집중, 체계와 질서, 일상을 허무는 창의력, 그리고 미래를 위해 현재를 유예할 줄 아는 예지였다. 스틸 목사가 런던 시 회중에게 설파했던 것과 같은 권고는 치열하게 획득된 이런 미덕들을 더욱 고양하고 정당화하기 위해 정교하게 계산된 것이었다. 케인스(John Maynard Keynes)가 탁월한 필치로 거침없이 내갈겼던 글에서 빅토리아 영국의 수호신으로 묘사한 바 있는 '절제'라는 여윈 여신은, 청교도 도덕주의자들의 경건한 손에 이끌려 그녀의 금욕적 성소가 뿜어내는 근엄한 광채 속으로 인도되었다.

이런 가르침은 솔깃해 하는 이들에게 먹혔다. 법에 따라 직접적으로 공직에 참여할 수 없었지만 부와 사회적 지위를 지닌 비국교도들은 상업과 금융이 열어준 대안적 진로에 뛰어들었다. 그들은 종교 자체가 자신들의 선택을 축복했기 때문에 더욱 고무되었다. 설사 그들이 국교도였을지라도, 비판자들은 그들의 기질에 대해 "독선적이고, 자신의 판단에 주로 의존하며 ……자신은 누구에게도 예속되지 않는다고 보기 때문에 배은망덕하고 ……자신들만이 신의 총애를 받고 자신들만이 지혜나 덕성을 지녔다고 생각하기 때문에 오만하다"

는 딱지를 붙여주었기 때문에, 그들은 교회와 국가의 문제에서 좌편 향으로 기울었다.[95]

당시의 상업적 거물들의 면면을 보면 종교적 급진주의와 사업가적 수완 사이에는 친화성이 있다는 주장에 일리가 있음을 알게 된다. 그들을 질시의 눈으로 바라보던 동시대 사람들은 그들을 '장로교파의 늙은 대부업자,' '신실한 수전노,' '탈취자 이스반' 같은 표현들로 조롱했다.[96] 1661년에 선출된 런던 시의원 4명은 통상적인 시정업무를 수행했을 뿐 아니라 피차간에 동인도회사 총재, 르방상사 부총재, 솔터스와 드레이퍼스 회사의 회장도 겸임했는데, 이 중 둘은 장로교도, 나머지 둘은 독립교회파 소속으로 알려졌다.[97]

찰스 2세 정부에서 통상정책에 관해 자문했던 대표적 기업가들 가운데 워드 경과 고드프리(Michael Godfrey) 같은 사람들은 금융권의 강경 장로교파를 대표했고 파피용과 우블롱 형제는 런던에 있던 프랑스 위그노교회의 교인이었다.[98] 네덜란드와 격렬하게 통상경쟁을

---

95) Chamberlayne, *Angliæ Notitia*(P.E. Dove, *Account of Andrew Yarranton*, 1854, p.82 n.).

96) Roger North, *The Lives of the Norths*(1826 ed.), vol. iii, p.103; T. Watson, *A Plea for Alms*(Thomas Tracts, E. 2125), p.33; Dryden, *Absalom and Achitophel*, 2nd part, 1682, p.9. 마지막 책에서 1679~80 기간 런던시장이었고 1679~81 기간 그리고 다시 1689년 이후에 런던 출신 하원의원이었던 클래이턴 경이 '탈취자 이스반'으로 나온다. 그는 대부업으로 돈을 번 금융업자였다.

97) 이 4명은 John Fawke, Sir William Thompson,, William Love, 그리고 John Jones다.

98) Charles King(*The British Merchant*, 1721, vol. i, p.181)은 1674년 영국과 프랑스의 교역에 관한 한 분석안에 서명한 사람들의 이름을 나열한다. Patience Ward, Thomas Papillon, James Houblon, William Bellamy, Michael Godfrey, George Toriano, John Houblon, John Houghe, John Mervin, Peter Paravicine, John Dubois, Benj. Godfrey, Edm. Harrison, Benj. Delaune. 외국 이름이 이리 많은 것은 놀라운 일이다.

벌였는데도 네덜란드의 자본과 사상은 런던에서 열광적으로 수용되었다.[99] 찰스 2세 특사로 헤이그에 와 있던 다우닝 경(Sir George Dowing)은 네덜란드의 은행기법을 영국에 정착시키려고 부단히 애를 썼다. 클라렌던에 따르면, 그는 1665~67년의 영국-네덜란드 전쟁을 획책했던 음모자 가운데 한 사람으로서, 살렘과 하버드의 청교도적 엄격함 속에서 양육되었고[다우닝은 청소년기를 미국의 마녀색출로 유명한 살렘에서 보냈고 하버드대학을 다녔다.] 오키(John Okey) 대령의 부대에서 설교를 했다.[100] 주식금융기업—고드프리가 런던에 유행시켰고 몬터규(Charles Montagu)가 주도하여 법제화한—개념을 처음 소개한 패터슨(Sir William Peterson)은 그 대단했던 로와 마찬가지로, 한 스코틀랜드 회사의 발기인이었다. 그는 헤이그가 울분에 찬 휘그들의 집결지였던 시절에 그 도시를 자주 찾았다.[101] 발기인들 가운데 가장 창의적이었던 야랜턴(Andrew Yarranton)은 의회군의 장교였는데, 그가 쓴 책은 네덜란드인의 덕목에 대한 한편의 긴 설교문이었다.[102] 『완벽한 영국 상인』[디포가 1726~27년에 쓴 책. 해외무역이나 도매업에 종사하는 상인들이 갖추어야 할 자질과 영업수완을 설명하고 있어서 당시 상인사회를 이해하는 데 많은 도움을 줌]에서

---

99) 런던의 네덜란드 자본에 관해선, *Hist. Mss. Comm.*, *8th Report*, 1881, p.134(무역쇠락에 관한 위원회 의사록, 1669) 참조. 영국에서의 외국자본 투자와 관련해서는 이렇게 언급되어 있다. "시의원 버크넬은 6만 파운드 이상, 메이넬 씨는 3만 파운드, 반데풋 씨는 한때 6만 파운드, 데리코스트 씨는 늘 20만 파운드 가까운 네덜란드 돈을 굴리며 7퍼센트, 6퍼센트, 5퍼센트의 이자로 상인들에게 빌려주었다."

100) *The Life of Edward, Earl of Clarendon*, vol. ii, pp.289~293, and vol. iii, pp.4~7 그리고 John Beresford, *The Godfather of Downing Street*, 1925.

101) S. Bannister, *William Paterson, the Merchant-Statesman, and Founder of the Bank of England: His Life and Trials*, 1858.

102) A. Yarranton, *England's Improvement*, 1677.

부르주아지의 낭만적 삶을 노래했던 디포는 비국교도 가정 출신인데, 상업에서 실패한 후 정치와 문학에 발을 들여놓기 전에 한때 목회를 꿈꾸기도 했다.[103] 애쉬튼은 제철산업에 관한 그의 탁월한 연구에서 18세기의 저명한 제철업자들이 대체로 청교도 인맥과 얽혀 있음을 밝혀냈다.[104] 이와 관련하여 가장 전형적인 17세기의 인물은 백스터의 친구 폴리(Thomas Foley)인데, "그는 거의 무일푼에서 시작하여 제철업으로 연간 5,000파운드 이상을 벌어들였다."[105]

이런 세대에게 부의 취득을 고역이나 악의 유혹에서 도덕적 의무로 전환하게 한 교의는 곧 '사자의 젖'[왕의 병을 낫게 만들었다는 탈무드에 나오는 귀한 약]과 같았다. 종교가 실제의 삶에서 추방된 것이 아니라 오히려 그것을 위한 반석이 된 것이다. 경제기업의 열띤 분위기 속에서 청교도 윤리는 훗날 스마일스(Samuel Smiles)라는 이름과 결합된 윤리와 일정하게 닮아 있었다. 선한 크리스천은 경제적 인간과 전적으로 다른 사람이 아니었던 것이다.

IV. 가난에 대한 새로운 처방

특정한 품성을 칭송한다는 것은 그것과 충돌하는 듯 보이는 관습과 제도를 비난한다는 말과 같다. 오늘날보다 경제적 덕목들이 희소하던 시절에 청교도윤리가 그것들을 승인한 것은 경제적 효율을 시

---

103) *The Complete English Tradesman*(1726)은 스틸의 책과 같은 부류에 속하지만, 후자에 비해 기독교를 훨씬 더 무해한 것으로 취급했다.

104) T.S. Ashton, *Iron and Steel in the Industrial Revolution*, 1924, pp.211~226. A.P. 와즈워스 씨는 대표적인 랭커셔 직물업자들은 흔히 비국교도였음을 보여준다(*History of the Rochdale Woollen Trade*, in *Trans. Rochdale Lit. and Sci. Soc.*, vol. xv, 1925).

105) F.J. Powicke, *Life of Baxter*, 1924, p.158에서 인용.

의적절하게 고무했다. 그러나 그로써 의도한 바는 아닐지라도, 사회적 의무에 대한 전통적 태도가 자연스럽게 변화했다. 자연발생적이고 교의도 없던 개인주의 — 애덤 스미스가 그 철학을 주창하기 한 세기 전에 이미 영국인의 공공적 삶 속에 널리 퍼져 있던 — 의 원인을 하나로 환원할 수는 없다.

그러나 세상사의 명백한 흐름들 — 온정적, 권위주의적 정부라는 이상에 대한 불신, 지방행정에 대한 중앙통제의 붕괴, 시민전쟁이 가져다준 혼란, 교역의 확대, 상공업의 위상 변화 등 — 을 보면, 17세기 중엽 이후에 두드러졌던 사회정책의 변화를 추동한 하나의 힘을, 청교도주의 윤리에서 찾는 것이 큰 무리는 아닐 것이다.

아무리 숭고한 가르침이라도 그늘이 없을 수는 없다. 크리스천의 삶을 살려면 사적인 의무들을 열성을 다해 이행해야 한다고 촉구하는 일은 얼마나 지당한가! 그러나 그런 의무 외에는 어떤 사회적 책무도 중요하지 않다고 말한다면, 이는 또 얼마나 편벽된 것인가! 책임은 개인에게 있고, 누구도 자기 형제를 구원할 수 없으며, 종교의 본질은 영혼이 창조주와 교류하는 것이라는 주장은 또 얼마나 정직하고 긴요한가!

그러나 이러한 진리는, 사회는 책임이 없고 아무도 자기 형제를 도울 수 없으며, 사회질서와 그 결과물들은 사람들을 더 높이 오르도록 하는 발판조차 되지 못하는, 외부의 낯설고 무관한 무엇, 기껏해야 영적 생활과 아무런 관련이 없는 무엇, 그리고 최악의 경우엔 영혼을 죽이는 문자요 영혼을 속박하여 죽음의 잠에 가두는 [믿음 아닌] 행위에 의존하는 일이라는 주장으로 얼마나 쉽사리 변질되는가! 청교도주의는 하나님의 왕국이 이 세상에 속하지 않는다는 점을 강조하면서, 이 세상이 하나님의 왕국에 속하지 않는다는 암시를 언제나 떨쳐내지는 못했다.

청교도주의는 사회구조와 영적 삶이라는 저 오도된 대비―이는 향후 두 세기 동안 영국의 종교사상을 폭군처럼 지배할 것이다―가 낳은 스스로 흡족해하는 제물이었다. 그것이 종교를 개인 영혼의 밀실에 군림시켰을 때, 거기에는 종교가 사회로부터 퇴위된 데 대한 계산 빠른 안도의 한숨이 없었다고 할 수 없었다. 다이시(Albert Venn Dicey) 교수는 "사적 종교에 대한 복음주의자들의 호소가 [여하히] 개인적 활력을 향한 벤담주의적 자유주의자들의 호소와 맞물리는지"에 관해 논한 바 있다.[106]

이와 동일한 친화성이 종교적 이해와 사회적 이해 간에도 존재한다는 것이 17세기 청교도운동에서 더욱 명확하게 드러났다. 종교에서의 개인주의는, 그리 논리적은 아닐지 모르나 부지불식간에 개인주의적 윤리를 낳았고, 이는 다시 개인품성에 비해 사회구조의 중요성을 폄하하는 결과를 가져왔다.

이러한 강조점의 변화는 현실에서 인클로저와 빈민의 문제들이 어떻게 취급됐는지를 보면 잘 알 수 있다. 한 세기 반 동안 인클로저의 진행은, 종종 극심한 소요로 분출되기도 했던 뜨거운 쟁점이었다. 1530년대의 래티머에서 1630년대의 로드에 이르기까지 대체로 종교지도자들의 견해는 인클로저에 대해 비판적이었다. [인클로저로 인한] 인구감소에 반대하여 법령들과 왕립위원회들은 말할 것도 없고 수많은 설교와 팸플릿이 쏟아져나왔다.

이들의 호소는 공공정책뿐 아니라 종교를 향한 것이었다. 농민과 지주는 서로 지위는 다를지언정, 단일한 기독교 공동체―거기에서 경제적 이득에 대한 부정한 욕구는 사랑의 법칙으로 제어돼야 한다―의 구성원들이었다. 상호책무들로 얽혀 있는 이 신비한 조합체

---

106) Dicey, *Law and Public Opinion in England*, 1905, pp.400~401.

에서는 어느 누구도 자기이익을 극대로 추구해서는 안 되거니와 누구도 '교회라는 몸을 떠나서' 살 수 없기 때문이다.

지방신사들 — 지방행정에 발목을 걸곤 했던 무보수 치안판사들 —의 반대로, 이런 원리는[유기체적 기독교공동체원리] 간헐적으로만 현실에 적용되다가, 장기의회가 행정법이라는 무기를 국왕의 손에서 탈취한 후로는 전면적으로 적용이 중단되었다. 그러나 웨스트민스터[중앙]의 정치는 촌락과 자치구의 정치와는 달랐다. 귀족적인 의회주의자들에게는 혁명을 종결짓는 것처럼 보였던 사건들도 승리한 군대의 좌파진영에는 혁명의 시작을 알려줄 뿐이었다.

들소가죽코트를 입은 사병이 장군에게 성서에 입각한 정치를 가르쳤던 영국민주주의 초기의 극심한 혼란 속에서는 정치적 재건뿐아니라 사회적 재건도 중요한 쟁점이었다. 어떤 다른 분파들보다도 하층계급의 열망을 잘 대변했다는 수평파의 정책은 매년 혹은 격년으로 의회가 소집될 것과 남성투표권, 인구비례에 따른 의석배분, 그리고 상원의 비토권 폐지와 더불어 "소택지와 여타 공유지에 대한 모든 봉쇄(인클로저)를 풀거나, 전적으로 혹은 주로 빈자의 이익을 위해서만 울타리를 두를 것"을 요구했다.[107]

수평파 지도부가 거부했던 이론적 공산주의는 디거스[Diggers, 청교도혁명 시 좌익 성향이 가장 강했던 평등주의 운동단체로서 황무지를 개간하여 토지를 공유하는 기독교적 공동사회를 만들고자 하였으나 올리버 크롬웰의 탄압으로 해산됨. 스스로는 자신들을 '진정한 수평파'로 부름]의 소요에서 표출되었는데, 그것을 위해 윈스탠리(Gerrard

---

107) *The Humble Petition of Thousands of well-affected Persons inhabiting the City of London, Westminster, the Borough of Southwark, Hamlets, and Places adjacent*(Bodleian Pamphlets, The Levellersw' Petitions, c. 15, 3 Linc.). 또한 G.P. Gooch, *English Democratic Ideas in the Seventeenth Century*, 1898 참조.

Winstanley)는 "마침내 영국의 평민들은 사람과 자금을 동원하여 우리의 노르만 압제자인 찰스 왕을 몰아내고 말았다. ……이제 토지는 정복자 곧 평민들의 공동재산으로 되돌려져야 하며 ……우리가 ……영주들이 휘두르는 왕권에 여전히 예속되어 있는 한" 왕에 대한 승리는 미완의 것이라고 주장했다.[108]

공상가나 광신자들만이 폐단의 광정을 외친 것도 아니었다. 전통적 권위가 박살나면서 잠시 모든 것이 새로워진 듯했을 때, 몇 세기의 지루한 억압 아래 묻혀 있던 지방의 불만들이 기지개를 켜기 시작했고, 중부 영국의 여러 군에서는 증오의 대상인 울타리들을 끌어내리기 위해 농민들이 분기했다. 1649년에 레스터에서는 주민이 봉기하여 인근 삼림의 담장을 무너뜨리려 한다는 소문이 자자하자 시의회가 진상조사에 나섰다.

청원서 하나가 작성되었는데, 거기에는 인클로저에 따르는 경제적, 사회적 폐해들이 나열되었고, 그것들을 막기 위해 위원회가 창설되어야 하며 인클로저가 허용되려면 반드시 위원회의 동의가 필요하다는 내용이 들어 있었다.

그 청원서는 한 지역목사에 의해 의회에 전달되었다. 의회가 "나라 백성의 불만을 교정하기 위해 여전히 감시의 눈과 귀를 열고 있었기" 때문이었다.[109] 도시의 의견을 대변하기 위해 선택된 무어(John Moore) 목사는 인구감소를 초래한 지주들을 여러 해에 걸쳐 공격했던 다작의 팸플릿 작가였는데, 래티머만큼 성공을 거두지는 못했지

---

108) Camden Society, *The Clarke Papers*, ed., C.H. Firth, 1891~94, vol. ii, pp.217~221. Winstanley가 Fairfax와 Council of War에 보낸 편지. Dec. 8, 1649.

109) *Records of the Borough of Leicester, 1603~88*, ed., Helen Stocks, 1923, p.370, p.414, pp.428~430.

만 열정만은 그 못지않았다.

반세기 전만 했어도, 이런 소동 뒤에는 일련의 인구감소방지법이 통과되고 왕립위원회가 설치되었을 것이다. 그러나 장기의회 소집 이후 10년이 흐르면서 그런 운동에 대한 공공정책의 전반적 방향이 변하기 시작했다. 몰수, 화의(和議), 전시과세가 가져다준 자산배분에서의 혁명은, 그 규모는 작았지만 종교개혁 때 일어났던 것과 흡사했다. 토지 주인이 바뀌면서 관습적 관계들은 요동했고 새로운 이해관계들이 창출되었다.

무어 목사도 불만을 토로한 바 있듯이,[110] 인클로저는 소송들―상법부[회사와 관련된 소송, 특허 분쟁 등을 관할하는 영국고등법원]의 판결로 마무리될―을 수단으로 꾸준히 밀어붙여지고 있었다. 런던의 상인들과 화해위원회[Committee for Compounding, 시민혁명 발발 무렵인 1643년에 의회가 설립했으며, 부동산을 가압류당한 왕당파 사람들에게 의회를 상대로 무기를 들지 않는다는 서약을 하면 벌금을 물고 부동산을 되돌려주는 문제를 심의했던 위원회] 위원들은―이들 가운데 일부는 땅투기를 해서 짭짤한 재미를 보고 있었다―국가가 개입해서 인클로저를 저지했던 옛 정책―이에 대해 지역유지들은 한 세기가 넘게 투덜댔다―을 다시 살리자는 제안을 그리 달가워하지 않았을 것이다.

이런 상황에서 의회의 열린 귀가 농민의 불만을 향해서는 완강하게 닫혀 있다는 것을 개혁가들이 알게 되었다 해도 놀랄 일은 아니다. 변한 것은 정치적, 경제적 환경만이 아니었다. 사상에서의 혁명도 그 못지않게 컸다. 인클로저를 선제함으로써 농민을 보호한다는

---

110) John Moore, 앞의 책(위의 각주 44), p.13. 또한 E.C.K. Gonner, *Common Land and Enclosure*, 1912, pp.53~55 참조.

정책의 이론적 토대는 토지소유에 따르는 권리와 의무는 불가분하게 엮여 있다는 토지소유권 개념이었다.

자산은 소득의 원천일 뿐 아니라 공적 기능을 수행했고, 그 사용은 사회적 책무와 국가의 필요로 제한되었다. 군주와의 투쟁을 주도했던 계급들은 이러한 원칙과의 싸움을 멈출 수 없었다. 이 원칙이 마침내 흔적마저 사라진 것은 왕정복고 때 의회가 군인들이 병역을 지는 대가로 누렸던 토지소유권을 철폐하고, 이전에는 그 계급들이 떠안았던 재정적 부담을 간접세 형식으로 국민에게 부과하면서부터였다.

이제 새 이론이 들어섰다. 18세기에 거의 종교가 되다시피한 그 이론의 주창자는 로크였다. 그는 재산권은 국가에 선행하는 권리이며, "최고 권력도 당사자의 동의 없이는 누구로부터도 재산을 일절 탈취할 수 없다"고 주장했다. 그러나 로크는 정치적 갈등의 압박 속에서 타결된, 그리고 지주와 상인들에게는 이미 상식으로 되어 있던 사상을 철학적으로 주조해낸 것에 불과했다. 청교도운동에서 이들 진영은 사회적, 정치적으로 영향력이 컸으며, 그들이 고수했던 사회관은 군대 내부의 민주세력에 대한 아이어턴(Henry Ireton)과 올리버 크롬웰의 응수에서 표출되었다.

그것에 따르면, 오로지 자유보유농만이 국가의 실질적인 구성원으로 그들은 자기 의사에 따라 재산을 처분할 수 있으며, 그런 일을 할 때 상급자에 대한 어떤 의무도 지지 않고, 왕국의 토지에 아무런 이해관계도 지분도 갖지 않는 임의소작인에 불과한 대중을 고려할 필요도 없었다.[111] 당연하게도, 이런 사상적 변화는 농업정책에 심대한 반향을 불러왔다. 인클로저를 저지하는 일이 이전에는 공공정신에 불타는 모든 이의 동조를 받았지만, 이제 그것은 종교적, 정치적

---

111) Camden Society, *The Clarke Papers*, vol. i, p.299 이하, lxvii 이하.

급진파의 기획으로서 불신의 대상이 되었다.

1656년에 웨일리(Edward Whalley) 소장이 레스터 당국의 방침에 따라 작성된 것으로 알려진 공유지 인클로저의 규제와 제한을 위한 조치를 제안했을 때, 의원들은 그것이 '사유재산을 말살한다'며 즉각 반발했고, 그 법안은 제2독회에서 부결되었다.[112] 왕정복고 후에 이런 흐름은 더욱 거세졌다. 인클로저는 이미 지방신사들의 취미가 되어 있었다. 전문가들은 경제적 이유로 그것을 옹호했고, 그것을 촉진하기 위한 법안이 의회에 제출되었다. 여전히 기술적인 문제들이 남아 있긴 했지만, 18세기에 오면 확고하게 자리 잡을 태도가 이미 구체화되었던 것이다.

정책의 변화는 괄목할 만했다. 여기에는 정치적 조건들이 지주계급에게 무한한 힘을 부여했을 뿐 아니라 [왕정복고의 해인] 1660년에 약탈당한 영지로 일제히 되돌아왔던 왕당파 대지주들이 찰스 1세 정부 당시 그들을 격노시켰던 재산권에 대한 행정적 간섭을 찰스 2세 정부가 부활하는 것을 용납하려 하지 않았다는 이유가 있었다. 사회 정책에 대한 여론 자체가 변했으며 무엇보다 성직자들의 소신이 바뀌었다.

이미 성직자들은 자연의 법칙인 경제적 사리 추구를 신의 법칙인 섭리적 계획의 작동과 동일시하고 있었다. 인클로저는 양모와 곡물의 산출을 증가시킬 것이다. 땅 주인은 자신의 땅에 어떤 작물을 재배하는 것이 적절한지를 가장 잘 알고 있으며, 그가 그것을 자유롭게 생산하도록 내버려둠으로써 일반이익은 가장 잘 충족될 것이다. "각자가 자연과 이성의 빛을 따라 최대의 이익을 거두는 선택을 하리라

---

112) *The Diary of Thomas Burton*, ed., J.T. Rutt, 1828, vol. i, pp.175~176. 워릭셔, 노팅햄셔, 링컨셔, 레스터셔에서 인클로저에 저항하여 일어난 소요들을 언급한 웨일리의 편지는 Thurloe, *State Papers*, vol. iv, p.686에 실려 있다.

는 점은 부인할 수 없는 금언이다. ……사적 개인들의 발전이 공공의 이익이 될 것이다."[113)

이런 관점을 경제학자가 아니라 목회자가 제시했다는 점을 주목할 필요가 있다. 왜냐하면 그 주장은 경제적일 뿐 아니라 윤리적이었고, 무어가 금전적 이해에 재갈을 물리기 위해 전통적 도덕률 수칙에 호소했을 때 금전적 이해에 대한 적절한 관심은 계몽된 도덕률의 핵심요소라는 반발에 부딪혔기 때문이다. 영적 건강을 위해 빈자에게 필요한 것은, 당시에 유행하던 말을 빌리면, '기강'(regulation)이었다. 기강은 그들이 고용주의 감시하에 일할 때에만 가능한 것이다.

왕정복고 시의 엄중한 도덕주의자들의 눈에는 빈자들이 가장 등한시하는 첫 번째 덕목은 근면이다. 공유지에 대한 권리는 마땅히 공장주를 위해 일해야 하는 사람들에게 의존적이고 일할 의욕을 떨어뜨리는 생계수단을 제공함으로써 나태를 부추긴다. 그러므로 가구를 합치고 농토를 결합하는 일[즉 인클로저]의 사악함에 대한 종교교사들의 경고가 전면적으로 중단돼야 하는 것은 당연하다.

오랫동안 몰인정한 탐욕의 전형적인 사례로 취급되었던 인클로저는 이제 경제적으로 유용할 뿐 아니라 도덕적으로도 유익하다고 간주되었다. 백스터는, 매우 용의주도했지만—아마 부분적으로는 오히려 그런 용의주도함 때문에—대부분 초기 성직자들과 다르게 '신앙심이 돈독한 사람들이 절제 있게 행한' 인클로저는 조건부로 승인했다. 그는 종업원들이 자기들끼리 일하게 되면 잃게 될 도덕적 규제를 공장주가 부과할 수 있다는 독특한 이유를 내세웠다.

요컨대 핵심은 종업원들의 환경이 아니라 성품이다. 그들은 농민으로서 잃는 것을 크리스천으로서 얻을 것이다. 영적으로 교화할 기

---

113) Joseph Lee, *A Vindication of a Regulated Enclosure*, 1656, p.9.

회가 단순한 물질적 환경보다 더욱 중요하다. 그런데 물적 환경은 인간이 교화될 수 있는 능력을 결정하는 요인들 가운데 하나가 아니던가!

공동경작지 촌락[즉, 인클로저 이전의 촌락]이 더 엄격한 덕목을 가르치는 학교가 아니라고 개탄했던 풍조는 빈곤과 구빈에 대해 한층 더 혹독한 비판을 가했다. 새로운 윤리적 가치기준이 청교도주의의 주형에 맞게 형성됐다는 점을 이보다 더 명백히 보여주는 사회생활의 영역은 없다. 중세 영국을 구성하던 농민과 장인의 소(小)공동체에서는, 하늘이 흉작을 내리면 모두가 함께 굶주렸고 병자, 고아, 노인의 곤궁은 사회문제가 아니라 개인의 재난으로 치부됐다. 보편적이고 세속적인 구호체계의 필요성을 내비쳤던 조숙한 이론가 소수를 제외하면, 중세 학자들의 가장 특징적인 가르침은 빈민구호가 자산소유자들의 주된 책무라는 점이었다.

이 문제에서 전형적인 인물은 성 아퀴나스였다. 그는 굶주린 자들의 빵조각조차 아까워하는 사람들을 신랄히 비판한 성 앰브로즈(St. Ambrose)의 말을 인용해 재산은 맡겨진 것이라는 개념을 주장하면서 이런 평범한 구절에서 항상 도출된다고 볼 수는 없지만, 명백하고도 절박한 필요가 있는데도 구호를 외면하는 것은 치명적 죄악이라고 결론짓는다.[114] 대중의 정서는 가난뿐 아니라 가난을 덜어주는 연민에도 꽤 매력적인 신비감을 부여했으니, 빈자가 하나님의 친구였기 때문이다.

더 나아가면, 빈자는 각별하게 친밀한 방식으로 우리 주님을 표상한다고 생각되었고—랭런드에 따르면 "이런 생각을 하는 부류의 사람들에게 우리의 구세주는 모든 인류를 구원하셨다"—종교교본의

---

114) Aquinas, *Summa Theol.*, 2ª 2ᵃᵉ, Q. xxxii, art. v.

저자는 하나님이 반드시 부자 자체를 미워하는 것은 아니라는 점을 별도로 설명해야 했다.[115] 가장 못한 경우에도, 사람들은 빈자의 기도는 효험이 컸고 죄인은 걸인에게 빵 한 덩어리를―저주의 말을 덧붙일지라도―던져줌으로써 지옥에서 구해진다고 생각했다.

오늘 베푼 자선은 영혼이 사지를 찢는 가시덤불과 맹렬히 타오르는 화염의 그 끔찍한 여정에 들어섰을 때, 천 배로 보상받을 터였다.

만약 살아 있을 때 당신이 양말과 신발을 베풀었다면
  매일매일 그 모든 밤마다
당신은 앉아서 그것들을 신고 있으라.
  그러면 그리스도가 당신의 영혼을 맞이하리라.

만일 당신이 양말과 신발을 누구에게도 베풀지 않았다면
  매일매일 그 모든 밤마다
가시들이 당신의 드러난 뼈를 찌를 것이며
  그런 후에 그리스도가 당신의 영혼을 맞이하리라.

......

만약 살아 있을 때 당신이 고기와 음료를 베풀었다면
  매일매일 그 모든 밤마다
불길도 당신을 쪼그라들게 못할 것이며

---

115) *Dives et Pauper*, 1493, Prol., chap. vii; cf. Pecock, *The Repressor of over-much Blaming of the Clergy*, pt. iii, chap. iv, pp.296~297. 빈자에 대한 중세의 시각을 탁월하게 설명한 저술로는, B.L. Manning, *The People's Faith in the Time of Wyclif*, 1919, chap.x이 있다.

그러면 그리스도는 당신의 영을 맞이하리라.

만약 당신이 고기와 음료를 누구에게도 베풀지 않았다면
 매일매일 그 모든 밤마다
불길이 당신을 앙상한 뼈만 남도록 태울 것이며
 그런 후에 그리스도는 당신의 영혼을 맞이하리라.

오늘 이 밤, 오늘 이 밤,
 매일매일 그 모든 밤마다
불길, 그리고 진눈깨비, 그리고 촛불
 그러면 그리스도는 당신의 영혼을 맞이하리라.[116]

중세교의의 핵심이었던 부의 사회적 성격은 16세기 영국 성직자들에 의해 가일층 강조되었다. 당대의 점증하는 개인주의가 그 전통적 개념을 위협한다는 바로 그 이유 때문이었다. 래티머는 이렇게 설교했다. "빈자는 부자의 재화를 누릴 권리가 있다. 그리하여 부자는 빈자로 하여금 자기 부의 일부를 취하도록 함으로써 그를 돕고 또한 위로해야 한다."[117] 경제적 계산이 초래하는 곤궁에 대해 군주의 관심이 일기 시작하면서, 부분적으론 비베스 같은 르네상스의 대표적 인본주의자들이 영향을 미쳐서, 얼마간은 종교개혁가들의 영향 때문에, 또 어느 정도는 사회행정의 전 영역을 장악하려는 그들 자신의

---

116) *A Lyke-wake Dirge*, W. Allingham, *The Ballad Book*, 1907, no. xxxi에 수록.
117) Latimer, *The fifth Sermon on the Lord's Prayer*(in *Sermons*, Everyman ed., p.336). Cf. Tyndale, *The Parable of the Wicked Mammon*(in *Doctrinal Treaties of William Tyndale*, Parker Society, 1848, p.97). "그러므로 너의 형제나 이웃이 곤궁에 처해서 네가 그를 도와야 하는데도 자비를 베풀지 않고 손길을 거둔다면, 너는 그의 것을 탈취하는 도둑과 같다."

야망으로, 16세기 정치인들은 세속적 구빈체계를 조직하는 일에 착수했다. 영국은 거의 한 세기 동안 끔찍하게 잔인했던 치안조치들을 이용해 부랑아를 단속해왔지만, 이제 부랑의 원인이 개인의 나태만이 아니라 경제적 곤궁이기도 하며, 부랑아로 떠돌지 않으면 굶어죽을 수밖에 없는 사람에게 처벌은 아무런 공포도 주지 못한다는 획기적인 자각이 일었다.

그 결과가 의무적 구빈세를 부과하고 신체건강한 사람들은 일을 하도록 강제했던 일련의 유명한 법령이었다. [부랑아들로 인한] 혼란의 예방에 온통 예민해 있던 추밀원은 무기력해진 판사들을 몰아세웠고, 시민혁명 때까지 그 체제는 꽤 정상적으로 운영되었다. 그러나 엘리자베스 구빈법은 참담한 결과를 낳았던 18세기와 19세기 초의 구빈법과 달리, 경제적 곤궁을 타개하기 위한 유일한 조치로서 의도된 것이 아니었다.

그 법이 구호를 제공한 것은 맞지만, 그것은 구호를 불가피하게 만든 여러 요인을 완화하려고 시도했던 일련의 조치들—[인클로저로 인한] 퇴거의 예방, 식량공급과 가격의 통제, 고용안정과 노동자의 자의적 해고를 규제하려는 시도—의 마지막 연결고리에 불과했다. 구빈법과 별도로 17세기의 처음 40년 동안 사적 자선이 왕성하게 이뤄졌는데, 구빈원과 병원이 설립되었고 직장을 알선하거나 발버둥치는 상인들을 돕기 위한 기금들이 창설되었다. 사람들은 여전히 종교에 호소했고, 종교는 가난에 대해 일종의 경외심을 품었다.

당신은 스스로의 선택으로 이 땅에 오셔서
머리 둘 곳도 없이 지냈나이다.[118]

---

118) Christopher Harvey, *The Overseer of the Poor*(in G. Gilfillan, *The Poetical*

페라(Nicholas Ferrar)는 임종할 때 그의 자선행위를 치켜세우던 사람을 향해 이렇게 말했다. "그게 도대체 무슨 말이오. 마땅히 내가 가진 모든 것을 내놓아야 했지만, 그저 소량의 구호금을 이곳저곳에 뿌린 것밖에 없지 않소."[119]

시민혁명의 혼란 속에서 사적 자선과 공적 구호가 모두 침체된 것은 불가피했다. 런던의 자선기금들은 보통 때보다 더 심하게 유용됐던 것처럼 보이며, 브라이드웰 감화원과 병원들의 수입이 눈에 띄게 줄었다는 불만들이 터져나왔다.[120] 지방에서는 사계법원[Quarter Sessions, 과거 잉글랜드에서 계절별로 연 4회 열려 가벼운 사건들을 다루던 법정]의 기록물들이 당시의 혼란상을 잘 보여주었는데, 재판을 위한 치안관들의 고발기관이 무너지면서 도둑들이 날뛰고, 빈민들이 방치되었으며, 부랑자들이 이곳저곳을 멋대로 떠돈다는 원성이 잦아들지 않았다.[121]

엘리자베스 구빈법의 행정적 난맥상은 왕정복고 이후에도 지속되었으니, 그로부터 23년이 지난 후 헤일 경(Sir Matthew Hale)은 직장알선과 관련된 구빈법 조항들이 사문화되었다고 불평을 토로했다.[122] 지방정부들은 엄청난 곤경과 비용을 떠안겼던 그 조항들을 늘 골칫거리로 여겼거니와, 중앙정부의 압력이 사라진 마당에 몇몇 지역을 제외하고 그것들 대부분이 방치되었다 해도 놀랄 일은 아니다.

Works of George Herbert, 1853, pp.241~243).

119) J.E.B. Mayor, *Two Lives of N. Ferrar, by his brother John and Dr. Jebb*, p.261(B. Kirkman Gray, *A History of English Philanthropy*, 1905, p.54에서 인용).

120) *A True Report of the Great Cost and Charges of the foure Hospitals in the City of London*, 1644 (같은 책, p.66에서 인용).

121) 가령, *Hist. MSS. Comm., Reports on MSS. in various Collections*, vol. i, 1901, pp.109~124; Leonard, *Early History of English Poor Relief*, pp.268~269 참조.

122) Sir Matthew Hale, *A Discourse touching Provision for the Poor*, 1683.

그러나 구호행정에서의 현실적 결함보다 더 심각한 것은 사적 자선과 공적 구호 모두의 배경이 되었던 사회이론을 통째로 혐오하는 새로운 학파가 등장한 일이었다.

1646년에 한 팸플릿 저자는 이렇게 썼다. "영국 전역의 일반적 원칙은 떠도는 걸인들을 호되게 꾸짖고 처벌하는 것이다. ……그래서 수많은 판사가 저 선한 법령의 한쪽 면(처벌에 관한 조항)만을 집행하고, 빈민들을 일시키기 위한 주택과 편리한 장소들을 제공하도록 돼 있는 자선 관련 조항은 그냥 방치되었다."123) 하원은 이런 불만이 꽤 근거가 있음을 인지했던 것 같다. 1649년에는 지방의 치안판사들로 하여금 법이 요구하는 바에 따라 물자가 공여되도록 감시하라고 명령했고,124) 곤궁에 처한 사람들에게 일자리를 얻도록 보장하는 새 법령을 준비하는 문제를 여러 차례 하원의 위원회들에 회부했다.125) 그러나 이런 제안들은 아무런 결실을 맺지 못한 듯하다. "빈자들을 일하게 만든다"는 엘리자베스식 정책도 당대 분위기에 꼭 들어맞는다고 볼 수 없었다.

곤궁이 개인적 결함이 아닌 경제적 원인들의 결과로서 당연히 그 피해자들은 생존을 위한 법적 권리를 사회에 요구할 수 있다는 점이 인정되자마자, 그 시대의 점증하던 개인주의는 훗날 1834년의 개혁가들[수정구빈법 주창자들]이 스피넘랜드정책[1795년 영국정부가 지방의 구빈세를 식품가 상승에 맞춘 임금보조로 전용할 것을 법제화한 정책. 저임노동이 확산되고 기왕에 만연하던 옥외구호를 더욱 조장했다는 비판을 받음]에 반대하며 보였던 것과 꼭 같은 냉담한 회의주의적 태

---

123) *Stanley's Remedy, or the Way how to reform wandering Beggars, Thieves, Highway Robbers and Pick-pockets*, 1646(Thomason Tracts, E. 317[6]), p.4.
124) *Commons' Journals*, March 19, 1648/9, vol. vi, p.167.
125) 같은 책, vol. vi, p.201, p.374, p.416, p.481; vol. vii, p.127.

도를 드러냈다. 욥의 친구들이 그랬듯이[구약의 욥기에서 욥이 당한 고난이 죄의 결과이기 때문에 욥에게 회개하라고 힐난함] 그것은 고난을 사랑의 채찍이 아니라 죄에 대한 형벌이라고 보았다.

그 결과, 부랑자에 대한 처벌이 강화되었고, 종교적 견해는 자선의 책무보다는 노동의 의무를 더욱 강조했으며, 과거에 야박한 탐욕을 향해 던져졌던 훈계는 이제 낭비와 나태를 책망하는 쪽으로 기울었다. 밀턴의 친구 하틀립(Samuel Hartli(e)b)은 당대의 특징적인 정조를 보여주었다. "하나님의 법은 '일하려 하지 않는 자는 먹지도 말라'고 말씀하신다. 만일 ……먹을 것을 얻기 위해 수고할 때까지 그 누구도 먹어서는 안 된다면, 이는 게으른 자에겐 뼈아픈 매질이며 쓰라린 채찍이 되리라."[126]

이 새로운 태도는 1640년과 1660년 사이에 빈곤이 증가하면서 이따금 분출했던 공적 활동들에서 드러났다. 이윤과 박애를 결합하는 기업을 수단으로 건전한 기업원리에 입각하여 빈곤을 다룬다는 사상이 규모가 작은 개혁가 집단에 의해 끈질기게 선포되고 있었다.[127] 의회가 이 문제에 개입하면서, 1649년에는 빈민의 구호와 고용을 위한 법안이 통과되었다. 이 법에 따라 부랑자들을 체포하고, 그들에게 일과 처벌 가운데 선택하도록 하며, 생계수단이 없는 어린이들을 포함한 여타 빈민은 강제노동에 종사시키는 권한을 가진 법인이 창설되도록 했다.[128]

부랑아들이 크게 늘자 8년 후에 법이 또 하나 만들어졌는데, 이 법

---

126) Samuel Hartlib, *London's Charity Inlarged*, 1650, p.i.

127) 같은 책.

128) Firth and Rait, *Acts and Ordinances of the Interregnum*, 1911, vol. ii, pp.104~110. 조합의 설립을 규정한 조례는 1647년 12월 17일에 통과되었다(같은 책, vol. i, pp.1042~1045).

은 솔턴의 플레처(Andrew Fletcher of Saltoun)가 한 세대 후 했던 제안―모든 부랑자들은 노예선으로 보내져야 한다―을 연상시킬 정도로 가혹했다. 그에 따르면, 범법자들은 좀처럼 현행범으로 잡히지 않기 때문에 도로에 나앉게 된 데 대한 상당한 이유를 판사에게 납득시키지 못하는 부랑자는, 실제로 구걸행위를 했건 안 했건 관계없이, 일을 회피한 건강한 걸인으로서 체포되어 처벌되어야 했다.[129]

무분별한 자선행위를 사이비 종교―형식적인 경건함을 위해 성품을 희생시키는―가 뽐내기 위해 하는 일이라며 비판하는 것은 종교개혁 이전부터 있었지만, 개혁가들이 새롭게 강조한 바 있었다. 루터는 걸인들의 구걸을 갈취라고 질타했고, 스위스 개혁가들은 수도원 자선의 잔재들을 방종과 타락을 호도하기 위해 로마가톨릭이 던진 뇌물이라며 근절했다. 엘리자베스 치하의 한 영국목사는 이렇게 설교했다.

"나는 이와 같이 결론짓는다. 오늘날 많은 가톨릭교도가 자랑하며 떠벌리는 모든 대규모 자선행위는 주님의 계명에 대한 경외심이나 사랑에서 우러나오거나 빈자가 당한 재난을 아파하는 내면의 울림에서 행해진 것이 아니라, 살아서는 사람들의 칭찬을 받고 죽은 다음에는 자신을 위해 기도해주기를 바라서 행해지기 때문에[신교에서와 달리 가톨릭에서는 남은 자들의 기도로 죽은 자의 영혼이 구원될 수 있다고 믿는다.], 자선이 아니라 바리새인의 나팔소리에 불과하다."[130]

상업문명의 흥기, 튜더왕조의 권위주의적 사회정책에 대한 반발, 그리고 중간계급으로 청교도주의의 확산 등이 다음 반세기 동안에

---

129) 같은 책, vol. ii, pp.1098~1099.
130) Stockwood, at Paul's Cross, 1578(Haweis, *Sketches of the Reformation*, p.277 에서 인용).

힘을 합쳐서 이런 주장을 더욱 벼려주었다. 청교도도덕가들은 근면과 극기를 통한 성품의 단련을 윤리적 가르침의 핵심으로 삼았던 전통에서 양육되었기 때문에, 의로운 자의 자손도 때때로 빵을 구걸할 수밖에 없지 않을까 하는 의심 때문에 동요하는 일이 없었다. 선행을 하찮게 여기는 일이 냉혹한 이기주의를 가리는 가식에 불과하다는 조롱에 대해서는 감상주의자가 쉽사리 행하는 선행도 그 동기가 못지않게 이기적이고 선행의 대상자들에겐 더 해악적이라며 맞받아쳤다.

스틸은 이렇게 썼다. "게으른 걸인들에 관해 말하면, 그들의 육신에 어리석은 동정심을 베푸는 사람들이 적을수록 그리고 그들의 영혼을 위해 지혜로운 연민을 보이는 사람들이 많을수록 그들은 더 복을 받는다."[131] 악 가운데 가장 큰 악은 나태이고, 빈자는 환경이 아니라 자기 자신의 '게으르고, 난잡하며, 사악한 행실'의 희생자였다. 가장 참된 자선은 구호로써 빈민을 무력하게 만드는 것이 아니라 그들의 성품을 개조해서 구호가 불필요하도록 만드는 것이라는 교의는 빈자를 가혹하게 대하는 일을 죄에서 의무로 변화시켰고, 자연스러운 연민의 충동을, 그것도 습관이 되면 완화하려던 고통을 오히려 영속화한다고 믿었기 때문에 얼어붙게 만들었다.

투박한 지성의 착각 가운데 가장 별난 것은 자기 성취를 자신만의 노력으로 일궈냈다고 생각하는 기업가의 순진한 심리다. 그는 자신을 끊임없이 지원해주고 빈틈없이 보호해주는 사회체제가 없었다면 자신은 사막에서 홀로 우는 어린 양이 되리라는 점을 전혀 의식하지 못하고 있는 것이다. 이 개인주의적 강박관념은 현실에서의 성공은 윤리적 우월성의 징표이며 또 그에 대한 보상이라는 청교도 도덕주

---

131) Steele, 앞의 책(위의 각주 76), p.22.

의자들의 사상으로부터 그러한 자기 확신의 일단을 끌어온다.

한 청교도 팸플릿 저자는 "만일 부(富)가 좋은 것이라면 그것이 악인이 아닌 경건한 자의 몫이라는 점에는 재론이 필요 없다. 왜냐하면 경건함에는 내세뿐 아니라 현세에 대한 약속도 담겨 있기 때문이다"라고 주장했다.[132] 곤궁을 성품에 결함이 있다는 증거로 제시하는 일은, [빈한하게 살았던] 기독교 성인들과 현인들의 삶과는 어울리지 않는 해석이지만, 부자들에겐 언제나 인기가 있었다. 먹잇감을 찾아 포효하던, 그리고 그것을 찾을 수 없을 때는 신에게 그것을 구할 태세가 되어 있던 왕정복고기의 탐욕스러운 부자들은 그런 일을 쌍수를 들어 환영했다.

부의 획득을 최상의 복으로서 숭앙하는 사회는 이 생에서 빈자의 삶을 지옥으로 만든 것을 스스로 정당화하기 위해서라도, 빈자는 내세에서 저주받을 운명이라고 쉽사리 간주하려는 경향을 보인다. 종교인들은 가난을 구제하는 것이 위험하다는 교의가 영혼을 강건하게 만든다고 주장했거니와, 그런 교의는 부상하던 정치산술학파[정치산술학은 영국의 고전경제학자 페티가 그의 저서 『정치산술』(Political Arithmetic)에서 주창. 정치, 경제, 인구와 관련된 문제들을 해명하기 위하여 고안된 연구방법으로서 수량적 관찰, 즉 실증적, 귀납적 방법이야말로 사회불안이나 사회동요를 극복하고 국가정책을 수립하는 기초가 돼야 한다는 내용]에 의해 사회 질환에 대한 최고 치유책으로서 환영받았다. 도덕가들이 손쉬운 자선은 성품을 훼손한다는 데 주안점을 두었다면, 경제학자들은 그것이 경제적 재앙과 재정적 파산을 가져온다는 점을 강조했던 것이다.

구빈법은 태만의 어머니라서, "남녀 모두를 게으르고 자만하게 만

---

132) R. Younge, *The Poores' Advocate*, 1654(Thomaon Tracts, E. 1452[3]), p.6.

들며 일하지 않고 교구에 들러붙어 생계를 꾸려가도록 만든다." 그 것은 검약을 방해한다. "일단 처벌이 가져다줄 수치 혹은 두려움 때 문에 일용할 양식을 얻으면 그는 더 이상 일하려 하지 않을 것이며, 그의 자녀들은 교구의 책임이 되고 그의 노년은 노동이나 걱정에서 해방된다."

구빈법은 임금을 높게 유지한다. "고의로 악한 마음을 품은 사람 들은 자신의 노동에 제멋대로 높은 임금을 매길 것이고, 이성이나 국 익 같은 것에는 아예 감각이 무뎌져서 곡물가나 식품가가 저렴할 때 에도 그것들이 비쌀 때 받던 임금보다 적게 받는다면 도무지 일하려 들지 않을 것이다."[133] 구빈세를 저주했던 지주와 높은 노동비용을 불평했던 직물업자에게 이제 종교사상의 한 분파가 그 둘을 모두 감 소시킴으로써 도덕 자체가 고양될 것이라는 고무적인 확신을 가져 다주었다.

19세기의 구빈법 역사가 앞으로 증명해주겠지만, 아동에 대한 처 우를 제외하면, 중도에서 탈락한 사회구성원들의 불행을 대하는 '정 신'이야말로 사회철학의 진정한 성격을 가장 명확히 드러내주는 시 금석이다. 빈곤이라는 주제에 관한 지금까지의 언명들은 좀더 보편 적인 태도의 한 예에 불과했으니, 그러한 태도는 때때로 임금소득자 거의 전부를 집단적 파멸 속으로 몰아넣는 것처럼 보였다. 부분적으 로 그것은 재산을 사회질서의 기초로서 숭배하는 시대에, 한낱 노동 자는 완전한 시민에 미치지 못한다고 보는 태도였다.

---

133) 왕정복고기 경제학자들이 같은 취지로 언급했던 이런 구절과 여타 구
절을 위해서는, T.E. Gregory 박사의 탁월한 논문인 "The Economics of
Employment in England (1660~1713)" in *Economica*, no. i, Jan., 1921,
p.37 이하 그리고 E.S. Furniss, *The Position of the Labourer in a System of
Nationalism*, 1920, chaps. v, vi 참조.

또한 얼마간 그것은 왕정복고기에 사상과 공적 업무에 대해 상업 계급이 획득했던 영향력이 엄청나게 증대된 결과였다. 무자비한 물질주의의 기질을 지녔던 그 계급은 어떤 희생을 치르더라도 프랑스에서 네덜란드에 이르는 세계시장을 정복할 결의에 차 있었고, 자신의 경제적 야망을 위해서는 모든 다른 고려를 희생할 만반의 태세를 갖추고 있었다. 또한 부분적으로 그것은 한 세기에 걸친 섬유산업에서의 대규모 생산에도 불구하고, 자본주의적 산업과 무산 프롤레타리아의 문제들은 여전히 너무 생소해서 아직 그 본질적 특징들이 제대로 포착되지 못했다는 것을 뜻했다.

심지어는 터무니없는 가격과 부당한 이자의 사악함에 대해 지속적으로 문제를 제기했던 백스터나 버니언 같은 저술가들도 좀처럼 자신들의 원칙을 임금문제에까지 적용할 생각을 하지 못했다. 그들의 사회이론은 소규모 농업과 산업의 시대를 위해 구상된 것이었다. 거기에서 개인적 관계들은 아직 현금관계로 대체되지 않았고, 수공업자나 소작농의 경제적 지위는 그들에게 고용된 대여섯 명의 직인이나 농업노동자의 그것과 별반 차이가 없었다.

대직물업자, 제철업자, 광산소유주의 지배력이 증대되던 세계에서, 그들은 여전히 주인과 하인의 낡은 범주를 고집했다. 이는 마치 개별 고용주가 비인격적 법인으로 전환된 지 오랜 시간이 지난 후 사용자와 종업원이 운위되는 21세기로 이어지는 경제현실에 대해 그들이 보였던 끈질긴 무관심과 다를 바 없었다.

『공산당선언』에 나오는 한 유명한 구절에서 마르크스는 "부르주아지는 어디에서건 일단 우위를 장악하면, 모든 봉건적, 가부장적, 목가적 관계를 종식시키고 인간을 그의 '자연적 상급자'에 결박하는 잡다한 봉건적 유대들을 무자비하게 해체하며 적나라한 이해관계와 냉혹한 현금거래를 제외한 인간들 간의 여타 모든 결속을 파괴한다"

고 관찰했다.[134]

우리는 그의 논지에 관한 흥미 있는 예를 1660년과 1760년 사이에 있었던 고용경제학에 관한 영국 저술가들의 논의에서 찾아볼 수 있다. 그런 논의의 특성은 새로운 산업 프롤레타리아를 향한 태도, 곧 17세기 전반부에 보편적으로 나타났던 것보다 두드러지게 냉혹했던 태도에서 나타났는데, 이는 악독한 백인식민지 이주자가 현지의 유색인 노동자를 상대로 취했던 행태를 제외하면 근대사회에서 유례가 없는 것이었다.

17세기와 18세기 영국 임금노동자들의 '사치, 허식 그리고 태만'에 대한 비난은 오늘날 아프리카 현지인들을 향한 그것과 거의 정확히 일치한다.[135] 그에 따르면, 그들은 네덜란드인에 비해 방종하고 게으르며, 겨우 연명하는 것에 만족해서 그 이상을 벌기 위해 일하려 들지 않고, 임금이 높을수록 ― '너무도 방탕하기 때문에' ― 그만큼 더 많이 음주를 위해 지출한다.[136] 따라서 높은 물가는 임금노동자를 더욱 근면하게 만들기 때문에 그들에겐 불행이 아니라 축복이고, 높은 임금도 '매주 행해지는 도락'에 기여할 뿐이므로 축복이 아니라 불행이라는 등 불만이 터져나왔다.

이러한 신조가 보편화되자 경제적 착취의 혹독함을 오히려 공공의 의무로서 설파하는 일이 하등 이상할 것이 없었으며, 몇몇 예외가 있었지만 그 시기의 저술가들은 어떻게 하면 그런 혹독함을 가장 유리하게 조직해내느냐 하는 방법에 관해서만 차이를 보였다. 폴렉스펜(Sir Henry Pollexfen)과 해리스(Walter Harris)에 따르면, 구원은 휴일로 지정된 날들의 숫자를 줄이는 데 있었다.

---

134) *Das Kommunistische Manifest*, 1918 ed., pp.27~28.
135) Defoe, *Giving Alms no Charity*, 1704, pp.25~27.
136) Petty, *Political Arithmetic*, p.45.

버클리(George Berkeley) 주교는 눈앞에 펼쳐진 아일랜드의 상황을 보면서, "신체 건강한 걸인은 ……체포해서 정해진 기간 공중의 노예로 만들 것"을 제안했다. 노동자가 코담배와 차 그리고 장식용 리본에 대해서 취향이 있는 것에 놀란 앨콕(Thomas Alcock)은 사치 금지법을 부활하자고 주장했다.[137] 구빈소를 처벌과 훈련의 장으로 만들어야 한다는 개혁안을 제시한 저술가들은 무수히 많았다. 그들은 모두 경제적 근거 못지않게 도덕적 이유에서 임금 축소가 핵심이라는 데 동의했다. 훗날 아서 영은 "하층계급을 빈곤에 묶어두지 않으면 그들이 결코 근면해지지 않는다는 것은 천치 외에는 누구나 안다"고 기록한 바 있는데, 이런 원리는 왕정복고기의 경제학자들에게는 가장 진부한 상식이었다.[138] 그것은 논란의 여지가 없는 자명한 원리로서 수용되었다.

박애주의자들이 노예제를 되살리는 것이 오히려 바람직할 수도 있다는 의문을 표했을 때, 극빈자의 고통이 그들의 심장을 사회적 죄책감으로 쥐어짜리라고 기대할 수는 없는 노릇이었다. 이 모든 논의 전반에 걸쳐 가장 기이했던, 그리고 16세기에 수행된 빈곤에 관한 오랜 논란과 가장 극명하게 대비된 특징은, 사회가 곤궁의 원인들에 대해 모종의 책임을 져야 한다는 점을 극구 인정하지 않으려 했다는 것이다.

튜더시대의 성직자와 정치인들은 빈둥대는 부랑자들에게 어떤 연민도 보이지 않았다. 그러나 전자는 언제나, 그리고 결국엔 후자도

---

137) Sir Henry Pollexfen, *Discourse of Trade*, 1697, p.49; Walter Harris, *Remarks on the Affairs and Trade of England and Ireland*, 1691, pp.43~44; *The Querist*, 1737(in *The Works of George Berkeley, D.D.*, ed., A.C. Fraser, 1871, p.387); Thomas Alcock, *Observations on the Defects of the Poor Laws*, 1752, p.45 이하(Furniss, 앞의 책, p.153에서 인용).

138) Arthur Young, *Eastern Tour*, 1771, vol. iv, p.361.

가난이 일차적으로 경제적 불안이 낳은 사회현상이라고 인정했으며, 온화한 해리슨(William Harrison)이 던졌던 "누가 이들의 피를 요구하는가?"라는 당혹스러운 질문도 심지어 당시 상황을 가장 비관적으로 보던 사람들의 심정에서 크게 벗어난 것이 아니었다.[139] 그런데 왕정복고 이후 그들의 계승자들은 빈자 개인의 도덕적 실패 이외에 빈곤에 다른 원인이 있으리라고는 상상조차 하지 못했다.

이런 안락한 신조에서 도출된 실천적 결론은 극도로 단순하고 지극히 동의할 만한 것이었다. 그것은 1601년의 구빈법[빈자의 교구 간 이동을 제한하는 정주법(Settlement Act)을 이름]이 명한 직업알선을 허용치 않는 것이었는데, '빈자를 더욱 뻔뻔스럽게 만들' 뿐이었기 때문이다. 또한 구호의 권리를 1662년의 구빈법에 나열된 장벽들로 에워싸고, 불가피할 때만 구빈소 혹은 감화원을 통해 그런 권리를 부여하며, 여타의 경우엔 임금을 삭감함으로써 노동에 대한 수요를 증가시킨다는 것이었다.

상업시대의 위대한 발견, 곧 구호(救護)는 고통을 경감할 뿐 아니라 구호 자체를 저지하기 위해 집행돼야 한다는 개념은 공리주의철학자들에 의해 비로소 정립될 것이었다. 그러나 곤궁이 경제환경이 아니라 1834년의 신구빈법 위원들이 '개인적 무절제와 악덕'이라고 불렀던 것에 기인한다는 이론은 확고히 자리 잡았고, 신구빈법에 영감을 주었던 엘리자베스 체계에 대한 비판은 이미 공식화되었다.

그 체계의 본질은, 한 세기 뒤에 한 스코틀랜드 성직자가 훌륭하게 요약한바, "모든 사람은 그저 살아 있다는 이유만으로 타인 혹은 사회에 자신의 생계를 부담시킬 권리를 지닌다는 원칙"이었다.[140]

---

139) Harrison, *The Description of Britaine*, 1587 ed., bk. ii, chap.x, *Of Provision Made for the Poor.*

140) H. Hunter, *Problems of Poverty: Selections from the ……Writings of Thomas*

그 체계에 대한 차머스(Thomas Chalmers) 박사의 공격은 청교도 도덕가들이 외쳤던 경고를 반향하고 있다. 그리고 차머스 박사의 견해는 시니어(Nassau William Senior)에게 강력한 인상을 남겨서,[141] 그로 하여금 저 눈부신 위세를 떨친 그리고 역사를 터무니없이 왜곡한 '보고서'[*The Quarterly Review*(1821)에 실린 "Report on the Depressed State of the Agriculture of the United Kingdom"]에 착수하도록 만들었다. 그 보고서는 잉글랜드 북부에서 반발을 사기도 했지만 19세기 사회정책을 떠받치는 주춧돌 중 하나가 될 것이었다.

청교도윤리의 한계에 초점을 맞추다가 청교도주의가 정치적 자유와 사회발전을 위해 수행한 막대한 기여를 간과한다면 이는 정당한 태도가 아닐 것이다. 민주주의의 토대는 영적 자율성을 인식하는 데 있다. 그러한 자율성은 개인으로 하여금 이 세상의 권력에 맞서 홀로 서도록 용기를 준다. 실제로 하층계급의 불손함에 대해 오만한 태도로 일관하던 대지주와 교구목사가 힘을 합쳐 민중소요를 사회와 교회 모두에 대한 위협이라며 박멸하던 영국에서는, 어떤 단일의 운동

Chalmers, D. D., 1912, p.202.

141) 차머스 사상이 시니어 그리고 시니어를 통해 1834년의 신구빈법에 미친 영향에 관해서는, T. Mackay, *History of the English Poor Law*, vol. iii, 1899, pp.32~34 참조. 차머스는 어떤 종류의 구빈법도 그 자체로 용납될 수 없다고 주장했다. '아일랜드 빈민실태 위원회'에서 행한 차머스의 증언이 "아마 일찍이 하원의 위원회가 청취했던 가장 유익했다"고 말한 바 있던 시니어는 처음에는 차머스에 동의하는 듯이 보였지만 후에는 실험적 구빈소의 증거를 대며 억제의 원칙을 차선으로 택했던 것 같다. 1832~34년의 구빈위원회 위원들이 기존의 구빈행정 방식이 지극히 잘못됐다고 생각한 것은 옳았지만, 곤궁을 주로 느슨한 행정 탓으로 돌리며, 느슨한 행정이 실제로 그랬듯이, 증대되던 곤궁에 대응하려는 시도로서 발생했다는 점을 깨닫지 못한 것은 잘못이었다. 따라서 빈곤의 원인에 대한 그들의 논의는 지극히 피상적이었으며, (수직기직공들에 관한 보고서들처럼) 그 문제의 산업적 측면들을 다룬 당대의 다양한 보고서에 담긴 증거로 보강되어야 한다.

도 비국교도 신앙만큼 민주주의에 더 많이 기여하지는 못했으리라는 추측이 가능하다.

진취적 기상과 근면 그리고 절제의 덕목들이야말로 모든 복잡하고 활기찬 문명의 불가결한 토대다. 그런 덕목들에 초자연적 정당성을 부여함으로써 그것들을 비사회적 기벽에서 하나의 습관, 하나의 종교로 전환한 것이 다름 아닌 청교도주의였다. 청교도정신을 대표하는 주요 인물들 가운데 새로운 이상의 가장 숭고한 측면인 개인적 금욕을 그것이 몰아냈던 옛 이상의 가장 숭고한 측면인 심원한 사회적 연대의식과 결합해낸 사람들을 찾기란 그리 어렵지 않다.

한 세기 후에 오언(Robert Owen)이 자기 원칙의 원조라고 격찬했던 박애주의자 퍼민(Giles Firmin)과 퀘이커교도 벨러스는 구빈법 개혁의 선구자들이었다. 종교와 사회윤리의 분리가 거의 완결되었던 시대에 '친구교단'[Society of Friends, 퀘이커교파의 공식 명칭]은 시장이 제공하는 이득을 취하는 것이 허용된다는 당시 만연하던 교의에 맞서서 경제적 거래에서의 선한 양심과 관용의 책무 그리고 곤궁에 처한 형제가 수치스럽지 않게 생계를 유지하도록 하는 일을 공동의 과제로 만들 의무를 지속적으로 주창했다.[142]

그러나 한 나라의 일반적 풍토와 특성은 여기저기에서 산봉우리들이 광활한 대기 속에 솟아 있다는 사실로 변하는 것이 아니다. 청교도 가르침의 독특한 특징은 [앞의 단락이 보여주는 것과는] 달랐다.

---

142) W.C. Braithwaite, *The Second Period of Quakerism*, 1919, pp.560~562. 디포는 *The Complete English Tradesman*에 실린 *Letter xvii*(*Of Honesty in Dealing*)에서 퀘이커들의 엄격한 기업윤리에 관해 언급하고 있다. 애쉬튼 씨는(*Iron and Steel in the Industrial Revolution*, p.219에서) "18세기의 퀘이커교도는 중세의 가톨릭교도들 못지않게 '공정가격'에 관한 모종의 교의를 굳게 견지했다"고 말하면서 퀘이커 철기제조자들의 행실에서 사례들을 인용한다.

그것은 사회적 책무가 아니라 개인적 책임이었다. 자신을 통제함으로써 타인을 통제하도록 학생들을 훈련할 때 그것은 적대적 세상과 외로이 싸우기 위해 영적 선수들을 무장시키는 성품들에 영예의 왕관을 씌워주었고, 사회체제에 대한 관심을 병약자의 버팀목이요 영혼을 파멸하는 것이라며 일축했다.

이런 태도의 미덕과 단점은 모두 미래를 위해 지극히 중요했다. 이따금 사람들은 1760년 이후 발생했던 산업활동의 놀라운 분출이 경제조직체제뿐 아니라 새로운 유형의 경제적 성품을 만들어냈다고 말하기도 한다. 실제로는, 훗날 발명가와 기술자 그리고 산업 수장의 등장과 더불어 파죽지세의 승리를 거뒀던 이상(理想)은 영국인들 사이에서는 이미 17세기가 끝나기 전에 충분히 확립되었다. 그것의 형성에 기여했던 수많은 요인 가운데 결코 사소하다고 할 수 없는 부분이 크리스천이 노력해야 하는 적절한 분야로서 기업활동을 강조하고 거기에서 성공하기 위해 필요한 품성, 곧 청교도주의의 특성을 부각시킨 것이라고 보는 것이 합당할 것이다. 그런 품성들과 그것들에 대한 예찬은 종교적 기준과 그것이 부과한 제약들이 약화되거나 사라진 후에도 계속 남아 있었다.

제5장 결론

"제가 첫 번째 설교를 한 후 얼마 안 돼서 그날 설교를 들었느냐는 질문을 받고는 그렇다고 대답한 사람이 있었지요. 누군가 그에게 설교가 어땠냐고 물었습니다. 그는 '오오 나는 그분의 설교를 늘 잘 듣고 있기는 하지만, 그분은 위험한 인물이에요'라고 답하더군요." -래티머, 『에드워드 6세 앞에서 행한 7차례 설교』(*Seven Sermons before King Edward* Ⅵ)

사회도 개인처럼 도덕적 위기와 영적 혁명을 겪는다. 연구자는 그런 격변들이 낳은 결과들을 관찰할 수 있지만, 그것들을 평가하려고 시도하는 것은 매우 주제넘은 일이기 십상이다. 연구자 자신의 작은 양초는 그런 결과들이 점화한 불로 인해 타오르기 때문이다.

생산적 활동과 지적 계몽의 온갖 휘황한 약속을 동반한 자연주의적 사회과학의 부상, 오랫동안 자신의 영역으로 간주되어온 경제행위와 사회이론의 여러 부문으로부터의 기독교교회의 퇴위, 금전적 이익에 대한 욕구를, 자연스러울지는 모르나 위험한 약점에서 철학자들의 우상이요 사회의 원동력으로 전환한 윤리적 가치체계에 대한 사상가들의 보편적 수용 등의 흐름들은 종교개혁과 18세기에 만개한 계몽사상 사이에 걸쳐 있던 격정적 시대에 또렷이 나타났다. 그 결과물들이 근대문명의 조직 자체로 속속 스며들었다. 이 물줄기들이 흘러들어가는 대양을 분별하기에는 후손들은 아직 그것들의 수원(水源)에 너무 가까이 있다.

역사적인 어느 시점에서 보면 정치사상의 상대성은 가장 진부하고 흔한 현상이다. 그러나 너무도 자주 사회심리학은 시간과 장소의 범주들과 전혀 무관하게 계속해서 논의되어왔으며, 여전히 경제적 이해관계들은 마치 시대정신이 아무런 영향을 미치지 못하는 영역인 듯이 일반적으로 취급되고 있다. 실제로는, 비록 물려받은 성향은 세대를 거듭하는 가운데도 동일할지라도, 가치와 선호 그리고 이상의 체계―개인의 성품이 작동하는 사회환경―는 지속적으로 변화하며, 최근 몇 세기 동안 그 범위에서 가장 포괄적이고 결과에서 가장 강렬했던 변화는 사회적 삶에서 경제적 이해관계들이 점유하는 위상의 의미에서 발생했다.

경제적 목표들을 집중적이고 체계적인 노력이 투입되는 전문화된 대상으로 분리하고 경제적 기준들을 사회적 편의의 독립적이고 권위적인 척도로서 수립한 일은, 고전고대[그리스, 로마시대]에서는 매우 낯익은 것이지만, 적어도 거대한 규모로는 비교적 최근에야 후발 문명들의 역사에서 나타난 현상들이다. 오늘날 여행자들에게 깊은 인상을 주는 동양과 서양의 경제적 관점의 충돌은 역사가들의 관심을 끄는 중세와 근대 경제사상 간의 대비와 매우 유사하다.

그런 혁명을 가져온 요인들은 너무 다양해서 깔끔하게 정형화할 수 없다. 그러나 무역이 확대되고 새로운 계급이 정치권력을 획득하면서, 아마 가장 괄목할 만한 것은 아닐지 모르나, 그 의의가 결코 작다고 할 수 없는 원인이 하나 더 있다. 그것은 종교의 정신이 관장할 것으로 상정했던 영역이 축소된 것이었다. 경제관계와 사회조직에 대한 교회의 관심을 근대의 창안물이라며 내치는 태도는 과거의 역사에서는 거의 지지받지 못했다. 우리는 그런 문제들이 종교의 영역에 속한다는 관점이 아니라 오히려 그렇지 않다는 견해를 설명해야 한다.

종교개혁의 시대가 시작될 무렵, 경제학은 아직 윤리학의 한 분야였고 윤리학은 신학의 일부였다. 모든 인간활동은 단일의 기획에 속하는 것으로 취급되었으니, 그 기획의 성격은 인류의 영적 운명에 따라 결정되었다. 이론가들은 효용이 아니라 자연법에 호소했고 경제거래의 정당성은 시장의 흐름보다는 기독교교회의 전통적 가르침에서 도출된 도덕적 기준에 비추어 평가되었다. 교회는 사회문제에서 이론적 그리고 종종 실제적 권위를 행사하는 그 자체가 하나의 사회로 간주되었다.

향후 두 세기에 걸쳐 진행될 정치사상의 세속화는 사회적 사유에 심대한 반향을 불러일으켰고, 적어도 영국에서는 왕정복고기에 이르면 그 전체 관점이 혁명적으로 변화하였다. 종교는 전 사회체계를 지탱하는 주춧돌에서 그 체계의 한 부문으로 전환됐고, 왕도(王道)라는 개념의 자리에 정책의 중재자요 행위의 준거로서 경제적 편의가 들어섰다. 인간은 살아남기 위해 경제적 이해관계에 합리적인 주의를 기울이는 영적 존재에서, 때때로 아예 경제적 동물로 개조된 것처럼 보이기도 했다. 물론 이 경우에도 인간은 신중하게 행동함으로써 자신의 영적 안녕을 적절히 담보해내려 할 것이다.

그 결과가 근대정치사상의 근본적 일부를 형성한 하나의 태도인데, 그런 태도의 불안정한 철학적 기반과 그것이 이전 세대들의 관념들과 관련해서 드러내 보인 차이는 자주 잊혔다. 그것의 본질은 이원주의였으니, 거기에서 삶의 세속적 측면과 종교적 측면은 하나의 커다란 통합체 안에서의 연속적 단계로가 아니라, 피차 다른 법칙에 따라 지배되고 다른 기준에 의해 평가되며 다른 권위에 귀속되는 동등하고 독자적인 영역으로서 간주된다. 중세의 대표적 지성들에게 그랬듯이, 종교개혁의 가장 뛰어난 지성들에게도, 상업적 거래와 사회제도를 종교와 무관한 것으로 취급하는 철학이란 도덕적으로 위험할 뿐 아니라 지적으로도 터무니없는 것으로 비쳤을 것이다.

그들은, 사회의 궁극적 권위는 신의 의지이며 세속의 관심사들은 영원한 영적 여정에서 하나의 덧없는 에피소드에 불과하다는 제1의 원리를 고수하면서, 크리스천의 사회적 행위가 준수해야 하는 준칙들을 제시하고, 상황이 허락할 때는 그런 준칙들을 집행하기 위한 규율을 제정한다. 그러나 18세기에 그들의 계승자들은 무관심주의(indifferentism) 철학을, 이론의 문제로는 좀처럼 정립하지 않을지라도, 현실에서는 하나의 공리로서―거기에 의문을 제기하는 일이 부도덕하지는 않겠지만 비이성적인 것이 되는―받아들이는데, 종교가 통치하는 곳은 개인의 마음이며 종교를 규율과 제도로 외표화하는 일은 그것의 순수성을 오염시키고 권위를 모멸하는 것이기 때문이다.

그러므로 자연스럽게 그들은 기독교의 윤리적 원칙들을 안이하고 모호한 언어로 진술하고, 그것들을 상업, 금융, 그리고 재산소유에 적용하는 문제에서는 아무런 엄밀성도 보여주지 못한다. 그리하여 종교와 저 자연스러운 경제적 야망들―이전 시대의 사상이 의심의 눈초리로 바라보았던―간의 갈등은 인류의 삶을 둘로 양분하는 휴전에 의해서 유예된다. 전자는 개인의 영혼을, 후자는 기업활동과 사회문제에서 인간들 간의 교류를 각각 자신의 영역으로 받아들인다. 각자가 자신의 영역을 벗어나지 않는 한, 평화는 확보된다. 그들은 충돌할 수 없는데, 결코 만날 일이 없기 때문이다.

역사는 인간의 통제 안에 있는 힘들이 인간의 통제를 벗어난 힘들과 길항하며 협력하는 무대다. 여기에서 서술된 태도의 변화도 이 둘 모두에서 자양분을 끌어왔다. 청교도혁명의 격정과 위세는 경제기업의 눈부신 분출로 이어졌으며, 물질적 환경의 변모는 하나의 정서를 예비했으니, 거기에서 신중한 절제는 가장 진정어린 지혜요 가장 신실한 신앙심의 음성처럼 들렸다. 그러나 외부세계뿐 아니라 내적 세계도 요동했다. 외적 진보의 행군은 이미 그 승리를 환호할 태세가 돼 있던 마음에 교감의 반향을 일으켰고, 종교의 요구와 상업문명의 휘황한 유혹들 사이에는 어떤 첨예한 긴장—종교개혁기를 괴롭혔던—도 자각되지 않았다.

부분적으로 그것은 경제적 동기를 막무가내로 불신하던 사회윤리의 전통적 교의들이란 이미 사라진 시대적 상황에나 어울린다는 것을 알고 있던, 그러나 그것들을 좀더 복잡해지고 유동적인 사회질서의 필요에 맞게 적용할 수 있도록 새롭게 진술할 창조적 에너지는 결여하고 있던 사람들의 자연스러운, 그리고 비합리적이라 할 수도 없는 소심함 때문이었다. 이유의 또 다른 일단은 정치적 변화가 영국국교회와 통치귀족을 동일시할 정도로 너무 멀리 나아가서, 가령 프랑스에서는 파국이 왔을 때 다수의 하위성직자가 제3신분과 운명을 같이하고자 했던 반면, 영국에서는 국교회 간부들이 국가통치자들이 취했던 사회적 관점들에 공명하지 않았던 적이 거의 없었던 데 있었다. 또한 부분적으로는, 한 중요한 일단의 견해에 따르면, 종교의 정수란 외부환경의 거친 세상사에 대한 무관심을 영혼의 결함이 아니라 오히려 영혼의 빛을 더해주는 것으로 보이게 만들었던 정신이었기 때문이다.

국교회를 옭아매던 비단사슬에서 자유로우면서, 자기만의 위대한 규율의 전통도 지니고 있던 비국교도 교회들은 영국국교회에선 볼 수 없던 활력으로 종교의 사회적 책무를 재천명할 기회들을 가졌던 것처럼 보인다. 그들을 방해했던 것은 그들이 지닌 약점이라기보다는 오히려 그들의 가장 본질적이고도 독특한 장점이었다. 그들은 인간의 노력이 구원을 얻는 데 필요하다거나 고독한 순례의 여정에서 인간이 어떤 기여를 할 수 있다는 개념을 부인하는 토대 위에 서 있었기 때문에, 기업세계와 사회를 거친 자재—건축자의 손으로 다듬어져서 하늘나라의 주춧돌로서 제자리에 놓이기를 기다리는—가 아니라 하나의 전쟁터—성품이 목표를 향해 승전가를 부르며 가로질러 행군하는—로 바라보았다. 그들은 성품이란 것이 사회적이며 사회는 성품의 표출이기 때문에 영적이라는 점을 깨닫지 못했다. 이처럼 눈은 왕왕 빛 자체로 인해 멀고 만다.

한 시대에 확실했던 것들이 다음 시대엔 문젯거리가 된다. 도덕률—중세의 선각자들 못지않게 위대한 개혁가들이 영감을 불어넣었던—이 꼭대기에서 바닥까지 스며든 숭고한 공동체 개념에 찬사를 보내지 않을 사람은 없을 것이다. 그러나 물질적 이해관계의 거친 세계를 굴복시키기 위해서는 그 세계의 뒤틀린 길들에 대해 공감하는 자세—적어도 그것들을 이해하는 데 요구되는 정도의—가 필요하다. '어둠의 왕자'도 정중하게 해명할 기회를 갖고 공정한 재판을 받을 권리가 있으며, 그에게 그런 권리를 허용하려 하지 않는 사람들은 결국에 그['어둠의 왕자']가 자신의 몫 이상을 탈취함으로써 형세를 역전시킨다는 점을 알게 되고 말 것이다.

상식과 현실을 존중하는 것은 도덕적 열정 못지않은 영적 덕목이다. 빛의 자녀들은 경제기업이 승리를 외칠 때마다 그것을 맘몬의 또 다른 전략이라고 비난하며 도덕적 분노를 폭발시키지만, 이로써 그들은 냉철한 두뇌와 강인한 심장을 요하는 전투의 참모 역할을 적절히 감당해낼 수 없게 되었다. 그들은 새로운 사실들에 비추어 옛 처방을 수정하기를 완강히 거절함으로써 스스로를 적의 반격에 무방

비로 노출시켰다. 그 결과 그들 철학의 총체적 구조물이, 진리와 환상이 모두 완전히 무너져내렸다. 그들이 지식을 경멸하자 지식은 그들을 파멸시켰다.

17세기 후반부터 물질문명의 얼굴을 탈바꿈시켜온, 그리고 영국이 별로 양심적이라고 볼 수는 없을지 모르나 담대하게 선도했던, 실천적 에너지와 전문적 기술이 이룩한 눈부신 성취를 경이의 눈으로 바라보지 않을 사람은 없다. 그러나 만일 경제적 야망들이 선한 종이라면, 그것들은 또한 악한 주인이기도 하다. 사회적 목적에 연결될 때, 그것들은 제분소를 돌려서 곡물을 빻는다.

그러나 바퀴는 무엇을 위해 도는가 하는 질문은 여전히 남는다. 그리고 그 질문에 대해, 저 새로운 리바이어던이 주문으로 최면을 건 사람들의 내부에서 빈번히 솟구치는 불합리의 심기, 곧 경제권력에 대한 순진하고도 무비판적인 숭앙은 아무런 해결의 실마리도 주지 못한다. 사람들이 자신이 충분히 활용하지도 못하는 메커니즘의 주인이 되는 세계 그리고 모든 점에서 완벽하지만 결코 작동하지 않는 조직이 왕왕 이로부터 결과한다.

인간은 그것을 이성이라 부르며 그저 짐승보다
더 짐승처럼 되기 위해 그걸 사용하지요. [괴테의『파우스트』「천상의 서곡」 앞부분에서 메피스토펠레스가 주님께 인간을 조롱하며 하는 말]

'이성'의 갑옷은 감히 뚫지 못하는 메피스토펠레스의 화살은 [이성이라는] 신성한 이름을 가장한 저 게으른 가짜를 관통해서는, 진보—이는 너무 이기적이고 피상적이어서 자신의 성취들을 어떤 목적에 적용해야 할지도 알지 못하는 종족이 물적 환경을 장악해서 얻은 것이다―라는 달콤한 환영으로 그 추종자들의 비위를 맞춘다.

인류는 자연으로부터 비밀을 짜내고 그 지식을 스스로를 파멸하는 데 사용하며, 열과 운동의 정령들에게 명령하고 그들의 날개를 결박하여 옴짝달싹못하게 만들면서도[즉 과학의 발전을 통해 자연을 정복하기도 하면서] 그 갇힌 요정들이 누구를 섬겨야 하는가 하는 문제를 두고 언쟁을 벌이는지도 모른다. 화학자가 인류에게 생계수단을 마련해줄지 아니면 강력한 폭약이나 독가스를 가져다줄지, 산업이 굽은 것을 다시 똑바로 펼지 아니면 그보다 더 무거운 물체로 그것을 부숴버릴지는 양립할 수 없는 이상들 사이의 선택에 달려 있거니와, 이는 인간의 통제 아래 있는 문명의 장치가 아무리 늘어난다 해도 그 자체로 해결될 수 있는 것이 아니다.

경제적 효율성은 모든 건전하고 활력적인 사회가 영위되는 데 필수적인바, 구제불능의 감상주의자만이 그 중요성을 우습게 볼 것이다. 그러나 효율성을 하나의 도구가 아니라 주된 목적으로 삼는다면, 이는 효율성 자체를 파괴하는 일이다. 왜냐하면 복잡한 문명에서 효과적인 행위는 협력을 전제로 하기 때문이다. 그리고 협력의 조건은 노력의 대상인 목적들과 성취를 평가할 기준들 모두에 대한 합의다.

목적들에 대한 합의는 다양한 목표물 각각의 중요도를 결정하는 가치기준의 수용을 의미한다. 자연이 지속적이고 체계적인 노력에 대해서만 보상하는 희소한 자원의 세계에서, 분명 그러한 기준은 경제적 가능성을 고려해야 한다. 그러나 그 자체가 그저 경제적이어서는 안 되는데, 경제적 이해와 여타 이해―가령 여가를 늘리거나 교육을 증진하거나 노동을 인간화하기 위해 치를 가치가 있는 희생―의 상대적 중요성이야말로 바로 그것이 밝혀야 할 문제이기 때문이다.

그것은 하나의 전체로서 인간본성이 요구하는 바에 대한 특정한 개념에 근거해야 한다. 인간본성에서 경제적 필요의 충족은 매우 중요하지만 그것은 여타의 필요 또한 만족시킬 것을 요구하는데, 그것이 그 활동들을 합리적 체계 위에서 조직할 수 있는 것은 오로지 이런 필요들의 상대적 중요성을 명료히 파악하는 한에서 가능한 일이다. 버클리 주교는 이렇게 썼다.

"세상이 무슨 생각을 하든지 신, 인간정신, 최고선에 대해 별로 생각해보지 않은 사람은 아마 배부른 지렁이가 될 수 있을지도 모르지만, 그가 한심한 애국자와 하잘것없는 정치인이 되리라는 것은 정말 확실하다."

우리로 하여금 진보의 희망을 사랑이 고취한 지식 위에 세우라고 호소하는 오늘날의 철학자는 버클리 주교와 아마 그가 바라는 것만큼 많이 다르지 않을 것이다. 가장 명백한 사실들이 가장 쉽게 잊힌다. 기존의 경제질서와 그것을 재건하기 위해 제시된 수많은 기획이 무너져내리는 이유는 자명한 이치, 곧 아주 평범한 사람들도 영혼이 있으며, 물질적 부가 아무리 증가해도 그것들이 그들의 자존감에 모욕을 주고 자유에 손상을 가하는 조치들에 대한 보상이 되지 못한다는 점을 간과하기 때문이다.

경제조직에 대한 합리적인 평가는, 모욕을 당한 인간본성이 되풀이하는 반란으로 산업이 마비되지 않으려면, 경제조직은 순전히 경제적이지만은 않은 기준들을 충족시켜야 한다는 사실을 감안해야 한다. 그것의 가능한 교정을 위해 취할 수 있는 합리적 관점이라면, 자연적 욕구들을 좀더 광범위한 이해관계들의 통제에 둠으로써, 실제로 이미 상당한 정도로 행해졌듯이, 정화하거나 제어해야 한다는 점을 인식할 필요가 있다.

고전고대의 철학자들이 시도했던 자유인의 직업과 노예의 직무 구분, 부가 인간을 위한 것이지 인간이 부를 위해 존재하는 것이 아니라는 중세적 주장, "삶 없이 부도 없다"는 러스킨(John Ruskin)의 유명한 외침, 생산은 이윤 아닌 인간을 위해 조직돼야 한다고 다그쳤던 사회주의자의 논거 등은 그저 인간의 진정한 본성을 표출하는 이상에 호소함으로써 경제활동의 도구적 성격을 강조했던 다양한 시도다.

그런 본성과 그것의 가능성들과 관련해서 기독교교회는 이 책이 다룬 대부분의 기간에 당연히 자기만의 독특한 견해를 지닌 것으로 상정되었다. 따라서 그것은 그 교의의 중심내용에 대한 박애주의적 겉치레로서가 아니라, 인간의 운명─시장의 상거래와 사회의 제도들에 의해 그 성격이 형성되고 영적 잠재력이 촉진되거나 고갈되는─을 취급한 신조의 중요한 한 요소로서, 사회이론의 체계화에 전념했다. 시대와 장소에 따른 변이(變異)들을 사상(捨象)한다면, 그 철학의 핵심에는 경제적 욕구들─인간의 기획에서 고유하고도 중요한 위상을 점유하지만, 여타의 자연적 욕구들과 마찬가지로 추어주고 받아주고 과잉되면 영혼을 파멸하고 사회를 혼란에 빠뜨리는 욕구들─에 대한 도덕적 원칙들의 우위성을 주창하려는 결의가 있었다. 그것이 내건 처방은 이런 원칙들을 실천적 도덕률─상업과 농업의 혼탁한 세상에 적용할 수 있을 정도로 충분히 엄밀한─로 전환하려고 시도한 것이었다.

그것의 규율은 기독교적 덕목들을 개인의 품성과 사회적 행위의 성긴 직물로 전환하려는 노력─실제에선 너무 종종 부패하고 궁색하지만 그 발상에서는 상스럽다고 할 수 없는─이었다. 실천이 종종 이론의 서툰 모방이라는 것은 새삼 강조할 필요가 없는 진부한 말이다. 그러나 원칙과 행위가 서로 어긋나게 짝을 이루는 세계에서, 인간은 손에 넣은 것 못지않게 시도 자체에 의해서, 실제로 이룬 성취 못지않게 추구하려는 목표에 의해서 평가돼야 한다. 사려 깊은 비평가라면 자신의 이상보다는 자신이 이룩한 성취로 자신을 시험할 것이며, 그의 동료들에 대해서는 살아 있건 죽었건 공히 그들이 이룩한 성취 못지않게 그들의 이상에 비춰 평가를 내릴 것이다.

환경은 시대에 따라 변하며, 도덕률에 대한 실천적 해석은 환경과 함께 변해야 한다. 사회사에 나타난 사실들을 냉정히 숙고한다면, 누구도 권력자에 의한 약자의 착취—경제적 이익을 위해 조직되고, 일련의 법체계를 부과함으로써 지탱되며, 덕스러운 어조와 요란한 수사의 화려한 휘장으로 치장된—가 세상이 이때까지 경험해온 공동체들 대부분의 삶에서 항구적으로 나타나는 특징이었다는 점을 부인하려 하지 않을 것이다.

그러나 '기독교 신앙의 창시자'[예수 그리스도]가 만든 것이라는 그 교의와 가장 첨예하게 대립하는 근대사회의 특질은 가장 통상적인 비판의 대상이 되는 예외적 실패나 비정상적 우행들보다 훨씬 뿌리가 깊다. 그것은 기존 질서의 옹호자들보다 그 고지식함에서 결코 뒤지지 않는 대다수 개혁가가 받아들인 전제, 곧 물질적 부의 성취가 인간 노력의 최고 목표이며 인간 성공의 궁극적 기준이라는 가정이다.

그럴듯하고 공격적이며 궁지에 몰리면 비판마저도 박해를 통해 잠재울 태세가 되어 있는 이런 철학은 승리할 수도 있고 쇠퇴할 수도 있다. 분명한 것은 그것이 기독교적이라 불릴 수 있는—은유에 의한 것이 아니라면—사상과 도덕의 모든 체계를 부정한다는 점이다. 로마제국에서 교회와 국가숭배 사이의 타협이 그랬듯이, 그리스도의 교회와 자본주의 사회의 실질적 종교인 부의 숭배 간의 타협은 불가능하다.

케인스 씨는 "근대자본주의는 전적으로 반종교적이며, 내적 통일도 이렇다 할 공공정신도 결여한, 늘 그런 건 아니지만 대체로 재산소유자와 이윤추구자들의 단순한 집괴(集塊)에 불과하다"고 말한 바 있다. 그것은 축적하기 위해 탈취하고 탈취하기 위해 축적하는 삶을 신격화하는 욕망과 가치의 통합체계다. 그것은 지금처럼 아직 검투 사들의 귓전에 군중의 환호소리가 쟁쟁하고 그들의 이마에선 월계 수가 아직 시들지 않은 승리를 구가하는 시절에는, 물질적 환경을 장악하기 위해 이전 시대에는 알지 못했던 자원을 동원했으면서도 그 자신을 제어하는 법은 미처 배우지 못한 문명의 입술 위에 때때로 떨떠름한 재(災)의 뒷맛을 남긴다.

앞선 시대의 성인과 현인들이 경고와 질타를 퍼부었던 대상은 바로 이러한 체제, 즉 아직 성공이 순수의 탈을 벗어버리기 전의, 수시로 영합할 태세가 돼 있을 정도로 유연한 발육기에 있으면서 그 자신에게조차 진정한 성격이 드러나지 않았던 체제였다. 신학자들과 설교자들이 탐욕의 죄에 대한 공포를 표현했던 언어는 현대 독자들에게는 너무 음울하고 격렬하게 비칠지 모른다. 상업적 계약과 재산처분에 대한 계율은 비현실적인 현학으로 보일 수도 있다.

그러나 성급함은 비굴함보다는 유쾌한 결함이며, 모두가 말하기를 꺼려할 때에는 침묵을 지키는 것보다 과도하게 말하는 편이 오히려 용서를 받을 만하다. 아마 후대는, 속내를 알 수 없어서 조지 3세로부터 위험한 혁명가로 간주됐던 신중한 페일리(William Paley)의 냉정하고 고결한 태도 못지않게, 불의와 억압을 향해 호통 치던 래티머의 사자후에서도 배울 것이다.

인명사전

고드프리(Michael Godfrey, ?~1695): 런던 상인, 금융가. 1694년 패터슨을 도와 영란은행 설립에 참여. 영란은행 초대 부총재.

그레고리 7세(Gregory VII, 1025~85): 1073년 교황에 오름. 성직매매와 성직자의 성적 방종을 금하는 법령 발표. 속인의 교회직을 금하는 등 국가로부터 교회의 자율성을 확보하기 위한 일련의 개혁 단행.

그레셤(Sir Richard Gresham, 1485?~1549): 영국의 포목상, 무역상, 런던시장, 의회의원. 그레셤의 법칙으로 유명한 토머스의 아버지.

그레셤(Sir Thomas Gresham, 1519~79): 영국의 재정가. 런던에 영국 최초로 왕립증권거래소 설립. 엘리자베스 여왕에게 영국재정의 독립을 제안. '악화는 양화를 구축한다'는 '그레셤의 법칙'을 세움. 리처드의 아들.

그로스테트(Robert Grosstête, 1175~1253): 영국의 정치인, 신학자, 과학자, 링컨 주교. 중세과학사상과 영국 근대의 지적 전통의 실질적인 창시자로 불림.

그린들(Edmund Grindal, 1519~83): 캔터베리 대주교(1575~83). 영국국교회의 '39개 신조'(Thirty-Nine Articles) 기초. 가톨릭에 대해 극단적인 적의를 보였던 칼뱅주의자.

녹스(John Knox, 1514~72): 스코틀랜드 종교개혁 지도자. 청교도, 스코틀랜드 장로교 창시자.

뉴스텁(John Knewstub, 1544~1624): 영국 성직자. 1604년 제임스 1세 그리고 성공회와 청교도 대표들이 참석한 '햄프턴코트회의'의 청교도 측 대표자.

다우닝(Sir George Downing, 1623~84): 설교가, 군인, 정치인, 외교가. 런던의

수상관저인 다우닝 가 이름의 기원. 가족을 따라 미국으로 거주지를 옮겼다가 다시 영국으로 돌아와 공공재정의 개혁에 많은 성과를 보임. 중상주의적 '항해조례'의 내용과 통과에 다대한 영향.

다이시(Albert Venn Dicey, 1835~1922): 영국 헌법학자, 변호사, 여성참정권, 비례대표제, 아일랜드 독립을 반대했던 실정법주의자. 『추밀원』, 『헌법 연구 서설』, 『19세기 영국에서의 법과 여론』 등 고전적 저술들을 남김.

듀스(Sir Simonds d'Ewes, 1602~50): 영국 고고학자. 장기의회 의원. 시민혁명에서 청교도 편에 섰으며 자서전과 서간집을 남김.

드 라 쿠르(Pieter de la Court, 1618~85): 네덜란드 경제학자, 사업가. 드 라 쿠르 가문 창시자. 자유경쟁 경제사상의 선구자이며 공화국정부 형태의 완강한 주창자.

디아스(Bartholomeu Diaz, 1450경~1500): 포르투갈 항해가, 탐험가. 1488년 탐험대를 이끌고 희망봉을 처음으로 발견. 대서양과 인도양을 지나 아시아에 이르는 항로를 개척.

디포(Daniel Defoe, 1660~1731): 영국 소설가, 무역상, 언론인. 런던 상인의 아들로서 비국교도 학교에서 교육을 받고 여러 사업에 손을 댔으나 실패. 정치논문을 쓰며 언론활동을 하다가 『로빈슨 크루소』를 포함, 정치, 종교, 범죄, 심리학, 초자연 등에 관한 500편의 저술을 남김.

라블레(François Rabelais, 1483~1553): 프랑스 의학자, 인문학자, 풍자작가. 에라스무스의 제자이며, 구교와 신교 모두와 날카롭게 대립함.

랑프랑(Lanfranc, 1010~89): 이탈리아 출신의 저명한 신학자. 정복왕 윌리엄 1세의 측근. 노르만 정복 이후 캔터베리 대주교로 임명.

래티머(Hugh Latimer, 1485~1555): 영국 성직자, 종교개혁가. 루터의 영향을 받고 가톨릭에서 신교로 개종. 가톨릭교도인 메리 1세가 왕위에 오르면서 신교신앙 포기를 거부해 화형됨.

랭런드(William Langland, 1330~1400): 정부와 교회의 타락을 공격하고 인민의 고통을 탄식한 장편 종교두운시 「농부 피어스」(*Piers Plowman*)의 저자로 알려짐.

러셀(William Lord Russell, 1639~83): 영국 정치인, 휘그당의 전신인 농민당(Country Party)의 주역. 제임스 2세의 왕위계승에 반대하다 반역죄로 처형됨.

러스킨(John Ruskin, 1819~1900): 영국의 예술·건축·사회비평가, 화가, 저술가. 빅토리아 시대의 성자 혹은 예언자로 불리며 문화와 사회개혁을 위한 수많은 저술을 남김.

레버(Thomas Lever, 1521~77): 영국 신교개혁가. 영국국교회 내 청교도운동의 창시자 중 한 사람.

레이몬드(St. Raymond of Peñafort, 1175~1275): 카탈루냐 도미니크 수도사. 20세기 교회법의 근간을 이루는 그레고리 9세의 법령집 집대성. 교회법학자의 수호성인으로 추서됨.

로(John Law, 1671~1729): 스코틀랜드 경제학자, 유명한 도박사. 프랑스 루이 15세하에서 감사원장을 지냄. 17세기 초 네덜란드 튤립 파동의 여파에 버금가는 프랑스 경제파탄의 주역. 영국의 남해포말사건과 같은 시기에 일어났던 미국의 미시시피포말사건(Mississippi Company bubble)을 일으킴.

로(William Law, 1686~1761): 영국국교회 사제. 이신론자들을 상대로 수많은 논쟁을 했고, 인격의 고결함과 신앙적 양심으로 당대 복음주의 운동에 많은 영향을 미침.

로드(William Laud, 1573~1645): 캔터베리 대주교(1633~45). 청교도주의의 급진주의에 반대. 청교도혁명 때 찰스 1세를 옹호하다 참수당함.

로크(John Locke, 1632~1704): 영국 정치철학자, 자유주의 정치철학의 태두. 명예혁명의 지적 변론자로 불림. 『정부론』, 『인간오성론』 등을 남김.

루케르(Denis Jean Achille Luchaire, 1846~1908): 프랑스 중세사가. "중세의 성직자는 군인보다 더한 잔인함으로 농민과 도시민을 대했다"는 유명한 말을 남김.

리담(Isaac Saunders Leadam, 1848~1913): 영국 역사학자. 특히 16세기 영국경제사와 18세기사로 유명.

마요르(George Major, 1502~74): 종교개혁기의 루터파 신학자, 교수.

말린스(Gerard de Malynes, 1586~1626): 영국 독립무역상인, 경제저술가, 조폐국장.

메이틀랜드(Fredric Maitland, 1850~1906): 영국 법률가, 법사학자.

멜란히톤(Philipp Melanchthon, 1497~1560): 독일 신학자, 종교개혁가. 루터의 친구로 종교개혁운동을 통한 복음주의를 확립하기 위해 투쟁.

모스(Miles Mosse, 1580~1614): 칼뱅의 가르침에서 많은 영향을 받은 영국국교회 성직자. 대부행위에 관한 당대의 대표적 이론가.

모어(Thomas More, 1477~1535): 영국 정치가, 인문주의자. 이상적 국가상을 그린 명저 『유토피아』의 저자로 에라스무스와 친교를 맺음. 친구인 헨리 8세의 이혼에 반대하다 대법관직에서 물러났고 마침내 반역죄로 몰려 참수됨.

몬터규(Charles Montagu, 1st Earl of Halifax, 1661~1715): 영국 정치인, 시인. 1694년 영란은행 창설에 기여한 공로로 재무상에 오름.

몰리(Lord John Morley, 1838~1923): 영국 자유당 정치인, 작가, 신문편집인, 정치평론가. 자신의 영웅인 글래드스턴의 전기작가로 유명. 제국주의와 보어전쟁에 반대했고 영국의 제1차 세계대전 참전을 비판하며 정부에서 물러남. '19세기 최후의 위대한 자유주의자'로 불림.

밀턴(John Milton, 1608~74): 시인, 정치평론가. 올리버 크롬웰 정부에 참여했던 시민적 자유와 종교자유를 옹호한 공화주의자. 40대 초 실명한 이후 영어로 쓰인 가장 위대한 서사시로 평가되는 『실낙원』과 『복낙원』 등 대작들을 남김.

바로(Peter Baro, 1534~99): 칼뱅이 임명한 프랑스 위그노 목사. 칼뱅주의에서 갈라져나왔고 한 세대 후 영국에서 더 유명해진 아르미니우스파 청교도주의 창시자.

바본(Nicholas Barbon, 1640~98): 영국 경제학자, 의사, 금융가. 중상주의의 비판자로서 자유시장의 초기 주창자. 1666년의 런던대화재 이후 런던의 복구활동에 주도적 역할을 했으며 이를 계기로 화재보험의 최초 설계자가 됨.

배어본스(Praise-God Barebones, 1598~1679): 설교가. 비국교도인 제5왕국파(Fifthe Monarchist)의 일원. 시민혁명 이후 국왕부재기(Interregnum, 1649~60)의 공화국 의원. 아들에게 '예수 그리스도가 너를 위해 죽지 않았다면 너는 이미 저주받았다'(Unless-Jesus-Christ-Had-Died-For-Thee-Thou-Hadst-Been-Damned)라는 긴 중간이름을 붙여주었고, 아들 니콜라스는 조롱거리였던 아버지의 성(姓) 대신 바본으로 불림.

백스터(Richard Baxter, 1615~91): 청교도목사, 신학자, 저술가. 영국국교회와 청교도주의의 화해를 시도했으나 실패하고 결국 영국국교회를 떠남. 4권으로 된 『성도의 영원한 평강』 등 저서를 다수 남김.

밴크로프트(Richard Bancroft, 1544~1610): 캔터베리 대주교. 장로교를 적대했던 영국국교회의 강력한 옹호자.

(성) 버나드(Bernard de Clairvaux, 1090~1153): 프랑스 시토수도원장으로 시토수도원의 개혁에 앞장섬. 제2차 십자군전쟁의 열렬한 주창자.

버니언(John Bunyan, 1628~88): 신앙의 순수성을 강조한 비국교도(침례교) 설교자, 작가. 시민혁명 중 올리버 크롬웰 혁명군에 가담. 청교도적 세계관을 담은 『천로역정』 등 수많은 저술을 남김.

버클리(George Berkeley, 1685~1753): 아일랜드 주교, 철학자, 사회활동가. 로크, 흄과 함께 근대 경험론의 창시자로 알려짐.

베르톨트(Bertold of Regensburg, 1220?~72): 프란시스수도회 승려. 중세독일의 명망 높은 설교가 중 한 사람.

베일리(Robert Baillie, 1602~62): 스코틀랜드 장로교 성직자, 신학자, 역사가.

베자(Theodore Beza, 1519~1605): 프랑스 신학자. 칼뱅의 제자로 종교개혁에서 주도적 역할을 함.

베컨(Thomas Becon, 1512~67): 영국 신교혁명의 1세대 성직자, 신학자. 초기 청교도주의에 속한 인물로 대중적인 수많은 설교집, 기도서, 논쟁집들을 남김.

베케트(Thomas Beckett, 1118~70): 캔터베리 대주교. 교권을 옹호하여 헨리 2세와 대립하다가 왕이 보낸 자객에게 암살됨.

벨라르미노(Robert Bellarmine, 1542~1621): 이탈리아 예수회원, 추기경. 반종교개혁에 앞장섰으며, 갈릴레오 재판에서 핵심적인 역할을 함.

벨러스(John Bellers, 1654~1725): 영국 교육이론가, 사회개혁가, 작가. 교육, 의료, 빈민구제 같은 사회적 쟁점들에 많은 관심을 기울였고 빈자를 치료하고 의사를 훈련하기 위한 전국병원체제 주창. 사형제 폐지를 주창한 최초의 유럽인.

벨록(Hilaire Belloc, 1870~1953): 프랑스에서 태어나 영국으로 귀화한 소설가, 시인, 역사가, 수필가. 하원의원으로 활약하기도 했으며, 평생 친구가 된 G.K. 체스터턴과 함께 20세기 초반 영국 가톨릭 사상의 계몽과 가톨릭 문학의 부흥에 신기원을 이룩. 『영국사』(4권) 외에 『문명론』, 『우리 문명의 위기』 등 저서를 다수 남김.

보니파시오 8세(Boniface VIII, 1228~1303): 뛰어난 교회법 전문가로서 1294년 교황에 오름. 성직자에 대한 과세에 반대하는 등 국가에 대해 교회와 교황의 권위의 우위를 확보해내려는 과정에서 수많은 갈등과 마찰을 일으킴.

보쉬에(Jacques-Bénigne Bossuet, 1627~1704): 프랑스 주교, 신학자, 작가. 교황권에 대해 프랑스교회의 권리를 옹호했던 대표적 인물.

볼링브룩(Henry Bolingbroke, 1678~1751): 영국 정치인, 정치철학자. 토리 지도자로서 반종교적 태도를 취했지만 영국국교회를 지지. 농민당 철학자로 유명.

부처(Martin Bucer, 1491~1551): 루터의 영향을 받았고 칼뱅에 큰 영향을 미친 종교개혁가. 가톨릭을 옹호한 피의 여왕 메리 튜더 치하에서 주검이 다시 파헤쳐져 화형에 처해짐.

불링거(Heinrich Bullinger, 1504~75): 루터, 칼뱅과 더불어 16세기에 가장 영향력 있던 스위스 종교개혁가, 신학자. 츠빙글리의 뒤를 이어 스위스교회의 수장이 됨.

비베스(Juan Luis Vives, 1493~1540): 발렌시아 태생의 학자, 인본주의자. 근대 심리학의 아버지로 불림. 에라스무스의 친구.

샌더슨(Robert Sanderson, 1587~1663): 로드가 신임했던 영국 성직자, 신학자. 시민혁명 당시 투옥됐으나 왕정복고와 더불어 복권.

샌디스(Edwin Sandys, 1516?~88): 엘리자베스 여왕 재임 시 요크 대주교(1576~88). 1568년에 나온 비숍성서의 옮긴이 중 한 사람.

섀프츠베리(Anthony Ashley Cooper, 1621~83): 청교도 정치인. 1672년 찰스 2세에게 섀프츠베리(Shaftesbury) 백작의 작위를 받아 '초대 섀프츠베리 백작'이 됨. 영국 정당정치의 양대 줄기 가운데 하나인 휘그당의 형성에 큰 영향을 끼쳤으며, 초기 지도자로 활약. 존 로크의 후원자.

서머싯(Edward Somerset, 1506?~52): 영국 정치인. 여동생 제인이 헨리 8세와 결혼하면서 허트포드 백작이 되었다가 후에 에드워드 6세를 섭정하면서 서머싯 공작으로 됨. 강력한 종교개혁 주창자로 인클로저를 반대.

세(Jean-Baptiste Say, 1767~1832): 프랑스 경제학자, 사업가. 경쟁, 자유무역, 탈규제 등 고전적 자유주의 경제원리의 신봉자. 훗날 마르크스, 홉슨, 케인스 등에게 혹독한 비판을 받게 될 "공급은 스스로 수요를 창출한다"는 유명한 고전학파의 명제를 설파.

세실(William Cecil Burghley, 1520~98): 엘리자베스의 수석자문관. 두 차례 국무장관 그리고 국가재정위원장을 지냄. 두 수상과 많은 정치인을 배출한 세실 가문의 창시자.

쇼(William Arthur Shaw, 1865~1943): 영국의 역사가, 고문서수집가. 17세기 영국교회에 대한 자료 연구로 유명.

슐츠-게버니츠(Gerhart von Schulze-Gävernitz, 1864~1943): 독일 경제학자. 퀘이커교도.

스마일스(Samuel Smiles, 1812~1904): 스코틀랜드 출신의 저술가, 사회개량가. 빅토리아 시기 최고의 덕성인 자조(self-help) 사상, 곧 자유는 개인들에게 경쟁을 조장하고, 창의와 근면은 항상 보상받는다는 사상의 주창자. 1859년에 출판된 그의 유명한 『자조』의 모두에 "하늘은 스스로 돕는 자를 돕는다"는 표현이 나옴.

스미스(Henry Smith, 1560?~91?): 엘리자베스 시대 런던의 가장 대중적인 청교도 설교자. 유명한 소책자 「무신론자로 향한 하나님의 화살」의 저자.

스미스(Sir Thomas Smith, 1513~77): 프로테스탄트 성향의 영국 학자, 정치인, 외교관.

스위프트(Jonathan Swift, 1667~1745): 영국 풍자작가 겸 성직자, 정치평론가. 청교도주의를 경멸하고 국교회를 옹호. 『걸리버 여행기』 등 저자.

스코터스(Johannes Duns Scotus, 1266~1308): 중세 스코틀랜드의 가장 영향력 있는 교부철학자. 1993년 교황 요한 바오로 2세에 의해 시복(諡福).

스텁스(Philip Stubbs, 1555?~1610?): 영국 팸플릿 집필자. 당대의 관습, 유행, 오락에 대한 통렬한 비판서인 유명한 『악습의 해부』의 저자.

스트래퍼드(Thomas Wentworth, Earl of Strafford, 1593~1641): 영국 정치인, 찰스 1세의 자문관. 시민혁명에서 왕권을 지지했으며, 의회파에 처형됨.

스틸(Richard Steele, 1629~92): 영국 장로회 목사, 청교도 작가.

시니어(Nassau William Senior, 1790~1864): 영국 법관, 정치경제학자, 정부정책 자문관. 이윤을 자본가가 사치하고 싶은 욕망을 자제한 결과라고 설명하는 제욕설(abstinence theory) 등 고전적 자유주의 사회경제정책을 주창.

아이어턴(Henry Ireton, 1611~51): 영국 군인. 크롬웰의 사위이며 청교도혁명의 의회파 대표로서 급진운동인 수평파(Levellers)를 탄압.

아퀴나스(Thomas Aquinas, 1224?~74): 중세 기독교의 대표적 신학자, 스콜라 철학자, 의사. 자연신학의 으뜸가는 선구자이며 가톨릭 최고의 철학자. 초대 교회 교부들이 플라톤을 복원했던 것처럼 기독교사상에 아리스토텔레스를 접목. 신앙의 틀 내에서 이성의 역할 강조. 유명한 『신학대전』을 포함한 80여 편의 저서에 나타난 그의 사상은 토머스주의(Thomism)로 불림. 가톨릭교회의 중심적 철학전통인 토머스학파의 아버지.

안토니노(St. Antoninus Pierozzi, 1389~1439): 교회법학자, 설교가, 수도사, 피렌체 대주교. 『윤리신학대전』 등 저서를 남김.

알바(Fernando Alvarez de Toledo(1507~82): 스페인 장군. 광신적 가톨릭교도로서 펠리페 2세 치하의 스페인령 네덜란드 신교도들을 무자비하게 탄압한 것으로 유명.

애쉬튼(T.S. Ashton, 1889~1968): 영국 경제사가. 산업혁명기를 긍정적으로 조명한 유명한 『산업혁명』의 저자. 1957년 기사직 제의를 거절함.

액튼(Lord Acton, 1834~1902): 영국의 역사가, 사상가, 정치가. "절대 권력은 절대 부패한다"는 말을 남김.

앨콕(Thomas Alcock, 1709~98): 영국국교회 성직자, 다원주의자, 작가. 빈자를 위해 많은 노력을 기울임.

앰브로즈(St. Ambrose, 340?~397): 밀란의 주교. 최초의 교부. 최고의 교부철학자인 성 어거스틴에게 영향을 준 것으로 유명.

야랜턴(Andrew Yarranton, 1619~84): 강들을 항해 가능한 수로로 만드는 일에 책임을 졌던 17세기 영국의 유명한 엔지니어.

언윈(George Unwin, 1870~1925): 영국의 경제사가. 중세도시의 기원, 16~17세기의 사회구조와 경제정책 등에 관하여 연구하고 경제발전에서 개인의 자유로운 경제활동의 역할을 강조함. 이 책의 저자인 R. H. 토니와 긴밀히 교류했던 것으로 알려짐.

에라스무스(Desiderius Erasmus, 1466~1536): 네덜란드 인문학자, 성서연구가. 가톨릭교회와 성직자, 신학자를 풍자한 『바보예찬』의 저자. 모어와 친교.

에크(Johann Eck, 1486~1543): 루터에 반대했던 독일의 가톨릭 신학자.

에임스(William Ames, 1576~1633): 영국 청교도 신학자, 논쟁가. 주로 네덜란드에 거주하면서 활동했으며, 칼뱅주의자와 아르미니언 간의 논쟁에 개입한 것으로 유명.

엔디콧(John Endicott, 1601~64/5): 치안판사, 군인, 매사추세츠 베이 콜로니 초대 주지사. 광신적 청교도주의자.

영(Arthur Young, 1741~1820): 농부, 언론인, 농업관련 저술가, 농업청장. 농업 혁명의 선구자로 알려짐.

오렘(Nicole d'Oresme, 1325~82): 철학, 천문학, 수학, 정신분석학, 음악 등 거의 모든 분야에서 두각을 나타낸 프랑스의 신부. 경제학 태동 이전의 경제학자로도 기억되며 그레셤보다 200여 년 앞서 악화가 양화를 구축한다는 원리를 제시.

오시안더(Andreas Osiander, 1498~1552): 독일의 루터파 개신교 목사. 그래도 지구가 태양을 돈다고 주장한 『천체의 회전에 관하여』를 코페르니쿠스 사후에 출간.

오언(Robert Owen, 1771~1858): 영국의 선구적 사회주의자. 산업혁명의 최초 실천적 비판자. 협동조합운동의 창시자. 영국과 미국에서 행했던 일련의 공동체 실험이 실패로 돌아감.

오키(John Okey, 1606~62): 영국군인, 의회의원. 급진적 신교주의자. 찰스 1세의 참수에 참여.

왐바(Wamba): 월터 스콧의 1820년 소설 『아이반호』에 나오는 인물. 정곡을 찌르는 유머를 구사하는 매우 쾌활한 성격의 소유자.

우달(John Udall, 1560?~92): 영국 청교도 성직자. 신학자.

워버튼(William Warburton, 1698~1779): 영국 주교, 작가, 반(反)이신론자.

웨슬리(John Wesley, 1703~91): 영국 신학자, 설교자. 영국국교회를 끝까지 견지했던 감리교운동의 창시자.

웨일리(Edward Whalley, 1607~75): 영국 직물업자, 시민혁명기의 지휘관. 찰스 1세의 사형집행 영장 서명자 중 한 사람.

외콜람파디우스(Johannes Oecolampadius, 1482~1531): 독일의 종교개혁가, 인문주의자. 에라스무스를 존경하여 그가 번역한 그리스어 신약 초판에 후기를 씀.

울지(Thomas Wolsey, 1475~1530): 영국 대법관, 캔터베리 대주교, 당대 유럽에서 가장 영향력 있는 외교관. 헨리 8세의 측근이었지만 그의 이혼에 반대하여 신임을 잃고 프랑스 왕실과 내통한 혐의로 반역죄로 수감. 런던으로 호송 중에 병사.

월러스(Graham Wallas, 1858~1932): 페이비언협회 회원. 런던대학 교수를 지냈으며, 사회심리학, 철학, 고전 등에 두루 해박한 정치학자. 정치학에서 심리적 요인을 강조한 『정치에서의 인간본성』(1908)을 비롯한 많은 저술을 남김.

위클리프(John Wycliffe, 1330?~84): 영국의 철학자, 신학자, 성경번역자. 그의 추종자들(Lollards)이 종교개혁의 전조를 알리는 롤라드 운동을 일으킴. 1381년의 농민반란을 선동했다는 비난을 받음. 루터 등 훗날의 종교개혁 지도자들에게 영감을 줌.

윈스탠리(Gerrard Winstanley, 1609~76): 영국 종교개혁가. 실패로 끝난 급진적 평등운동인 디거스(Diggers) 지도자.

윌슨(Thomas Wilson, 1524~81): 엘리자베스 시대의 문장가, 외교관, 판사, 정치인. 『수사학』과 『대화와 논설을 통한 대부업강론』(1572)의 저자.

주얼(John Jewel, 1522~71): 엘리자베스 재임 시 솔즈베리 주교. 『영국국교회 옹호론』(*Apologia pro Ecclesia Anglicana*)을 저술하여 영국국교회가 이단이라는 비판을 반박.

차머스(Thomas Chalmers, 1780~1847): 스코틀랜드 목사, 신학자, 정치경제학자. '19세기의 가장 위대한 성직자'로 불림.

체스터턴(Gilbert Keith Chesterton, 1874~1936): 20세기의 영향력 있는 영국 작가 중 한 사람. 장르를 넘나드는 가톨릭 저술가로서 저널리즘, 철학, 시집, 전기, 판타지, 탐정소설 등 다작을 함. 재기발랄하고 독창적인 역설들로 '역설의 대가'라는 칭호를 얻음.

카트라이트(Thomas Cartwright, 1535~1603): 영국 청교도 신학자.

커닝햄(William Cunningham, 1849~1919): 영국의 저명한 경제사가, 성직자. 자유무역을 반대했으며 경제학에서의 역사적 방법을 주창.

코튼(John Cotton, 1584~1652): 미국 식민지 초기의 대표적인 청교도 목사.

콜린스(William Collins, 1721~59): 영국 시인. 낭만주의 영시의 효시적인 서정시로 유명.

콜턴(George Gordon Coulton, 1858~1947) : 영국 역사학자, 논객. 중세사와 관련한 수많은 저작을 남김.

쿡(Edward Coke, 1552~1634) : 1628년의 권리청원을 기초한 영국의 법관, 법학자. 국왕의 특권에 대하여 코먼 로(common law)의 우위성 주창. 로마법의 영국 침입을 저지하여 영국법, 특히 헌법 발전에 많은 공헌.

크라나흐(Lucas ('the Elder') Cranach, 1472~1553) : 독일 화가, 판화가.

크랜머(Thomas Cranmer, 1489~1556) : 영국 종교개혁 지도자. 신교도 최초의 캔터베리 대주교. 영국성공회 교회에서 사용하는 공동기도서(Book of Common Prayer)의 주저자. 가톨릭주의자인 메리 1세 치하에서 반역과 이단의 죄명으로 화형.

크롤리(Robert Crowley, 1517~88) : 영국 시인, 논변가, 프로테스탄트 성직자. 급진적인 종교개혁을 주창하다가 말년에 이르러는 가톨릭과 청교도주의의 중간적 노선으로 기움.

크롬웰(Oliver Cromwell, 1599~1658) : 찰스 1세와 의회가 대립했던 시민혁명의 지도자. 왕당파와 급진적인 수평파 모두를 제압한 공화국(Commonwealth)의 호국경. 독실한 칼뱅주의자였지만 종교적 관용정책을 취함.

크롬웰(Thomas Cromwell, 1485~1540) : 초대 에섹스 백작, 판사, 정치가. 영국 종교개혁의 강력한 주창자. 1532~40년 헨리 8세의 수석장관을 지냈으나 후에 반역죄로 처형.

클라렌던(Earl of Clarendon, 1609~1674) : 영국 정치인, 역사가. 찰스 2세 자문관, 재무장관, 대법관 역임.

터커(Josiah Tucker, 1712~99) : 글로스터 대성당 주임사제, 경제학자, 정치평론가. 자유무역, 유대인 해방과 더불어 식민지의 무용성을 주장하고 미국독립을 지지.

테일러(Jeremy Taylor, 1613~67) : 주교, 신학자, 설교가, 저술가. 국교회의 재판권 옹호.

테첼(Johann Tetzel, 1465?~1519) : 루터와 대적했던 독일의 수도사. 이 일파가 면죄부를 판 것이 종교개혁의 직접적 도화선이 됨.

템플(Sir William Temple, 1628~99) : 영국 정치인, 외교관, 에세이스트.

트래버스(Walter Travers, 1548~1635): 영국 청교도신학자.

트뢸치(Ernst Troeltsch, 1865~1923): 독일 신학자, 역사가, 사회학자. 객관적 방법을 활용하여 종교사회학과 역사주의의 문제들 탐구.

파깃(William Paget, 1506~63): 정치적 부침이 있었으나 헨리 8세, 에드워드 6세, 그리고 메리 1세의 치하를 두루 경험하며 막강한 영향력을 행사한 왕의 측근, 정치인.

패터슨(Sir William Paterson, 1658~1719): 스코틀랜드 무역상, 은행가. 영국은행 창시자 중 한 사람.

퍼민(Giles Firmin, 1614~97): 영국 목사, 의사, 교구제도 개혁가.

페라(Nicholas Ferrar, 1592~1637): 영국 신학자, 조신(朝臣), 사업가, 영국국교회 부제.

페어팍스(Thomas Fairfax, 1612~71): 청교도혁명 당시 올리버 크롬웰 편에 섰던 의회군 총사령관.

페일리(William Paley, 1743~1805): 영국 성직자, 철학자, 공리주의자. 유명한 시계제조공 비유가 들어 있는 저술인 『자연신학 혹은 신의 존재와 속성의 증거들』에서 자연신학 혹은 이신론(deism)을 변론한 것으로 유명.

페컴(John Peckham, 1230~92): 영국의 프란시스회 신학자, 캔터베리 대주교. 보수적 아우구스티누스주의자로서 토마스 아퀴나스의 아리스토텔레스주의를 격렬히 비판.

페티(Sir William Petty, 1623~87): 영국 경제학자, 발명가, 철학자, 정치인, 왕립학회 회원. 정치산술의 방법론을 제시한 자유방임 철학의 주창자.

페프스(Samuel Pepys, 1633~1703): 영국의 일기작가. 1660년대 10년간의 기록을 담은 그의 일기는 런던대역병, 런던대화재, 네덜란드 함대의 템스 강 침입 등 참화를 겪으면서 런던의 삶을 생생하게 그린 것으로 유명.

펜(William Penn, 1644~1718): 퀘이커교도, 신대륙의 펜실베이니아 개척자.

포크스(John Foxe, 1516~87): 순교사학자(martyrologist). 영국을 신이 택한 민족으로 그린 베스트셀러 『순교집』(Book of Martyrs)을 엘리자베스 여왕에게 헌정.

포프(Alexander Pope, 1688~1744): 풍자시와 호메로스의 번역으로 유명한 시인. 옥스퍼드 인용사전에 셰익스피어와 테니슨 다음으로 많이 인용되는 시인.

폭스(George Fox, 1624~91): 영국 설교가, 퀘이커협회 창시자. 신조나 성서보다 내적 계시와 개인의 경험을 중시하여 영국국교회 전통에 격렬하게 맞섬.

폭스(Guy Fawkes, 1570~1606): 영국을 가톨릭국가로 만들기 위해 1605년 제임스 1세 암살을 기획했던 사건인 화약음모(Gunpower Plot)의 주도자. 처형됨.

폰 카이저스베르크(Johann Geiler von Kaysersberg, 1445~1510): 스위스 성직자. 15세기에 저명했던 대중설교가 중 한 사람으로 평가받음.

폴렉스펜(Sir Henry Pollexfen, 1632~91): 영국 정치인, 대법관.

폴리(Thomas Foley, 1617~77): 영국 제철업자, 정치인.

프랭클린(Benjamin Franklin, 1706~90): 미국 건국의 아버지, 정치가, 외교관, 과학자, 저술가.

프루드(James Anthony Froude, 1818~94): 영국 역사가, 소설가, 전기작가. 영국국교회 신부가 되려 했으나 교리에 의문을 품고 포기함.

프루아사르(Jean Froissart, 1337~1404): 프랑스 신부, 시인, 순회리포터. 14세기 봉건적 삶에 대한 방대한 기록을 남김.

플랜틴(Christophe Plantin, 1520?~89): 프랑스의 저명한 활판 인쇄업자.

플레처(Andrew Fletcher of Saltoun, 1655~1716): 스코틀랜드 작가, 정치인, 군인. 1707년의 스코틀랜드-잉글랜드 연합법을 반대했던 대표적인 스코틀랜드 민족주의자.

피기스(John Neville Figgis, 1866~1919): 영국 역사가, 정치철학자, 성공회 신부. 액튼 경의 제자이며, 훗날 코울(G.D.H. Cole)과 라스키(Harold Laski)에게 영향을 미침.

피콕(Reginald Pecock, 1395~1460): 영국의 고위 성직자, 신학자, 저술가. 위클리프가 시작한 개혁운동을 대표하는 롤라드파를 격렬히 반대. 후에 이성의 권위를 강조하며 성서의 계시적 성격을 부인하다가 이단으로 몰려 추밀고문관직에서 쫓겨남. 롤라드파 성직자들을 향한 그의 반박문 *Repressor of Over-Much Blaming of the Clergie*(1455)는 신학적 의의뿐 아니라 15세기 영어의 모범 문장으로 칭송됨.

하틀립(Samuel Hartli(e)b, 1600~62): 과학, 의학, 농업, 정치, 교육 등 방대한 영역에 저술을 남긴 독일계 영국인 학자, 발명가. '유럽의 위대한 지성'으로 불리며 온갖 종류의 지식 전파에 매진.

해리스(Walter Harris, 1686~1761): 아일랜드 역사가, 저술가.

해리슨(William Harrison, 1534~93): 영국 성직자, 교회사가. 특히 엘리자베스 시절 영국의 정치, 경제, 사회현상에 대한 연구로 많은 기여.

해링턴(James Harrington, 1611~77): 영국 정치철학자, 작가. 오늘날 권력분립 주의의 원형이며, 미국 정치제도에 커다란 영향을 끼친 『오시아나 공화국』 의 저자로 공화주의 주창.

해먼드(John and Barbara Hammond, 1872~1949, 1873~1961): 영국의 역사 가 부부. 공동으로 영국사회사에 관해 진보적 색깔의 명저들을 많이 남김.

핼리(Edmond Halley, 1656~1742): 영국 천문학자, 수학자. 자기 이름을 딴 핼 리혜성을 발견.

헉슬리(Aldous Huxley, 1894~1963): 영국 작가, 풍자가, 평화주의자. 『멋진 신 세계』를 비롯한 많은 저술을 남김. 신의 문제와 관련하여 불가지론이란 말을 처음 사용.

헤일(Sir Matthew Hale, 1609~76): 영국 정치인, 판사, 저술가. 관습법 해설의 대가로 강직한 청교도적 품성으로 이름을 떨침.

헨더슨(Alexander Henderson, 1583~1646): 녹스의 뒤를 이어 스코틀랜드 개혁 교회의 제2의 창시자로 불리는 신학자, 교회정치인. 스코틀랜드 장로교의 교 의와 조직을 만드는 데 결정적인 기여를 함.

호스티엔시스(Hostiensis, 1200?~71): 교회법학자. 대표작 『대전』(Summa)에 서 교회법과 로마법을 실용적으로 종합하여 활용하고자 시도했고 그레고리 9 세의 교황령에 대한 방대한 해설서도 출간함.

홀랜드(Henry Rich, 1st Earl of Holland, 1590~1649): 찰스 1세의 충신, 군인. 시민혁명에서 청교도군에 잡혀 참수.

홉스(Thomas Hobbes, 1588~1679): 영국 무신론자. 1660년 왕정복고의 주역 인 찰스 2세의 교사로서 절대주의를 옹호하고 『리바이어던』을 저술.

후커(Richard Hooker, 1554~1600): 영국국교회 성직자, 신학자. T. 크랜머, J. 주얼과 함께 영국국교회 신학사상의 창시자로 불림.

후텐(Ulrich von Hutten, 1488~1523): 독일 학자, 시인, 개혁가. 로마가톨릭교 회에 노골적으로 적대했으며 르네상스 인문주의자와 루터파 종교개혁의 교량 역할을 함. 신성로마제국의 제국기사단 지도자.

히플러(Wendel Hipler, 1465~1526): 독일 귀족이지만 1525년에 있었던 프란코니아 농민반란에서 반란군들 편에 섬. 반란이 실패하자 탈출했지만 다시 포로가 되어서 옥사.

R.H. 토니 연보

1880년 11월 30일. 인도 캘커타(지금의 콜카타)에서 저명한 산스크리트어 학
자이며 대학에서 역사와 영문학을 가르쳤던 아버지 찰스(Charles Henry
Tawney)와 어머니 캐더린(Constance Catherine)의 3남 5녀 중 차남으로 출생.
1885년(5세) 아버지를 두고 가족이 영국으로 영구 귀국.
1894년(14세) 명문 사립중고교인 럭비(Rugby School)에 입학. 삶과 사상의 평
생 동반자였으며 훗날 캔터베리 대주교가 될 윌리엄 템플(William Temple)을
만남.
1899년(19세) 고전전공을 위해 옥스퍼드 베일럴(Balliol) 진학. 평생의 지기인
베버리지(William Beverage)와 교류 시작. 가장 중요한 지적 멘토이며 훗날 버
밍햄 주교가 될 찰스 고어(Charles Gore)로부터 큰 영향을 받음.
1902년(22세) 1893년에 창당된 독립노동당(Independent Labour Party)과 1889
년 창립된 기독교사회연맹(Christian Social Union)에 가입. 경제와 사회적 삶
은 기독교원리에 따라 조직되고 수행되어야 한다는 CSU의 기본원리는 차후
토니의 삶 모든 측면에 본질적인 영향을 미침.
1903년(23세) 옥스퍼드 졸업. 희랍철학, 고대사, 논리학, 도덕과 정치철학이 포
함된 인문전공에서 차석을 차지. 펠로우십은 수석이었던 베버리지에게 돌아
감. 베버리지가 다리를 놓아 런던 이스트엔드 빈민가의 대학사회복지관인 토
인비 홀(Toynbee Hall)로 진출, 도시빈곤과 노동운동을 경험하면서 사회사상
가로서 사회적 양심을 성숙시킴.
1905년(25세) 자선보다는 교육의 중요성에 눈을 뜨면서, "노동자의 고등교육

증진"을 위해 1903년 5월에 창설됐고 같은 해 8월에 옥스퍼드에서 활동을 시작한 '노동자교육협회'(WEA, Workingmen's Educational Association)에 가입. 곧 집행부의 일원이 됨. WEA를 대학의 사회적 책무의 일환으로 간주. WEA는 토니가 인생 전체에서 가장 중요하고도 실질적인 관심을 기울인 기관이었고, 교사라는 평생직업을 갖게 된 계기가 됨.

1906년(26세) '옥스퍼드대학과 국민'('Oxford and the Nation') 제하로 『더 타임스』에 일련의 대학개혁 기고문 발표. 토인비 홀을 떠나 글래스고대학 경제학 강사로 취직. 1908년 여름까지 근무. 교육자, 역사가, 개혁가 특히 경제사학자와 사회활동가로 본격 발돋움.

1908년(28세) 『1908년 보고서』('1908 Report')로 알려진 『옥스퍼드와 노동계급교육 보고서』를 옥스퍼드대학과 WEA 합동위원회 이름으로 발표. 노동자의 대학교육자원 접근, 대학입학을 가능하게 해야 한다는 취지로 노동자의 교육권, 커리큘럼, 개인교습(tutorial classes)의 중요성을 역설한 성인교육사의 획기적인 문건으로 간주됨. 옥스퍼드대학과 WEA 후원으로 시작된 로치데일 (Rochdale)과 롱턴(Longton)의 개인교습강좌에 정식교사로 임명. 경제사 등 주당 5강좌에 연봉 200파운드를 받으며 향후 5년 근무. 전인교육의 모범을 보임으로써 학문과 인격의 교육적 효과가 얼마나 막대한지를 몸소 증명함. 토니 개인으로서는 노동계급과 공동언어, 공동의 관점을 발전시킬 수 있었던 기회. 실제로 토니 스스로 개인교습강좌가 자신의 가장 큰 스승이었으며 토인비 홀에서 얻지 못했던 노동공동체에 관심을 갖게 된 직접적인 계기였다고 고백.

1909년(29세) 베버리지의 누이이며 옥스퍼드에서 프랑스어를 전공하던 지넷 (Jeanette, 본명 Annette Jeanie Beveridge)과 결혼. 둘은 평생 서로에게 헌신했지만, 지넷이 사랑받기를 원했던 반면 토니는, 그가 존경했고 그에게 막대한 영향을 미쳤던 웹 부부(Sidney and Beatrice Webb)가 그랬듯이, 사회활동의 파트너로서 아내, 사회개혁을 위한 연대로서의 결혼을 기대함. 아내의 잦은 병치레와 서로에 대한 기대의 차이로 힘들어하기도 했지만 아내를 변함없이 깊이 사랑함. 결혼 후 맨체스터에서 5년간 거주하며 랭커셔 등을 오가면서 개인교습강좌를 진행. 1912년까지 개인교습이 끝나는 4월 이후엔 매 여름학기 (Trinity Term) 옥스퍼드의 올 소울스에서 강의.

1910년(30세) 모교인 옥스퍼드 베일럴의 WEA여름학교에서 강의.

1912년(32세) 토니 최초의 본격적인 경제사 저서이며 엘리자베스 시대의 인클로저 운동을 집중적으로 취급한 『16세기의 농업문제』(*The Agrarian Problem in the Sixteenth Century*) 출간. 이 책의 문제의식을 시작으로 튜더와 스튜어트 왕조 경제사를 취급한 다양한 저술 발표, 훗날 그의 대표작이 될 『기독교와 자본주의의 발흥』(*Religion and the Rise of Capitalism*)에서 정점을 이룸. 영국학계에서 16세기를 '토니의 세기'로 불리게 한 하나의 계기가 된 책. 1912년과 1914년 12월 사이 기간 일기형식의 기록을 남겼는데, 1971년에 와서야 『비망록』(*Commonplace Book*)으로 출간. 사회상태나 산업상황 관찰, 동료나 개인교습학생들의 기억될 만한 말들, 훗날 더 발전시킬 단상들을 기록한 것으로, 사회주의를 사적이고 개인적인 행위의 유형으로 주로 논의. 사회주의에 대한 보다 급진적이고 비정통적 사유가 담긴 책.

1913년(33세) 5년의 집중적 강의를 마치고 개인교습강의 중단. 인도 기업가 Tata가 빈곤의 예방과 구호를 위한 연구를 위해 기금을 출연하여 런던정경대학(LSE)에 설립한 '라탄 타타 기금'(Ratan Tata Foundation)의 초대소장으로 취임. 이 기금은 한 세대 이전의 부스(Charles Booth)와 라운트리(Seebohm Rowntree)의 자취를 따라 향후 3년 동안 잉글랜드 노동상황과 빈곤실태와 관련된 일련의 조사보고서와 팸플릿을 출간. 맨체스터에서 런던으로 이사. 블룸즈버리와 홀본 사이의 맥클렌버러 스퀘어(Mecklenburgh Square)에 있는 아파트에 거주. 블룸즈버리 그룹 사람들을 '정신질환'을 앓는 이들로 간주하여 그 지역 지식인들과 거리를 둠.

1914년(34세) 두 명의 WEA 교사와 함께 『영국경제사 자료선』(*English Economic History: Select Documents*) 공동편집. 11월에 전쟁에 참가 위해 전쟁을 반대하는 독립노동당 탈당. 사립고교와 대학졸업생 주축의 장교단이 아닌 노동자들로 구성된 북부의 맨체스터 연대 소속대대의 이등병으로 자원. 전쟁 기간 중 친구들보다 계급이 낮은 34세의 늙은 일반병사로 남아 있기를 고집하며 보통사람과의 연대를 실천.

1916년(36세) 2월, 솜(Somme)전투에 참가. 7월의 공세에서 가슴, 배, 신장 일부에 관통상을 입고 즉시 후송되어 겨우 목숨을 건짐. 8월에 『웨스트민스터 관보』(*Westminster Gazette*)에 솜전투의 긴박함과 생생한 묘사를 담은 『공격』(*The Attack*)을 기고. 연말에 제대. 전쟁은 평생 한쪽 신장이 없는 채로 살아야

하는 아픔을 주었고, 이후 몇 년 동안 상처의 후유증을 안고 살아감. 또한 그
것은 영국의 민주화가 불충분하며, 이로 인해 군사적 승리뿐 아니라 사회개혁
자체가 방해받았다는 평소 지론을 확인시켰고, 전역 후 5년간 사회적, 교육적
재건을 위해 투신하는 계기가 됨.

1918년(38세) 모교인 베일렬의 펠로우로 선출. 강사로서 경제학을 가르침.

1919년(39세) 석탄산업의 구조개혁을 위해 조직된 '석탄산업왕립위원회'(일
명 생키위원회)에 참여. 이로 인해 노동당과의 연루가 시작됐고, 정치적 글쓰
기의 초점과 언어가 자본주의에 대한 윤리적 반대에서 사회주의 프로그램의
실제적 측면들에 대한 논의로 옮아감. 4개월의 위원회 활동 후 석탄산업 위기
의 해법은 저임금이나 노동시간 연장 아닌 광부들의 경영참여 등 석탄산업의
재조직에 있다는 내용의 최종보고서 작성, 의회로 하여금 채택게 함. 재건부
(Ministry of Reconstruction) 성인교육위원회에 관여, 전간기간 성인교육운
동의 발전 기조를 제공한 것으로 평가되는 최종보고서(일명 '1919 보고서')
발표. 하원의원에 출마했지만 실패.

1920년(40세) 여름에 아내와 함께 미국 첫 방문. 매사추세츠의 애머스트
(Amherst)대학 등 여러 대학에서 강의, 강연. 하버드대학에서 향후 30년간 긴
밀히 연관될 진보학자인 라스키(Harold Laski)와 만남. 이 해 가을, 연봉 600
파운드의 경제사 강사로 LSE에 공식 합류. 1922년에는 강사(lecturer)에서 부
교수(reader), 1926년과 1940~45년에는 역사학과장, 1931년에는 연봉 1,000
파운드의 경제사 교수로 승진.

1921년(41세) 『취득형 사회』(The Acquisitive Society) 출간. 부의 탐욕스러운 추
구와 소비성향 등 개인적 행태 주목. 기업행태와 재산의 정당성이 그것들이
공동체 내에서 수행하는 기능과 지향하는 목적 그리고 효율성에 비추어 평가
되어야 한다고 주장.

1922년(42세) 토니의 교육 관련 저술 중 가장 유명하고 평이한 『모두를 위한 중
등교육』(Secondary Education for All) 출간. 11~16세까지 초등학교 졸업생들
에게 '무상보편 중등교육'을 제공할 것과 중등학교 졸업생에게 18세까지 의
무적 연속교육을 도입할 것 주창. 지역구를 옮겨서 두 번째로 하원의원에 도
전했으나 실패.

1924년(44세) 총선에 세 번째 낙선. 동료교수인 파워(Eileen Power)와 함께 『튜

더 경제사료집』(*Tudor Economic Documents*) 출간.

1925년(45세) 『영국노동운동』(*The British Labor Movement*) 출간. 전년도 8월 미국의 윌리엄스타운 정치연구소(Williamstown Institute of Politics)에서 행한 여섯 차례 강연을 엮은 것으로, 노동당과 국가사회주의에 대한 토니의 신뢰와 더불어 영국노동운동사의 탁월한 사가임을 보여줌.

1926년(46세) 1922년 런던 킹스칼리지에서 행한 '헨리 스콧 홀랜드'(Henry Scott Holland) 기념 강연을 토대로 집필한 『기독교와 자본주의의 발흥』 출간. 베버의 『프로테스탄티즘의 윤리와 자본주의 정신』이 '경제발전에 대한 종교 사상의 영향'을 추적했다면, 이 책은 '당대에 수용된 경제질서가 당대의 종교적 견해에 미친 영향을 이해'하고자 했다. 토니의 주장에 따르면, 자본주의 정신은 프로테스탄티즘에 영향을 받았을 뿐 아니라, 기독교의 공공영역으로부터의 전면적 철수가 발생시킨 윤리적 공백을 치고 들어왔다고. 전간시절 가장 많이 팔린 학술서로 기록됨. 7월에 LSE에서 열린 '경제사학회'(Economic History Society) 출범모임에서 초대회장 수락. 1934년까지 이 학회 저널인 『경제사리뷰』(*Economic History Review*)의 공동편집인.

1928년(48세) 노동당 정책강령인 『노동당과 국가』(*Labour and the Nation*) 집필. WEA 의장으로 취임, 1944년까지 그 직을 유지함.

1929년(49세) 강의부담에서 벗어나 연구와 저술에 전념하기 위해 1년간의 휴무 신청. 노동당의 선거강령인 『노동당의 대국민 호소』(*Labour's Appeal to the Nation*) 집필.

1930년(50세) 맥도널드 노동당정부의 『경제자문위원회』 참가.

1931년(51세) 1929년의 핼리 스튜어트 강연(Halley Stewart Lectures)에 토대를 두었으며, 『취득형 사회』, 『기독교와 자본주의의 발흥』과 더불어 토니의 3부작 중 하나로 평가되는 『평등』(*Equality*) 출간. 당대 영국사회에 대한 분노가 전면에 흐르는 책. 불평등은 사회의 생산역량을 제약하고 강력한 기득권층 이익을 보호하며 그러한 이익을 항구화하므로 민주주의를 모욕하고 계급적 분열을 촉진하며 협력적 노력의 원칙에 따라 조직된 사회와 경제에서 달성될 수 있는 것을 제한한다고 주장. 핵심은 소득의 평등이 아닌 사회엘리트가 누리는 이점과 특권의 종식에 있으며, 이를 위해 강력한 누진세, 의료, 교육, 복지체제의 정비, 핵심산업들의 국유화와 산업민주주의가 제도화될 것 주창. 영국사회주의사상의 발전에서 중요한 이정표를 제시했고 1945년 이후 노동당정부들의 의도와 성취에 선견지명의 지침을 제공. 유명하나 잘 읽히진 않는 책으로 알려짐. 콜른 밸리 지역구 후보를 제안받았으나 거절. 중국정부 초청으로 중국 방문. '경제자문위원회' 사임.

1932년(52세) 국제연맹의 요청으로 두 번째 중국 방문. 첫 번째 방문 결과 작성한 중국의 농업개혁에 관한 보고서에 기반한 『중국의 토지와 노동』(*Land and Labour in China*) 출간. 크립스(Stafford Cripps), 베번(Aneurin Bevan), 코울(G.D.H. Cole) 부부, 라스키, 애틀리(Clement Attlee) 등과 함께 '사회주의자 연맹'(Socialist League) 형성에 참여.

1933년(53세) 맥도널드 국민정부 수상의 상원의원 제의에 대해 "개들도 빈 깡통을 꼬리에 매달지는 않는다오. ……도대체 내가 노동당에 무슨 해를 끼쳤단 말이오?"라며 단호하게 거절.

1934년(54세) 영국학술원 펠로우.

1938년(58세) 『평등』 개정판 발행. 새로 쓴 서문에서 토니는 다양한 개인들의 다양한 필요를 충족시키는 것이 진정한 사회적 평등에 기초하여 조직된 사회의 특징적인 모습이라고 지적하며 평등이 증진될수록 다양성도 커진다는 점을 강조.

1939년(59세) 3~4월. 시카고 방문. 시카고대학에서 유럽외교의 위기, 특히 1930년대 영국외교정책의 실패에 관한 일련의 강연. 귀국 후 런던 방위군(Home Guard)에 합류.

1940년(60세) 7월 『뉴욕타임스』에 영국참전을 정당화하는 감동적인 칼럼('영국은 왜 싸우는가') 게재. 이 칼럼을 읽은 애틀리 부수상의 요청으로 '사회와 정치경제문제에 관한 자문관'으로 1년 동안 주미 영국대사관 파견. 미국 각지를 돌면서 강연.

1941년(61세) 8월 노동당각료인 그린우드(Arthur Greenwood)가 이끄는 정부 재건위원회에 1918~21년 기간 전시경제 철폐가 가져온 문제들에 관한 경험적 보고서 제출.

1942년(62세) 미국철학회 회원.

1944년(64세) 1945년까지 젊은 진보적 역사가인 힐(Christopher Hill)과 교류, 교신. 당시 외무부에서 소련문제를 취급하던 힐의 도움으로 1945년 7월 모스크바 방문. 한편 한창 저술활동을 펴던 마르크스주의 역사가 홉스봄(Eric Hobsbawm)에 대해 지나치게 거만한 태도로 마치 우월한 진리를 소유한 사람처럼 글을 쓴다며 못마땅해 함.

1947년(67세) 봄에 전전에 살던 블룸스베리의 맥클렌버러 스퀘어에 복귀. LSE의 호의로 1949년까지 경제사교수 직함을 유지.

1948년(68세) 방미, 시카고 강연. 냉전이 고조에 달하기 시작하던 때, 언론자유와 동시에 공산주의 실상에 대한 이해를 촉구.

1952년(72세) 런던대학 페이비언협회 강연('British Socialism Today')에서 나토를 지지하고 미국과의 지속적 동맹에 찬성 표명. 시카고에서는 소련에 대한 이해를 넓힐 것을 주장했고, 영국에 와서는 루스벨트 같은 개혁적 대통령을 선출했고 노동운동이 활성화되던 미국에 대한 관용을 촉구함.

1953년(73세) 『공격』(*The Attack and Other Papers*) 출간. 사후인 1964년에 출간된 『급진적 전통』(*The Radical Tradition*)과 함께, 사회정의, 교육, 민주적 사회주의, 기독교윤리, 사회개혁 등 폭넓은 주제에 관한 그의 다양하고 영향력 있는 논문과 에세이를 묶은 선집 중 하나.

1958년(78세) 11월 20일, 잦은 병고에 시달리던 아내 지넷 사망.

1962년(82세) 1월 초 감기로 마지막까지 머물던 맥클렌버러 스퀘어를 떠나 요양원으로 옮겼으나, 1월 15일 수면 중에 사망. 국교회 예배 후 하이게이트 묘지에 있는 부인 옆에 안장. 노동당수인 게이츠컬(Hugh Gaitskell)은 짤막한 연설에서 "내가 만났던 최고의 사람"이라고 회고했고, 14년간 가정부였던 루시 라이스는 토니는 훌륭한 고용주였을 뿐 아니라 위대한 친구였으며 "내 인생의 커다란 한 장이 갑자기 끝났다"고 슬퍼함. 재산을 가정부 등 어려운 이들에게 남김. 이후 언론에 수많은 헌사와 부고 기사가 쏟아짐. 그의 청렴과 정직과 검소한 삶에 대한 수많은 일화가 전해옴.

옮긴이의 말

　막스 베버는 그의 『프로테스탄티즘의 윤리와 자본주의 정신』에서 근대자본주의가 16~17세기에 서유럽의 맥락에서 태동하고 발전했는지의 문제를 주목하면서, 청교도주의의 프로테스탄티즘 윤리가 개인들의 내면적 삶과 경제행위에 미친 영향을 이해하고, 자본주의적 품성의 형성에서 종교사상이 수행한 역할을 설명하고자 했다.

　반면에 토니는 근대자본주의의 발흥에 일정한 역할을 했던 프로테스탄티즘의 윤리는 자본주의의 발전이 진행되면서 교회의 신학적 태만, 무관심, 무지 등으로 인하여 점차 자본주의의 윤리적 계도를 위한 원래의 적극적 역할을 포기하고 스스로 세속적 물질주의 정신의 하위개념으로 주변화되었다고 관찰한다. 그는 칼뱅의 칼뱅주의가 자본주의의 문을 연 정도를 과장하는 것이 옳지 않은 것처럼 후기칼뱅주의가 새로운 경제질서에 의해 영향받은 정도를 과소평가하는 것 또한 잘못이라는 점을 부각시킨다. 토니는 원죄와 인간의 타락을 깊이 인식했던 기독교사상가였지만, 17세기의 후기 청교도주의가 "인간의 본래적 약함을 덕목으로 오히려 과장함으로써" 물질에 대한 개인의 탐욕 같은 반사회적 인간본성을 오히려 부추겼다고 분석한다.

토니의 관찰은 한국교회가 그간 신도 수와 물량적 측면의 외적 성장에도 불구하고 신앙과 경제거래를 두 개의 서로 다른 사적 행위의 범주로 취급하며, 결국 사회경제적 삶으로부터 전면적인 후퇴를 감행하기에 이른 오늘날의 상황과 관련하여 시사하는 바가 적지 않다. 한국교회는, 사회경제적 문제들에 관한 한, "생각을 멈췄기 때문에 가질 수 없었고, 가진 것이 없기 때문에 줄 수 없었다"는 토니의 지적을 뼈아프게 받아들여야 하는 지점에 와 있는지 모른다.

이 번역서는 R.H. 토니가 1926년에 처음 세상에 내놓은 *Religion and the Rise of Capitalism: A Historical Study*(New York: Harcourt, Brace and Company, 1952)를 완역한 것이다. 제목에 나오는 Religion을 '종교'가 아닌 '기독교'로 옮긴 것은 불필요한 오해를 피하고자 한 것인데, 이 책은 종교가 곧 기독교였던 16~17세기의 서유럽 특히 영국을 배경으로, 당연하게도, 종교 일반과 무관한 기독교의 교리·윤리만을 취급하고 있기 때문이다.

이 책은 본래 김종철 선생이 1980년대에 『종교와 자본주의의 발흥』이란 제목으로 처음 국내에 번역·소개한 바 있지만, 이 기회에 옮긴이 주를 첨가하여 전면적으로 다시 번역한 것이다. 무엇보다 원서의 판본이 달라 본문 모두에 새롭게 추가된 부분도 있고, 선생의 번역이 직역에 기운 듯하여 그간 일반 독자의 접근을 다소 어렵게 할 수도 있었으리라는 점이 새 번역서를 내놓게 된 주된 이유다. 그런데도 토니가 국내 독자들에게 아직 낯설었던 시절에 그의 일련의 저작들을 소개했던 선생의 혜안과 노고에 깊은 경의를 표한다.

번역은 상투적 표현을 피하면서 가독성을 높이는 쪽을 택했다. 스타일리스트로도 알려진 토니의 저작들이 대체로 그렇지만, 이 책은 특히 중세 고영어, 독일어, 프랑스어, 이탈리아어가 불쑥불쑥 튀어나오고, 길고 짧은 라틴어 표현과 문장들, 시적 표현, 은유, 수많은 고전의 인용들, 빛나는 경구와 잠언들이 뒤섞인 화려한 만연체로 쓰였다. 이 번역서는 형식이나 수사 혹은 스타일보다는 저자의 본의와 논점의 전달이라는 사회과학적 미덕을 앞세웠다. 이를 위해 접속사를 빼거나 새로 삽입하기도 했고, 복문이나 중문을 단문으로 연결하고 문단을 나누는 일도 빈번했다. 필요하다고 판단될 때마다 대괄호([])에 옮긴이 주를 넣어 독자의 이해를 돕고자 했다. 본문에 등장하는 주요 인물들의 간략한 소개를 위한 인물사전도 책 뒤에 덧붙였다.

특히 라틴어 문장들을 해석하기 위해 그것들이 영어나 독일어 혹은 프랑스어로 옮겨진 번역서를 찾아 런던대학 도서관들을 뒤졌지만 결국 발견하지 못했다. 이 기회에 라틴어 관련 책도 여럿 사들이고 라틴어 공부를 시도해보기도 했으나, 시간상으로 역부족이었고 막연하지만 훗날의 과제로 미룰 수밖에 없었다. 라틴어 번역을 위해서는 김종철 선생의 일본어 중역을 많이 참고·의존했으며, 고려대학 철학과 박사과정에 있는 윤삼석 선생의 최종 감수를 거쳤다.

문체와 언어의 문제에다 책의 내용이 경제사와 교회사가 복잡하게 얽혀 있어서 학문이 얕고 좁은 나로서는 쉽지 않은 번역과정이었다. 그러면서도 그 과정은 관련된 자료들을 이리저리 찾고 읽으며 때로는 지루하고 때로는 즐거웠던 가외의 공부 기회이기도 했다. 번역을 마무리할 무렵엔 이 책의 학술적 위상과 그것이 한국적 상황에 던지는 함의를 가늠해보며 나름의 보람과 희열을 느끼기도 했다. 독자들의 세심한 의견과 질정을 기대한다.

2015년 11월

고세훈

찾아보기

|ㄱ|

가격문제 172

가격혁명 143, 221

가톨릭 41, 47, 49, 58, 63, 74, 160,
167, 169, 187, 191, 247, 305, 306,
315, 333, 337, 342, 346, 350, 385
~주의 30

감리교 298

개인주의 138, 148, 159, 166, 167,
193, 194, 211, 227, 235, 255, 258,
265, 270, 272, 275, 313, 315, 316,
325, 335, 343~345, 349, 365, 370,
371, 380, 383, 386

결의론 64, 98, 133, 155, 176, 179,
199, 209, 249, 327, 333, 336

경제제국주의 143

계몽사상 398

계약의 자유 286

고금리 350

공공전당포 107, 125, 256

공리주의 66, 195, 335, 349, 356, 392

『공산당선언』 389

공산주의 93, 372

공위기 41

공유지 141

공정가격 98, 103, 104, 134, 229, 245

공화정 343

공화주의 232, 233, 298

관념론 46

관습법 120, 252, 266, 281, 282

교구 243, 244, 255, 277, 282, 323,
388

교부 69, 90, 91, 154, 161, 187, 248,
278

『교역론』 361

교황 88, 89, 109, 112, 113, 141, 154,
166, 170, 173, 230, 241, 247, 248,
250, 270, 333, 342

교황청법정 112

교회법 62, 65, 66, 69, 99, 110, 119,

121, 125, 127, 131, 135, 138, 155,
161, 172, 174, 177, 179, 186, 230,
247, 249~252, 257, 277, 282, 284,
318, 362
교회법정 99, 118~121, 123, 124,
250~252, 282~284, 316, 318
교회법학자 125, 126, 133, 154, 155,
172, 173, 179, 248
교회정부 222, 395, 317, 318
구빈법 260, 268, 346, 378, 381, 382,
387, 388, 392
구빈세 381, 383, 388
구빈소 391, 392
구원 91, 176, 189, 339, 352, 390
구호 384
국교도 366
국교회주의 302
국민국가 140
국제금융가 146
『군주론』 152
권리장전 254
규율 197, 198, 317, 319, 325, 334,
343, 349, 354
그라티아누스 93, 96
그레고리 7세 74
그레셤, 리처드 225
그레셤, 토머스 61, 229, 273, 274
그로스테트 88
그린들 251
『근대자본주의』 47

『기독교강요』 198~200
금권주의 309
금욕주의 72, 74
금융 79, 93, 182~184, 205
 ~업 163, 186
  ~자본주의 149, 150, 160
급진주의 51, 226, 255, 302, 325,
340, 367
기능 237, 238
『기독교 훈령집』 62
기독교윤리 63
기업연합 174
길드 66, 70, 83~86, 99, 124, 140,
142, 148, 151, 162, 220~222, 224

|ㄴ|
남해포말사건 288
낭트칙령 305
네덜란드 48, 50, 59, 61, 64, 144,
146, 151, 210, 303, 305, 309, 312,
321, 332, 335, 339, 340, 364, 367,
368, 389, 390
녹스 63, 74, 197, 211, 317
농노 80, 130
 ~법 131
 ~제 129~132, 163
 ~해방 130
농민 80, 84
 ~반란 130, 156
 ~봉기 170

~전쟁 143, 157, 232
농업자본가 221
농업혁명 235
뉴잉글랜드 211, 212, 217
뉴턴 285
니콜라스 3세 89

|ㄷ|
다우닝 368
다이시 371
대금업 310, 342
　~자 241, 256, 261, 262
대부업 41, 44, 89, 98~100, 109, 110,
　115, 119, 156, 159, 186, 222, 229,
　241~243, 245, 248, 251, 274, 360
　~자 88, 89, 98~101, 107, 110,
　111, 113, 117, 118, 120, 121,
　123, 124, 126, 134, 184, 186,
　202~204, 207, 211, 231, 241,
　242, 250~253, 256, 261, 280,
　289, 310, 322, 330, 347, 348, 367
『대부업 강론』 246, 274, 344
대부이론 186
대부행위 107, 111, 122, 123, 173,
　179, 239, 185~187, 199, 207, 210,
　246~248, 250, 251, 273, 276~278,
　283, 284, 317, 320, 324, 330, 332,
　342, 350
데카르트 281, 365
덴마크 70

도덕법 111
독립교회 193
　~파 315, 318, 319, 325, 367
독일 41, 47, 85, 130, 132, 141~144,
　148, 149, 151~154, 156, 158, 159,
　161~164, 166, 170, 173, 190, 220,
　221, 223, 228, 232, 240, 365
독점 100
동인도회사 367, 367
디포 51, 304, 369

|ㄹ|
라블레 151
라테란공의회 111, 125
랑프랑 72
래티머 63, 74, 157, 227, 232, 233,
　371, 373, 380, 397, 408
랭글런드 73
랭커셔 70, 302
러스킨 406
러시아 162
런던 70, 83, 88, 109, 120, 121, 123,
　124, 127, 141, 149, 184, 220, 225,
　255, 269~271, 300~303, 318, 319,
　327, 332, 346, 357, 360, 364~367,
　374, 382
레반트 140
레버 157, 227, 231, 245
레이먼드 113, 242
레이턴 249

로 288, 368

로돌피스 61

로드 63, 74, 194, 219, 263, 265~269, 284, 304, 312, 316, 346, 371

로마 87, 89, 128, 139, 154, 159, 161, 166, 168, 190, 191, 197, 204, 217, 249, 295, 327, 407

~ 가톨릭 302

~법 163

로크 66, 274, 286, 365, 375

롤라즈 116

롬바르드 88, 120

루앙 149

루터 41, 63, 74, 97, 154, 155, 157, 165~175, 177~180, 182~184, 186, 197, 353, 385

~교회 63

~주의 30, 157, 161, 181

르네상스 39, 49, 45, 149, 150, 151, 154, 161, 380

리스본 153, 162, 163

리용 149, 151, 203

~공의회 111

~의 빈자들 73

린드우드 126

|ㅁ|

마닝 74

마르크스 47, 192, 389

마요르 186

마키아벨리 60, 66, 152, 154, 181, 279

말린스 272

매사추세츠 212, 213

맥시밀리언 152, 153

맨체스터 51

메리 1세 341

메이틀랜드 250

멕시코 141

멜기세덱 43

멜란히톤 156, 169, 187, 248

명예혁명 285, 287, 301, 309, 340

모세 213

모어 146, 223, 224

모이팅 가 153

목사회 205

몽테스키외 47, 309

무관심주의 74, 285, 400

무적함대 160

물질주의 161, 190, 362

미국 57, 59, 61

민족주의 141, 151, 372, 393, 394

밀 356

밀턴 296, 339, 384

|ㅂ|

바스코 다가마 140

바젤 203

~공의회 143

반인구감소 정책 235, 273

발루아왕가 152

백스터 62, 74, 298, 301, 326~328, 330~332, 334, 357, 377, 389

밴크로프트 317, 318

버나드 90

버니언 62, 74, 296, 332, 352, 360, 389

버크 171

버클리 391, 405

베네수엘라 153

베네치아 141, 143, 147, 149, 163

베니스 203

베른 203

베버, 막스 40, 41, 45~50, 52, 194, 313

베스트팔렌조약 59

베이컨 236, 239, 281, 340

베자 202, 205~207, 319

베컨 157, 227, 231

베케트 78

벤담 66
~주의 371

벨라르미노 155

벨러스 74

벨록 169

벨저 가 164

벨제르 가 153

보니파시오 8세 74

보댕 156

보수주의 226, 255, 256

보쉬에 158

보이지 않는 손 289

복권 210

복음 198, 199, 228, 257
~주의 290, 371

볼테르 309

봉건영주 80

봉건주의 43

뵈하임 156

부당가격 202, 350

부당이득 184

부르주아지 163, 192, 206, 255, 309, 311, 357, 389

『부자와 빈자』 62, 321

부처 74, 137, 156, 158, 184, 198, 228, 319

불간섭주의 347

불링거 74, 156, 196, 276

불평등 67, 78, 79, 170, 171, 287

브렌타노 49

브루제 147

브르고뉴왕조 148

비국교도 41, 58, 59, 265, 301, 304, 306, 307, 318, 366, 369, 394, 401

비베스 195, 380

비엔나공의회 111

빈곤 195, 378, 388, 391

|시

사계법원 256, 382

사유재산 92
　~제 44, 92
사적 유물론 192
사회주의 16, 183, 193, 205, 315
산업자본주의 149
산업혁명 73, 220, 290
상업 79, 82, 95, 109, 179, 181~184,
　205, 220
　~문명 168, 172, 185, 239, 278,
　　340
　~사회 258
　~자본가 220
　~자본주의 288
　~주의 159, 182
　~혁명 163
상인 79, 80, 82, 94~97, 99, 184, 196,
　222, 228, 343, 358
　~계급 283, 300, 307~309, 340,
　　339, 344, 343, 347, 389
상파뉴 109
샌디스 157
섀프츠베리 364
서머싯 198, 235
선행 189, 191, 354
성실재판소 223, 268, 316
성직매매 89
세비야 149
세속법정 120, 121, 123, 318
세속화 61, 343
세실 232, 257

셰익스피어 150, 340
소명 49, 97, 169, 192, 297, 352, 353,
　354~356, 358, 360
『소상인의 사명』 357, 358
소작농 389
소작인 129, 330, 331, 350
소장인 83, 93, 101, 308
수공업자 100, 110, 121, 162, 169,
　210, 220~222, 267, 280, 312, 340,
　346, 389
수도원 196
　~주의 176, 197, 223, 353
　~ 해산 227
『수십 년』 156, 276
수장령 254
수정구빈법 383
수평파 74, 315, 372
순회재판관 120
스마일스 369
스미스, 애덤 64, 66, 97, 289, 359,
　370
스위스 153, 182, 191, 195, 198, 228,
　309, 385
스위프트 307
스코터스 94
스코틀랜드 193, 211, 295, 317, 318,
　335, 368, 392
스콜라 신학자 103, 104
스콜라 철학 44, 62, 90, 91, 97, 154,
　158, 165, 237, 241, 245, 248, 249,

297, 332

스텁스 321

스트라스부르 149

스트래퍼드 312, 316, 346

스틸 356~358, 366, 386

스페인 52, 143~145, 147, 149, 151,
153, 155, 160, 339

스피넘랜드정책 383

시니어 393

시민혁명 52, 59, 64, 219, 235, 245,
251, 271, 276, 281, 285, 302, 307,
309, 315, 316, 319, 325, 334, 347,
381, 382

시의회 203, 205~207, 211

시장가격 322

신구빈법 392

신대륙 발견 47, 220

신사 232, 233, 273, 300, 301, 310,
345, 372, 376

신앙의 시대 134

신정정치 211, 324

『신학대전』 62, 73, 327

신형군 325

실정법 102, 234, 275

ㅣㅇㅣ

아리스토텔레스 94, 107

아스크 227

아우구스티누스 112, 322

아일랜드 340, 391

아퀴나스 62, 71, 91, 94, 97, 103,
131, 214, 248, 297, 332, 378

안토니노 92, 165, 332

안토니오 62, 71, 103

암스테르담 184

액튼 경 137

앤드루스 117

앤트워프 47, 146~149, 151, 153,
155, 162, 163, 184, 260, 271, 272

앰브로즈 378

『양심에 관하여』 321

에드워드 6세 156, 228~231, 238,
357

에라스무스 146, 150

에라스투스 318

에임스 321

에크 155

엘리자베스 121, 124, 245, 250, 254,
255, 257, 258, 267, 271, 273, 282,
283, 295, 304, 316, 320, 341, 345,
357, 381~383, 385, 392

영국 52, 59

~국교회 24, 58, 63, 219, 239,
244~246, 251, 281, 285, 295,
304, 325, 337, 342, 401

~성공회 289

~학술원 285

영주 80, 129, 130

~법정 130

예수회 41

예정설 192

오렘 61

오스트리아 141, 162

오시안더 158

옥외구호 383

온정주의 256, 258, 344

왕당파 300, 302

왕실법정 130

왕위배제법안 301

왕정복고 63, 64, 245, 284, 285, 289, 327, 335, 345, 361, 364, 365, 375~377, 382, 387, 389, 391, 392, 399

외국무역 174

외콜람파디우스 157, 186, 195

외환거래 148

울지 223, 235

원거리무역 163

월러스 66

웨스트민스터회의 318, 319, 323

웨슬리 288

위그노 304, 367

위클리프 73, 85, 102, 144

윈스탠리 372

윌슨 245, 247, 248, 274, 344

유기체 79

유대인 99

유물론 46

『유토피아』 146

윤리학 399

은혜 175~177, 299, 336, 339

　~의 순례 227

의지 299

이기주의 361, 386

이노센트 4세 108

이성 190, 279

　~의 시대 134

이신론 289

이원주의 180, 399

이윤 89, 94~96, 106~108, 149, 186, 191, 203, 210, 212~214, 273, 276, 277, 294, 346, 360

이자 89, 91, 105~108, 110~112, 115, 156, 173, 183, 186~188, 199, 202, 203, 210, 242, 249, 253, 270, 273, 275~278, 320~323, 342

이탈리아 41, 83, 88, 100, 109, 125, 129, 139, 140, 142, 144, 145, 147, 153, 155, 160, 162, 170, 220, 339

인구감소대책위원회 347

인클로저 168, 222, 223, 226, 228, 232, 256, 266, 267, 322, 340, 344, 371~377, 381

임금노동자 160

임호프 가 153

잉글랜드 194, 211, 266, 317

|ㅈ

자본주의 43, 44, 46~48, 51, 82, 120, 121, 160, 169, 183, 255, 271, 280,

313, 334, 343, 345, 389, 407

자선행위 195, 385

자연권 274, 275

자연법 60, 101, 102, 135, 254, 275,
286, 399

자유농민계급 130

자유무역 273

자유방임 194

자유주의 167, 277, 315, 371

자작농 300

자치도시 66, 95, 98, 140, 141, 148,
151, 220, 221, 240, 301, 302

자크리 난 130

장기의회 224, 254, 270, 284, 347,
372, 374

장로교 193, 301, 303, 307, 315, 318,
343, 367

장원 70, 141

장인 79, 80, 82, 83, 96, 97, 100, 137,
162

재산권 67, 230, 235, 237, 274, 286 ,
347, 375, 376
~이론 234

재세례파 74, 362

저지대국가 144, 145, 147

적정이자 341, 342

절대주의 171

정당 264

정적주의 74

정주법 392

정치산술 281, 285, 303, 365, 387
~학 64, 387

제네바 51, 112, 183, 184, 193,
197~203, 205~209, 212, 302, 317,
319, 334, 335, 343, 344

제임스 1세 121, 124, 344

제조업 220

젠트리 309, 310

조지 3세 408

좀바르트 47

종교개혁 39, 41, 45, 46, 52, 59, 69,
74, 85, 124, 125, 138, 139, 150,
156, 159~161, 164, 171, 175,
181, 190, 195, 211, 216, 222, 223,
227~230, 237, 243, 247~249, 252,
254, 257, 272, 281, 283, 295, 327,
374, 380, 385, 397, 399~401

종교법정 158, 198, 199, 202, 207,
209, 210

『종교사회학』 45, 46

종교혁명 222, 257

주식회사 366

주얼 157

중간계급 172, 192~194, 300, 301,
307, 312, 313, 385

중간상인 184, 245, 262, 350

중개상 120

중국 141

중상주의 43, 91, 154, 184, 228, 345,
347, 366

중세 39, 55, 59, 61, 65, 70~72, 74, 75, 77, 81~84, 91~95, 101, 102, 104, 109, 120, 128, 129, 133, 134, 140, 143, 158, 160, 168, 172, 175, 177, 182, 184, 190, 194, 202, 217, 219, 220, 239, 241, 243, 247, 248, 257, 275, 276, 339, 351, 358, 400
~교회 133
중앙정부 256, 273, 347, 382
지리상의 발견 142, 147, 162, 163
진화사상 77
집단주의 315, 334, 343, 344
집산주의 194, 208

|ㅊ|
차머스 393
차티스트 325
찰스 1세 344, 345, 347, 376
찰스 2세 59, 301, 302, 357, 367, 368, 376
『천로역정』 332, 352, 360
청교도 182, 296~300, 302, 310, 311, 316, 317, 321~334, 336~342, 345~347, 350~354, 356, 362, 366, 369, 386, 387, 393, 394
~운동 303, 325, 343, 345, 371, 375, 316, 339, 351
~주의 52, 59, 74, 194, 211, 281, 283, 294~296, 298~300, 302, 307, 309, 312, 313, 315, 316,
320, 334, 335, 340, 342~345, 351, 357, 361, 363, 364, 370, 371, 378, 385, 393~395
~혁명 401
청지기 238
체스터턴 169
초대교회 190, 227
초대기독교 161
추밀원 258~261, 266~269, 282, 304, 381
취득성향 363
취리히 183, 196, 198
츠빙글리 157, 182, 196, 198
치안판사 246, 257, 261, 264, 266~268, 308, 324, 346, 372, 383
친구교단 394
침례교도 74

|ㅋ|
카를로스 5세 144, 147, 153
카이저스베르크 165
카트라이트 320
칼뱅 41, 44, 48, 50, 63, 74, 107, 156, 158, 161, 172, 181~188, 192~195, 197~200, 202, 206, 209~211, 217, 228, 276, 294, 319, 320, 322, 334, 335, 342~344, 351
~주의 49~52, 63, 73, 95, 181~ 183, 185, 188, 189, 192~195, 197, 198, 201, 202, 208, 209,

211, 216~218, 312, 313, 325,
335, 343, 344, 349
케인스 366, 407
케트 231
콘스탄스와 바젤의 공의회 183
콜럼버스 140, 166
콜베르 151, 345
콜턴 65
퀘이커 41, 74, 394
크랜머 158, 251
크롤리 157, 227, 231
크롬웰, 올리버 59, 296, 325, 340,
364, 372, 375
크롬웰, 토머스 63, 223
『크리스천 훈령집』 326, 332
클라렌던 266, 302, 364, 365, 368
~ 규약 119
~ 법전 303

|ㅌ|
탁발수도회 73, 170, 177, 354
터미 142
터커 65
터키 141
템플 51, 305
토렌스 56
토지문제 222, 223
토지소유권 375
튜더왕조 153
트러스트 134

트뢸치 40, 41, 167, 313
특설고등법원 254, 282~284, 316,
318, 347
티롤 지방 149, 153

|ㅍ|
파리 83, 89, 149, 203, 209
파슨스 31, 42
페어팍스 194
페일리 408
페컴 88
페티 51, 365, 387
펜 284
펠리페 2세 148
편의 59, 67, 70, 80, 87, 102, 111,
134, 135, 138, 192, 237, 244, 255,
263, 345, 351, 398, 399
평등주의 220
포넷 157, 227
포르투갈 140, 143~145, 147, 149,
153, 160
포토시 141
포프 290
폭스, 조지 296, 298
폭스, 존 251
푸거 가 163, 164, 166, 179, 288
프란시스 73, 129
프랑스 59, 86, 130, 132, 151, 202,
209, 210, 221, 240, 291, 301, 304,
305, 317, 325, 345, 349, 365, 389,

401

~혁명 132, 171

프랑크푸르트 83, 149

프랭클린 349

프로테스탄트 167, 169, 199, 227,
306

프로테스탄티즘 180, 312

『프로테스탄티즘의 윤리와 자본주의
정신』 40, 41, 45, 47

프롤레타리아 162, 192, 221, 240,
255, 280, 311, 389, 390

프리드리히 3세 152

플랑드르 70, 83, 100, 129, 147, 160,
304

플랜틴 146

피렌체 70, 99, 119, 141

피카르다 72

피콕 116, 126, 178

|ㅎ|

하우크 가 153

하틀립 384

한자동맹 141, 147

합스부르크왕가 152

해링턴 271

해먼드 부부 73

헝가리 149, 153

헤밍 245, 246

헨리 7세 121, 144, 152

헨리 8세 63, 78, 144, 152, 181, 223,
227, 231, 341

형이상학 77

형평법 123

~ 재판소 120

호스티엔시스 248

호흐슈테터 가 153, 164

홉스 73

화해위원회 374

회중교회주의 193, 294

효용 103, 399

효율성 404

후거 가 153, 155, 157

후커 257, 263, 344

후텐 164

휘그 301, 305

히플러 164

지은이 R.H. 토니

토니는 노동자의 교육권 증진과 관련해 영국 성인교육사에
획기적으로 이바지한 인물로 평가받는다.
옥스퍼드대학에서 고전을 전공한 후 런던 이스트엔드 빈민가의
대학사회복지관인 토인비 홀에서 일하며 도시빈곤과 노동운동을 경험했다.
사회사상가로서 사회적 양심을 성숙시킨 그는 점차 교육의 중요성에 눈떠
'노동자교육협회'에 가입해 집행부의 일원이 된다.
글래스고대학 등을 거쳐 런던 정치경제대학의 경제사 교수를 오래 지냈으며
동시에 노동당 정치인으로서 일련의 정책문건, 특히 노동당 선거강령과
정책강령을 작성했다. 이 외에도 수많은 저술과 팸플릿, 보고서, 논문을 썼다.
토니가 쓴 대표적인 저술로는 『취득형 사회』『기독교와 자본주의의 발흥』
『평등』이 있다. 영국노동당 역사에서 토니만큼 당 안팎의
존경과 사랑을 받았던 인물도 없다. 그의 개인적 행로와 공적 활동이
엄정한 일관성을 유지하며 한 치의 어긋남도 없었기 때문이다.
노동자에겐 삶의 스승이었고 노동당 정치를 주도한 수많은 지식인과
정치인에겐 사상의 뿌리 역할을 한 대학자였다.
그는 평생을 노동당 정치현장에 남아 자선과 노동자교육에 헌신했으며,
네 번이나 선거에 패했으면서도 영국정치인 누구나 선망하는 상원작위를 거부했다.
실로 마지막 순간까지 흐트러짐 없이 검소와 절제의 삶을 살았던 토니는
'사회주의에 대해 글을 썼을 뿐만 아니라, 개인의 삶에서
자신이 말한 바를 구현했다.' 두 번의 세계대전 사이에 영국에서 출간한
학술서 중 가장 많이 팔린 『기독교와 자본주의의 발흥』은 영국학계가
16세기를 '토니의 세기'라고 부르는 직접적인 계기가 된 책이다.
베버의 『프로테스탄티즘의 윤리와 자본주의 정신』이 자본주의 발전에 대한
기독교의 영향을 추적했다면, 이 책은 "당대에 수용된 경제질서가 당대의
종교적 견해에 미친 영향을 이해"하고자 한 것이다.
토니는 가장 복음주의적 신앙은 가장 급진적인 사회개혁을 요구한다는 점을
보여주면서 17세기 이후 서유럽의 개혁교회는 자본주의라는
변화된 환경 앞에서 생각하기를 멈췄다고 탄식한다.

옮긴이 고세훈

고세훈(高世薰)은 연세대학에서 경제학사를 취득하고 서울대학에서
정치학석사를, 미국 오하이오주립대학에서 정치학박사를 취득했다.
현재 고려대학 공공행정학부 교수로 있다. 지은 책으로는
『영국노동당사』『복지국가의 이해』『국가와 복지』『복지한국 미래는 있는가』
『영국정치와 국가복지』『조지 오웰: 지식인에 관한 한 보고서』가 있고,
옮긴 책으로는『페이비언 사회주의』『존 메이너드 케인스』가 있다.
현재 'R.H. 토니의 사회경제사상'을 다룬 평전을 준비 중이며,
'인물로 본 영국노동당사'를 구상 중이다.

기독교와 자본주의의 발흥

지은이 R.H. 토니
옮긴이 고세훈
펴낸이 김언호

펴낸곳 (주)도서출판 한길사
등록 1976년 12월 24일 제74호
주소 10881 경기도 파주시 광인사길 37
홈페이지 www.hangilsa.co.kr
전자우편 hangilsa@hangilsa.co.kr
전화 031-955-2000~3 팩스 031-955-2005

부사장 박관순 총괄이사 김서영 관리이사 곽명호
영업이사 이경호 경영담당이사 김관영 기획위원 유재화
편집 김광연 백은숙 안민재 노유연 김지연 이지은 이주영
마케팅 윤민영 관리 이중환 김선희 문주상 이희문 원선아
디자인 창포 인쇄 현문인쇄 제본 광성문화사

제1판 제1쇄 2015년 11월 27일

값 26,000원
ISBN 978-89-356-6442-9 94160
ISBN 978-89-356-6427-6 (세트)

• 잘못 만들어진 책은 구입하신 서점에서 바꿔드립니다.

• 이 도서의 국립중앙도서관 출판시도서목록(CIP)은 서지정보유통지원시스템 홈페이지(seoji.nl.go.kr)와
국가자료공동목록시스템(www.nl.go.kr/kolisnet)에서 이용하실 수 있습니다.
(CIP제어번호: CIP2015026564)

한길그레이트북스 인류의 위대한 지적 유산을 집대성한다

1 관념의 모험
앨프레드 노스 화이트헤드 | 오영환

2 종교형태론
미르치아 엘리아데 | 이은봉

3·4·5·6 인도철학사
라다크리슈난 | 이거룡
2005 『타임스』 선정 세상을 움직인 100권의 책
『출판저널』 선정 21세기에도 남을 20세기의 빛나는 책들

7 야생의 사고
클로드 레비-스트로스 | 안정남
2005 『타임스』 선정 세상을 움직인 100권의 책
2008 『중앙일보』 선정 신고전 50선

8 성서의 구조인류학
에드먼드 리치 | 신인철

9 문명화과정 1
노르베르트 엘리아스 | 박미애
2005 연세대학교 권장도서 200선
2012 인터넷 교보문고 명사 추천도서
2012 알라딘 명사 추천도서

10 역사를 위한 변명
마르크 블로크 | 고봉만
2008 『한국일보』 오늘의 책
2009 『동아일보』 대학신입생 추천도서
2013 yes24 역사서 고전

11 인간의 조건
한나 아렌트 | 이진우·태정호
2012 인터넷 교보문고 MD의 선택
2012 네이버 지식인의 서재

12 혁명의 시대
에릭 홉스봄 | 정도영·차명수
2005 서울대학교 권장도서 100선
2005 『타임스』 선정 세상을 움직인 100권의 책
2005 연세대학교 권장도서 200선
1999 『출판저널』 선정 21세기에도 남을 20세기의 빛나는 책들
2012 알라딘 블로거 베스트셀러
2013 『조선일보』 불멸의 저자들

13 자본의 시대
에릭 홉스봄 | 정도영
2005 서울대학교 권장도서 100선
1999 『출판저널』 선정 21세기에도 남을 20세기의 빛나는 책들
2012 알라딘 블로거 베스트셀러
2013 『조선일보』 불멸의 저자들

14 제국의 시대
에릭 홉스봄 | 김동택
2005 서울대학교 권장도서 100선
1999 『출판저널』 선정 21세기에도 남을 20세기의 빛나는 책들
2012 알라딘 블로거 베스트셀러
2013 『조선일보』 불멸의 저자들

15·16·17 경세유표
정약용 | 이익성
2012 인터넷 교보문고 필독고전 100선

18 바가바드 기타
함석헌 주석 | 이거룡 해제
2007 서울대학교 추천도서

19 시간의식
에드문트 후설 | 이종훈

20·21 우파니샤드
이재숙
2005 서울대학교 권장도서 100선

22 현대정치의 사상과 행동
마루야마 마사오 | 김석근
2005 『타임스』 선정 세상을 움직인 100권의 책
2007 도쿄대학교 권장도서

23 인간현상
테야르 드 샤르댕 | 양명수
2007 서울대학교 추천도서

24·25 미국의 민주주의
알렉시스 드 토크빌 | 임효선·박지동
2005 서울대학교 권장도서 100선
2012 인터넷 교보문고 MD의 선택
2012 인터넷 교보문고 MD의 선택
2013 문명비평가 기 소르망 추천도서

26 유럽학문의 위기와 선험적 현상학
에드문트 후설 | 이종훈
2005 서울대학교 논술출제

27·28 삼국사기
김부식 | 이강래
2005 연세대학교 권장도서 200선
2012 인터넷 교보문고 필독고전 100선
2013 yes24 다시 읽는 고전

29 원본 삼국사기
김부식 | 이강래 교감

30 성과 속
미르치아 엘리아데 | 이은봉
2005 『타임스』 선정 세상을 움직인 100권의 책
2012 인터넷 교보문고 명사 추천도서
『출판저널』 선정 21세기에도 남을 20세기의 빛나는 책들

31 슬픈 열대
클로드 레비-스트로스 | 박옥줄
2005 서울대학교 권장도서 100선
2005 연세대학교 권장도서 200선
2008 홍익대학교 논술출제
2012 인터넷 교보문고 명사 추천도서
2013 yes24 역사서 고전
『출판저널』 선정 21세기에도 남을 20세기의 빛나는 책들

32 증여론
마르셀 모스 | 이상률
2003 문화관광부 우수학술도서
2012 네이버 지식인의 서재

33 부정변증법
테오도르 아도르노 | 홍승용

34 문명화과정 2
노르베르트 엘리아스 | 박미애
2005 연세대학교 권장도서 200선
2012 인터넷 교보문고 명사 추천도서
2012 알라딘 명사 추천도서

35 불안의 개념
쇠렌 키르케고르 | 임규정
2012 인터넷 교보문고 필독고전 100선

36 마누법전
이재숙·이광수

37 사회주의의 전제와 사민당의 과제
에두아르트 베른슈타인 | 강신준

38 의미의 논리
질 들뢰즈 | 이정우
2000 교보문고 선정 대학생 권장도서

39 성호사설
이익 | 최석기
2005 연세대학교 권장도서 200선
2008 서울대학교 논술출제
2012 인터넷 교보문고 필독고전 100선

40 종교적 경험의 다양성
윌리엄 제임스 | 김재영
2000 대한민국학술원 우수학술도서

41 명이대방록
황종희 | 김덕균
2000 한국출판문화상

42 소피스테스
플라톤 | 김태경

43 정치가
플라톤 | 김태경

44 지식과 사회의 상
데이비드 블루어 | 김경만
2002 대한민국학술원 우수학술도서

45 비평의 해부
노스럽 프라이 | 임철규
2001 『교수신문』 우리 시대의 고전

46 인간적 자유의 본질·철학과 종교
프리드리히 W.J. 셸링 | 최신한

47 무한자와 우주와 세계·원인과 원리와 일자
조르다노 브루노 | 강영계
2001 한국출판인회의 이달의 책

48 후기 마르크스주의
프레드릭 제임슨 | 김유동
2001 한국출판인회의 이달의 책

49·50 봉건사회
마르크 블로크 | 한정숙
2002 대한민국학술원 우수학술도서
2012 『한국일보』 다시 읽고 싶은 책

51 칸트와 형이상학의 문제
마르틴 하이데거 | 이선일
2003 대한민국학술원 우수학술도서

52 남명집
조식 | 경상대 남명학연구소
2012 인터넷 교보문고 필독고전 100선

53 낭만적 거짓과 소설적 진실
르네 지라르 | 김치수·송의경
2002 대한민국학술원 우수학술도서
2013 『한국경제』 한 문장의 교양

54·55 한비자
한비 | 이운구
한국간행물윤리위원회 추천도서
2007 서울대학교 추천도서
2012 인터넷 교보문고 필독고전 100선

56 궁정사회
노르베르트 엘리아스 | 박여성

57 에밀
장 자크 루소 | 김중현
2005 서울대학교 권장도서 100선
2000·2006 서울대학교 논술출제

58 이탈리아 르네상스의 문화
야코프 부르크하르트 | 이기숙
2004 한국간행물윤리위원회 추천도서
2005 연세대학교 권장도서 200선
2009 『동아일보』 대학신입생 추천도서

59·60 분서
이지 | 김혜경
2004 문화관광부 우수학술도서
2012 인터넷 교보문고 필독고전 100선

61 혁명론
한나 아렌트 | 홍원표
2005 대한민국학술원 우수학술도서

62 표해록
최부 | 서인범·주성지
2005 대한민국학술원 우수학술도서

63·64 정신현상학
G.W.F. 헤겔 | 임석진
2006 대한민국학술원 우수학술도서
2005 연세대학교 권장도서 200선
2005 프랑크푸르트도서전 한국의 아름다운 책100
2008 서우철학상
2012 인터넷 교보문고 필독고전 100선

65·66 이정표
마르틴 하이데거 | 신상희·이선일

67 왕필의 노자주
왕필 | 임채우
2006 문화관광부 우수학술도서

68 신화학 1
클로드 레비-스트로스 | 임봉길
2007 대한민국학술원 우수학술도서
2008 『동아일보』 인문과 자연의 경계를 넘어 30선

69 유랑시인
타라스 셰브첸코 | 한정숙

70 중국고대사상사론
리쩌허우 | 정병석
2005 『한겨레』 올해의 책
2006 문화관광부 우수학술도서

71 중국근대사상사론
리쩌허우 | 임춘성
2005 『한겨레』 올해의 책
2006 문화관광부 우수학술도서

72 중국현대사상사론
리쩌허우 | 김형종
2005 『한겨레』 올해의 책
2006 문화관광부 우수학술도서

73 자유주의적 평등
로널드 드워킨 | 염수균
2006 문화관광부 우수학술도서
2010 동아일보 '정의에 관하여' 20선

74·75·76 춘추좌전
좌구명 | 신동준

77 종교의 본질에 대하여
루트비히 포이어바흐 | 강대석

78 삼국유사
일연 | 이가원·허경진
2007 서울대학교 추천도서

79·80 순자
순자 | 이운구
2007 서울대학교 추천도서

81 예루살렘의 아이히만
한나 아렌트 | 김선욱
2006 『한겨레』 올해의 책
2006 한국간행물윤리위원회 추천도서
2007 『한국일보』 오늘의 책
2007 대한민국학술원 우수학술도서
2012 yes24 리뷰 영웅대전

82 기독교 신앙
프리드리히 슐라이어마허 | 최신한
2008 대한민국학술원 우수학술도서

83·84 전체주의의 기원
한나 아렌트 | 이진우·박미애
2005 『타임스』 선정 세상을 움직인 책
『출판저널』 선정 21세기에도 남을 20세기의 빛나는 책들

85 소피스트적 논박
아리스토텔레스 | 김재홍

86·87 사회체계이론
니클라스 루만 | 박여성
2008 문화체육관광부 우수학술도서

88 헤겔의 체계 1
비토리오 회슬레 | 권대중

89 속분서
이지 | 김혜경
2008 대한민국학술원 우수학술도서

90 죽음에 이르는 병
쇠렌 키르케고르 | 임규정
『한겨레』 고전 다시 읽기 선정
2006 서강대학교 논술출제

91 고독한 산책자의 몽상
장 자크 루소 | 김중현

92 학문과 예술에 대하여·산에서 쓴 편지
장 자크 루소 | 김중현

93 사모아의 청소년
마거릿 미드 | 박자영
20세기 미국대학생 필독 교양도서

94 자본주의와 현대사회이론
앤서니 기든스 | 박노영·임영일
1999 서울대학교 논술출제
2009 대한민국학술원 우수학술도서

95 인간과 자연
조지 마시 | 홍금수

96 법철학
G.W.F. 헤겔 | 임석진

97 문명과 질병
헨리 지거리스트 | 황상익
2009 대한민국학술원 우수학술도서

98 기독교의 본질
루트비히 포이어바흐 | 강대석

99 신화학 1
클로드 레비-스트로스 | 임봉길
2008 『동아일보』 인문과 자연의 경계를 넘어 30선
2009 대한민국학술원 우수학술도서

100 일상적인 것의 변용
아서 단토 | 김혜련
2009 대한민국학술원 우수학술도서

101 독일 비애극의 원천
발터 벤야민 | 최성만·김유동

**102·103·104 순수현상학과
현상학적 철학의 이념들**
에드문트 후설 | 이종훈
2010 대한민국학술원 우수학술도서

105 수사고신록
최술 | 이재하 외
2010 대한민국학술원 우수학술도서

106 수사고신여록
최술 | 이재하
2010 대한민국학술원 우수학술도서

107 국가권력의 이념사
프리드리히 마이네케 | 이광주

108 법과 권리
로널드 드워킨 | 염수균

109·110·111·112 고야
훗타 요시에 | 김석희
2010 한국간행물윤리위원회 추천도서

113 왕양명실기
박은식 | 이종란

114 신화와 현실
미르치아 엘리아데 | 이은봉

115 사회변동과 사회학
레이몽 부동 | 민문홍

116 자본주의·사회주의·민주주의
조지프 슘페터 | 변상진
2012 대한민국학술원 우수학술도서
2012 인터파크 이 시대 교양 명저

117 공화국의 위기
한나 아렌트 | 김선욱

118 차라투스트라는 이렇게 말했다
프리드리히 니체 | 강대석

119 지중해의 기억
페르낭 브로델 | 강주헌

120 해석의 갈등
폴 리쾨르 | 양명수

121 로마제국의 위기
램지 맥멀렌 | 김창성
2012 인터파크 추천도서

122·123 윌리엄 모리스
에드워드 파머 톰슨 | 윤효녕 외
2012 인터파크 추천도서

124 공제격치
알폰소 바뇨니 | 이종란

125 현상학적 심리학
에드문트 후설 | 이종훈
2013 인터넷 교보문고 눈에 띄는 새 책

126 시각예술의 의미
에르빈 파노프스키 | 임산

127·128 시민사회와 정치이론
진 L. 코헨·앤드루 아라토 | 박형신·이혜경

129 운화측험
최한기 | 이종란
2015 대한민국학술원 우수학술도서

130 예술체계이론
니클라스 루만 | 박여성·이철

131 대학
주희 | 최석기

132 중용
주희 | 최석기

133 종의 기원
찰스 다윈 | 김관선

134 기적을 행하는 왕
마르크 블로크 | 박용진

135 키루스의 교육
크세노폰 | 이동수

136 정당론
로베르트 미헬스 | 김학이
2004 대한민국학술원 우수학술도서

137 법사회학
니클라스 루만 | 강희원

138 중국사유
마르셀 그라네 | 유병태
2011 대한민국학술원 우수학술도서

139 자연법
G.W.F 헤겔 | 김준수

140 기독교와 자본주의의 발흥
R.H 토니 | 고세훈

●한길그레이트북스는 계속 간행됩니다.